高职高专规划教材

# 道路工程材料与检测

肖忠平　张苏俊　主编
王会芳　张吉安　副主编

化学工业出版社

·北京·

本书是为了适应高等职业教育发展和改革的需要，根据道路与桥梁工程技术专业的培养目标，以职业岗位的工作过程为导向，以生产实践中道路工程材料检测与应用的工作任务为载体，采用学习情境形式进行编写的校企合作开发教材。本教材共分绪论和八个学习情境，分别讲述了砂石材料的检测、石灰和水泥的检测与选用、水泥混凝土和砂浆的检测与配制、无机结合料稳定土的检测与配制、沥青材料的检测与选用、沥青混合料的检测与配制、建筑钢材的检测与选用以及其他道路工程材料的应用，各学习情境以工作任务的形式组织安排，有利于学生基础理论知识的学习和专业技能的培养。

本书既可作为高职高专院校道路与桥梁工程技术专业的教材，也可作为道路与桥梁工程行业相关职业岗位的培训教材，还可供道路工程类相关专业技术人员及成人教育师生参考使用。

**图书在版编目（CIP）数据**

道路工程材料与检测/肖忠平，张苏俊主编. —北京：化学工业出版社，2014.7（2023.9重印）
高职高专规划教材
ISBN 978-7-122-20587-2

Ⅰ.①道…　Ⅱ.①肖…　②张…　Ⅲ.①道路工程-建筑材料-高等职业教育-教材　Ⅳ.①U414

中国版本图书馆 CIP 数据核字（2014）第 089048 号

---

责任编辑：王文峡　　　　　　　　　　文字编辑：颜克俭
责任校对：吴　静　　　　　　　　　　装帧设计：刘丽华

---

出版发行：化学工业出版社(北京市东城区青年湖南街 13 号　邮政编码 100011)
印　　装：北京科印技术咨询服务有限公司数码印刷分部
787mm×1092mm　1/16　印张 16½　字数 444 千字　2023 年 9 月北京第 1 版第 3 次印刷

---

购书咨询：010-64518888　　　　　　　售后服务：010-64518899
网　　址：http://www.cip.com.cn
凡购买本书，如有缺损质量问题，本社销售中心负责调换。

---

定　价：48.00 元　　　　　　　　　　　　　版权所有　违者必究

# 前　言

　　本教材是根据道路与桥梁工程技术专业的培养目标，以职业岗位工作过程为导向，以职业能力为依据，以工作任务为载体，并根据高职教育规律和学生的认知规律，采用学习情境、学习任务和任务实施等形式组织编写，每个任务包含任务描述、任务分析、知识链接和任务实施几部分。本教材以培养学生的职业能力为主线，着力提高学生的专业能力、方法能力和社会能力；在保证工作过程专业理论知识学习的基础上，着力提高学生的职业技能，培养学生的职业素养。

　　本教材以常见道路工程材料为载体，设置了砂石材料的检测、石灰和水泥的检测与选用、水泥混凝土和砂浆的检测与配制、无机结合料稳定土的检测与配制、沥青材料的检测与选用、沥青混合料的检测与配制、建筑钢材的检测与选用以及其他道路工程材料的应用八个学习情境。

　　本教材力求将理论知识和实践技能相结合，将显性知识与默会知识进行有机整合，使课程结构达到最大限度的优化。教材采用最新国家标准，内容新颖、文字简练、图文并茂、通俗易懂，充分体现针对性、实用性和先进性。

　　本书既可作为高等职业院校道路与桥梁工程技术专业的教材，也可作为道路与桥梁工程行业中职院校、职业技能培训和职业技能鉴定教材及工程技术人员的参考用书。

　　全书由扬州工业职业技术学院肖忠平、张苏俊统稿，并任主编；扬州工业职业技术学院王会芳和扬州润扬工程路面有限公司张吉安高级工程师任副主编。其中绪论，学习情境一、二、三由肖忠平编写；学习情境四由张吉安高级工程师编写；学习情境五、六由王会芳编写；学习情境七由张苏俊编写；学习情境八由扬州职业大学姜艳艳编写；各学习情境的任务实施部分由张吉安统稿，他们对本书提出了许多宝贵意见，在此表示衷心的感谢。

　　本书建议学时为70学时，各学习情境学时如下。

各学习情境学时分配表（供参考）

| 学习情境 | 内　　容 | 学　　时 |
| --- | --- | --- |
| | 绪论 | 1 |
| 一 | 砂石材料的检测 | 10 |
| 二 | 石灰和水泥的检测与选用 | 12 |
| 三 | 水泥混凝土和砂浆的检测与配制 | 20 |
| 四 | 无机结合料稳定土的检测与配制 | 4 |
| 五 | 沥青材料的检测与选用 | 6 |
| 六 | 沥青混合料的检测与配制 | 10 |
| 七 | 建筑钢材的检测与选用 | 5 |
| 八 | 其他道路工程材料的应用 | 2 |

　　由于编写时间仓促，编者水平所限，书中不足之处在所难免，敬请各位读者批评指正。

编　者<br>2014 年 4 月

# 目　录

# 绪　　论

道路与桥梁是用各种材料建造而成的，用于建造道路与桥梁工程的这些材料总称为道路工程材料，其性能表现对于道路与桥梁的各种性能具有重要影响。因此，道路工程材料不仅是道路工程的物质基础，而且是决定道路工程质量和使用性能的关键因素。为使道路与桥梁获得结构安全、性能可靠、耐久、美观、经济适用的综合品质，必须合理选择和正确使用道路工程材料。

## 一、课程的研究内容

《道路工程材料与检测》是研究道路与桥梁工程用各种材料的组成、性能、检测和应用的一门课程。随着道路与桥梁工程技术的发展，用于道路与桥梁工程的材料不仅在品种上日益增多，而且对其质量也不断地提出更高的要求。本教材主要讲述常用的道路工程材料。

### 1.砂石材料

砂石材料有的是由地壳上层的岩石经自然风化得到的（天然沙砾），有的是经人工开采或再经轧制而得到的（如各种不同尺寸的碎石和石屑）。砂石材料可以直接用于铺筑路面或砌筑各种桥梁结构物。更重要的是，作为配制水泥混凝土和沥青混合料的矿质集料，砂石材料在道路与桥梁建筑中的用量很大。

### 2.无机结合料及其制品

在道路与桥梁建筑中最常用到的无机结合料主要是石灰和水泥。水泥是桥梁建筑中水泥混凝土和预应力混凝土的主要材料。随着高等级公路的发展，水泥混凝土路面已成为主要的路面类型之一。随着半刚性路面的发展，石灰和水泥广泛应用于路面基层，成为半刚性基层的重要组成材料。此外，水泥砂浆是砌筑各种桥梁圬工结构的重要结合料。

### 3.有机结合料及其混合料

有机结合料主要是指沥青类材料，如石油沥青、煤沥青等。这些材料与不同粒径的集料组配，可以铺筑成各种类型的沥青路面。现在高速公路和重型交通的路面，绝大部分是采用沥青混凝土铺筑，所以沥青混合料是现代路面建筑中极为重要的一种材料。

### 4.钢材

钢材是钢结构桥梁及混凝土结构桥梁的重要组成材料。主要有钢结构桥梁用的各种型材（如圆钢、角钢、槽钢、工字钢等）、钢板和用于钢筋混凝土结构的钢筋、钢丝等。

### 5.木材和高分子材料

由于木材资源的宝贵，除了抢修工程或林区临时性工程外，木材已很少直接用于修筑桥涵，目前主要用作混凝土工程的拱架和模板。近年来，随着我国化学工业的发展，各种高分子材料逐渐应用于道路与桥梁工程中。高分子材料除了可替代传统材料外，更主要的是用来改善沥青混合料或水泥混凝土的性能，它是一种有发展前途的新材料。

除上述这些常用材料外，随着现代材料科学的进步，又出现了新型的复合材料。复合材料是两种或两种以上不同化学组成或组织相的物质以微观和宏观的物质形式组合而成的材料。复合材料可以克服单一材料的弱点，而发挥其综合的性能。道路材料的研究任务，不仅是要正确使用好各种常用材料，还要进一步改善现有材料，创造新型材料。

## 二、道路工程材料在道路与桥梁工程中的地位及作用

道路与桥梁的形成过程，主要是根据材料性能而设计成适当的结构形式，并按照设计要求将材料进行构筑或组合的过程。在此过程中，材料的选择是否正确、材料的使用是否科学、材料的构筑或组合是否合理，不仅直接决定了道路工程的质量或使用性能，也直接影响

着工程的成本。因此，道路工程材料的性能直接决定了道路工程的设计方法和准则，也决定着道路工程的建造技术与构筑方式，对道路工程的各方面都具有重要的影响。

1. 材料对道路工程质量的影响

质量是道路工程设计中追求的首要目标，而工程质量的优劣与所用材料的质量水平以及使用的合理与否有直接的关系。通常，材料的品种、组成、构造、规格及使用方法等对道路工程结构的安全性、耐久性及适用性等工程质量指标都有直接的影响。工程实践表明，从材料的选择、生产、使用、检验评定，到材料的贮运、保管等环节都必须做到科学合理；否则，任何环节的失误都可能造成工程质量的缺陷，甚至是重大质量事故。

鉴于材料品种繁多、构成和性质复杂、使用环境多变等方面的特点，在建设中要获得高质量的工程，就必须准确熟练地掌握有关材料的知识，能够正确地选择和使用材料。此外，工程建设的许多质量信息都是通过材料的表现来传递的，通常是根据对材料在工程中性能表现的评价，来客观地评定工程的质量状态。

2. 材料对道路工程造价及资源消耗的影响

在道路与桥梁结构物的修筑费用中，用于材料的费用占 30%～50%，某些重要工程甚至可达到 70%～80%。在有些工程或工程的某些部位，可选择的材料品种很多，即使同一种材料也可以采用多种不同的使用方法。虽然采用不同的材料或不同的使用方法，它们在工程中最终所体现的效果相近，但是所需要的成本以及所消耗的资源或能源差别可能很大。因此，正确掌握并准确熟练地应用材料知识，可以通过优化选择和正确使用材料，充分利用材料的各种功能，在满足工程各项使用要求的条件下，降低材料的资源消耗或能源消耗，节约与材料有关的费用。

3. 材料对道路工程技术的影响

设计、施工、管理三者是密切相关的。从根本上说，材料是基础，材料决定了土建构造物的形式和施工方法。在道路与桥梁工程中，要实现新设计、新技术、新工艺，新材料亦为其中重要的一环，许多新型先进设计，由于材料一关未能突破，因而长期未能实现。某些新材料的出现，可以促使土建构造物形式的变化、设计方法的改进和施工技术的革新进而推动了新技术的发展。所以，道路工程材料的研究，是道路与桥梁技术发展的基础。

总之，从事道路工程的技术人员都必须了解和掌握道路工程材料的有关知识，并使所采用的材料最大限度地发挥其效能，合理、经济地满足道路工程的各项要求。

## 三、道路工程材料的技术性能

道路与桥梁工程都是一种随频繁交通动荷载反复作用的结构物，同时又是一种无遮盖而裸露于大自然的结构物。它不仅受到车辆复杂的力系作用，同时又受到各种自然因素的影响。所以，用于修筑道路与桥梁结构用的材料，不仅需要具有抵抗复杂应力作用的综合力学性能，同时，还要保证在各种自然因素的长期影响下，综合力学性能不产生明显的衰降，即具有持久稳定性。

为了保证道路与桥梁建筑用材料的综合力学强度和稳定性，就要求道路工程材料具备下列 4 个方面的性质。

(1) 力学性质　力学性质是材料抵抗车辆荷载复杂力系综合作用的性能，目前对道路工程材料力学性质的测定，主要是测定各种静态的强度，如抗压、抗拉、抗剪、抗扭等强度，或者某些特殊设计的经验指标，如磨耗性、冲击韧性等。有时假定材料的各种强度之间存在一定关系，以抗压强度作为基准，折算为其他强度。

(2) 物理性质　材料的力学强度随其环境条件而改变。影响材料力学性质的物理因素主要是温度和湿度。材料的强度随着温度的升高降低或含水率的增加而显著降低，通常用温度稳定性或水稳定性等来表征其强度变化的程度。对于优质材料，其强度随着环境条件的变化应当较小。此外，通常还要测定一些物理常数，如密度、孔隙率和空隙率等。这些物理常数是材料内部组成结构的反映，并与力学性质之间存在一定的相依性，可以用于推断力学性质。

（3）化学性质　化学性质是材料抵抗各种周围环境对其化学作用的性能。道路与桥梁用材料除了受到周围介质（如桥墩在工业废水中）或者其他侵蚀外，通常还受到大气因素（如气温的交替变化、日光中的紫外线、空气中的氧以及废气等）的综合作用，引起材料的"老化"，特别是各种有机材料（如沥青材料等）"老化"现象更为显著。

（4）工艺性质　工艺性质是材料适于按照一定的工艺流程加工的性能。如水泥混凝土在成型以前要求有一定的流动性，以便制作成一定形状的构件。但是加工工艺不同，要求的流动性亦不同。

道路工程材料这四个方面的性能是互相联系、互相制约的，在研究材料性能时，往往要把各方面性能联系起来统一考虑。

## 四、道路工程材料的检测与技术标准

在道路工程施工过程中，影响工程质量的主要因素包括材料、机械、人、施工方法和环境条件五个方面。为了保证工程质量，必须对施工的各工序质量从上述五方面进行事前、事中和事后的有效控制，做到科学管理。要完成这样的目标，就必须做好工程质量检测工作，其中材料性能的检测是必不可少的重要环节。

### (一)道路工程材料的检测

道路工程材料的检测就是按照现行有关技术标准和规范的规定，采用规定的测试仪器和测试方法，采取科学合理的检测手段，对材料的性能参数进行检验和测定的过程。对道路工程材料进行检测，不仅是控制和评定道路工程材料质量的手段和依据，而且也是合理选用材料、降低生产成本、提高企业经济效益和推动科技进步的有效途径。

1.道路工程材料检测的目的

道路工程材料检测，主要分为生产单位检测和施工单位检测两方面。生产单位检测的主要目的是通过测定材料的主要性能参数，来判定材料的各项性能是否达到相关的技术标准规定，用以评定产品的质量等级，判断产品质量是否合格，确定产品是否能出厂。施工单位检测的目的是通过测定材料的各项性能参数，来判定材料的各项性能是否符合质量等级的要求，即是否合格，从而确定该批材料是否能用于工程中。施工单位的检测必须要按照规定的抽样方法，抽取一定数量的材料交有资质的检测机构进行检测。

2.道路工程材料检测的步骤

道路工程材料检测的步骤，主要包括抽样和实验室检测两个步骤。

材料的抽样必须按照有关标准进行。所抽取的试样，必须具有代表性，这样测定出来的技术数据，才能代表被抽样的一批材料的技术性能。

实验室检测应由具有相应资质等级的合法检测机构进行检测。施工单位将按规定抽取的试样送交检测机构，由检测机构根据现行的有关技术标准和规范进行试验。

### (二)道路工程材料的技术标准

为了保证材料的质量以及在土木工程建设过程中做好工程质量管理，我国对各种材料制定了专门的技术标准。技术标准就是对某项技术或产品实行统一规定的技术指标要求。任何产品的技术指标只有在符合相关标准要求的条件下才允许使用。道路工程材料的技术指标是评定工程中所使用材料质量的依据。为能在工程实践中正确地选择、验收并使用材料，必须熟悉材料的技术标准。

依据不同的适用范围，目前我国现行最常用的标准有以下四大类。

第一类是国家标准。国家标准有强制性标准（代号 GB）和推荐性标准（代号 GB/T）。强制性标准是全国必须执行的技术指导文件，产品的技术指标都不得低于标准中的规定要求。国家标准由标准名称、代号（GB）、编号、制定（修订）年份四个部分组成。如《通用硅酸盐水泥》（GB 175—2007）中，"通用硅酸盐水泥"为标准的产品（技术）名称，"GB"为国家标准的代号；"175"为标准编号，"2007"为标准颁布年代号。推荐性标准在执行时也可采用其他标准。如《建筑用砂》（GB/T 14684—2011），表示建筑用砂的国家推荐性标准，标准代号为 14684，颁布年份为 2011 年。此外，与建筑材料有关的国家标准还有工程建设国家标准（GBJ）和中国工程建设标准化协会标准（CECS）。

第二类是行业标准，它是由某一行业制定并在本行业内执行的标准。行业标准由标准名称、行业标准代号、一级类目代号、二级类目代号、二级类目顺序号、制定和修订年份等部分组成。如《公路工程沥青及沥青混合料试验规程》（JTJ 052—2000），"JTJ"为交通行业标准代号；"052"为该产品的第二级类目顺序号，颁发年份为 2000 年，"公路工程沥青及沥青混合料试验规程"为标准名称。

第三类是企业标准，它是由企业制定并经有关部门批准的产品（技术）标准。企业标准的代号为"Q/"，其后分别为企业代号、标准顺序号、制定年代号。根据国家标准法规定，对同一产品或技术，其企业标准的技术指标要求不得低于国家标准或行业标准。

第四类是地方标准，它是由地方制定并在本地统一执行的标准，其代号为"地方标准代号、标准顺序号、制定年代号、产品（技术）名称"。

工程中还可能采用其他国外的技术标准，如国际标准（代号 ISO）、美国国家标准（ANS）、美国材料与实验学会标准（ASTM）、英国标准（BS）、德国工业标准（DIN）、日本工业标准（JIS）、法国标准（NF）等。

## 五、道路工程材料的发展

材料是伴随着人类社会的不断进步和社会生产力的发展而发展的，材料往往成为一个时代的标志。

随着科学技术的发展，学科的交叉及多元化产生了新的技术和工艺。这些前沿的技术、工艺越来越多地应用于工程材料的研制开发，使得工程材料的发展日新月异。不仅材料原有的性能，如耐久性能、力学性能等得到了提高，而且实现了材料多功能的综合。同时，社会发展对工程材料的发展提出了更高的要求，可持续发展理念已逐渐深入到工程材料之中，具有节能、环保、绿色和健康等特点的工程材料应运而生。道路工程材料向着追求功能多样性、全寿命周期经济性以及可循环再生利用性等方向发展。

（1）传统材料既要改善其性能，又要改善其品种  如砌体材料中的黏土砖因与农业争地限制使用，要大力发展混凝土砌块、空心砖、火山灰制品、粉煤灰等工业废料制品、沥青土坯等，要努力改善这些材料的性能，力求合理使用。又如大力发展高强度和高性能混凝土，发展用聚合物浸渍、用纤维增强等的改性混凝土。现在，我国的常用混凝土已使用 C50～C60，特殊工程可使用 C80～C100，而美国常用的混凝土则可使用 C135，特殊工程可使用 C400。

（2）大力开发组合材料  用两种或两种以上材料组合，利用各自的优越性开发出高性能的、便于使用的建筑制品，应该成为 21 世纪土木工程的一个重要特征。

（3）化学合成材料用于抗应力结构是材料发展的崭新领域  目前各国正在深入研究、开发化学合成材料，将其广泛用于抗应力结构。国外已有经聚合物处理的钢纤维钢筋和钢纤维钢绞线，可用于混凝土结构。

（4）把生态环境作为引导道路工程材料发展的一个重要因素  道路建筑材料的大量生产

和使用，一方面服务于人类，另一方面又消耗大量的资源和能源，并且在生产、使用到废弃的过程中放出大量的废气、废水和各种废弃物而污染环境，恶化人类赖以生存的空间。为了社会可持续发展，必须把建筑材料发展同环境改善结合起来，或者说，应该把生态环境作为引导道路建筑材料发展的一个重要因素，大力发展生态材料。

## 六、课程的性质、任务和学习方法

"道路工程材料与检测"课程是道路与桥梁专业的主干课程之一，是基础技术课，并兼有专业课的性质。它与物理、化学以及材料力学、工程地质等课程有着密切的联系，是学习路基路面工程、桥梁工程等专业课的基础。本课程的任务是：使学生通过学习，获得道路工程材料的基础知识，掌握道路工程材料的技术性能、应用方法及其试验检测技能，同时对道路工程材料的贮运和保护也有所了解，以便在今后的工作实践中能正确选择与合理使用道路工程材料，亦为进一步学习其他专业课打下基础。

根据本课程的特点和要求，本书以各种道路工程材料为载体，以材料的识别、性能检测与选用等工作任务来安排教学内容。学生通过完成每个工作任务，一方面了解常用材料的组成、结构及其形成机理，掌握材料的主要性能与正确使用；另一方面学会对各种常用道路工程材料进行检验，能对材料进行合格性的判断和验收，同时提高实践技能，对实验数据、实验结果能进行正确的分析和判别，培养科学认真的态度和实事求是的工作作风。

在学习过程中，应注意做到以下几点。

(1) 材料检测是本课程的一个重要环节，因此必须认真完成每个工作任务，填写检测报告。要通过材料的检测培养动手能力，获取感性知识，了解技术标准及检验方法。

(2) 材料的组成与构造是决定材料性质的内在因素，只有了解了材料性质与组成构造的关系，才能掌握材料的性质。

(3) 同类材料存在着共性，同类材料中因品种不同还存在着各自的特性。学习时应掌握各类材料的共性，再运用对比的方法掌握不同品种材料的特性，才容易抓住要领，使条理清楚，便于理解和掌握。

(4) 在使用中，材料的性质还受到外界环境条件的影响，在学习时要运用已学过的物理、化学等基础知识对所学的内容加深理解，并应用内因与外因关系的哲学原理，提高分析问题与解决问题的能力。

# 学习情境 一 砂石材料的检测

**教学目标**

1. 熟悉岩石的技术性质和技术要求。
2. 熟悉砂石材料的技术性质、技术要求以及级配。
3. 熟悉矿粉的技术性质和技术要求。

**能力目标**

1. 能够测定岩石的密度、毛体积密度、孔隙率以及岩石的单轴抗压强度。
2. 能够测定砂、石的表观密度、堆积密度，并计算空隙率。
3. 能够测定砂石的含水率。
4. 能够测定集料的压碎值和磨耗率。
5. 能够做砂石的筛分试验，并判断砂石的级配。
6. 能够测定矿粉的技术性质。

砂石材料是道路与桥梁工程中用量最大的一种建筑材料，它是由岩石风化或加工而成。岩石是由造岩矿物在地质作用下按一定规律聚集而成的自然体，是组成地壳的基本物质。不同造岩矿物和成岩条件使得各类天然岩石具有不同的组成、构造以及技术性质。

砂石可直接用作道路与桥梁的圬工结构材料，亦可加工成各种尺寸，用于水泥混凝土和沥青混合料中。砂石在混合料中主要起骨架和填充作用，因此通常称之为集料或骨料。集料是水泥（或沥青）混合料的主要组分。用作水泥混凝土和沥青混合料的集料，应具备一定的技术性质，并按级配理论组成，以适应不同道路与桥梁建筑工程的技术要求。集料的物理、力学、化学性质对水泥（或沥青）混合料的性质有很大的影响。集料的选择、测定及评判是生产高质量混凝土的重要保证。一些集料由于某些不良的性质，会限制混凝土强度的发展，并且会对混凝土的耐久性及其他应用性能产生不利的影响。因此，在配制混凝土时，有必要对集料的一些主要性质进行检测分析，以保证混凝土的强度和耐久性。

# 任务一 岩石的技术性质检测

**任务描述**

测定岩石的技术性质，评定岩石的质量。

**任务分析**

岩石的技术性质，主要从物理性质、力学性质和化学性质三个方面进行评价。岩石的物理性质包括物理常数（如密度、毛体积密度和孔隙率）、吸水性（如吸水率、饱和吸水率）和抗冻性等。岩石的力学性质主要有确定岩石等级的单轴抗压强度和磨耗性。岩石的化学性质主要了解岩石的化学组成。

测定岩石的技术性质，是按照 JTG E41—2005《公路工程岩石试验规程》取样、检测，然后根据检测结果，评定岩石的质量，以便在工程实践中，能更好地选择和使用。学生通过完成该项任务，熟悉岩石的技术性质和技术要求，掌握岩石技术性质的检测方法和检测技能。

### 知识链接

#### 一、岩石的密度、毛体积密度和孔隙率

广义密度的概念是指物质单位体积的质量。从质量和体积的物理观点出发，岩石主要是由矿物质实体和孔隙（包括与外界连通的开口孔隙和内部的闭口孔隙）所组成，如图 1-1 所示。因此，在研究岩石等道路工程材料时，由于对体积的测试方法不同和实际应用的需要，根据不同的体积内涵，引出不同的密度概念。

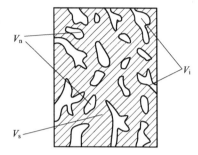

图 1-1 岩石的体积构成示意
$V_s$—绝对密实体积；$V_n$—闭口孔隙体积；$V_i$—开口孔隙体积

1. 密度（真实密度）

密度是指材料在绝对密实状态下单位体积的质量。绝对密实状态下的体积是不包括材料孔隙在内的固体物质本身的体积。

岩石的密度是在规定条件（105℃±5℃烘干至恒重）下，单位矿质实体体积（不含孔隙的矿质实体的体积）的质量。密度用 $\rho_t$ 表示，按式（1-1）计算：

$$\rho_t = \frac{m_s}{V_s} \tag{1-1}$$

式中 $\rho_t$——岩石的密度，g/cm³ 或 kg/m³；

$m_s$——岩石的质量，g 或 kg；

$V_s$——岩石矿质实体的体积，cm³ 或 m³。

2. 毛体积密度

岩石在规定条件下，单位毛体积（包括矿质实体和孔隙体积）的质量。毛体积密度用 $\rho_d$ 表示，按下式计算：

$$\rho_d = \frac{m_s}{V_s + V_n + V_i} \tag{1-2}$$

式中 $\rho_d$——岩石的毛体积密度，g/cm³ 或 kg/m³；

$m_s$——岩石的质量，g 或 kg；

$V_i, V_n$——岩石开口孔隙和闭口孔隙的体积，cm³ 或 m³。

3. 孔隙率

岩石的孔隙率是指岩石内部孔隙的体积占其总体积的百分率，即

$$n = \frac{V_0}{V} \times 100\% = \left(1 - \frac{\rho_d}{\rho_t}\right) \times 100\% \tag{1-3}$$

式中 $V$——岩石的总体积，cm³ 或 m³；

$V_0$——岩石的孔隙体积，cm³ 或 m³；

$\rho_d$——岩石的毛体积密度，g/cm³ 或 kg/m³；

$\rho_t$——岩石的密度，g/cm³ 或 kg/m³。

岩石密度是选择道路工程材料、研究岩石风化、评价地基基础工程岩体稳定性及确定围岩压力等必需的计算指标。岩石的毛体积密度是一个间接反映岩石的致密程度、孔隙发育程度的参数，也是评价工程岩体稳定性及确定围岩压力等必需的计算指标。岩石的密度、毛体积密度和孔隙率属于岩石的物理常数。岩石的物理常数不仅反映岩石的内部组成结构状态，而且能间接地反映岩石的力学性质。尤其是岩石的孔隙结构会影响其所轧制成的集料在水泥

混凝土和沥青混合料中对水泥浆和沥青的吸收、吸附等化学交互作用的程度。

## 二、吸水性

岩石的吸水性是岩石在规定的条件下吸水的能力。岩石与水作用后，水很快湿润岩石的表面并填充了岩石的孔隙，因此水对岩石的破坏作用的大小，主要取决于岩石造岩矿物性质及其组织结构状态（即孔隙分布情况和孔隙率大小）。为此，我国现行《公路工程岩石试验规程》规定，采用吸水率和饱和吸水率两项指标来表征岩石的吸水性。

### 1.吸水率

岩石吸水率是指在室内常温（20℃±2℃）和大气压条件下，岩石试件最大的吸水质量占烘干（105℃±5℃干燥至恒重）岩石试件质量的百分率。岩石吸水率 $W_a$ 按式(1-4)计算：

$$W_a = \frac{m_h - m_g}{m_g} \times 100\%$$ (1-4)

式中　$m_h$——岩石吸水至恒重时的质量，g；

　　　$m_g$——岩石在干燥状态下的质量，g。

### 2.饱和吸水率

在强制条件下（沸煮法或真空抽气法），岩石试件最大的吸水质量占烘干岩石试件质量的百分率。岩石饱和吸水率 $W_{sa}$ 按式(1-5)计算：

$$W_{sa} = \frac{m_b - m_g}{m_g} \times 100\%$$ (1-5)

式中　$m_b$——岩石经强制吸水至饱和时的质量，g；

　　　$m_g$——岩石在干燥状态下的质量，g。

吸水率与饱和吸水率之比称为饱水系数，用 $K_W$ 表示。它是评价岩石抗冻性的一种指标。当 $K_W > 90\%$ 时，抗冻性较差。

岩石的吸水率与其孔隙率有关，更与其孔隙特征有关。因为水分是通过岩石的开口孔隙吸入并经过连通孔隙渗入内部的。岩石内与外界连通的细微孔隙越多，其吸水率就越大。

一般来说，材料被水浸湿后，强度均会有所降低。这是因为材料浸水后，水分被组成材料的微粒表面吸附，形成水膜，降低了微粒间的结合力，引起强度的下降。常用软化系数来表明材料浸水后强度降低的程度。

$$K_p = \frac{f_w}{f}$$ (1-6)

式中　$K_p$——软化系数，其值在0～1之间；

　　　$f_w$——材料在吸水饱和状态下的抗压强度，MPa；

　　　$f$——材料在绝对干燥状态下抗压强度，MPa。

$K_p$ 值越小，表示材料吸水饱和后强度下降越大，即耐水性越差。材料的软化系数 $K_p$ 在0～1之间。不同材料的 $K$ 值相差颇大，如黏土 $K_p = 0$，而金属 $K_p = 1$。通常 $K_p$ 大于0.85的材料，可认为是耐水材料。长期受水浸泡或处于潮湿环境的重要结构物 $K_p$ 应大于0.85，次要建筑物或受潮较轻的情况下，$K_p$ 也不宜小于0.75。

## 三、抗冻性

岩石抗冻性是指岩石在吸水饱和状态下，抵抗多次冻融循环作用而不发生显著破坏，同时也不严重降低强度的性质。

岩石吸水后，在负温作用条件下，水在材料毛细孔内冻结成冰，体积膨胀所产生的冻胀压力造成材料的内应力，会使材料遭到局部破坏。随着冻融循环的反复，材料的破坏作用逐步加剧，这种破坏称为冻融破坏。岩石冻融破坏后，表面将出现剥落、裂纹，产生质量损失，强度降低。因此要求在寒冷地区，冬季月平均气温低于−15℃的重要工程，岩石吸水率大于0.5%时，都需要对岩石进行抗冻性试验。

我国现行抗冻性的试验方法是采用直接冻融法。该方法是将岩石加工为规则的块状试样，在常温条件下（20℃±5℃），采用逐渐浸水的方法，使开口孔隙吸饱水分，然后置于负温（通常采用−15℃）的冰箱中冻结4h，最后在常温条件下融解，如此为一冻融循环。经过10次、15次、25次等循环后，观察其外观破坏情况并加以记录。将冻融试验后的试件烘至恒重，称其质量，然后测定其抗压强度，并计算岩石的抗冻质量损失率和冻融系数。

岩石抗冻质量损失率 $L$ 按式(1-7)计算：

$$L = \frac{m_s - m_f}{m_s} \times 100\% \tag{1-7}$$

式中　$m_s$——试验前烘干试件的质量，g；

　　　$m_f$——试验后烘干试件的质量，g。

岩石的冻融系数为未经冻融的岩石试件抗压强度与冻融循环后的岩石试件抗压强度比值，即

$$K_f = \frac{R_f}{R_s} \tag{1-8}$$

式中　$K_f$——冻融系数；

　　　$R_f$——经冻融循环试验后岩石试件饱水抗压强度，MPa；

　　　$R_s$——未经冻融循环试验岩石试件饱水抗压强度，MPa。

一般认为，岩石冻融系数大于0.75，质量损失率小于2%时，其抗冻性好。

如无条件进行冻融试验，也可采用坚固性简易快速测定法，这种方法是通过饱和硫酸钠溶液进行多次浸泡与烘干循环后来测定。

将烘干岩石试件置入饱和硫酸钠溶液中浸泡20h后，将试件取出置于105℃±5℃的烘箱中烘烤4h，然后取出冷却至室温，这样作为一个循环。如此重复浸泡和烘烤5次后，仔细观察试件有无破坏现象，将试件用蒸馏水沸煮洗净，烘干称重，与直接冻融法同样的方法计算质量损失率。

### 四、力学性质

公路与桥梁工程结构物中用岩石，应具备一定的力学性质，如抗压、抗拉、抗剪、抗折强度，还应具备如抗磨光、抗冲击和抗磨耗等力学性能，在此只讨论确定岩石的抗压强度等级的单轴抗压强度和磨耗性两项性质。

1.单轴抗压强度

单轴抗压强度是岩石试件抵抗单轴压力保持自身不被破坏的极限应力。按式(1-9)计算：

$$R = \frac{p}{A} \tag{1-9}$$

式中　$R$——岩石的抗压强度，MPa；

　　　$p$——试件破坏时的荷载，N，

　　　$A$——试件的截面积，$mm^2$。

岩石的单轴抗压强度是岩石力学性质中最重要的一项指标，它是岩石强度分级和岩性描述的主要依据。

2.磨耗性

磨耗性是岩石抵抗撞击、剪切和摩擦等综合作用的性能，用磨耗损失率表示。我国现行标准《公路工程岩石试验规程》（JTG E41—2005）规定岩石磨耗试验方法与粗集料的磨耗

试验方法相同，按《公路工程集料试验规程》（JTG E42—2005）采用洛杉矶式磨耗试验法（详见任务二：集料的物理性质检测）。岩石磨耗损失率按式（1-10）计算：

$$Q = \frac{m_1 - m_2}{m_1} \times 100\%$$ (1-10)

式中　$Q$——岩石的磨耗损失率，%；

　　　$m_1$——装入筒中的试样质量，g；

　　　$m_2$——试验后洗净烘干的试样质量，g。

## 五、化学性质

早年的研究认为矿质集料是一种惰性材料，它在混合料（各种矿质集料与水泥或沥青组合）中起着物理作用。随着科学发展，科学家们根据物理-力学的研究，认为矿质集料在混合料中与结合料起着物理-化学作用。岩石的化学性质将影响着混合料的物理-力学性质。根据 $SiO_2$ 含量多少将岩石划分为酸性、碱性及中性。按克罗斯的分类法，岩石中 $SiO_2$ 含量大于 65% 的岩石称为酸性岩石，如花岗岩、石英岩等；$SiO_2$ 含量在 52%～65% 岩石称为中性岩石，如闪长岩、辉绿岩等；$SiO_2$ 含量小于 52% 的岩石称为碱性岩石，如石灰岩、玄武岩等。根据岩石与沥青黏附性测定结果表明，随着 $SiO_2$ 含量的增加，岩石与沥青的黏附性随之降低。为保证沥青混合料的强度，在选择岩石时应优先考虑采用碱性岩石，在当地缺乏碱性岩石必须采用酸性岩石时，可采用掺加各种抗剥剂等措施来提高沥青与岩石的黏附性。

### 任务实施

#### 一、岩石的密度测定

对不含水溶性矿物成分的岩石的密度测定可以采用洁净水，对含水溶性矿物成分的岩石应使用中性液体如煤油。

1.仪器设备

（1）密度瓶。容积 100mL 的短颈瓶。

（2）天平。感量 0.001g。

（3）轧石机（实验室用小型轧石机）或钢锤。供初碎岩石试样用。

（4）球磨机。供磨碎石粉用。

（5）研钵。供磨细石粉用。

（6）烘箱。能使温度控制在 105℃±5℃。

（7）砂浴、恒温水槽（灵敏度±1℃）及真空抽气设备。

（8）干燥器。内装氯化钙或硅胶等干燥剂。

（9）筛子。孔径为 0.315mm。

（10）锥形玻璃漏斗、瓷皿、滴管、牛骨匙、温度计等。

2.试样准备

取代表性岩石试样在小型轧石机上初碎（或手工用钢锤捣碎），再置于球磨机中进一步磨碎，然后用研钵研细，使之全部粉碎成能通过 0.315mm 筛孔的岩粉。

3.检测步骤

（1）将制备好的岩粉放在瓷皿中，置于温度为 105℃±5℃ 的烘箱中烘至恒量，烘干时间一般为 6～12h，然后置于干燥器中冷却至室温（20℃±2℃）备用。

（2）用四分法取两份岩粉，每份试样从中取 15g（$m_1$），精确至 0.001g（本试验称量精度皆同此），用漏斗灌入洗净烘干的密度瓶中，并注入试液至瓶的一半处，摇动密度瓶使岩粉分散。

（3）当使用洁净水做试验时，可采用沸煮法或真空抽气法排除气体。当使用煤油做试验时，应采用真空抽气法排除气体。采用沸煮法排除气体时，将密度瓶放在砂浴上沸煮，沸煮时间自悬液沸腾时间算起不少于 1h；采用真空抽气法排除气体时，真空压力表读数宜为 100kPa，抽气时间维持 1~2h，直到无气泡逸出为止。

（4）将经过排除气体的密度瓶取出擦干，冷却至室温，再向瓶中注入排除气体且同温条件的试液，使试液接近满瓶，然后置于温度为 20℃±2℃ 的恒温水槽内。待瓶内温度稳定，上部悬浮液澄清后，塞好瓶塞，使多余试液溢出。从恒温水槽内取出密度瓶，擦干瓶外水分，立即称其质量 $m_3$。

（5）倒出悬浮液，洗净密度瓶，注入经排除气体且同温条件的试液接近满瓶，再置于恒温水槽内，水温必须与步骤（4）中所用的水槽温度相同。待瓶内试液的温度稳定后，塞好瓶塞，将逸出瓶外的试液擦干，立即称其质量 $m_2$。

4.结果评定

（1）按式(1-11)计算岩石密度值（精确至 $0.01\mathrm{g/cm^3}$）

$$\rho_t = \frac{m_1}{m_1 + m_2 - m_3}\rho_{wt} \qquad (1-11)$$

式中　$\rho_t$——岩石密度，$\mathrm{g/cm^3}$；

　　　$\rho_{wt}$——与检测同温度试液的密度，$\mathrm{g/cm^3}$；

　　　$m_1$——烘干试样的质量，g；

　　　$m_2$——瓶加试液的质量，g；

　　　$m_3$——瓶、试液与试样的总质量，g。

（2）两次检测结果的算术平均值作为测定值，如两次试验结果之差大于 $0.02\mathrm{g/cm^3}$ 时，应重新取样进行检测。

### 二、岩石的毛体积密度测定

岩石的毛体积密度测定可分为量积法、水中称量法和蜡封法。量积法适用于能制成规则试件的各类岩石；水中称量法适用于除遇水崩解、溶解和干缩湿胀外的其他各类岩石；蜡封法适用于不能用量积法或直接水中称量进行测定的岩石。测定时，同一含水状态，每组不得少于 3 个试件。

1.仪器设备

（1）试件加工设备：切石机、钻石机、磨石机及小锤等。

（2）天平：称量大于 500g，感量 0.01g。

（3）烘箱：能使温度控制 105℃±5℃ 的范围内。

（4）水中称量装置。

（5）石蜡及熔蜡设备。

（6）游标卡尺。

2.检测步骤

（1）量积法

① 试件制备　采用圆柱体或立方体作为标准试件，直径或边长和高均为 50mm±2mm。

② 测量试件的直径或边长　用游标卡尺测量试件两端和中间 3 个断面上互相垂直的两个方向的直径或边长，按截面积计算平均值。

③ 测量试件的高度　用游标卡尺测量试件断面周边对称的 4 个点（圆柱体试件为互相垂直的直径与圆周交点处；立方体试件为边长的中点）和中心点 5 个高度，计算平均值。

④ 测定天然密度　应在岩样开封后，在保持天然温度的条件下，立即加工试件和称量。

测定后的试件，可作为测定天然状态的单轴抗压强度的试件。

⑤ 测定饱和密度 试件的饱和过程制作，可由以下两种方法中任选一种。

a.用煮沸法饱和试件 将试件放入水槽，注水至试件高度的一半，静置2h。再加水使试件浸没，煮沸6h以上，并保持水的深度不变。煮沸停止后静置水槽，待其冷却，取出试件，用湿纱布擦去表面水分，立即称其质量。

b.用真空抽气法饱和试件 将试件置于真空干燥中，注入洁净水，水面高出试件顶面20mm，开动抽气机，抽气时真空压力需达到100kPa，保持此真空状态直到无气泡发生时为止（不少于4h）。经真空抽气的试件应放置在原容器中，在大气压力下静置4h，取出试件，用湿纱布擦去表面水分，立即称其质量。测定后的试件，可作为测定饱和状态的单轴抗压强度的试件。

⑥ 测定干密度 将试件放入烘箱，在105℃±5℃下烘至恒量，烘干时间一般为12～24h，取出试件置于干燥器内冷却至室温。从干燥器内取出试件，放在天平上称其质量。测定后的试件，可作为测定干燥状态的单轴抗压强度的试件。

⑦ 本测定称量精确至0.01g；测量精确至0.01mm。

（2）水中称量法

① 试件制备 试件可采用规则或不规则形状，试件尺寸应大于组成岩石最大颗粒粒径的10倍，每个试件质量不宜小于150g。

② 测天然密度时，应取有代表性的岩石制备试件并称量；测干密度时，将试件放入烘干箱，在105℃±5℃下烘至恒量，烘干时间一般为12～24h。取出试件置于干燥器内冷却至室温后，称干试件质量。

③ 将干试件浸入水中进行饱和，饱和方法可依岩石性质选用煮沸法或真空抽气法。试件饱和过程和称量同量积法。

④ 取出饱和浸水试件，用湿纱布擦去试件表面水分，立即称其质量。

⑤ 将试件放在水中称量装置的丝网上，称取试件在水中的质量（丝网在水中质量可事先用砝码平衡）。在称量过程中，称量装置的液面应始终保持同一高度，并记下水温。

本测定称量精确到0.01g。

（3）蜡封法

① 试件制备 将岩样制成边长40～60mm的立方体试件，并将尖锐棱角用砂轮打磨光滑；或采用直径为48～52mm的圆柱体试件。测定天然密度的试件，应在岩样拆封后，在设法保持天然温度的条件下，迅速制样、称量和密封。

② 测天然密度时，应取有代表性的岩石制备试件并称量；测干密度时，将试件放入烘干箱，在105℃±5℃下烘至恒量，烘干时间一般为12～14h。取出试件置于干燥器内冷却至室温。

③ 从干燥器内取出试件，放在天平上称量。

④ 把石蜡装在干净铁盆中加热熔化至稍高于熔点（一般石蜡熔点为55～58℃）。岩石试件可通过滚涂或刷涂的方法使其表面涂上一层厚度为1mm左右的石蜡层，冷却后准确称出蜡封试件的质量。

⑤ 将涂有石蜡的试件系于天平上，称出其在洁净水中的质量。

⑥ 擦干试件表面的水分，在空气中重新称取蜡封试件的质量，检查此时蜡封试件的质量是否大于浸水前的质量。如蜡封试件的质量减去浸水前试件质量大于0.05g，说明试件蜡封不好，洁净水已浸入试件，应取试件重新测定。

3.结果评定

（1）毛体积密度计算

① 量积法岩石毛体积密度按式(1-12)计算，精确至0.01g/cm³。

$$\rho_d = \frac{m}{V} \tag{1-12}$$

式中　$\rho_d$——试件的密度，$g/cm^3$ 或 $kg/m^3$；

　　　$m$——试件的质量，g 或 kg；

　　　$V$——试件的体积，$cm^3$ 或 $m^3$。

② 水中称量法岩石毛体积密度按式(1-13)计算，精确至 $0.01g/cm^3$。

$$\rho_d = \frac{m}{m_s - m_w} \rho_w \tag{1-13}$$

式中　$m_s$——试件强制饱和后的质量，g 或 kg；

　　　$m_w$——试件强制饱和后在洁净水中的质量，g 或 kg；

　　　$\rho_w$——洁净水的密度，$g/cm^3$ 或 $kg/m^3$。

③ 蜡封法岩石毛体积密度按式(1-14)计算，精确至 $0.01g/cm^3$。

$$\rho_d = \frac{m}{\dfrac{m_1 - m_2}{\rho_w} - \dfrac{m_1 - m_d}{\rho_N}} \tag{1-14}$$

式中　$m_1$——蜡封试件的质量，g 或 kg；

　　　$m_2$——蜡封试件在洁净水中的质量，g 或 kg；

　　　$\rho_N$——石蜡的密度，$g/cm^3$ 或 $kg/m^3$；

　　　$m_d$——试件烘干后的质量，g 或 kg。

（2）孔隙率计算

求得岩石的毛体积密度及密度后，按式(1-15)计算孔隙率，结果精确至 0.1%。

$$n = \left(1 - \frac{\rho_d}{\rho_t}\right) \times 100\% \tag{1-15}$$

式中　$\rho_d$——岩石的毛体积密度，$g/cm^3$ 或 $kg/m^3$；

　　　$\rho_t$——岩石的密度，$g/cm^3$ 或 $kg/m^3$。

### 三、岩石的单轴抗压强度测定

本法采用饱水状态下的岩石立方体（或圆柱体）试件的抗压强度来评定岩石的强度（包括碎石或卵石的原始岩石强度）。在某些情况下，试件含水状态也可根据需要选择天然状态、烘干状态或冻融循环后状态。

1.仪器设备

（1）试验机。压力试验机或万能试验机。

（2）试件加工设备。钻石机、切石机、磨石机等。

（3）游标卡尺、角尺、烘箱、干燥器及水池等。

注：试验机规格的选择视试件的破坏荷载大小而定，一般试件的破坏荷载宜大于压力机全量程的 20% 且小于其全量程的 80%，所测结果较为准确。

2.试样准备

（1）桥梁工程用的岩石试验，采用立方法试件，边长为 70mm±2mm。每组试件共 6 个。

（2）路面工程用的岩石试验，采用圆柱体或立方体试件，其直径或边长和高均为 50mm±2mm。每组试件共 6 个。

（3）用切石机或钻石机从岩石试样或岩芯中制取符合规定的立方体或圆柱体试件 6 个；有显著层理的岩石，分别沿平行和垂直层理方向各取试件 6 个。试件上、下端面应平行和磨平，试件端面的平面度公差应小于 0.05mm，端面对于试件轴线垂直度偏差不应超过 0.25。

3.检测步骤

(1) 用游标卡尺量取试件尺寸（精确到 0.1mm），对立方体试件在顶面和底面上各量取其边长，以各个面上相互平行的两个边长的算术平均值计算其承压面积；对于圆柱体试件在顶面和底面分别测量两个相互正交的直径，并以其各自的算术平均值分别计算底面和顶面的面积，取其顶面与底面面积之和的算术平均值作为计算抗压强度所用的截面积。

(2) 试件在含水状态可根据需要选择天然状态、烘干状态、饱和状态、冻融循环后状态。试件烘干及饱和状态见毛体积密度的测定，试件冻融循环后状态应符合相应规定。

(3) 将试件置于压力机的承压板中央，对正上、下承压板，不得偏心；然后以 0.5～1.0MPa/s 的速率进行加荷直到破坏，记录破坏荷载及加载过程中出现的现象。

(4) 抗压试件试验的最大荷载记录以"N"为单位，精确到 1%。

4.结果评定

(1) 岩石的抗压强度 $R$ 按式(1-16) 计算，精确至 0.1MPa。

$$R = \frac{p}{A} \tag{1-16}$$

式中　　$R$——岩石的抗压强度，MPa；

　　　　$p$——试件破坏时的荷载，N；

　　　　$A$——试件的截面积，$mm^2$。

(2) 单轴抗压强度试验结果应同时列出每个试件的试验值及同组岩石单轴抗压强度的平均值；有显著层理的岩石，分别报告垂直与平行层理方向的试件强度的平均值。

(3) 岩石的软化系数 $K_P$ 按式(1-17) 计算，精确到 0.01。

$$K_P = \frac{R_w}{R_d} \tag{1-17}$$

式中　　$K_P$——岩石软化系数；

　　　　$R_w$——岩石饱和状态下的单轴抗压程度，MPa；

　　　　$R_d$——岩石烘干状态下的单轴抗压程度，MPa。

(4) 软化系数计算由 3 个试件平行测定，取算术平均值；3 个值中最大与最小之差不应超过平均值的 20%，否则，应另取第 4 个试件，并在 4 个试件中取最接近的 3 个值的平均值作为试验结果，同时在报告中将 4 个值全部列出。

### 📖 知识拓展

#### 一、岩石及造岩矿物

岩石是由各种不同地质作用所形成的天然矿物的集合体。组成岩石的矿物称造岩矿物。矿物是地壳中受不同地质作用所形成的具有一定化学组成和物理性质的单物质或化合物。目前发现的矿物大约有 3300 多种，绝大多数是固态无机物。其中主要造岩矿物有 30 多种，各种造岩矿物具有不同的颜色和特性。由一种矿物组成的岩石称为单成岩（如以方解石矿物为主的石灰岩）；由两种或多种矿物构成的岩石称复成岩（如以长石、石英、云母矿物为主的花岗岩）。

岩石根据其形成的地质条件不同，可分为岩浆岩、沉积岩和变质岩三大类。

岩浆岩又称火成岩。它是由炽热的岩浆侵入地壳或喷出地表经冷却固结而成的岩石。岩浆岩是地壳中的主要岩石，约占地壳岩石总量的 89%。岩浆岩根据其产出环境可分为两大类：一是岩浆侵入地壳内冷凝而成的岩浆岩，称为侵入岩；二是由火山作用使岩浆突破地壳喷出地表，在海上或大气冷却所形成的岩石，称为火山岩（或喷出岩）。岩浆岩有花岗岩、正长岩、辉长岩、辉绿岩、闪长岩、橄榄岩、玄武岩等。

沉积岩是在地壳表层条件下，由风化作用、生物作用、火山作用及其他地质应力下改造的物质，经搬运、沉积、成岩等一系列地质作用形成的岩石。由于沉积岩以水力沉积为主，故过去也称之为水成岩。沉积岩虽然仅占地壳岩石圈总体积的5%，但分布面积却十分广，占陆地岩石分布总面积的75%和几乎全部的海底面积，是人类接触最多的岩石。沉积岩主要有石灰岩、砂岩等。

变质岩是指在（温度和压力等）变质作用条件下，使地壳中已经存在的岩石（可以是火成岩、沉积岩及早已形成的变质岩）变成具有新的矿物组合及结构、构造等特征的岩石。常见的变质岩有大理岩、石英岩、片麻岩等。

## 二、道路路面工程用岩石制品

道路路面工程用岩石制品包括直接铺砌路面面层用的整齐块石、半整齐块石和不整齐块石三类；用作路面基层用的锥形块石、片石等。各类岩石制品的技术要求和规格简要分述如下。

### 1.高级铺砌用整齐块石

由高强、硬质、耐磨的岩石经精凿加工而成，其加工费用昂贵，这种块石铺筑的路面需以水泥混凝土为底层，并且用水泥砂浆灌缝找平，所以这种路面造价很高，只有在特殊要求路面，如特种交通以及履带车等行驶的路面使用，尺寸一般可按设计要求确定。大方块石为300mm×300mm×(120～150)mm，小方块石为120mm×120mm×250mm，抗压强度不低于100MPa，洛杉矶磨耗率不大于5%。

### 2.面铺砌用半整齐块石

经粗凿而成立方体的方块石或长方体的条石。顶面与地面平行，顶面积与底面积之比不小于40%～75%。

半整齐块石用硬质石料制成，为修琢方便，常采用花岗岩。顶面不进行加工，因此顶面平整性较差，一般只在特殊地段，如土基尚未沉实稳定的桥头引道及干道，铁轮履带车经常通过的地带使用。

### 3.铺砌用不整齐块石

又称拳石，它是由粗加工而得到的块石，要求顶面为一平面，底面与顶面基本平行，顶面积与底面积之比大于40%～60%，其优点是造价不高，经久耐用，其缺点是不平整，行车震动大，故目前应用很少。

### 4.锥形块石

又称"大块石"，用于路面底基层，是由片石进一步加工而得的粗打集料，要求上小下大，接近截锥形，其底面积不宜小于100cm²，以便砌摆稳定。高度一般分为160mm±20mm、200mm±20mm、250mm±20mm等，通常底基层厚度应为石块高的1.1～1.4倍。除特殊情况外，一般不采用大块石基层。

## 三、桥梁建筑用主要岩石制品

桥梁建筑用岩石制品主要有：片石、块石、方块石、粗料石、细料石、镶面石等。

### 1.片石

由打眼放炮采得岩石，其形状不受限制，但薄片者不得使用。一般片石中部最小边长应不小于15cm，体积不小于0.01m³，每块质量一般在30kg以上。用于圬工工程主体的片石，其极限抗压强度应不小于30MPa；用于附属圬工工程的片石，其极限抗压强度应不小于20MPa。

### 2.块石

块石是由成层岩中打眼放炮开采获得，或用楔子打入成层岩的明缝或暗缝中劈出的岩石。块石形状大致方正，无尖角，有两个较大的平行面，边角可不加工。其厚度应不小于

20cm，宽度为厚度的 1.5～2.0 倍，长度为厚度的 1.5～3.0 倍。砌缝宽度一般不大于 20cm，个别边角砌缝宽度可达 30～35mm。岩石极限抗压强度应符合设计文件的规定。

3.方块石

在块石中选择形状比较平整者稍加修整，使其大致方正，厚度不小于 20cm，宽度为厚度的 1.5～2.0 倍，长度为厚度的 1.5～4.0 倍。砌缝宽度一般不大于 20mm，岩石抗压强度应符合设计文件的规定。

4.粗料石

形状尺寸和极限抗压强度应符合设计文件的规定，其表面凹凸不大于 10mm，砌缝宽度小于 20mm。

5.细料石

形状尺寸和极限抗压强度应符合设计文件的规定，其表面凹凸不大于 5mm，砌缝宽度小于 15mm。

6.镶面石

镶面石受气候因素——晴、雨、冻融的影响，损坏较快，一般应选用较好的、较坚硬的岩石。镶石的外露面可沿四周琢成 2cm 的边，中间部分仍保持原来的天然石面。岩石上、下和两侧均加工粗琢成剁口，剁口宽度不得小于 10cm，琢面应垂直于外露面。

# 任务二　集料的物理性质检测

**任务描述**

测定集料的物理性质，为集料的质量评定和混合料配合比设计提供依据。

**任务分析**

集料的物理性质，主要包括集料的表观密度、毛体积密度、堆积密度、含水率以及级配。

测定集料的物理性质，是按照 JTG E42—2005《公路工程集料试验规程》进行。学生通过完成集料取样、表观密度、堆积密度的测定和空隙率计算；集料含水率的测定；集料的筛分析等工作任务，掌握集料的物理性质及其检测方法，为配制符合要求的混凝土提供保障。

**知识链接**

集料是混合料中起骨架和填充作用的粒料，包括石屑、自然风化而成的砾石（卵石）、砂及经人工轧制成的各种尺寸的碎石。工程上以粒径的大小为界，通常将集料分为细集料（砂子）及粗集料（石子）。在水泥混凝土中，粒径在 0.15～4.75mm 之间的集料称为细集料；大于 4.75mm 的为粗集料。在沥青混合料中，粒径小于 2.36mm 为细集料；大于 2.36mm 为粗集料。不同粒径的集料在水泥（或沥青）混合料中所起的作用不同，因此对它们的技术要求也不同。

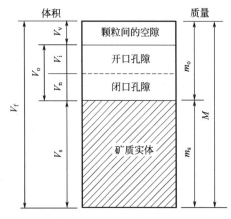

图 1-2　砂石的体积和质量的关系

## 一、集料的密度

砂石是矿物颗粒的散粒状混合物，其体积组成除了包括矿物及矿物本身的孔隙外，还包括矿物颗粒之间的空隙，图 1-2 为砂石体积与质量关系的示意图。在工程中，常用的砂石密度包括表观密度、毛体积密度及堆积密度等。

**1. 表观密度**

表观密度是在规定条件下（105℃±5℃烘干至恒重），单位表观体积（包括矿质实体和闭口孔隙体积）物质颗粒质量。按式(1-18)计算：

$$\rho_a = \frac{m_s}{V_s + V_n} \tag{1-18}$$

式中　$\rho_a$——集料的表观密度，$g/cm^3$；

$m_s$——集料矿质实体质量，g；

$V_s$——集料矿质实体体积，$cm^3$；

$V_n$——集料矿质实体闭口孔隙体积，$cm^3$。

**2. 毛体积密度**

毛体积密度是在规定的条件下、单位毛体积（包括矿质实体、闭口孔隙和开口孔隙）物质颗粒的质量。按式(1-19)计算：

$$\rho_b = \frac{m_s}{V_s + V_n + V_i} \tag{1-19}$$

式中　$\rho_b$——集料的毛体积密度，$g/cm^3$；

$m_s$——矿质实体质量，g；

$V_s, V_n, V_i$——分别为矿质实体、闭口孔隙和开口孔隙体积，$cm^3$。

**3. 堆积密度**

堆积密度是指单位体积（含物质颗粒固体及其闭口、开口孔隙体积及颗粒间空隙体积）物质颗粒的质量。按式(1-20)计算：

$$\rho = \frac{m_s}{V_s + V_0 + V_v} \tag{1-20}$$

式中　$\rho$——集料堆积密度，$g/cm^3$；

$m_s$——矿质实体的质量，g；

$V_s, V_0, V_v$——矿质实体、孔隙和空隙的体积，$cm^3$。

根据装填方法的不同，集料的堆积密度分为自然堆积密度（也称松装密度）、振实密度和捣实密度。自然堆积密度是指以自由落入方式装填集料，所测的密度又称松装密度；振实密度是将集料分3层（细集料分2层）装入容器筒中，在容器筒底部放置一根直径为25mm的圆钢筋（细集料钢筋直径为10mm），每装一层集料后，将容器筒左右交替颠击地面25次；捣实密度是将集料分3层装入容器中，每层用捣棒捣实25次。振实密度和捣实密度又称为紧装密度。

## 二、空隙率

空隙率是指散粒材料在其堆积体积中，颗粒之间的空隙体积所占的比例。空隙率按式(1-21)计算：

$$n = \frac{V_v}{V_f} \times 100\% = \left(1 - \frac{\rho}{\rho_a}\right) \times 100\% \tag{1-21}$$

式中　$n$——集料的空隙率，%；

$V_f$——集料颗粒的装填体积，$cm^3$；

$V_v$——集料颗粒间的空隙体积，$cm^3$。

空隙率的大小反映了散粒材料的颗粒互相填充的致密程度。空隙率可作为控制混凝土骨料级配与计算砂率的依据。

### 三、含水率

集料的含水率是指集料在自然状态条件下的含水量的大小，按式（1-22）进行计算：

$$W_h = \frac{m_s - m_g}{m_g} \times 100\%$$
(1-22)

式中　$W_h$——集料含水率；

$m_s$——未烘干集料的质量，g；

$m_g$——烘干后集料的质量，g。

### 四、级配

级配是指集料中大小粒径颗粒的搭配比例或分布情况。集料的级配通过筛分试验来确定。筛分析试验就是将集料通过一系列规定筛孔尺寸的标准筛（粗集料筛分的筛孔尺寸为75mm、63mm、53mm、37.5mm、31.5mm、26.5mm、19mm、16mm、13.2mm、9.50mm、4.75mm；细集料筛分的筛孔尺寸为 4.75mm、2.36mm、1.18mm、0.60mm、0.30mm、0.15mm），测定出存留在各个筛上的砂石质量，根据集料试样的质量与留存在各个筛上的集料质量，就可计算出各筛上的分计筛余百分率 $a_i$、累计筛余百分率 $A_i$ 和通过百分率。

1. 分计筛余百分率

分计筛余百分率是指在某号筛上的筛余质量占试样总质量的百分率。

$$a_i = \frac{m_i}{m} \times 100\%$$
(1-23)

式中　$a_i$——某号筛上的分计筛余百分率，%；

$m$——用于干筛的干燥试样总质量，g；

$m_i$——存留在某号筛上的试样质量，g。

2. 累计筛余百分率

各号筛的累计筛余百分率为该号筛及大于该号筛的各号筛的分计筛余百分率之和。

$$A_i = a_1 + a_2 + a_3 + \cdots + a_i$$
(1-24)

式中　$A_i$——累计筛余百分率，%；

$a_i$——某号筛上的分计筛余百分率，%。

3. 通过百分率

通过百分率是指通过某筛的试样质量占试样总质量的百分率。等于 100 减去该号筛累计筛余百分率。

$$P_i = 100\% - A_i$$
(1-25)

式中　$P_i$——某号筛的通过百分率，%；

$A_i$——累计筛余百分率，%。

细集料筛余量、分计筛余百分率、累计筛余百分率的关系见表 1-1。

表 1-1　细集料筛余量、分计筛余百分率、累计筛余百分率的关系

| 筛孔尺寸/mm | 筛余量 $m_i$/g | 分计筛余百分率 $a_i$/% | 累计筛余百分率 $A_i$/% |
| --- | --- | --- | --- |
| 4.75 | $m_1$ | $a_1$ | $A_1 = a_1$ |
| 2.36 | $m_2$ | $a_2$ | $A_2 = a_1 + a_2$ |
| 1.18 | $m_3$ | $a_3$ | $A_3 = a_1 + a_2 + a_3$ |
| 0.6 | $m_4$ | $a_4$ | $A_4 = a_1 + a_2 + a_3 + a_4$ |
| 0.3 | $m_5$ | $a_5$ | $A_5 = a_1 + a_2 + a_3 + a_4 + a_5$ |
| 0.15 | $m_6$ | $a_6$ | $A_6 = a_1 + a_2 + a_3 + a_4 + a_5 + a_6$ |

4.细集料的粗度及颗粒级配

粗度是评价细集料粗细程度的一种指标，是指不同粒径的砂子混合在一起的平均粗细程度，用细度模数表示。细度模数按式(1-26)计算：

$$M_x = \frac{(A_2 + A_3 + A_4 + A_5 + A_6) - 5A_1}{100 - A_1} \tag{1-26}$$

式中　　　　　　　$M_x$——细度模数；

$A_1,A_2,A_3,A_4,A_5,A_6$——4.75mm、2.36mm、1.18mm、0.60mm、0.30mm、0.15mm
　　　　　　　　　　筛的累计筛余百分率，%。

细度模数越大，表示砂越粗。根据国家标准《建设用砂》(GB/T 14684—2011)规定，$M_x$在0.7～1.5为特细砂、$M_x$在1.6～2.2为细砂、$M_x$在2.3～3.0为中砂，$M_x$在3.1～3.7为粗砂。普通混凝土用砂的细度模数，一般控制在2.0～3.5之间较为适宜。

【例1-1】　某工地用砂，筛分试验后的筛分结果如下表所示。判断该砂的粗细程度。

| 筛孔尺寸/mm | 9.5 | 4.75 | 2.36 | 1.18 | 0.6 | 0.3 | 0.15 | 底盘 |
|---|---|---|---|---|---|---|---|---|
| 筛余质量/g | 0 | 15 | 63 | 99 | 105 | 115 | 75 | 28 |

**解**：按题给筛分结果计算如表1-2所示。

**表1-2　各筛上筛余量及分计和累计筛余百分率**

| 筛孔尺寸/mm | 9.5 | 4.75 | 2.36 | 1.18 | 0.60 | 0.30 | 0.15 | 底盘 |
|---|---|---|---|---|---|---|---|---|
| 筛余质量/g | 0 | 15 | 63 | 99 | 105 | 115 | 75 | 28 |
| 分计筛余百分率/% | 0 | 3 | 12.6 | 19.8 | 1 | 23 | 15 | 5.6 |
| 累计筛余百分率/% | 0 | 3 | 15.6 | 35.4 | 56.4 | 79.4 | 94.4 | 100 |

将0.15～4.75mm累计筛余百分率代入式(1-21)得该集料的细度模数为：

$$M_x = \frac{(A_2 + A_3 + A_4 + A_5 + A_6) - 5A_1}{100 - A_1} = \frac{(15.6 + 35.4 + 56.4 + 79.4 + 94.4) - 5 \times 3}{100 - 3} = 2.74$$

由于细度模数为2.74在3.0～2.3之间，所以，此砂为中砂。

砂的颗粒级配用级配区表示。我国标准规定，对细度模数为1.6～3.7的普通混凝土用砂，以0.6mm筛孔的累计筛余百分率为依据，分成三个级配区，见表1-3和图1-3（级配曲线）。

**表1-3　砂的颗粒级配区**

| 筛孔尺寸/mm ＼ 累计筛余/% | 级配区 | | |
|---|---|---|---|
| | Ⅰ | Ⅱ | Ⅲ |
| 4.75 | 0～10 | 0～10 | 0～10 |
| 2.36 | 5～35 | 0～25 | 0～15 |
| 1.18 | 35～65 | 10～50 | 0～25 |
| 0.60 | 71～85 | 41～70 | 16～40 |
| 0.30 | 80～95 | 70～92 | 55～85 |
| 0.15 | 90～100 | 90～100 | 90～100 |

注：1.砂的实际颗粒级配与表中所列数字相比，除4.75mm和0.6mm筛档外，可以略有超出，但超出总量应小于5%。

2.Ⅰ区人工砂中0.15mm筛孔的累计筛余可以放宽到85～100，Ⅱ区人工砂中0.15mm筛孔的累计筛余可以放宽到80～100，Ⅲ区人工砂中150μm筛孔的累计筛余可以放宽到75～100。

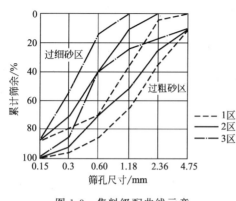

图 1-3　集料级配曲线示意

混凝土用砂的颗粒级配，应处于表 1-3 或图 1-3 的任何一个级配区，否则认为该砂的颗粒级配不合格。

5.粗集料的最大粒径与颗粒级配

粗集料公称粒级的上限值称为该粒级的最大粒径。例如，当使用 5～40mm 的骨料时，此粗集料的最大粒径为 40mm。

粗集料的颗粒级配分为连续级配和间断级配两种。连续级配是粗集料粒级呈连续性，即颗粒由大到小，每级粗集料占一定的比例。间断级配是人为剔除某些粒级颗粒，从而使粗骨料的级配不连续，又称单粒级配。混凝土用粗集料的颗粒级配应符合表 1-4 的规定。

表 1-4　混凝土用碎石或卵石的颗粒级配

| 公称粒径/mm | | 累计筛余/% | | | | | | | | | | | |
| --- | --- | --- | --- | --- | --- | --- | --- | --- | --- | --- | --- | --- | --- |
| | | 方筛孔径 | | | | | | | | | | | |
| | | 2.36mm | 4.75mm | 9.50mm | 16.0mm | 19.0mm | 26.5mm | 31.5mm | 37.5mm | 53.0mm | 63.0mm | 75.0mm | 90mm |
| 连续粒级 | 5～10 | 95～100 | 80～100 | 0～15 | 0 | | | | | | | | |
| | 5～16 | 95～100 | 85～100 | 30～60 | 0～10 | 0 | | | | | | | |
| | 5～20 | 95～100 | 90～100 | 40～80 | — | 0～10 | 0 | | | | | | |
| | 5～25 | 95～100 | 90～100 | — | 30～70 | — | 0～5 | 0 | | | | | |
| | 5～31.5 | 95～100 | 90～100 | 70～90 | — | 15～45 | — | 0～5 | 0 | | | | |
| | 5～40 | — | 95～100 | 70～90 | — | 30～65 | — | — | 0～5 | 0 | | | |
| 单粒粒级 | 10～20 | | 95～100 | 85～100 | | 0～15 | 0 | | | | | | |
| | 16～31.5 | | 95～100 | | 85～100 | | | 0～10 | 0 | | | | |
| | 20～40 | | | 95～100 | | 80～100 | | | 0～10 | 0 | | | |
| | 31.5～63 | | | | 95～100 | | 75～100 | 45～75 | | | 0～10 | 0 | |
| | 40～80 | | | | | 95～100 | | | 70～100 | | 30～60 | 0～10 | 0 |

## 五、坚固性

对已轧制成的碎石或天然的卵石，可采用规定级配的各粒级集料，按现行《公路工程集料试验规程》规定，选取规定数量，分别装在金属网篮中浸入饱和硫酸钠溶液中进行干湿循环试验。经一定的循环次数后，观察其表面破坏情况，并用质量损失百分率来计算其坚固性。

### 任务实施

#### 一、集料验收的取样

砂或石子的验收应按同产地、同规格、同类别分批进行，每批总量不超过 400m³ 或 600t。在料堆上取样时，取样部分应均匀分布，取样前先将取样部位表层铲除。在砂料堆上，从各部位抽取大致相等的砂共 8 份，组成一组样品。每组样品的取样数量，对每一单项试验，应不小于表 1-5 所规定的最少取样数量。做几项试验时，如能保证试样经一项试验后不致影响另一项试验的结果，可以用一试样进行几项不同的试验。

砂样缩分可采用分料器或人工四分法进行。分料器法：将样品在潮湿状态下拌合均匀，然后通过分料器，取接料斗中的其中一份再次通过分料器，重复上述过程，直至把样品缩分到测试所需数量为止。人工四分法：将所取样品置于平板上，在潮湿状态下拌和均匀，并堆成厚度约为20mm的圆饼，然后沿互相垂直的两条直径把圆饼分成大致相等4份，取其中对角线的两份重新拌匀，再堆成圆饼重复上述过程，直至把样品缩成到测试需数量为止。

表1-5 砂石单项测试的最少取样数量

| 骨料种类<br><br>试验项目 | 砂<br>/kg | 碎石或卵石/kg | | | | | | | |
|---|---|---|---|---|---|---|---|---|---|
| | | 骨料最大粒径/mm | | | | | | | |
| | | 9.5mm | 16.0mm | 19.0mm | 26.5mm | 31.5mm | 37.5mm | 63.0mm | 75.0mm |
| 测颗粒级配 | 4.4 | 9.5 | 16.0 | 19.0 | 25.0 | 31.5 | 37.5 | 63.0 | 80.0 |
| 测表观密度 | 2.6 | 8.0 | 8.0 | 8.0 | 8.0 | 12.0 | 16.0 | 24.0 | 24.0 |
| 测堆积密度 | 5.0 | 40.0 | 40.0 | 40.0 | 40.0 | 80.0 | 80.0 | 120.0 | 120.0 |

在石料堆上，从不同部分抽取大致等量的石子15份（在料堆的顶部、中部和底部均匀分布的15个不同部位取得）组成一组样品。进行各项试验的每组样品应不少于表15规定的最少取样数量，将所取样品置于平板上，在自然状态下拌和均匀，并堆成堆体，然后沿互相垂直的两条直径把堆体分成大致相等的4份，取其中对角线的两份重新拌均匀，再堆成堆体。重复上述过程，直到把样品缩分到试验所需要为止。

砂、石的堆积密度和人工砂坚固性测试所用的试样可不经缩分，拌匀后直接进行测定。在整个测试过程中，实验室的温度应保持在15～30℃。

## 二、细集料的表观密度测定

1.仪器设备

（1）烘箱。能控温度在（105±5）℃。

（2）天平。称量10kg，感量不大于1g。

（3）烧杯。500mL。

（4）容量瓶。500mL。

（5）洁净水、干燥器、浅盘、滴管、毛刷、温度计等。

2.试样准备

将缩分至660g的试样在温度为（105±5）℃下烘干至恒重，并在干燥器内冷却至室温后，分成2份备用。

3.检测步骤

（1）称取烘干试样300g（$G_0$），精确至1g，然后装入盛有半瓶洁净水的容量瓶中。

（2）旋转摇动容量瓶，使试样在水中充分搅动以排除气泡，塞紧瓶塞，静置24h，然后用滴管向瓶内添水，使水面与瓶颈刻度线平齐，再塞紧瓶塞，擦干瓶外水分，称取总质量（$G_1$）。

（3）倒出瓶中的水和试样，将瓶的内外洗净，再向瓶中注入温差不超过2℃的洁净水至瓶颈刻度线，塞紧瓶塞，擦干瓶外的水分，称其质量（$G_2$），精确至1g。

> 注：在砂的表现密度测定过程中应测量并控制水的温度，试验期间的温差不得超过1℃。

4.结果评定

（1）砂的表观密度$\rho_0$按式(1-27)计算，精确至$10\text{kg/m}^3$。

$$\rho_0 = \frac{G_0}{G_0 + G_2 - G_1}\rho_{水} \tag{1-27}$$

式中　$\rho_0$——砂的表观密度，kg/m³；

　　　$G_0$——试样的烘干质量，g；

　　　$G_1$——试样、水、及容量瓶的总质量，g；

　　　$G_2$——水及容量瓶的总质量，g；

　　　$\rho_{水}$——水的密度，1000kg/m³。

(2) 表观密度取两次测试结果的算术平均值，精确至 10kg/m³；如果两次测试结果之差大于 20kg/m³，需重新测试。

### 三、细集料的堆积密度测定

**1.仪器设备**

(1) 台秤。称量 5kg，感量 5g。

(2) 容量筒。圆柱形金属筒，内径 108mm，净高 109mm，壁厚 2mm，筒底厚约 5mm，容积约为 1L。

(3) 标准漏斗。如图 1-4 所示。

(4) 烘箱。能控温在 105℃±5℃。

(5) 方孔筛。孔径为 4.75 的筛子一只。

(6) 垫棒。孔径 10mm、长 500mm 的圆钢。

(7) 小勺、直尺、浅盘、毛刷等。

**2.检测准备**

(1) 试样准备　用浅盘装待测试样约 5kg，在温度为 105℃±5℃的烘箱中烘干至恒重，取出并冷却至室温，分成大致相等的两份备用。

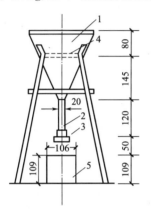

图 1-4　标准漏斗 (尺寸单位：mm)

1—漏斗；2—筛；3—20mm 管子；
4—活动门；5—金属量筒

> 注：试样烘干后如有结块，应在检测前预先捏碎。

(2) 容量筒的校准　将温度为 20℃±2℃的饮用水装满容量筒，用玻璃板沿筒口推移，使其紧贴水面。擦干筒外壁水分，然后称出其质量，精确至 1g。容量筒容积按下式计算（精确至 1mL）：

$$V = G_1 - G_2$$

式中　$G_1$——容量筒、玻璃板和水总质量，g；

　　　$G_2$——容量筒和玻璃板质量，g。

　　　$V$——容量筒的容积，mL。

**3.检测步骤**

(1) 松散堆积密度　取试样一份，用料勺将试样装入下料斗，并徐徐落入容量筒中，直至试样装满并超出筒口为止。然后用直尺沿筒口中心线向两边刮平（测试过程应防止触动容量筒），称出试样和容量筒总质量（$G_1$），精确至 1g，最后称空容量筒质量（$G_2$）。

(2) 紧密堆积密度　取试样一份分两次装入容量筒。装完第一层后，在筒底垫放一根直径为 10mm 的圆钢，将筒按住，左右交替的击各 25 次。然后装入第二层，第二层装满后用同样方法颠实（但筒底所垫钢筋的方向与第一层时的方向垂直）后，再加试样至超过筒口，然后用直尺沿筒口中心线向两边刮平，称出试样和容量筒总质量（$G_1$），精确至 1g。

**4.结果评定**

(1) 松散堆积密度及紧密堆积密度按式(1-28)计算，至精确至 10kg/m³。

$$\rho_0' = \frac{G_1 - G_2}{V} \tag{1-28}$$

式中 $\rho_0'$——松散堆积密度或紧密堆积密度，$kg/m^3$；

$\quad$ $G_1$——容量筒和砂的总质量，g；

$\quad$ $G_2$——容量筒的质量，g；

$\quad$ $V$——容量筒容积，L。

以两次试验结果的算术平均值作为测定值。

（2）砂的空隙率按式(1-29)计算，精确至0.1%。

$$P' = \left(1 - \frac{\rho_0'}{\rho_0}\right) \times 100\% \tag{1-29}$$

式中 $P'$——砂的空隙率，%；

$\quad$ $\rho_0'$——砂的松散（或紧密）堆积密度，$g/cm^3$；

$\quad$ $\rho_0$——砂的表观密度，$g/cm^3$。

### 四、粗集料的密度及吸水率测定（网篮法）

1.仪器设备

（1）天平或浸水天平。可悬挂吊篮测定集料的水中质量，称量应满足试样数量称量要求，感量不大于最大称量的0.05%。

（2）吊篮。耐锈蚀材料制成，直径和高度为150mm左右，四周及底部用1～2mm的筛网编制或具有密集的孔眼。

（3）溢流水槽。在称量水中质量时能保持水面高度一定。

（4）烘箱。能使温度控制在105℃±5℃。

（5）毛巾。纯棉制，洁净，也可用纯棉的汗衫布代替。

（6）温度计。

（7）标准筛。

（8）盛水容器（如搪瓷盘）。

（9）其他：刷子等。

2.试样准备

（1）将试样用标准筛过筛除去其中的细集料，对较粗的粗集料可用4.75mm筛过筛，对2.36～4.75mm集料，或者混在4.75mm以下石屑中的粗集料，则用2.36mm标准筛过筛，用四分法或分料器法缩分至要求的质量，分两份备用，对沥青路面用粗集料，应对不同规格的集料分别测定，不得混杂，所取的每一份集料试样应基本上保持原有的级配。在测定2.36～4.75mm的粗集料时，试验过程中应特别小心，不得丢失集料。

（2）经缩分后供测定密度和吸水率的粗集料质量应符合表1-6的规定。

表1-6 测定密度所需要的试样最小质量

| 项　目 | 指　标 | | | | | | | | |
|---|---|---|---|---|---|---|---|---|---|
| 公称最大粒径/mm | 4.75 | 9.5 | 16 | 19 | 26.5 | 31.5 | 37.5 | 63 | 75 |
| 每一份试样的最小质量/kg | 0.8 | 1 | 1 | 1 | 1.5 | 1.5 | 2 | 3 | 3 |

（3）将每一份集料试样浸泡在水中，并适当搅动，仔细洗去附在集料表面的尘土和石粉，经多次漂洗干净至水完全清澈为止。清洗过程中不得散失集料颗粒。

3.检测步骤

（1）取试样一份装入干净的搪瓷盘中，注入洁净的水，水面至少应高出试样20mm，轻轻搅动石料，使附着在石料上的气泡完全逸出。在室温下保持浸水 24h。

（2）将吊篮挂在天平的吊钩上，浸入溢流水槽中，向溢流水槽中注水，水面高度至水槽的溢流孔，将天平调零，吊篮的筛网应保证集料不会通过筛孔流失，对 2.36～4.75mm 粗集料应更换小孔筛网，或在网篮中加放入一个浅盘。

（3）调节水温在 15～25℃ 范围内。将试样移入吊篮中。溢流水槽中的水面高度由水槽的溢流孔控制，维持不变称取集料的水中质量（$m_w$）。

（4）提起吊篮，稍稍滴水后，较粗的粗集料可以直接倒在拧干的湿毛巾上。将较细的粗集料（2.36～4.75mm）连同浅盘一起取出，稍稍倾斜搪瓷盘，仔细倒出余水，将粗集料倒在拧干的湿毛巾上，用毛巾吸走从集料中漏出的自由水。此步骤需特别注意不得有颗粒丢失，或有小颗粒附在吊篮上。再用拧干的湿毛巾轻轻擦干集料颗粒的表面水，至表面看不到发亮的水迹，即为饱和面干状态。当粗集料尺寸较大时，宜逐颗擦干，注意对较粗的粗集料，拧湿毛巾时不要太用劲，防止拧得太干，对较细的含水较多的粗集料，毛巾可拧得稍干些，擦颗粒的表面水时，既要将表面水擦掉，又千万不能将颗粒内部的水吸出，整个过程中不得有集料丢失，且已擦干的集料不得继续在空气中放置，以防止集料干燥。

> 注：对 2.36～4.75mm 集料，用毛巾擦拭时容易黏附细颗粒集料从而造成集料损失，此时宜改用洁净的纯棉汗衫布擦拭至表干状态。

（5）立即在保持表干状态下，称取集料的表干质量（$m_f$）。

（6）将集料置于浅盘中，放入 105℃±5℃ 的烘箱中烘干至恒重。取出浅盘，放在带盖的容器中冷却至室温，称取集料的烘干质量（$m_a$）。

> 注：恒重是指相邻两次称量间隔时间大于 3h 的情况下，其前后两次称量之差小于该项试验要求的精密度，即 0.1%。一般在烘箱中烘烤的时间不得少于 4～6h。

4. 结果评定

（1）表观相对密度 $\gamma_a$、表干相对密度 $\gamma_s$、毛体积相对密度 $\gamma_b$ 按式（1-30）计算，精确至小数点后 3 位。

$$\gamma_a = \frac{m_a}{m_a - m_w}$$

$$\gamma_s = \frac{m_f}{m_f - m_w} \tag{1-30}$$

$$\gamma_b = \frac{m_a}{m_f - m_w}$$

式中　$\gamma_a$——集料的表观相对密度，无量纲；

　　　$\gamma_s$——集料的表干相对密度，无量纲；

　　　$\gamma_b$——集料的毛体积相对密度，无量纲；

　　　$m_a$——集料的烘干质量，g；

　　　$m_f$——集料的表干质量，g；

　　　$m_w$——集料的水中质量，g。

（2）集料的吸水率以烘干试样为基准，按式（1-31）计算，精确至 0.01%。

$$w_x = \frac{m_f - m_a}{m_a} \tag{1-31}$$

式中　$w_x$——粗集料的吸水率，%。

（3）粗集料的表观密度 $\rho_a$、表干密度 $\rho_s$、毛体积密度 $\rho_b$，按式（1-32）计算，准确至

$0.001g/cm^3$。不同水温条件下测量的粗集料表观密度需进行水温修正，不同试验温度下水的密度 $\rho_T$ 及水的温度修正系数 $\alpha_T$ 按表 1-7 选用。

**表 1-7　不同水温时水的密度 $\rho_T$ 及水温修正系数 $\alpha_T$**

| 水温/℃ | 15 | 16 | 17 | 18 | 19 | 20 |
|---|---|---|---|---|---|---|
| 水的密度 $\rho_T$/(g/cm³) | 0.99913 | 0.99897 | 0.99880 | 0.99862 | 0.99843 | 0.99822 |
| 水温修正系数 $\alpha_T$ | 0.002 | 0.003 | 0.003 | 0.004 | 0.004 | 0.005 |
| 水温/℃ | 21 | 22 | 23 | 24 | 25 | |
| 水的密度 $\rho_T$/(g/cm³) | 0.99802 | 0.99779 | 0.99756 | 0.99733 | 0.99702 | |
| 水温修正系数 $\alpha_T$ | 0.005 | 0.006 | 0.006 | 0.007 | 0.007 | |

$$\rho_a = \gamma_a \times \rho_T \quad 或 \quad \rho_a = (\gamma_a - \alpha_T) \times \rho_w$$
$$\rho_s = \gamma_s \times \rho_T \quad 或 \quad \rho_s = (\gamma_s - \alpha_T) \times \rho_w \qquad (1\text{-}32)$$
$$\rho_b = \gamma_b \times \rho_T \quad 或 \quad \rho_b = (\gamma_b - \alpha_T) \times \rho_w$$

式中　$\rho_a$——粗集料的表观密度，$g/cm^3$；

$\rho_s$——粗集料的表干密度，$g/cm^3$；

$\rho_b$——粗集料的毛体积密度，$g/cm^3$；

$\rho_T$——试验温度 $T$ 时水的密度，$g/cm^3$；

$\alpha_T$——试验温度 $T$ 时的水温修正系数；

$\rho_w$——水在 4℃时的密度，$1.000g/cm^3$。

（4）同一规格的集料应平行试验两次，取平均值作为试验结果。对表观相对密度、表干相对密度、毛体积相对密度，两次结果相差不得超过 0.02，对吸水率不得超过 0.2%。

### 五、粗集料的堆积密度及空隙率测定

**1. 仪器设备**

（1）台秤。称量 10kg，感量 10g。

（2）容量筒。根据石子最大粒按表 1-8 选用。

（3）磅秤。称量 50kg 或 100kg，感量 50g。

（4）垫棒。孔径 16mm、长 600mm 的圆钢。

（5）直尺、小铲等。

**表 1-8　石子容量筒的选用**

| 项　　目 | 指　　标 | | |
|---|---|---|---|
| 最大粒径/mm | 9.5、16.0、19.0、26.5 | 31.5、37.5 | 53.0、63.0、75.0 |
| 容量筒容积/L | 10 | 20 | 30 |

**2. 试样准备**

（1）按规定取样，烘干或风干后拌匀，并把试样分为两份备用。

（2）容量筒的校准

将温度为 20℃±2℃的饮用水装满容量筒，用以玻璃板沿筒口推移，使其紧贴水面。擦干筒外壁水分，然后称出其质量，精确至 1g。容量筒容积按下式计算（精确至 1mL）：

$$V = G_1 - G_2$$

式中　$G_1$——容量筒、玻璃板和水总质量，g；

$G_2$——容量筒和玻璃板质量，g；

$V$——容量筒的容积，mL。

3.检测步骤

(1) 松散堆积密度　取试样一份，用小铲将试样从容量筒中心上方 50mm 处徐徐倒入，让试样以自由落体下落，当容量筒溢满时，除去凸出容量筒口表面的颗粒，并以合适的颗粒填入凹陷部分，使表面凸起的部分和凹陷部分的体积大致相等（试验过程应防止触动容量筒），称出试样和容量筒总质量（$G_1$），最后称空筒的质量（$G_2$）。

(2) 紧密堆积密度　取试样一份，分三次装入容量筒。装完第一层后，在筒底垫放一根直径为 16mm 的圆钢，将筒按住，左右交替颠击各 25 次，再装入第二层，第二层装满后用同样方法颠实（但筒底所垫钢筋的方向与第一层时的方向垂直），再装入第三层，如法颠实。试样装填完毕，再加试样直至超过筒口，用钢尺沿筒口边缘刮去高出的试样，并用适合的颗粒填平，称出试样和容量筒总质量（$G_2$），精确至 10g。

4.结果评定

(1) 松散堆积密度及紧密堆积密度按式(1-33) 计算，精确至 $10kg/m^3$。

$$\rho_0' = \frac{G_1 - G_2}{V} \tag{1-33}$$

式中　$\rho_0'$——松散堆积密度或紧密堆积密度，$kg/cm^3$；

$G_2$——容量筒的质量，g；

$G_1$——容量筒和砂的总质量，g；

$V$——容量筒容积，L。

以两次试验结果的算术平均值作为测定值。

(2) 石子的空隙率按式(1-34) 计算，精确至 0.1%。

$$P' = \left(1 - \frac{\rho_0'}{\rho_0}\right) \times 100\% \tag{1-34}$$

式中　$P'$——石子的空隙率，%；

$\rho_0'$——石子的松散（或紧密）堆积密度，$g/cm^3$；

$\rho_0$——石子的表观密度，$g/cm^3$。

## 六、集料的含水率测定

1.仪器设备

(1) 烘箱。能控温在 105℃±5℃。

(2) 天平。称量 2kg，感量不大于 0.1g。

(3) 搪瓷盘、小铲、毛巾、刷子等。

2.试样准备

将自然潮湿状态下的试样，用四分法，砂缩分至约 1100g，石缩分至约 4.0kg。拌匀后分为大致相等的两份备用。

3.检测步骤

(1) 称取一份试样的质量（$m_s$），精确至 0.1g，倒入已知质量的烧杯中，放在烘箱中于 105℃±5℃下烘干至恒重。

(2) 取出试样，冷却至室温后称取试样的质量（$m_g$）。

4.结果评定

按式(1-22) 计算砂、石的含水率，精确至 0.1%。

含水率取两次实验结果的算术平均值，精确至 0.1%；两次试验结果之差大于 0.2%，须重新测试。

### 七、细集料的筛分

对水泥混凝土用细集料可采用干筛法，如果需要也可采用水洗法筛分；对沥青混合料及基层用细集料必须用水洗法筛分。

1.仪器设备

（1）标准筛。孔径为 9.50mm、4.75mm、2.36mm、1.18mm、0.6mm、0.3mm、0.15mm 的筛各一只，并附有筛底和筛盖。

（2）天平。称量 1000g，感量 1g。

（3）烘箱。能控温在 105℃±5℃。

（4）摇筛机、浅盘和硬、软毛刷等。

2.试样准备

根据样品中最大粒径的大小，选用适宜的标准筛。通常水泥混凝土用天然砂选用 9.5mm 筛，沥青路面及基层用天然砂、石屑、机制砂等选用 4.75mm 筛。用筛筛除其中的超粒径材料，然后将样品在潮湿状态下充分拌匀，用分料器法或四分法缩分至每份不少于 550g 的试样两份，在 105℃±5℃ 的烘箱中烘干至恒重，冷却至室温后备用。

3.检测步骤

（1）干筛法

① 称烘干试样 500g，精确至 0.5g，倒入按孔径从大到小组和的套筛（附筛底）上，在摇筛机上筛 10min，取下后逐个用手筛，直至每分钟通过量小于试样总量 0.1% 时为止，通过的试样并入下一号筛中，并和下一号筛中的试样一起过筛，这样依次进行，直至各号筛全部筛完为止。

> 注：试样如为特细砂时，试样质量可减少到 100g。如试样含泥量超过 5%，不宜采用干筛法。如无摇筛机则，可直接用手筛。

② 称量各筛筛余试样的质量，精确至 0.5g。所有各筛的分计筛余量和底盘中剩余量的总量与筛分前的试样总量，相差不得超过后者的 1%。否则，需重新试验。

（2）水洗法

① 准确称取烘干试样约 500g（$m_1$），准确至 0.5g。

② 将试样置一洁净容器中，加入足够数量的洁净水，将集料全部淹没。

③ 用搅棒充分搅动集料，将集料表面洗涤干净，使细粉悬浮在水中，但不得有集料从水中溅出。

④ 用 1.18mm 筛及 0.075mm 筛组成套筛，仔细将容器中混有细粉的悬浮液徐徐倒出，经过套筛流入另一容器中，但不得将集料倒出。注意不可直接倒至 0.075mm 筛上，以免集料掉出损坏筛面。

⑤ 重复②～④步骤，直至倒出的水洁净且小于 0.075mm 的颗粒全部倒出。

⑥ 将容器中的集料倒入搪瓷盘中，用少量水冲洗，使容器上黏附的集料颗粒全部进入搪瓷盘中，将筛子反扣过来，用少量的水将筛上集料冲入搪瓷盘中。操作过程中不得有集料散失。

⑦ 将搪瓷盘连同集料一起置于 105℃±5℃ 烘箱中烘干至恒重，称取干燥集料试样的总质量（$m_2$）。准确至 0.1%。$m_1$ 与 $m_2$ 之差即为通过 0.075mm 筛部分。

⑧ 将要求筛孔的全部筛组成套筛（但不需 0.075mm 筛），将已经洗去小于 0.075mm 部分的干燥集料置于套筛上（通常为 4.75mm 筛），将套筛装入摇筛机，摇筛约 10min，然后取出套筛，再按筛孔大小顺序，从最大的筛号开始，在清洁的浅盘上逐个进行手筛，直至每分钟的筛出量不超过筛上剩余量的 0.1% 时为止，将筛出通过的颗粒并入下一号筛，和下一号筛中的试样一起过筛，这样顺序进行，直至各号筛全部筛完为止。

⑨ 称量各筛筛余试样的质量，精确至 0.5g。所有各筛的分计筛余量和底盘中剩余量的总质量与筛分前后试样总量 $m_2$ 的差值不得超过 $m_2$ 的 1%。

4. 结果计算与评定

（1）计算分计筛余百分率：各号筛的筛余量与试样总量之比，按式（1-23）计算，精确至 0.1%。

（2）计算累计筛余百分率：该号的筛余百分率加上该号筛以上各筛余百分率之和，按式（1-24）计算，精确至 0.1%。

（3）计算质量通过百分率：各号筛的质量通过百分率等于 100 减去该号筛的累计筛余百分率，准确至 0.1%。

（4）根据各筛的累计筛余百分率或通过百分率，绘制级配曲线。

（5）计算砂的细度模数 $（M_x）$：按式（1-26）计算，精确至 1%。

筛分试验应采用两个试样进行平行试验，以试验结果的算术平均值作为测定值。如两次试验所得的细度模数之差大于 0.2，应重新进行试验。

### 八、粗集料与集料混合料的筛分

粗集料的筛分有干筛法和水洗法。对水泥混凝土用粗集料可采用干筛法筛分，对沥青混合料及基层用粗集料必须采用水洗法。同时含有粗集料、细集料、矿粉的集料混合料的筛分也采用本方法。

1. 仪器设备

（1）鼓风烘箱：使温度控制在 105℃±5℃。

（2）天平或台秤。称量 10kg，感量 1g。

（3）方孔筛。孔径为 2.36mm、4.75mm、9.50mm、16.0mm、19.0mm、26.5mm、31.5mm、37.5mm、53.0mm、63.0mm、75.0mm 及 90mm 的筛子各一只，并附有筛底和筛盖（筛框内径为 300mm）。

（4）摇筛机、搪瓷盘、毛刷等。

2. 试样准备

按规定将来料用分料器或四分法缩分至表 1-9 要求的试样所需量，风干后备用。根据需要可按要求的集料最大粒径的筛孔尺寸过筛，除去超粒径部分颗粒后，再进行筛分。

表 1-9　筛分用的试样质量

| 项　　目 | 指　　标 | | | | | | | | |
|---|---|---|---|---|---|---|---|---|---|
| 最大粒径/mm | 4.75 | 9.5 | 16.0 | 19.0 | 26.5 | 31.5 | 37.5 | 63.0 | 75.0 |
| 最小试样质量/kg | 0.5 | 1 | 1 | 2 | 2.5 | 4 | 5 | 8 | 10 |

3. 检测步骤

（1）水泥混凝土用粗集料——干筛法

① 取试样一份置 105℃±5℃烘箱中烘干至恒重，称取干燥集料试样的总质量 $（m_0）$，准确至 0.1%。

② 用浅盘作为筛分容器，按筛孔大小排列顺序逐个将集料过筛。人工筛分时，需使集料在筛面上同时有水平方向及上下方向的不停顿的运动，使小于筛孔的集料通过筛孔，直至 1min 内通过筛孔的质量小于筛上残余量的 0.1% 为止；当采用摇筛机筛分时，应在摇筛机筛分后再逐个由人工补筛。将筛出通过的颗粒并入下一号筛，和下一号筛中的试样一起过筛，顺序进行，直至各号筛全部筛完为止。可把通过 0.15mm 筛的筛下部分全部作为 0.075mm 的分计筛余，将粗集料的 0.075mm 通过率假设为 0。

③ 如果某个筛上的集料过多，影响筛分作业时，可以分两次筛分，当筛余颗粒的粒径大于 19mm 时，筛分过程中允许用手指轻轻拨动颗粒，但不得逐颗筛过筛孔。

④ 称取每个筛上的筛余量，准确至总质量的 0.1%。各筛分计筛余量及底盘剩余量的总和与筛分前试样的干燥总质量 $m_0$ 相比，相差不得超过 $m_0$ 的 0.5%。

（2）沥青混合料及基层用粗集料——水洗法

① 取试样一份放在 105℃±5℃ 的烘箱中烘干至恒重，称取干燥集料试样的总量 $m_3$。精确至 0.1%。

② 将试样放入一洁净容器中，加入足够数量的洁净水将集料全部淹没，注意不得使用任何洗涤剂、分散剂或表面活性剂。用搅棒充分搅动集料，将集料表面洗涤干净，使细粉悬浮在水中，注意不得破碎集料或使集料从水中溅出。

③ 根据集料粒径大小选择标准筛组成套筛，其底部为 0.075mm 标准筛，上部为 2.36mm 或 4.75mm 筛。仔细将容器中混有细粉的悬浮液倒出，经过套筛流入另一容器中，尽量不将粗集料倒出，只倒出悬浮液即可，以免损坏标准筛筛面，且不可直接倒在 0.075mm 筛面上，以免集料掉出损坏筛面。

④ 重复步骤②、③，直到倒出的水洁净为止，必要时可采用水流缓慢冲洗。

⑤ 将套筛上的集料及容器中的集料全部回收在浅盘中，容器上不得有沾附的集料颗粒。沾在 0.075mm 筛面上的细粉很难回收，此时需要将筛子倒扣在浅盘上，用少量水并且以毛刷将细粉刷入浅盘中，并注意不要散失。

⑥ 在确保细粉不散失的前提下，小心倒去浅盘中的积水，将浅盘连回集料一起放在 105℃±5℃ 的烘箱中烘干至恒重，称取干燥集料试样的总量 $m_4$。精确至 0.1%。

⑦ 将回收的干燥集料按干筛方法筛分出 0.075mm 筛以上各筛的筛余量，此时 0.075mm 筛下部分应为 0，如果尚能筛出，则应将其并入水洗得到的 0.075mm 的筛下部分，且表示水洗得不干净。

4.结果评定

（1）干筛法筛分结果

① 计算各筛分计筛余量及筛底存量的总和与筛分前试样的干燥总质量 $m_0$ 之差，作为筛分时的损耗，并计算损耗率，若损耗率大于 0.3%，应重新进行试验。

$$m_5 = m_0 - (\sum m_i + m_底) \tag{1-35}$$

式中　$m_5$——由于筛分造成的损耗，g；

　　　$m_0$——用于干筛的干燥集料总质量，g；

　　　$m_i$——各号筛上的分计筛余，g；

　　　$i$——依次为 0.075mm、0.15mm……至集料最大粒径的排序；

　　　$m_底$——筛底（0.075mm 以下部分）集料总质量，g。

② 干筛分计筛余百分率

干筛后各号筛上的分计筛余百分率按式（1-36）计算，精确至 0.1%。

$$p_i' = \frac{m_i}{m_0 - m_5} \times 100 \tag{1-36}$$

式中　$p_i'$——各号筛上的分计筛余百分率，%；

　　　$m_5$——由于筛分造成的损耗，g；

　　　$m_0$——用于干筛的干燥集料总质量，g；

　　　$m_i$——各号筛上的分计筛余，g；

　　　$i$——依次为 0.075mm、0.15mm……至集料最大粒径的排序。

③ 干筛累计筛余百分率

各号筛的累计筛余百分率为该号筛以上各号筛的分计筛余百分率之和，精确至 0.1%。

④ 干筛各号筛的质量通过百分率

各号筛的质量通过百分率 $P_i$ 等于 100 减去该号筛累计筛余百分率，精确至 0.1%。

⑤ 由筛底存量除以扣除损耗后的干燥集料总质量计算 0.075mm 筛的通过率。

⑥ 检测结果以两次试验的平均值表示，精确至 0.1%。当两次试验结果 $P_{0.075}$ 的差值超过 1% 时，试验应重新进行。

（2）水筛法筛分结果

① 按下式计算粗集料中 0.075mm 筛下部分质量 $m_{0.075}$ 和含量 $P_{0.075}$，精确至 0.1%。当两次试验结果 $P_{0.075}$ 的差值超过 1% 时，应重新进行试验。

$$\left. \begin{array}{l} m_{0.075} = m_3 - m_4 \\ P_{0.075} = \dfrac{m_{0.075}}{m_3} \times 100\% = \dfrac{m_3 - m_4}{m_3} \times 100\% \end{array} \right\} \tag{1-37}$$

式中　$P_{0.075}$——粗集料中小于 0.075mm 的含量（通过率），%；

　　　$m_{0.075}$——粗集料中水洗得到的小于 0.075mm 部分的质量，g；

　　　$m_3$——用于水洗的干燥粗集料总质量，g；

　　　$m_4$——水洗后的干燥粗集料总质量，g。

② 计算各筛分计筛余量及筛底存量的总和与水洗前试样的干燥总质量 $m_3$ 之差，作为筛分时的损耗，并计算损耗率。若损耗率大于 0.3%，应重新进行试验。

$$m_5 = m_3 - (\sum m_i + m_{0.075}) \tag{1-38}$$

式中　$m_5$——筛分造成的损耗，g；

　　　$m_3$——用于水筛筛分的干燥集料总质量，g；

　　　$m_i$——各号筛上的分计筛余量，g；

　　　$i$——依次为 0.075mm、0.15mm……至集料最大粒径的排序；

　　　$m_{0.075}$——水洗后得到 0.075mm 以下部分的质量，即 $m_3 - m_4$。

③ 计算其他各筛的分计筛余百分率、累计筛余百分率、质量通过百分率，计算方法与干筛法相同。当干筛时筛分有损耗时，应从总质量中扣除损耗部分。

④ 同一种集料至少取 2 个试样平行试验 2 次，取平均值作为每号筛筛余量以确定集料级配组成。筛分结果以各筛孔的通过质量百分率表示，试验结果以 2 次试验的平均值表示。

# 任务三　粗集料的力学性质检测

### 任务描述

测定粗集料的力学性质，以评定其在公路工程中的适用性。

### 任务分析

粗集料力学性质主要包括粗集料的压碎值、磨光值、冲击值以及磨耗性。测定粗集料的力学性质，是根据《公路工程集料试验规程》（JTG E42—2005）的规定进行。学生通过完成粗集料的压碎值和磨耗损失测定任务，掌握粗集料压碎值、磨光值、冲击值以及磨耗性以及测定方法，评定道路路面工程用粗集料的力学性质。

### 知识链接

粗集料力学性质主要是压碎值和磨耗率；其次是抗滑表层用集料的三项试验即磨光值、

道瑞磨耗值和冲击值。

## 一、压碎值

粗集料压碎值是集料在逐渐增加的荷载下，抵抗压碎的能力。它作为相对衡量集料强度的一个指标，用以评价其在公路工程中的适用性。

按《公路工程集料试验规程》（JTG E42—2005）的规定，粗集料压碎值试验是将9.5～13.2mm集料试样3kg装入压碎值测定仪的金属筒内，放在压力机上，在10min左右内均匀地加荷至400kN，稳压5s然后卸载，称其通过2.36mm的筛余质量，按式（1-39）计算。

$$Q_a' = \frac{m_1}{m_0} \times 100\%$$ (1-39)

式中　$Q_a'$——石料压碎值，%；

　　　$m_0$——试验前试样质量，g；

　　　$m_1$——试验后通过2.36mm筛孔的细料质量，g。

集料的压碎值越小，表明集料的强度越大。

## 二、磨光值（PSV）

在现代高速行车条件下，要求路面石料既不要产生较大的磨损，也不要被磨光，也就是说对路面抗滑性提出了更高的要求。按《公路工程集料试验规程》（JTG E42—2005）的规定，集料抗磨光性用集料的磨光值来表示。选取粒径9.5～13.2mm的集料试样，密排于试模中，先用砂填密集料间空隙，然后再用环氧树脂砂浆固结，经养护后，即制成试件。将制备好的试件安装于加速磨光试验机的道路轮上（图1-5），开动电机，模拟汽车轮胎以（320±5）r/min的转速旋转，在两轮之间加入水和金刚砂，使试件受到金刚砂的磨耗。先用30号金刚砂磨3h，然后用280号金刚砂磨3h。经磨耗6h后取下试件，冲洗去金刚砂，用摆式摩擦系数仪测定磨光值。

集料磨光值越高，表示其抗滑性越好。用高磨光值的岩石来铺筑道路路面表层，可以提高路表抗滑能力，保障车辆安全行驶。

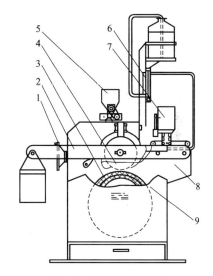

图1-5　加速磨光试验机

1—荷载调整系统；2—调整臂（配重）；3—道路轮；4—橡胶轮；5—细砂贮砂斗；6—粗砂贮砂斗；7—供水系统；8—机体；9—试件

## 三、冲击值（AIV）

冲击值是反映集料抵抗多次连续重复冲击荷载作用的性能，可采用冲击试验仪测定。

冲击试验方法是选取粒径为9.5～13.2mm的集料试样，用金属筒分三次捣实的方法确定试验用集料数量，将集料装于冲击值试验仪的盛样器中，用捣实杆捣实25次使其初步压实，然后用质量为13.75kg±0.05kg的冲击锤，沿导杆自380mm±5mm处，自由落下锤击集料并连续锤击15次，每次锤击间隔时间不少于1s。将试验后的集料用2.36mm的筛子筛分并称量，按式（1-40）计算：

$$AIV = \frac{m_1}{m}$$ (1-40)

式中　AIV——集料的冲击值，%；

　　　$m$——试样总质量，g；

$m_1$——冲击破碎后通过 2.36mm 的试样质量，g。

### 四、磨耗值（AAV）

集料磨耗值用于评定抗滑表层的集料抵抗车轮撞击及磨耗的能力。按 JTG E42—2005《公路工程集料试验规程》规定，采用道瑞磨耗试验机来测定集料磨耗值；采用洛杉矶式磨耗试验来测定粗集料的磨耗损失。

**1. 道瑞磨耗试验**

选取粒径为 9.5～13.2mm 的洗净集料试样，单层紧排于两个试模内（不少于 24 粒），然后排砂并用环氧树脂砂浆填充密实。经养护 24h，拆模取出试件，准确称出试件质量，试件、托盘和配重总质量为 2000g±10g。将试件安装在道瑞磨耗机附的托盘上，道瑞磨耗机的托盘以 28～30r/min 的转速旋转，磨 500 转后，取出试件，刷净残砂，准确称出试件质量。其磨耗值按式(1-41) 计算：

$$AAV = \frac{3(m_1 - m_2)}{\rho_s} \tag{1-41}$$

式中　AAV——集料的道瑞磨耗值；

$m_1$——磨耗前试件的质量，g；

$m_2$——磨耗后试件的质量，g；

$\rho_s$——集料表干密度，g/cm$^3$。

集料磨耗值越高，表示集料耐磨性越差。高速公路、一级公路抗滑层用的集料 AAV 值应不大于 14。

**2. 洛杉矶式磨耗试验**

洛杉矶式磨耗试验又称搁板式磨耗试验。按一定规格组成的纪配试样，总质量为 5000g，将试样加入磨耗鼓中，同时加入 12 个钢球，钢球总质量为 5000g。磨耗鼓以 30～33r/min 的转速旋转。在旋转时，由于搁板的作用，可将集料和钢球带到高处落下。经旋转 500 次后，将集料试样取出，用 1.7mm 方孔筛筛去石屑，洗净烘干，称其质量。集料磨耗损失按式(1-42) 计算：

$$Q = \frac{m_1 - m_2}{m_1} \times 100\% \tag{1-42}$$

式中　Q——粗集料磨耗损失；

$m_1$——试验前烘干试样的质量，g；

$m_2$——试验后洗净烘干的试样质量，g。

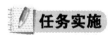 **任务实施**

### 一、粗集料压碎值的测定

**1. 仪器设备**

(1) 压力试验机。最大压力 500kN，应能在 10min 内达到 400kN。

(2) 压碎指标值测定仪。

(3) 天平。称量 2～3kg，感量不大于 1g。

(4) 标准筛。孔径为 2.36mm、9.5mm、13.2mm 的筛各一只。

(5) 金属棒。直径 10mm，长 450～600mm，一端加工成半球形。

(6) 金属筒。圆柱形，内径 112mm，高 179.4mm，容积 1767cm$^3$。

**2. 试样制备**

(1) 采用风干石料，用 13.2mm 和 9.5mm 标准筛过筛，取 9.5～13.2mm 的试样 3 组各 3000g 供试验用。如过于潮湿需加热烘干时，烘箱温度不得超过 100℃，烘干时间不超过

4h。试验前，石料应冷却至室温。

（2）每次试验的石料数量应满足按下述方法夯击后石料在试筒内的深度为100mm。

在金属筒中确定石料数量的方法为：将试样分3次（每次数量大体相同）均匀装入试模中，每次均将试样表面整平，用金属棒的半球面端在石料表面上均匀捣实25下。最后用金属棒作为直刮刀将表面仔细整平。称取量筒中试样质量$m_0$。以相同质量的试样进行压碎值的平行试验。

3.检测步骤

（1）将试筒安放在底板上，取要求质量的试样一份，分3次（每次数量大体相同）均匀装入试模中，每次均将试样表面整平，用金属棒的半球面端在石料表面上均匀捣实25下。最后用金属棒作为直刮刀将表面仔细整平。

（2）将装有试样的试模放到压力试验机上，同时加压头放入试筒内石料面上，注意应使压头保持平正。开动压力试验机，均匀地施加荷载，在10min左右的时间内将荷载达到400kN，稳压5s，然后卸荷。

（3）将试模从压力试验机上取下，取出试样，用2.36mm的标准筛筛分经压碎的全部试样，可分几次筛分，均应筛到在1min内无明显筛出物为止。

（4）称量通过2.36mm筛孔的全部细料质量$m_1$，质量为1g。

4.结果评定

石料压碎值按式（1-43）计算，精确至0.1%。

$$Q'_A = \frac{m_1}{m_0} \times 100\%$$
（1-43）

式中　$Q'_A$——石料压碎值，%；

　　　$m_0$——试验前试样质量，g；

　　　$m_1$——试验后通过2.36mm筛孔的细料质量，g。

以3个试样平行试验结果的算术平均值作为测定值。

## 二、粗集料磨耗试验（洛杉矶法）

1.仪器设备

（1）洛杉矶磨耗试验机。

（2）钢球。直径约46.8mm，质量为390～445g，大小稍有不同，以便按要求组成符合要求的总质量。

（3）台秤；感量5g。

（4）标准筛。符合要求的标准筛系列，以及1.7mm方孔筛1个。

（5）烘箱。能使温度控制在105℃±5℃范围内。

（6）浅盘等。

2.试样制备

（1）将不同规格的粗集料用水冲洗干净，在105℃±5℃的烘箱中烘至恒量。

（2）对所使用的粗集料，根据实际情况按表1-8选择最接近的粒级类别，确定相应的试验条件，按规定的粒级组成备料、筛分。其中水泥混凝土用粗集料宜采用A级粒度；沥青路面及各种基层、底基层的粗集料，表中的16mm筛孔也可用13.2mm筛孔代替。对非规格材料，应根据材料的实际粒度，从表中选择最接近的粒级类别及试验条件。

3.检测步骤

（1）分级称量，精确至5g，称总质量$m_1$，装入磨耗机圆筒中。

（2）选择钢球，使钢球的数量及总质量符合表1-10规定。将钢球加入圆筒中，盖好筒盖，紧固密封。

表 1-10　粗集料试验条件（洛杉机法）

| 粒度类别 | 粒级组成 /mm | 试样质量 /g | 试样总质量 /g | 钢球数量 /个 | 钢球总质量 /g | 转动次数 /转 | 适用的粗集料 | |
|---|---|---|---|---|---|---|---|---|
| | | | | | | | 规格 | 公称粒径/mm |
| A | 26.5~37.5 | 1250±25 | 5000±10 | 12 | 5000±25 | 500 | | |
| | 19.0~26.5 | 1250±25 | | | | | | |
| | 16.0~19.0 | 1250±10 | | | | | | |
| | 9.5~16.0 | 1250±10 | | | | | | |
| B | 19.0~26.5 | 1250±10 | 5000±10 | 11 | 4850±25 | 500 | S6 | 15~30 |
| | 16.0~19.0 | 1250±10 | | | | | S7 | 10~30 |
| | | | | | | | S8 | 10~25 |
| C | 9.5~16.0 | 2500±10 | 5000±10 | 8 | 3330±20 | 500 | S9 | 10~20 |
| | 4.75~9.5 | 2500±10 | | | | | S10 | 10~15 |
| | | | | | | | S11 | 5~15 |
| | | | | | | | S12 | 5~10 |
| D | 2.36~4.75 | 5000±10 | 5000±10 | 6 | 2500±15 | 500 | S13 | 3~10 |
| | | | | | | | S14 | 3~5 |
| E | 63~75 | 2500±50 | 10000±100 | 12 | 5000±25 | 1000 | S1 | 40~75 |
| | 53~63 | 2500±50 | | | | | S2 | 40~60 |
| | 37.5~53 | 5000±50 | | | | | | |
| F | 37.5~53 | 5000±50 | 10000±75 | 12 | 5000±25 | 1000 | S3 | 30~60 |
| | 26.5~37.5 | 5000±25 | | | | | S4 | 25~50 |
| G | 26.5~37.5 | 5000±25 | 10000±50 | 12 | 5000±25 | 1000 | S5 | 20~40 |
| | 19.0~26.5 | 5000±25 | | | | | | |

（3）将计数器归零，设定要求的转数，对水泥混凝土用集料为 500 转，对沥青混合料用集料，转数应符合表 1-10 要求。开动磨耗机，以 30~33r/min 的转速转动至要求的转数为止。

（4）取出钢球，将经过磨耗后的试样从投料口倒入浅盘中，用 1.7mm 的方孔筛筛去试样中被撞击磨碎的细屑。

（5）用水冲净留在筛上的试样，放在 105℃±5℃ 的烘箱中烘干至恒量（通常 4h），准确称出其质量 $m_2$。

4.结果评定

粗集料洛杉矶磨耗损失按式(1-44) 计算，精确至 0.1%。

$$Q = \frac{m_1 - m_2}{m_1} \times 100\%$$ （1-44）

式中　$Q$——洛杉矶磨耗损失；

　　　$m_1$——装入圆筒中的试样质量，g；

　　　$m_2$——试验后在 1.7mm 筛上洗净烘干的试样质量，g。

粗集料的磨耗损失取 2 次平行试验结果的算术平均值作为测定值。2 次试验的差值应不大于 2%，否则必须重做试验。

# 任务四　矿粉的性质检测

## 任务描述

测定矿粉的技术性质，以评定其在公路工程中的适用性，为沥青混合料配合比设计提供依据。

## 任务分析

矿粉的技术性质主要有级配、密度、亲水性、塑性指数及加热稳定性等。测定矿粉的技术性质，是根据《公路工程集料试验规程》（JTG E42—2005）的规定进行。学生通过完成矿粉的级配、密度、亲水系数的测定任务，掌握矿粉技术性质以及测定方法，评定道路路面工程用矿粉的技术性质。

### 知识链接

近年来，随着我国公路建设的迅速发展，沥青路面得到越来越广泛的应用。矿粉作为沥青混合料中的一种主要材料，其掺量虽仅占 7%（质量分数）左右，但其表面积却占矿质混合料的总面积的 80% 以上。因此，矿粉能显著扩大沥青与矿料进行物理学-化学作用的表面积，通过交互作用，增加结构沥青的数量，提高沥青混合料的黏结力。

试验表明，沥青与矿粉的交互作用，不仅与沥青的化学性质有关，而且还与矿粉的自身性质有着密切的关系。这些性质主要有矿粉的级配、密度、亲水性、塑性指数及加热稳定性等。

#### 一、矿粉的级配

矿粉的级配是指矿粉大小颗粒的搭配情况。如果矿粉偏细，则可增大矿粉的比表面积，因此，对于矿粉的级配，要求小于 0.075mm 粒径的含量不能太少，但同时也不宜太多，否则会因过细而使沥青混合料结成团块，不易施工。因此，矿粉必须具有良好的级配。

矿粉的级配用筛分试验（水洗法）进行检测。根据 JTG E42—2005《公路工程集试验规程》规定，将矿粉经过一系列筛孔尺寸的标准筛（孔径为 0.6mm、0.3mm、0.15mm、0.075mm），测定出存留在各个筛上的矿粉质量，然后计算出各号筛的分计筛余百分率，通过百分率。

#### 二、矿粉的密度

矿粉的密度是指单位实体积的质量。密度不仅可以反映矿粉的质量，而且也是沥青混合料配合比设计的重要参数。

矿粉的密度是用李氏比重瓶法检测的。

#### 三、亲水系数

矿粉的亲水系数是指矿粉试样在水（极性介质）中膨胀的体积与同一试样在煤油（非极性介质）中膨胀的体积之比。矿粉的亲水系数按式（1-45）计算：

$$\eta = \frac{V_B}{V_H} \tag{1-45}$$

式中　$\eta$——亲水系数；

$V_B$——水中沉淀物体积，mL；

$V_H$——煤油中沉淀物体积，mL。

亲水系数大于 1 的矿粉，表示矿粉对水的亲和力大于对沥青的亲和力，称为憎油矿粉。这种矿粉在水和沥青都存在的情况下，由于矿粉亲水，因此，矿粉容易与水发生反应，而与沥青的黏结力却很弱；相反，当亲水系数小于 1 时，表明矿粉对沥青有大于水的亲和力，由于矿粉憎水，故与沥青的黏结力很好。因此，在工程中必须选用亲水系数小于 1 的矿粉。为了鉴别矿粉的亲水性，必须检测矿粉的亲水系数。

#### 四、矿粉加热安定性

对于热拌沥青混合料，在施工中必须对矿粉进行加热，而且有些矿粉在受热后易发生变质，从而影响矿粉的质量，尤其是火成岩石粉，在受热拌和过程中会发生较严重的变质，因此，必须检测矿粉的加热安定性。

矿粉加热安定性是指矿粉在热拌过程中受热而不产生变质的性能。

矿粉加热安定性的测定方法：按照 JTG E42—2005《公路工程集料试验规程》规定，称取矿粉 100g，装入蒸发皿或坩埚内，摊开；将盛有矿粉的蒸发皿或坩埚置于煤气炉或电炉上加热，将温度计插入矿粉中，一边搅拌石粉，一边测量温度，加热至 200℃，关闭火源；将矿粉在室温中放置冷却，观察石粉颜色的变化；根据石粉在受热后的颜色变化，判断石粉的变质情况。

### 五、矿粉塑性指数

矿粉的塑性指数是指矿粉液限含水量与塑限含水量之差，以百分率表示。它是评价矿粉中黏性土成分含量的指标。

用于热拌沥青混合料中的矿粉大部分是通过 0.075mm 筛的非塑性的矿物质粉末，即石灰石粉。为了增强沥青与酸性岩石的黏结力，有时需掺入适量的消石灰粉或水泥，但这样又会使矿粉的塑性指数增加。由于塑性指数高的石粉具有较大的吸水性和吸油性，并会由此产生膨润，使沥青混合料的强度降低，或者在水的作用下发生剥离，最终使沥青路面损坏。因此，用于沥青混合料中的矿粉，其塑性指数不宜过高，按现行规范其最大值必须小于 4%。

按 2005 年规范，矿粉的塑性指数是按 JTJ 051—1993《公路土工试验规程》的方法进行检测的。

### 📝 任务实施

### 一、矿粉的筛分（水洗法）

**1.仪器与设备**

（1）标准筛。孔径为 0.6mm、0.3mm、0.15mm、0.075mm。

（2）天平。感量不大于 0.1g。

（3）烘箱。能控温在 105℃±5℃。

（4）搪瓷盘。

（5）橡皮头研杵。

**2.试样准备**

将矿粉试样放入 105℃±5℃烘箱中烘干至恒重，冷却，称取 100g，准确至 0.1g。如有矿粉团粒存在，可用橡皮头研杵轻轻研磨粉碎。

**3.检测步骤**

（1）将 0.07mm 筛装在筛底上，仔细倒入矿粉，盖上筛盖。手工轻轻筛分，至大体上筛不下去为止。存留在筛底上的小于 0.075mm 部分可弃去。

（2）除去筛盖和筛底，按筛孔大小顺序套成套筛。将存留在 0.075mm 筛上的矿粉倒回 0.6mm 筛上，在自来水龙头下方接一胶管，打开自来水，用胶管的水轻轻冲洗矿粉过筛，0.075mm 筛下部分任其流失，直至流出的水色清澈为止。水洗过程中，可以适当用手扰动试样，加速矿粉过筛，待上层筛冲干净后，取去 0.6mm 筛，接着从 0.3mm 筛或 0.15mm 筛上冲洗，但不得直接冲洗 0.075mm 筛。

> 注：① 自来水的水量不可太大，流水不能太急，防止损坏筛面或将矿粉冲出，水不得从两层筛之间流出，自来水龙头宜装有防溅水龙头。当现场缺乏自来水时，也可由人工浇水冲洗。
>
> ② 如直接在 0.075mm 筛上冲洗，将可能使筛面变形，筛孔堵塞，或者造成矿粉与筛面发生共振，不能通过筛孔。

（3）分别将各筛上的筛反过来用小水流仔细冲洗入各个搪瓷盘中，待筛余物沉淀后，稍稍倾斜搪瓷盘，仔细除去清水，放入 105℃烘箱中烘干至恒重，称取各号筛上的筛余量，准确至 0.1g。

**4.结果评定**

（1）计算分计筛余百分率：各号筛的筛余量与试样总量之比，按式（1-23）计算，精确至 0.1%。

（2）用 100 减去 0.6mm、0.3mm、0.15mm、0.075mm 各筛的分计筛余百分率，即为通过 0.075mm 筛的通过百分率，加上 0.075mm 筛的分计筛余百分率即为 0.15mm 筛的通过百分率，依此类推，计算出各号筛的通过百分率，精确至 0.1%。

以两次平行试验结果的平均值作为试验结果。各号筛的通过率相差不得大于 2%。

## 二、矿粉的密度测定

### 1.仪器与设备

（1）李氏比重瓶。容量为 250mL 或 300mL。

（2）天平。感量不大于 0.01g。

（3）烘箱。能控温在 105℃±5℃。

（4）恒温水槽。能控温在 20℃±0.5℃。

（5）瓷皿、小牛角匙、干燥器、漏斗等。

### 2.试样准备

将代表性矿粉试样置瓷皿中，在 105℃烘箱中烘干至恒重（一般不少于 6h），放入干燥器中冷却。

### 3.检测步骤

（1）取质量不少于 200g 的矿粉试样、连同小牛角匙、漏斗一起准确称量（$m_1$），准确至 0.01g。

（2）向比重瓶中注入蒸馏水，至刻度 0~1mL 之间，将比重瓶放入 20℃的恒温水槽中，静放至比重瓶中的水温不再变化为止（一般不少于 2h），读取比重瓶中水面的刻度（$V_1$），准确至 0.02mL。

（3）用小牛角匙将矿粉试样通过漏斗徐徐加入比重瓶中，待比重瓶中水的液面上升至接近比重瓶的最大读数时为止，轻轻摇晃比重瓶，使瓶中的空气充分逸出。再次将比重瓶放入恒温水槽中，待温度不再变化时，读取比重瓶的读数（$V_2$），准确至 0.02mL。整个试验过程中，比重瓶中的水温变化不得超过 1℃。

（4）准确称取牛角匙、瓷皿、漏斗及剩余矿粉的质量（$m_2$），准确至 0.01g。

### 4.结果评定

根据式(1-46)计算矿粉的密度，精确至小数点后 3 位。

$$\rho_f = \frac{m_1 - m_2}{V_2 - V_1} \tag{1-46}$$

式中　$\rho_f$——矿粉密度，g/cm$^3$；

　　　$m_1$——牛角匙、瓷皿、漏斗及试验前瓷皿中矿粉的干燥质量，g；

　　　$m_2$——牛角匙、瓷皿、漏斗及试验前瓷皿中矿粉的干燥质量，g；

　　　$V_1$——比重瓶加矿粉以前的初读数，mL；

　　　$V_2$——比重瓶加矿粉以前的初读数，mL。

> 注：对亲水性矿粉应采用煤油作介质测定，方法相同。同一试样应平行试验两次，取平均值作为试验结果。两次试验结果的差值不得大于 0.01g/cm$^3$。

## 三、矿粉的亲水系数测定

### 1.仪器设备

（1）量筒。50mL 两个，刻度至 0.5mL。

（2）烘箱。能控温在 105℃±5℃。

（3）天平。感量不大于 0.01g。

（4）煤油。在温度 270℃分馏得到的煤油，并经杂黏土过滤而得到者（过滤用杂黏土应先经加热至 250℃3h，等其冷却后使用）。

（5）研钵及有橡皮头的研杵。

2.检测步骤

（1）称取烘干至恒重的矿粉 5g（准确至 0.01g），将其放在研钵中，加入 15～30mL 蒸馏水，用橡皮研杵仔细磨 5min，然后用洗瓶把研钵中的悬浮液洗入量筒中，使量筒中的液面恰为 50mL，然后用玻璃棒搅和悬浮液。

（2）同上法将另一份同样重量的矿粉，用煤油仔细研磨后将悬浮液冲洗移入另一量筒中，液面亦为 50mL。

（3）将上两量筒静置，使量筒内液体中的颗粒沉淀。

（4）每天两次记录沉淀物的体积，直至体积不变为止。

3.结果评定

矿粉的亲水系数按式（1-47）计算。

$$\eta = \frac{V_B}{V_H} \tag{1-47}$$

式中　$\eta$——亲水系数；

　　$V_B$——水中沉淀物体积，mL；

　　$V_H$——煤油中沉淀物体积，mL。

平行测定两次，以两次测定值的平均值作为试验结果。

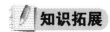 **知识拓展**

## 工业废渣

工业废渣包括粉煤灰、煤渣、粒化高炉矿渣、钢渣、冶金矿渣及煤矸石等，其中粉煤灰、粒化高炉矿渣、煤矸石合称三大工业废渣。目前在公路工程中最常用的是粉煤灰、粒化高炉矿渣、煤矸石、磷石膏等。

### 一、粉煤灰

粉煤灰（fly ash）是火力发电厂排放的废渣，磨细的煤粉在温度为 1100～1500℃的锅炉中燃烧后排出的细灰即是粉煤灰。粉煤灰可以通过静电吸附或沉灰水池来收集，相应得到的粉煤灰分别叫干排灰和湿排灰。一般湿排灰居多。

粉煤灰为灰色或浅灰色粉末，属于火山灰质活性材料。它多含较多的活性氧化硅、活性氧化铝，它们与氢氧化钙在常温下起化学反应生成稳定的水化硅酸钙和水化铝酸钙，这些成分有助于混合料的硬化，增加强度。

1.粉煤灰的物理及力学性质

（1）粒度　粉煤灰在粒度组成中，各种粒度的相对比例随原煤种类、煤粉细度以及燃烧条件的不同而有很大的差异。

由于球形颗粒在浆体材料中可起润滑作用，所以如果粉煤灰中圆润的球形颗粒占多数，就具有需水量小、活性高的特点。反之，如果平均粒径大，组合粒子又多，需水量必然增多，其活性较差。一般认为，粉煤灰越细，球形颗粒越多，组合粒子越少，而且水化反应的界面增加，容易发挥粉煤灰的活性，从而提高强度。

（2）相对密度　粉煤灰相对密度比一般相同成分的矿物要小，数值在 1.9～2.6 之间，因为湿排灰中含有炉渣，干排灰的相对密度比湿排灰要相对密度要小。

（3）击实特性　粉煤灰的击实特性与黏土有相同点，但也有自己的特性。相同点是在达到最大干堆积密度之前随含水量的增长，干堆积密度增加，其含水量的增加对干堆积密度影响较小。但接近最大干堆积密度时，其变化较大。含水量在未达到最大干堆积密度之前即使在与最佳含水量相差一半的情况下，其干堆积密度也可能达到最佳值的 90％。粉煤灰的最大干堆积密度比较小，比一般土的干堆积密度小 30％～40％。

（4）抗压强度　由于普通纯粉煤灰的活性太低，其无侧限抗压强度因而很低。随着粉煤灰中游离钙的增加，其抗压强度将会随着龄期增长。但是，粉煤灰的有侧限抗压强度较大。

我国目前粉煤灰产量很大，全国年产量达 5000 万吨以上，利用粉煤灰筑路，既能"变废为宝"减少污染，又能就地取材解决路用材料缺乏，并能提高道路质量，所以粉煤灰在道路工程中得到了广泛利用。

2. 粉煤灰品质要求

从路用性能来说，对粉煤灰的技术品质要求主要体现在主要化学成分含量、烧失量以及比表面积上。

一般要求，道路基层使用的粉煤灰中二氧化硅（$SiO_2$）、三氧化二铝（$Al_2O_3$）和三氧化二铁（$Fe_2O_3$）的总含量应大于 70％（质量分数）；粉煤灰的烧失量不应超过 20％；粉煤灰的比表面积宜大于 $2500cm^2/g$。

国外一些标准限制粉煤灰的含炭量（或以烧失量表示）不超过 8％～10％。但试验证明，即使粉煤灰的烧失量达 20％，也能组成强度符合要求的二灰集料（或二灰土）混合料。尽管如此，一般烧失量增大总是会降低混合料的强度。所以，有条件时，应尽可能选用烧失量低的粉煤灰。

另外，使用粉煤灰时应通过筛来清除其中杂质；凝固的粉煤灰块应打碎过筛后再使用。

3. 粉煤灰的工程应用

粉煤灰在道路工程中可用于路面底基层、基层、水泥或沥青混凝土面层，还可以填筑路堤。其主要应用如下。

① 可以在硅酸盐水泥中加入适量的粉煤灰制成粉煤灰质硅酸盐水泥。

② 用作水泥混凝土路面的掺合料，节省水泥用量，提高混凝土的工作性。

③ 用作沥青混凝土路面的添加剂。

④ 用粉煤灰加水泥或石灰稳定土做路面基层、底基层以及垫层。

采用石灰粉煤灰土作为基层或底基层时，石灰与粉煤灰的比例常用 （1∶4）～（1∶2）（对于粉土，1∶2 为合适）；石灰粉煤灰与细粒土的比例可以是：（10∶90）～（30∶70）。采用石灰粉煤灰粒料作为基层时，石灰与粉煤灰的比例常用 （1∶4）～（1∶2），石灰粉煤灰与级别配集料（中粒土和粗粒土）的比例应是 （15∶85）～（20∶80）。

⑤ 拌制建筑砂浆，代替部分石膏效果较好。

⑥ 粉煤灰与黏土烧结粉煤灰砖可用于建筑工程中。

⑦ 适用于受化学侵蚀水泥混凝土及灌浆、泵送水泥混凝土。

## 二、冶金矿渣集料

冶金矿渣（granulated blast furnace slag）是指在高炉中熔炼生铁过程时矿石、燃料及助熔剂中易熔硅酸盐化合而成的副产品。矿渣化学成分随矿物成分、燃料、助熔剂及熔化金属化学成分的不同而不同。大部分矿渣成分中基本包含着 $SiO_2$、$Al_2O_3$、$CaO$，并混有 $MgO$、$CaS$、$FeO$、$MnO$ 等。根本化学成分采用碱度（或酸度）作来矿渣分类基础。碱度是矿渣中碱性氧化物之和与酸性氧化物之和的比值。

冶金矿渣可分为黑色金属冶金矿渣和有色金属冶金矿渣。这些冶金矿渣从熔炉排出后，在空气中冷却或水淬，形成一种坚硬的材料。矿渣的力学强度均较高，通常抗压强度在 50MPa 以上，高者可达 150MPa，相当于石灰石、花岗岩的强度，其他性能如压碎值、冲击值、磨光值和磨耗值等均符合道路用岩石性能的要求。因此，冶金矿渣只要稳定性合格，其力学性能均能满足路用要求。所以冶金矿渣集料目前广泛用于水泥混凝土、沥青混凝土路面的基层材料，也可作为修筑水泥混凝土或沥青混凝土路面用的集料。

### 三、煤矸石

煤矸石（coal gangue）是采煤过程中产生的废石。我国是世界上主要的产煤国之一，原煤年产量在6亿吨以上，煤矸石排放量在1亿吨以上，比粉煤灰和冶金矿渣年排放量的总和还多。

煤矸石的成分类似于黏性土，因此，易用碱性材料，最好配以火山石灰材料加以稳定，所获材料通常可用作二级及二级路以下公路路面的基层或底基层。

### 四、磷石膏

磷石膏（phosphogypsum）是合成洗衣粉厂、磷肥厂等制造磷酸时的废渣，它是用磷灰石或含氟磷灰石和硫酸反应而得到的产物之一。全世界每年排放的磷石灰高达1.5亿吨以上。

磷石膏的作用除了可以用它生产建筑石膏及制品外，半水磷石膏和二水磷石膏同石灰、水泥、粉煤灰等结合料共同作用能形成性能更好的稳定土结合料，可用于道路工程的基层。

--- **小　结** ---

砂石材料是岩石制品与集料的总称，是道路与桥梁工程中用量最大的一种材料。本情境主要讨论了岩石和集料的物理性质以及部分力学性质的概念与检测方法。

岩石的物理性质主要有密度、吸水性和耐候性。集料的主要物理常数是密度和级配。

密度是单位体积的质量。由于计算密度时选用的体积不同，可分为密度、表观密度和堆积密度。包含有不同孔隙和空隙的砂、石密度对计算混凝土的组成结构是非常有用的参数。

岩石的力学性质主要有单轴抗压强度和磨耗性，这两个指标是评定岩石等级的依据。集料的力学性质，主要有压碎值、磨耗性、磨光值以及冲击值。

一般施工现场使用的砂石都包含有一定的水分，因此测定砂石的含水率是正确计算混凝土施工配合比的前提。

矿粉是沥青混合料中的一种主要材料。工业废渣也可以直接或间接地用作建筑材料。

--- **能力训练题** ---

1. 如何测定砂或石的密度、表观密度、堆积密度？
2. 何谓材料的孔隙率空隙率？
3. 何谓材料的含水率？砂或石的含水率如何测定？
4. 什么是砂的粗细程度和颗粒级配？如何确定砂的粗细程度和颗粒级配？
5. 两种砂的级配相同，细度模数是否相同？反之，两种砂的细度模数相同，其级配是否相同？
6. 称取堆积密度为 $1400kg/m^3$ 的干砂200g，装入广口瓶中，再把瓶子注满水，这时称重为500g。已知空瓶加满水时的质量为377g，则该砂的表观密度和空隙率各是多少？
7. 施工现场搅拌混凝土，每罐需加入干砂250kg，现场砂的含水率为2%。计算需加入多少 kg 湿砂。
8. 某桥梁工地现有拟作水泥混凝土用的砂料一批，按取样方法选取样品，经筛分后，其结果见下表。试判断该砂的粗细程度和级配情况。

| 筛孔尺寸/mm | 4.75 | 2.36 | 1.18 | 0.6 | 0.3 | 0.15 | <0.15 |
|---|---|---|---|---|---|---|---|
| 筛余量/g | 8 | 82 | 70 | 98 | 124 | 106 | 12 |

# 学习情境 ⊜ 石灰和水泥的检测与选用

## 教学目标

1.了解石灰的生产及技术指标；熟悉石灰的熟化硬化过程，掌握石灰的性能特点、存储要求和应用。

2.了解硅酸盐水泥的生产工序及水化机理。

3.掌握硅酸盐水泥的水化机理及水泥石腐蚀的种类和防止措施。

4.掌握硅酸盐水泥的技术性质及检验测定方法。

5.掌握硅酸盐水泥及掺混合材水泥的技术性质、特点及使用范围。

6.了解其他品种水泥的性能及应用。

## 能力目标

1.能测定石灰的有效氧化钙和氧化镁的含量，并评定石灰的质量。

2.能检测水泥的技术性质，评定水泥的质量。

3.能根据工程特点和使用环境，合理选用水泥品种。

石灰和水泥都是胶凝材料。所谓胶凝材料，就是在一定的条件下，经过一系列的物理化学作用后，能将散粒状（如砂、石子）或块状（砖、砌块）材料黏结成为具有一定强度的整体的材料。

胶凝材料按其化学成分不同可分为有机胶凝材料和无机胶凝材料两大类。有机胶凝材料以高分子化合物为基本成分，如沥青、树脂等。无机胶凝材料则以无机化合物为基本成分，按其硬化条件的不同，又可分为气硬性和水硬性两种。气硬性胶凝材料只能在空气中硬化，也只能在空气中保持或继续提高其强度，如石膏、石灰、镁质胶凝材料、水玻璃等。水硬性胶凝材料则不仅能在空气中硬化，而且能更好地在水中硬化，保持并继续提高其强度，如各种水泥。

# 任务一 石灰的选用与质量评定

## 任务描述

某工地急需配制石灰砂浆，现有消石灰粉、生石灰粉及块状生石灰可供选用，请合理选择和使用石灰材料来配制石灰砂浆，并测定石灰的有效氧化钙和氧化镁含量，评定石灰的质量。

## 任务分析

合理选择和使用石灰，必须了解石灰的品种及各品种的主要化学组成；熟悉石灰的熟化、凝结和硬化规律；掌握各品种石灰的特性、应用和保管等方面的知识，根据工程特点、使用环境以及石灰的特性合理选择。

评定石灰的质量，首先要熟悉石灰的主要技术性质及技术标准，掌握石灰技术性质的检测方法。通过对石灰样品的各个技术性质的检测，根据所测定的结果对照石灰技术性质的国家标准来评定石灰的质量。

**知识链接**

石灰是一种传统的建筑材料，也是人类使用较早的无机胶凝材料之一，其原料分布广泛，生产工艺简单，成本低廉，使用方便，所以在道路建筑工程中得到了广泛应用。

### 一、石灰的生产

用于生产石灰的原料有石灰石、白云石、白垩或其他含碳酸钙为主的天然原料，也可采用含碳酸钙成分的化工副产品。经煅烧后，碳酸钙分解为生石灰，其主要成分为氧化钙，反应式如下：

$$CaCO_3 \xrightarrow{900℃} CaO + CO_2 \uparrow$$

生石灰一般为白色或灰白色块状物，表观密度为 $800 \sim 1000kg/m^3$。块状生石灰碾碎磨细即为生石灰粉。

煅烧过程对石灰的质量有很大影响。煅烧良好的石灰，质轻色匀，具有多孔结构，即内部孔隙率大、晶粒细小，与水作用快。在煅烧过程中，若温度过低或煅烧时间不足，碳酸钙将不能完全分解，则产生欠火石灰。如果煅烧时间过长或温度过高，则产生过火石灰。欠火石灰的内核为未分解的碳酸钙，外部为正常煅烧的石灰。过火石灰颜色呈灰黑色，结构致密，孔隙率小，并且晶粒粗大，表面常被黏土杂质融化形成的玻璃釉状物包覆，因此过火石灰与水作用的速度很慢。

### 二、石灰的消化（熟化）

生石灰在使用前一般都需加水消解，这一过程称为石灰的"消化"或"熟化"。反应后的产物氢氧化钙又称为消石灰或熟石灰，其反应式如下：

$$CaO + H_2O \longrightarrow Ca(OH)_2 + 64.9kJ/mol$$

石灰消化时放出大量的热量，体积膨胀 $1 \sim 2.5$ 倍。一般煅烧良好、氧化钙含量高、杂质少的生石灰，熟化速度快，放热量大，体积膨胀也大。但过火石灰熟化速度很慢。当石灰中含有过火石灰时，由于过火石灰消化很慢，它将在石灰浆体硬化以后才发生水化作用，于是会产生体积膨胀而引起隆起或开裂等破坏现象。为了消除过火石灰的危害，生石灰熟化形成的石灰浆应在储灰坑中放置两周以上，这个过程称为石灰的"陈伏"。在"陈伏"期间，石灰浆表面应保有一层水分，与空气隔绝，以免碳化。

### 三、石灰的凝结与硬化

石灰浆体在空气中逐渐硬化并具有强度，是由下面两个同时进行的过程来完成的。

#### (一)结晶与干燥

石灰浆体在干燥过程中，游离水分蒸发，氢氧化钙逐渐从饱和溶液中结晶析出，并产生强度，但析出的晶体数量较少，所以这种结晶引起强度增长并不显著。同时，石灰浆体在干燥过程中，因水分的蒸发形成孔隙网，这时，留在孔隙内的自由水，由于水的表面张力，在孔隙最窄处具有凹形弯月面，从而产生毛细管压力，使石灰粒子更加紧密而获得强度。这种强度类似于黏土失水后而获得的强度，其值也不大，而且当再遇水后又会丧失。

#### (二)碳化

氢氧化钙与空气中的二氧化碳化合生成碳酸钙结晶，释放水分并蒸发，称为碳化，其反应如下：

$$Ca(OH)_2 + CO_2 + nH_2O \xrightarrow{碳化} CaCO_3 + (n+1)H_2O$$

生成的碳酸钙具有相当高的强度。碳化作用实际上是二氧化碳与水作用形成碳酸，然后与氢氧化钙反应生成碳酸钙。所以这个反应不能在没有水分的全干状态下进行。当碳化生成的碳酸钙达到一定厚度时，则阻碍二氧化碳向内部渗透，也阻碍了内部水分向外蒸发。因此，在长时间内碳化作用只限于表层，氢氧化钙的结晶作用则主要在内部发生。所以，石灰晶体硬化后，是由表里两种不同的晶体组成的。随着时间的延长，表层碳酸钙厚度逐渐增加，增加的速度显然取决于与空气接触的条件。

## 四、石灰的品种

### (一)根据石灰中氧化镁的含量分类

（1）钙质石灰：$MgO \leqslant 5\%$。

（2）镁质石灰：$MgO > 5\%$。

（3）钙质消石灰粉：$MgO \leqslant 4\%$。

（4）镁质消石灰粉：$4\% < MgO \leqslant 24\%$。

（5）白云石消石灰粉：$24\% < MgO < 30\%$。

### (二)根据成品加工方法不同分类

1. 块状生石灰

由原料煅烧而成的原产品，主要成分为 $CaO$。

2. 磨细生石灰粉

磨细生石灰粉是将块状石灰破碎、磨细并包装成袋的生石灰粉，其主要成分亦为 $CaO$。使用前不必提前消化，直接加水使用，将生石灰磨细成粉，不仅提高了功效、石灰利用率，增加了强度，而且节约了场地，改善了施工办公环境。但成本提高，不易储存。

3. 消石灰粉

将生石灰加适量水充分消化所得粉末。主要成分为 $Ca(OH)_2$。

4. 石灰膏

将生石灰加入较多的水，熟化后形成的具有一定厚度的膏状物，主要成分为 $Ca(OH)_2$ 和 $H_2O$。

5. 石灰乳

将生石灰加入大量的水，熟化后而形成的乳状液体，主要成分为 $Ca(OH)_2$ 和 $H_2O$。

## 五、石灰的技术要求和技术标准

### (一)石灰的技术要求

1. 有效氧化钙和氧化镁含量

石灰中产生黏结性的有效成分是活性氧化钙和氧化镁。它们的含量是评价石灰质量的首要指标，其含量越多，活性越高，质量也越好。有效氧化钙含量用中和滴定法测定，氧化镁含量用络合滴定法测定。

2. 生石灰产浆量和未消化残渣含量

产浆量是单位质量（1kg）的生石灰经消化后，所产石灰浆体的体积（$L$）。石灰产浆量越高，则表示其质量越好。

未消化残渣含量是指生石灰消化后，未能消化而存留在 5mm 圆孔筛上的残渣质量占试样质量的百分率。其含量越多，石灰质量越差，必须加以限制。

3. 二氧化碳含量

控制生石灰或生石灰粉中 $CO_2$ 的含量，是为了检测石灰石在煅烧时"欠火"造成产品中未分解完成的碳酸盐的含量。$CO_2$ 含量越高，表示未完全分解的碳酸盐含量越高，则氧化钙和氧化镁含量相对降低，导致影响石灰的胶结性能。

4. 消石灰粉游离水含量

游离水含量，指化学结合水以外的含水量。生石灰在消化过程中加入的水是理论需水量的 2～3 倍，除部分水被石灰消化过程中放出的热蒸发掉外，多加的水分残留于氢氧化钙（除结合水外）中，残余水分蒸发后留下孔隙会加剧消石灰粉碳化现象的产生而影响石灰的使用质量，因此对消石灰粉的游离水含量需加以限制。

5. 细度

细度与石灰的质量有密切联系，过量的筛余物影响石灰的黏结性。现行标准规定以 0.9mm 和 0.125mm 筛余百分率控制。

### (二)石灰的技术标准

根据《建筑生石灰》(JT/T 479—92)、《建筑生石灰粉》(JC/T 480—92) 和《建筑消石灰粉》(JC/T 481—92) 标准规定，将建筑生石灰、建筑生石灰粉、建筑消石灰粉分别划分为优等品、一等品和合格品 3 个等级，其技术性能指标见表 2-1～表 2-3 所示。

表 2-1　建筑生石灰技术指标

| 项　　目 | | 钙质生石灰 | | | 镁质石灰 | | |
| --- | --- | --- | --- | --- | --- | --- | --- |
| | | 优等品 | 一等品 | 合格品 | 优等品 | 一等品 | 合格品 |
| (CaO+MgO)含量/% | ≥ | 90 | 85 | 80 | 85 | 80 | 75 |
| 未消化残渣含量(5mm)圆孔筛筛余量)/% | ≤ | 5 | 10 | 15 | 5 | 10 | 15 |
| $CO_2$/% | ≤ | 5 | 7 | 9 | 6 | 8 | 10 |
| 产浆量/(L/kg) | ≥ | 2.8 | 2.3 | 2.0 | 2.8 | 2.3 | 2.0 |

表 2-2　建筑生石灰粉技术指标

| 项　　目 | | 钙质生石灰 | | | 镁质生石灰 | | |
| --- | --- | --- | --- | --- | --- | --- | --- |
| | | 优等品 | 一等品 | 合格品 | 优等品 | 一等品 | 合格品 |
| (CaO+MgO)含量/% | ≥ | 85 | 80 | 75 | 80 | 75 | 70 |
| $CO_2$ 含量/% | ≤ | 7 | 9 | 11 | 8 | 10 | 12 |
| 细度 | 0.9mm 筛余/% ≤ | 0.2 | 0.5 | 1.5 | 0.2 | 0.5 | 1.5 |
| | 0.125mm 筛余/% ≤ | 7.0 | 12.0 | 18.0 | 7.0 | 12.0 | 18.0 |

表 2-3　建筑消石灰粉技术指标

| 项　　目 | | 钙质消石灰 | | | 镁质消石灰 | | | 白云石消石灰 | | |
| --- | --- | --- | --- | --- | --- | --- | --- | --- | --- | --- |
| | | 优等品 | 一等品 | 合格品 | 优等品 | 一等品 | 合格品 | 优等品 | 一等品 | 合格品 |
| (CaO+MgO)含量/% | ≥ | 70 | 65 | 60 | 65 | 60 | 55 | 65 | 60 | 55 |
| 游离水/% | | 0.4～2.0 | | | 0.4～2.0 | | | 0.4～2.0 | | |
| 体积安定性 | | 合格 | 合格 | — | 合格 | 合格 | — | 合格 | 合格 | — |
| 细度 | 0.9mm 筛余/% ≤ | 0 | 0 | 0.5 | 0 | 0 | 0.5 | 0 | 0 | 0.5 |
| | 0.125mm 筛余/% ≤ | 3 | 10 | 15 | 3 | 10 | 15 | 3 | 10 | 15 |

## 六、石灰的特性

### (一)可塑性、保水性好

消石灰粉或石灰膏与水拌和后，保持水分不泌出的能力较强，即保水性好。消化生成的氢氧化钙颗粒极细，其表面吸附一层较厚的水膜，由于颗粒数量多，总表面积大，可吸附大量水，这是保水性较好的主要原因。颗粒表面吸附的水膜，也降低了颗粒间的摩擦力，颗粒间的滑移较易进行，即可塑性好，易摊铺成均匀的薄层。在水泥砂浆中掺入石灰浆，可使可塑性显著提高。

### (二)硬化慢、强度低

由于空气中二氧化碳的浓度很低，且与空气接触的表层碳化后形成的碳酸钙硬壳阻止了二氧化碳的渗入，也不利于内部水分向外蒸发，结果使碳酸钙和氢氧化钙结晶体生成缓慢且数量少，因此石灰是一种硬化缓慢的胶凝材料，硬化后的强度也很低。另外，生石灰消化时的理论用水量为 32.13%，但为了使石灰浆体具有一定的可塑性以便于施工，同时考虑到一部分水因消化时放热而被蒸发，故实际消化用水量很大，多余水分在硬化后蒸发，将留下大量孔隙，也导致了硬化石灰密实度小、强度低。1:3 的石灰砂浆，28d 抗压强度只有 0.2～0.5MPa。所以，石灰不宜在潮湿的环境下使用，也不宜用于重要建筑物基础。

### (三)硬化时体积收缩大

石灰浆体硬化过程中，蒸发出大量的游离水，导致内部毛细管失水收缩，引起显著的体积收缩变形，使已硬化的石灰出现干缩裂纹。所以，除调成石灰乳作薄层涂刷外，石灰不宜单独使用。施工时常在其中掺入一定量的骨料（如砂子）或纤维材料（如纸筋、麻刀等），以减少收缩和节约石灰。

### (四)耐水性差

耐水性是指材料在水作用下不破坏，强度也不显著降低的性质。由于石灰浆体硬化慢，强度低，当其受潮后，尚未碳化的氢氧化钙易产生溶解，使得石灰硬化体遇水后产生溃散，因而耐水性差。所以，石灰不宜用于与水接触或潮湿的环境。

## 七、石灰的应用和贮存

### (一)石灰的应用

(1) 石灰砂浆。石灰砂浆是将石灰膏、砂加水拌制而成，主要用于地面以上部分的砌筑工程，并可用于抹面等装饰工程。

(2) 加固软土地基。在软土地基中打入生石灰桩，可利用生石灰吸水产生膨胀对桩周土壤起挤密作用，利用生石灰和黏土矿物间产生的胶凝反应使周围的土固结，从而达到提高地基承载力的目的。

(3) 石灰和黏土按一定比例拌和制成石灰土，或与黏土、砂石、炉渣制成三合土，用于道路工程的垫层。

(4) 在道路工程中，随着半刚性基层在高等级路面中的应用，石灰稳定土、石灰煤灰稳定土及其稳定碎石等广泛用于路面基层。在桥梁工程中，石灰砂浆、石灰水泥砂浆、石灰粉煤灰砂浆广泛用于圬工砌体。

### (二)石灰的贮存

(1) 磨细的生石灰应贮存于干燥仓库内，采取严格防水措施，且不得与易燃、易爆等危险液体物品混合存放。

(2) 如需较长时间贮存生石灰，最好将其消解成石灰浆，并使表面隔绝空气，以防碳化。

### 任务实施

### 石灰有效氧化钙和氧化镁含量的测定

1.检测说明

本测定方法适用于氧化镁含量在 5%（质量分数）以下的钙质石灰。

2.仪器设备

(1) 筛子。筛孔 2mm 和 0.15mm 筛子各 1 个。

(2) 烘箱。50～250℃，1 台。

(3) 干燥器。$\phi$250mm，1 个。

(4) 称量瓶。$\phi$30mm×50mm，10 个。

(5) 瓷研钵。$\phi$120～130mm，1 个。

(6) 分析天平。万分之一，1 台。

(7) 架盘天平。感量 0.1g，1 台。

(8) 玻璃珠。$\phi$3mm，1 袋（0.25kg）。

(9) 量筒。200mL、5mL 各 1 个。

(10) 酸式滴定管。50mL，2 支。

(11) 三角瓶。300mL，10 个。

(12) 漏斗。短颈，3 个。

3. 检测准备

(1) 试剂

① 1mol/L 盐酸标准液。将 83mL 浓盐酸（相对密度 1.19）用蒸馏水稀释至 1000mL，经标定后备用。

② 1% 酚酞指示剂。

(2) 生石灰试样　将生石灰样品打碎，使颗粒不大于 2mm。拌和均匀后用四分法缩减至 200g 左右，放入瓷研钵中研细。再经四分法缩减几次至剩下 20g 左右。研磨所得石灰样品，使其通过 0.15mm 筛。从此试样中均匀挑选 10 余克，置于称量瓶中，在 100℃下烘干 1h，储于干燥器中，供试验用。

(3) 消石灰试样　将消石灰样品用四分法缩减至 10 余克，如有大颗粒存在，须在瓷研钵中磨细至无不均匀颗粒存在为止。将试样置于称量瓶中，在 105～110℃的温度下烘干 1h，储于干燥器中，供试验用。

4. 检测步骤

(1) 用称量瓶取试样 0.8～1.0g（精确至 0.0005g）放入 300mL 锥形瓶中。

(2) 加入 150mL 新煮沸并已冷却的蒸馏水，投入玻璃珠 10 颗。

(3) 把短颈漏斗插入瓶口，加热 5min（注意不要让水沸腾）后迅速冷却。

(4) 滴入 2 滴酚酞指示剂，在不断摇动下用盐酸标准液滴定，控制滴定速度为每秒 2～3 滴，至粉红色完全消失，稍停，又出现红色，继续滴入盐酸标准液。如此重复几次，直至 5min 内不出现红色为止。

(5) 如果滴定过程持续 0.5h 以上，则结果只能作为参考。

5. 结果评定

(1) 石灰中氧化钙和氧化镁含量按式(2-1) 计算。

$$w(\text{CaO})+w(\text{MgO})=\frac{0.028Vc(\text{HCl})}{m}\times100\% \tag{2-1}$$

式中　$V$——滴定消耗盐酸标准液的体积，mL；

$c(\text{HCl})$——盐酸标准液的摩尔浓度，mol/mL；

$m$——样品质量，g；

0.028——$\frac{1}{2}$CaO 的摩尔质量，g/mol。

(2) 对同一石灰样品至少应做 2 个试样和进行 2 次测定，并取 2 次测定结果的平均值作为测定值。

# 任务二　硅酸盐水泥的性质检测

## 任务描述

检测硅酸盐水泥的技术性质，评定水泥质量。

## 任务分析

硅酸盐水泥的技术性质主要包括密度、细度、凝结时间、体积安定性、强度等，是评定水泥质量的依据。根据《公路工程水泥及水泥混凝土试验规程》（JTG E30—2005）规定，测定水泥的细度、凝结时间、体积安定性及强度等各个技术性质，根据所测定的结果对照水泥技术性质的国家标准，评定水泥的质量。学生通过完成检测任务，熟悉水泥的矿物组成以及水化、凝结和硬化规律，熟悉水泥的主要技术性质及技术标准，掌握水泥性质的检测技能，为水泥的验收、合理的储存和使用奠定基础。

## 知识链接

水泥是一种水硬性胶凝材料，也是道路建筑工程中用量最大的建筑材料之一。

在道路和桥梁工程中通常应用的水泥有硅酸盐水泥、普通硅酸盐水泥、矿渣硅酸盐水泥、火山灰硅酸盐水泥、粉煤灰硅酸盐水泥和复合硅酸盐水泥六大通用水泥。由于道路路面对水泥的特殊要求，近年来已生产了道路水泥。此外，在某些特殊工程中，还使用铝酸盐水泥、膨胀水泥、快硬水泥等。目前在道路建筑中以硅酸盐水泥和普通硅酸盐水泥为主。

### 一、硅酸盐水泥的生产

硅酸盐水泥属通用硅酸盐水泥之一。根据国家标准《通用硅酸盐水泥》（GB 175—2007）的规定，硅酸盐水泥有两个品种，一种是不掺加混合材料，完全用硅酸盐水泥熟料和石膏研磨制成的水硬性胶凝材料，用代号P·Ⅰ表示；另一种是掺加不大于5％的粒化高炉矿渣或石灰石与熟料和石膏共同磨细制成的水硬性胶凝材料，用代号P·Ⅱ表示。不论是P·Ⅰ型还是P·Ⅱ型硅酸盐水泥，其生产工艺基本相同。

生产硅酸盐水泥的原料主要是石灰原料（石灰石、白垩等）和黏土质原料（黏土、页岩等）。同时，原料中常加入富含某种矿物成分的辅助原料，如铁矿粉。几种原料按一定比例配合，磨细制成料粉（干法生产）或生料浆（湿法生产），经均化后送入回转窑或立窑中煅烧至部分融化，得水泥熟料，再与适量石膏磨细，得到P·Ⅰ型硅酸盐水泥。为改善水泥的烧成性能或使用性能，有时还可掺加少量的添加剂（如萤石等）。

硅酸盐水泥的生产过程主要分为配备生料、煅烧熟料、粉磨水泥三个阶段，该生产工艺过程可概括为"两磨一烧"，如图2-1所示。

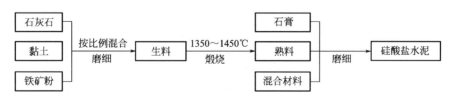

图2-1　硅酸盐水泥主要生产流程

### 二、硅酸盐水泥熟料的矿物组成

硅酸盐水泥熟料主要由四种矿物组成，其名称和含量范围见表2-4。

**表 2-4 水泥熟料的主要矿物组成**

| 矿物成分名称 | 基本化学组成 | 矿物成分简写 | 一般含量范围/% |
|---|---|---|---|
| 硅酸三钙 | $3CaO \cdot SiO_2$ | $C_3S$ | 36~60 |
| 硅酸二钙 | $2CaO \cdot SiO_2$ | $C_2S$ | 15~37 |
| 铝酸三钙 | $3CaO \cdot Al_2O_3$ | $C_3A$ | 7~15 |
| 铁铝酸四钙 | $4CaO \cdot Al_2O_3 \cdot Fe_2O_3$ | $C_4AF$ | 10~18 |

除以上四种主要矿物成分外，硅酸盐水泥中尚有少量其他成分。

**1. 游离氧化钙（f-CaO）**

它是在煅烧过程中未能化合而残存下来的呈游离态的氧化钙。如果 f-CaO 的含量较高，则由于其滞后的水化，产生结晶膨胀而导致水泥石开裂，甚至破坏，既造成水泥安定性不良。

**2. 氧化镁（f-MgO）**

它是一种有害成分，若其含量高、晶粒大时会导致水泥安定性不良。

**3. 三氧化硫（$SO_3$）**

它主要是粉磨熟料时掺入石膏带来的。当石膏掺入量合适时，既可以调节水泥的凝结时间，又可以提高水泥的性能；但当掺入石膏量超过一定值时，会使水泥性能变差。国家标准规定：硅酸盐水泥中 $SO_3$ 的含量不得超过 3.5%。$SO_3$ 含量不符合规定者为废品。

此外，水泥中含有的少量碱分（$K_2O$、$Na_2O$）也是有害成分，亦应加以限制。

### 三、硅酸盐水泥的水化与凝结硬化

硅酸盐水泥加水后，其矿物与水作用，生成一系列新的化合物，称为水化。生成的新化合物称为水化产物。各熟料单矿物的水化反应式如下。

**1. 硅酸三钙**

$$2(3CaO \cdot SiO_2) + 6H_2O = 3CaO \cdot 2SiO_2 \cdot 3H_2O + 3Ca(OH)_2$$

硅酸三钙　　　　　　　　水化硅酸钙　　　　氢氧化钙

**2. 硅酸二钙**

$$2(2CaO \cdot SiO_2) + 4H_2O = 3CaO \cdot 2SiO_2 \cdot 3H_2O + 3Ca(OH)_2$$

硅酸二钙　　　　　　　　水化硅酸钙　　　　氢氧化钙

**3. 铝酸三钙**

$$3CaO \cdot Al_2O_3 + 6H_2O = 3CaO \cdot Al_2O_3 \cdot 6H_2O$$

铝酸三钙　　　　　　　　水化铝酸三钙

因铝酸三钙与水反应迅速，易造成水泥速凝，将影响施工。因此，在水泥磨细时加入适量的石膏，石膏与水化铝酸钙反应生成难溶于水的水化硫铝酸钙针状结晶体（简称钙矾石，常用符号 AFt 表示），沉积在水泥颗粒表面，阻止水分向水泥颗粒内部渗入，延缓水泥的凝结。

$$3(CaSO_4 \cdot 2H_2O) + 3CaO \cdot Al_2O_3 \cdot 6H_2O + 19H_2O = 3CaO \cdot Al_2O_3 \cdot 3CaSO_4 \cdot 31H_2O$$

水化硫铝酸钙（钙矾石）

当石膏消耗完毕后，水泥中尚未水化的铝酸三钙与钙矾石反应生成单硫型水化铝酸钙（AFm）。

**4. 铁铝酸四钙**

$$4CaO \cdot Al_2O_3 \cdot Fe_2O_3 + 7H_2O = 3CaO \cdot Al_2O_3 \cdot 6H_2O + CaO \cdot Fe_2O_3 \cdot H_2O$$

铁铝酸四钙　　　　　　　　水化铝酸三钙　　　　水化铁酸钙

硅酸盐水泥水化是一个复杂的物理、化学反应过程，生成水化产物时，产生水化热，不同的矿物成分产生的水化热量不同，释放热量的速度也不一样。但大部分（50%以上）热量集中在前 3 天以内，主要表现为凝结硬化初期的放热量最为明显。当 $C_3A$ 含量较高时，水泥在凝结硬化初期的水化率与水化速率较大，从而表现出凝结与硬化速度较快；而 $C_2S$ 含量较高或混合材料较多时，则水泥在凝结初期的水化率和水化放热率较小，从而也表现出凝结与硬化速度较慢。四种主要矿物成分的水化特性见表2-5。

表2-5 水泥矿物成分水化特性

| 矿物名称<br>特性 | 硅酸三钙<br>（$C_3S$） | 硅酸二钙<br>（$C_2S$） | 铝酸三钙<br>（$C_3A$） | 铁铝酸四钙<br>（$C_4AF$） |
|---|---|---|---|---|
| 水化反应速度 | 快 | 慢 | 最快 | 较快 |
| 水化热 | 大 | 小 | 最大 | 较大 |
| 强度发展快慢 | 快 | 慢 | 最快 | 较快 |
| 强度值大小 | 最大 | 大 | 小 | 小 |
| 耐化学侵蚀 | 较弱 | 最强 | 弱 | 强 |
| 干缩性 | 中 | 中 | 大 | 小 |

经过上述水化反应后，水泥浆中的主要水化产物为水化硅酸钙（C-S-H）凝胶约占70%，氢氧化钙（CH）结晶约占20%，钙矾石（AFt）和单硫型水化铝酸钙（AFm）约占7%，其余是未水化水泥和次要组分。

水泥加水拌和后，最初形成具有可塑性的浆休，水泥颗粒表面的矿物开始在水中溶解并与水发生水化反应，随着水化反应的进行，水泥浆体逐渐变稠失去可塑性，但尚不具有强度的过程，称为水泥的"凝结"。随着水化反应的进一步进行，凝结了的水泥浆开始产生强度并逐渐发展成为坚硬的石状体——水泥石（如图2-2所示），这一过程称为"硬化"。水化是水泥产生凝结硬化的前提，而凝结硬化则是水泥水化的结果。凝结和硬化是人为划分的，实际上是一个连续的、复杂的物理化学变化过程，这些变化决定了水泥一系列的技术性能。

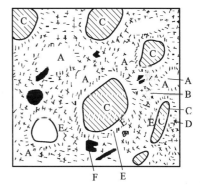

图2-2 水泥石结构
A—毛细孔（毛细孔水）；B—凝胶孔；C—未水化水泥颗粒；D—水化凝胶体；E—过渡带；F—氢氧化钙等晶体

## 四、水泥石的腐蚀及防止

硬化的硅酸盐水泥石，在通常使用环境下有较好的耐久性，但在某些水介质环境中，水泥石中的某些水化产物会与介质发生各种物理化学作用，使水泥石遭到破坏。水泥石在外界侵蚀性介质（软水、含酸、含盐、含碱等）的作用下结构受到破坏，强度降低的现象称为水泥石的腐蚀。

### (一) 水泥石的腐蚀

1. 软水腐蚀（溶出性侵蚀）

软水是指暂时硬度较小的水。雨水、雪水、工厂冷凝水及含重碳酸盐少的河水和湖水都属于软水。水泥石的水化产物中存在大量氢氧化钙，使水泥石处于一定的碱度，从而各种水化产物能稳定存在，保持良好的凝胶能力。若水泥石长期接触软水，水泥石中的氢氧化钙会不断被溶出，当水泥石中游离的氢氧化钙减少到一定程度时，水泥石中的其他含钙矿物也可能分解和溶出，从而导致水泥石结构的强度降低，甚至破坏。当水泥石处于软水环境时，特别是处于流动的软水环境中时，水泥被软水侵蚀的速度更快。

2. 盐类腐蚀

（1）硫酸盐的腐蚀　在海水、盐沼水、地下水及某些工业废水中常含有钠、钾、铵等的硫酸盐，它们对水泥石有膨胀性腐蚀作用。含有硫酸盐的水渗入到水泥石结构中时，会与水泥石中的氢氧化钙反应生成石膏，石膏再与水泥石中的水化铝酸钙反应生成钙矾石，产生1.5倍的体积膨胀，这种膨胀必然导致脆性水泥石结构的开裂，甚至崩溃。由于钙矾石为微观针状晶体，人们常称其为"水泥杆菌"。

$$4CaO \cdot Al_2O_3 \cdot 12H_2O + 3CaSO_4 + 20H_2O =\!=\!=$$
$$3CaO \cdot Al_2O_3 \cdot 3CaSO_4 \cdot 31H_2O + Ca(OH)_2$$

（2）镁盐腐蚀　海水及地下水中常含有大量的镁盐，主要有硫酸镁和氯化镁，它们可与水泥石中的氢氧化钙产生如下反应：

$$MgSO_4 + Ca(OH)_2 + 2H_2O \longrightarrow CaSO_4 \cdot 2H_2O + Mg(OH)_2$$
$$MgCl_2 + Ca(OH)_2 \longrightarrow CaCl_2 + Mg(OH)_2$$

生成的氢氧化镁松软而无胶结能力，氯化钙易溶于水，二水石膏则产生上述的硫酸盐腐蚀。因此，硫酸镁对水泥石起镁盐和硫酸盐的双重腐蚀作用，故显得特别严重。

3. 酸类腐蚀

（1）碳酸的腐蚀　雨水及地下水中常溶有较多的二氧化碳，形成了碳酸。碳酸水先与水泥石中的氢氧化钙反应，中和后使水泥石碳化，形成了碳酸钙，碳酸钙再与碳酸反应生成可溶性的碳酸氢钙，并随水流失，从而破坏了水泥石的结构。其腐蚀反应过程为：

$$Ca(OH)_2 + CO_2 + H_2O =\!=\!= CaCO_3 + 2H_2O$$
$$CO_2 + H_2O + CaCO_3 \longrightarrow Ca(HCO_3)_2$$

（2）一般酸的腐蚀　在工业废水、某些地下水、沼泽水中常含有一定量的无机酸和有机酸。各种酸类对水泥石都有不同程度的腐蚀作用，即它们都可以与水泥石中的氢氧化钙作用，生成的钙盐或是易溶于水的，或是膨胀性的，产生破坏作用。腐蚀作用最快的是无机酸中的盐酸、氢氟酸、硝酸、硫酸和有机酸中的醋酸、蚁酸和乳酸。例如，盐酸、硫酸与水泥石中的氢氧化钙的作用分别为：

$$Ca(OH)_2 + 2HCl \longrightarrow CaCl_2 + 2H_2O$$
$$Ca(OH)_2 + H_2SO_4 \longrightarrow CaSO_2 \cdot 2H_2O$$

生成的 $CaCl_2$ 易溶于水，生成的二水石膏或者直接在水泥石孔隙中结晶产生膨胀，或者再与水泥石中的水化铝酸钙作用，生成钙矾石，其破坏性更大。

4. 强碱腐蚀

一般情况下，水泥石能抵抗碱类的腐蚀，但如果长期处于较高浓度的含强碱（NaOH、KOH）溶液中，也会发生缓慢的破坏。这是因为碱溶液与硬化水泥石组分之间发生化学反应，生成胶结力弱、易为碱溶液析出的产物；同时氢氧化钠渗入水泥石孔隙中，再在空气中的二氧化碳作用下形成含大量结晶水的碳酸钠，其结晶沉淀也会造成水泥石结构胀裂。

除上述腐蚀类型外，对水泥石有腐蚀作用的还有一些其他物质，如糖、氨盐、动物脂肪、含环烷酸的石油产品等。

**（二）水泥石腐蚀的防止**

（1）根据工程的环境特点，合理选择水泥品种，或适当掺加混合材料，减少可腐蚀物质的浓度，防止或延缓水泥的腐蚀。如处于软水环境的工程，常选用掺混合材料的矿渣水泥、火山灰水泥或粉煤灰水泥，因为这些水泥的水泥石中氢氧化钙含量低，对软水侵蚀的抵抗能力强。

（2）提高混凝土的密实度，采取措施减少水泥石结构的孔隙率，特别是提高表面的密实度，阻塞腐蚀介质渗入水泥石的通道。

（3）在水泥石结构的表面设置保护层，隔绝腐蚀介质与水泥石的联系。如采用涂料、贴面等致密的耐腐蚀层覆盖水泥石，能够有效地保护水泥石不被腐蚀。

### 五、硅酸盐水泥的主要技术性质

根据国家标准《通用硅酸盐水泥》（GB 175—2007）、《公路工程水泥及水泥混凝土试验规程》（JTG E30—2005），硅酸盐水泥的主要技术性质要求如下。

#### (一) 密度与堆积密度

硅酸盐水泥的密度，一般在 $3.1\sim3.2\text{g/cm}^3$ 之间，在进行混凝土配合比设计时，通常取 $3.1\text{g/cm}^3$；松散状态时的堆积密度一般在 $900\sim1300\text{kg/m}^3$ 之间，紧密状态时可达 $1400\sim1700\text{kg/m}^3$。

#### (二) 细度

细度是指水泥颗粒的粗细程度，它是鉴定水泥品质的主要项目之一。

水泥细度可用筛析法和比表面积法来检测。筛析法以 $80\mu m$ 或 $45\mu m$ 方孔筛的筛余量表示；比表面积法以 1kg 水泥所具有的总表面积（$\text{m}^2/\text{kg}$）表示。为满足工程对水泥性能的要求，国家标准规定，硅酸盐水泥和普通硅酸盐水泥的细度以比表面积表示，其值应不小于 $300\text{m}^2/\text{kg}$。凡水泥细度不符合规定者为不合格品。

#### (三) 凝结时间

水泥的凝结时间分初凝时间和终凝时间。自加水时起至水泥浆开始失去塑性，流动性减小所需的时间称为初凝时间；自加水时起至水泥浆完全失去塑性，并开始产生强度所需的时间称为终凝时间。国家标准规定，硅酸盐水泥的初凝时间不得早于 45min；硅酸盐水泥的终凝时间不得迟于 390min。凡初凝时间不符合规定的水泥为废品；终凝时间不符合规定的水泥为不合格产品。

水泥凝结时间的测定，是以标准稠度的水泥净浆，在规定温度及湿度环境下，用水泥净浆凝结时间测定仪测定。所谓标准稠度是指水泥净浆达到一个规定的稠度。水泥净浆达到标准稠度时，拌和所需的水量（以占水泥质量的百分比表示），称为标准稠度用水量（也称需水量）。硅酸盐水泥的标准稠度用水量，一般在 24%～30% 之间。水泥熟料矿物成分不同时，其标准稠度用水量亦有差别。水泥磨得越细，标准稠度用水量越大。

规定水泥的凝结时间在施工中具有重要意义。初凝不宜过快，以便有足够的时间在初凝前完成混凝土和砂浆的搅拌、运输、浇捣或砌筑等各工序。终凝也不宜过迟，以使施工完毕后，尽快硬化，产生强度，以便下道工序及早进行。

#### (四) 体积安定性

水泥的体积安定性是指水泥在凝结硬化过程中，体积变化的均匀性。如水泥硬化后产生不均匀的体积变化，会使水泥混凝土构件产生膨胀性裂缝，降低建筑物质量，甚至引起严重事故，此即体积安定性不良。体积安定性检验必须合格，体积安定性不合格的水泥应作废品处理，严禁用于工程中。

引起水泥体积安定性不良的原因，是由于熟料中含有过多的游离氧化钙（$f\text{-CaO}$），或游离氧化镁（$f\text{-MgO}$）；以及水泥粉磨时掺入石膏过量等所致。熟料中所含的 $f\text{-CaO}$ 和 $f\text{-MgO}$ 是在高温下生成的，属于过烧氧化物，水化很慢，它们要在水泥凝结硬化后才慢慢开始水化，水化时产生体积膨胀，使已硬化的水泥石开裂。当石膏掺量过多时，在水泥硬化后，多余的石膏将与已固化的水化铝酸钙反应生成水化硫铝酸钙晶体，体积膨胀 1.5 倍，造成硬化水泥石开裂破坏。

国家标准规定：对于由游离氧化钙引起的水泥安定性不良，可采用试饼法或雷氏法检验。其中，试饼法是将标准稠度的水泥净浆做成试饼经恒沸 3h 后，用肉眼观察其外观状态。若未发现裂纹，用直尺检查也没有弯曲现象时，则称为安定性合格；反之，则为不合格。雷氏法是测定水泥浆在雷氏夹中经硬化后的沸煮膨胀值，当两个试件经沸煮后的雷氏膨胀测定值的平均值不大于 5mm 时，即判为该水泥安定性合格；反之，则为不合格。

### (五) 强度与强度等级

水泥的强度是评定其质量的重要指标，也是划分水泥强度等级的主要依据。国家标准规定，采用《水泥胶砂强度检验方法》(ISO) 测定水泥强度，该法是将水泥、标准砂和水按质量计以 1∶3∶0.5 混合，按规定的方法制成 40mm×40mm×160mm 的标准试件，在标准温度 20℃±1℃ 的水中养护，分别测定其 3d 和 28d 的抗折强度和抗压强度。根据测定结果，将硅酸盐水泥分为 42.5、42.5R、52.5、52.5R、62.5、62.5R 六个强度等级；普通硅酸盐水泥分为 42.5、42.5R、52.5、52.5R 这 4 个强度等级，其他通用水泥增加了 32.5 的等级，而减少了 62.5 的等级。此外，依据水泥 3d 的不同强度又分为普通型和早强型两种类型，其中有代号为 R 者为早强型水泥。通用硅酸盐水泥的各等级、各龄期强度不低于表 2-6 的规定数值。各龄期强度指标全部满足规定值者为合格，否则为不合格。

表 2-6　通用硅酸盐水泥的强度值 (GB 175—2007)

| 品　　种 | 强度等级 | 抗压强度/MPa　≥ | | 抗折强度/MPa　≥ | |
| --- | --- | --- | --- | --- | --- |
| | | 3d | 28d | 3d | 28d |
| 硅酸盐水泥 | 42.5 | 17.0 | 42.5 | 3.5 | 6.5 |
| | 42.5R | 22.0 | | 4.0 | |
| | 52.5 | 23.0 | 52.5 | 4.0 | 7.0 |
| | 52.5R | 27.0 | | 5.0 | |
| | 62.5 | 28.0 | 62.5 | 5.0 | 8.0 |
| | 62.5R | 32.0 | | 5.5 | |
| 普通硅酸盐水泥 | 42.5 | 16.0 | 42.5 | 3.5 | 6.5 |
| | 42.5R | 21.0 | | 4.0 | |
| | 52.5 | 22.0 | 52.5 | 4.0 | 7.0 |
| | 52.5R | 26.0 | | 5.0 | |
| 矿渣硅酸盐水泥<br>火山灰硅酸盐水泥<br>粉煤灰硅酸盐水泥<br>复合硅酸盐水泥 | 32.5 | 10.0 | 32.5 | 2.5 | 5.5 |
| | 32.5R | 15.0 | | 3.5 | |
| | 42.5 | 15.0 | 42.5 | 3.5 | 6.5 |
| | 42.5R | 19.0 | | 4.0 | |
| | 52.5 | 21.0 | 52.5 | 4.0 | 7.0 |
| | 52.5R | 23.0 | | 4.5 | |

### (六) 不溶物含量及烧失量

不溶物是指水泥经酸和碱处理后，不能被溶解的残余物。烧失量是指水泥经高温灼烧处理后的质量损失率。

国家标准规定：Ⅰ型硅酸盐水泥中不溶物不得超过 0.75%；烧失量不得大于 3.0%。Ⅱ型硅酸盐水泥中的不溶物不得超过 1.50%；烧失量不得大于 3.5%。

### (七) 碱含量

碱含量是指水泥中的 $Na_2O$ 和 $K_2O$ 的含量。若水泥中的碱含量过高，遇到有活性的骨料，易产生碱-骨料反应，造成工程危害。

国家标准规定：水泥中碱含量按 $Na_2O+0.658K_2O$ 计算值来表示。若使用活性集料，用户要求提供低碱水泥时，水泥中碱含量不得大于 0.60% 或由供需双方商定。

### 六、硅酸盐水泥的验收及贮运

国家标准规定：硅酸盐水泥性能中，凡氧化镁、三氧化硫、初凝时间、体积安定性中，任一项不符合标准规定时均为废品。废品水泥不得在工程中使用。

凡细度、终凝时间、不溶物和烧失量中的任一项不符合标准规定或混合料掺加量超过最大限量和强度低于商品等级规定的指标时，均为不合格品；水泥包装标志中水泥品种、强度等级、工厂名称和工厂编号不清楚的也属不合格品。

水泥厂生产的水泥分散装水泥和袋装水泥。散装水泥出厂运输采用专用的散装水泥运输车进行，并放入专用的水泥罐储存。发展散装水泥有较好的社会和经济效益，国家鼓励使用散装水泥。

袋装水泥运输、贮存方便，为了便于识别，国家标准规定，水泥袋上应清楚标明：产品名称，代号，净含量，强度等级，生产许可证编号，生产者名称和地址，出厂编号，执行标准号，包装年、月、日。掺火山灰混合材料的普通水泥还应标上"掺火山灰"字样，包装袋两侧应印有水泥名称和强度等级，硅酸盐水泥和普通硅酸盐水泥的印刷用红色。水泥包装标志中水泥品种、强度等级、生产者名称和出厂编号不全的属不合格品。袋装水泥在堆放时应注意防水防潮，堆放高度一般不超过 10 袋。

不论散装水泥还是袋装水泥，运输和保管时，不得混入杂质；不同品种、不同强度等级及出厂日期的水泥应分别存放，并加以标识，不得混杂。使用时应考虑先存先用的原则。存放期一般不超过 3 个月。袋装水泥储存 3 个月后，强度降低 10%～20%，6 个月后降低 15%～30%，故贮存超过 6 个月的水泥应重新进行试验才能使用。

### 📝 任务实施

#### 一、水泥取样

以同一水泥厂，按同品种、同强度等级，同期到达的水泥，不超过 400t 为一个取样单位（不足 400t 时，也作为一个取样单位）。取样应有代表性，可以连续取，也可以从 20 个不同部位抽取约 1kg 等量的水泥样品，总数至少 12kg。

取得的水泥试样应充分混合均匀，分成 2 等份。一份进行水泥各项性能测定，一份密封保存 3 个月，供做仲裁检验时使用。

#### 二、水泥细度检测

水泥细度检验方法有负压筛法、水筛法和手工干筛法 3 种。3 种检验方法发生争议时，以负压筛法为准。本检测采用负压筛法。

1.仪器设备

（1）负压筛析仪。如图 2-3 所示。负压可调范围为 4000～6000Pa。

（2）天平。最大称量为 100g，分度值不大于 0.05g。

2.检测准备

筛析前将负压筛放在筛座上，盖上筛盖，接通电源，检查控制系统，调节负压在 4000～6000Pa 范围内。

3.检测步骤

称取试样 25g 放入洁净的负压筛内，盖上筛盖，放在筛座上，开动筛析仪，连续筛析 2min，

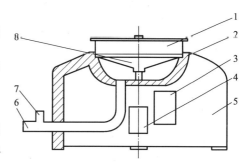

图 2-3 负压筛析仪

1—0.045mm 方孔筛；2—橡胶垫圈；3—控制板；
4—微电机；5—壳体；6—抽气口（接收尘器）；
7—风门（调节负压）；8—喷气嘴

筛析过程中若有试样附着在盖上,可轻轻敲击,使试样落下。筛完后用天平称量筛余物,精确到 0.05g。当工作负压小于 4000Pa 时,应清理吸尘器内的残留物,使负压恢复正常。

4. 结果评定

水泥试样筛余百分数按式(2-2)进行计算(精确至 0.01%)。

$$F = \frac{m_s}{m} \times 100\% \tag{2-2}$$

式中　$F$——水泥试样的筛余百分数,%;

　　　$m_s$——水泥筛余物的质量,g;

　　　$m$——水泥试样的质量,g。

### 三、水泥标准稠度用水量的测定（标准法）

1. 仪器设备

(1) 维卡仪　如图 2-4 所示为水泥标准稠度与凝结时间测定仪。其滑动部分总质量为 300g±1g。盛装水泥净浆的试模应由耐腐蚀的金属制成。试模为深 40mm、顶内径 65mm、顶外径 75mm 的截顶圆锥体,如图 2-4(a) 和 (b) 所示。每只试模应配备一个面积大于试模、厚度大于等于 2.5mm 的平板玻璃。

标准稠度测定用试杆有效长度为 50mm,由直径为 10mm 的圆柱形耐腐蚀金属制成,如图 2-4(c) 所示。

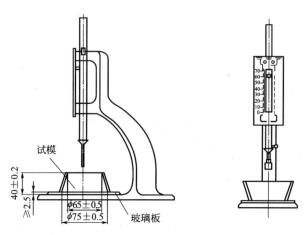

(a) 初凝时间测定用立式试模的左视照　(b) 终凝时间测定用反转试模的前视照

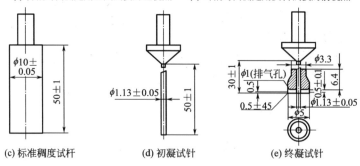

(c) 标准稠度试杆　　(d) 初凝试针　　(e) 终凝试针

图 2-4　测定水泥标准稠度和凝结时间用的维卡仪

(2) 水泥净浆搅拌机　净浆搅拌机由搅拌锅、搅拌叶片、传动机构和控制系统组成。搅拌叶片在搅拌锅内作旋转方向相反的公转和自传,转速为 90r/min,控制系统可以自动控制,也可以人工控制(图 2-5)。

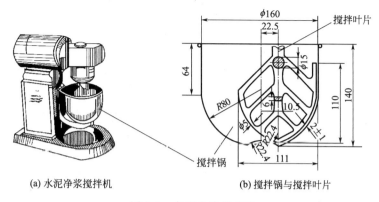

(a) 水泥净浆搅拌机　　　　　(b) 搅拌锅与搅拌叶片

图 2-5　水泥净浆搅拌机

（3）天平（感量 1g）及人工拌和工具等。

（4）标准养护箱。

2.检测准备

（1）检测室温度应控制在 20℃±2℃，相对湿度大于 50％；养护箱温度应为 20℃±1℃，相对湿度大于 90％。水泥试样、拌和用水等的温度应与实验室温度相同。

（2）检查维卡仪的金属棒能否自由滑动。

（3）检查搅拌机运行是否正常，并用湿布将水泥净浆搅拌机的筒壁及叶片擦抹干净。

3.检测步骤

（1）调整试杆接触玻璃板使指针对准标尺零点。

（2）充分拌匀水泥试样，将称好的 500g 水泥倒入搅拌锅内，拌和水量按经验确定。拌和时，先将装有试样的锅放到搅拌机锅座上的搅拌位置，开动机器，同时徐徐加入拌和用水（用水必须是洁净的淡水），慢慢搅拌 120s，停拌 15s，接着快速搅拌 120s 后停机。

（3）搅和完毕，立即将水泥净浆一次装入试模，用小刀插捣并振实，刮去多余净浆，抹平后迅速放置在维卡仪底座上，与试杆对中。将试杆降至净浆表面，拧紧螺钉，然后突然放松，让试杆自由沉入净浆中。在试杆停止沉入或释放试杆 30s 时记录试杆距底板之间的距离，升起试杆后，立即擦净；整个操作应在搅拌后 1.5min 完成。

4.结果整理

以试杆沉入净浆并距底板 6mm±1mm 的水泥净浆为标准稠度。其拌和水量为该水泥的标准稠度用水量（$P$）。按水泥质量的百分比计，即

$$P = \frac{拌和水用量}{水泥用量} \times 100\% \qquad (2\text{-}3)$$

### 四、水泥凝结时间的检测

1.仪器设备

（1）维卡仪。如图 2-4 所示。初凝时间测定用初凝针是由钢制成的直径为 1.13mm 的圆柱体，有效长度为 50mm，如图 2-4(d) 所示。终凝时间测定用终凝针为 30mm，安装环形附件，如图 2-4(e) 所示。

（2）水泥净浆搅拌机。如图 2-5 所示。

（3）标准养护箱。

（4）天平（感量 1g）及人工拌和工具等。

2.检测准备

（1）检查维卡仪的金属棒能否自由滑动。

（2）检查搅拌机运行是否正常，并用湿布将水泥净浆搅拌机的筒壁及叶片擦抹干净。

3.检测步骤

（1）将试模内表面涂油放在玻璃上。调整维卡仪的试针，使试针接触玻璃板时指针对准标尺零点。

（2）以标准稠度用水量制成标准稠度净浆一次装满试模，振动次数刮平，立即放入养护箱内。记录水泥全部加入水中的时间作为初凝、终凝时间的起始时间。

（3）初凝时间的测定。养护至加水后30min时将试件取出，放置在维卡仪的试针下面进行第一次测定。测定时让试针与水泥净浆表面接触，拧紧螺钉，1～2s后突然放松，试针自由扎入净浆内，读出试针停止下沉或释放试针30s时指针所指的数值。当试针沉至距底板4mm±1mm时，水泥达到初凝状态。

（4）终凝时间的测定。在完成初凝时间测定后，立即将试模连同浆体以平移的方式从玻璃板取下，翻转180°，直径大面朝上，小端向下放在玻璃板上，再放入湿气养护箱中继续养护。当试针沉入离净浆表面0.5mm时，即环形附件开始不能在试件下留下痕迹时，水泥达到终凝状态。

测定时应注意，在最初测定的操作时应轻扶金属柱，使其慢慢下降，以防试针撞弯，但结果以自由下落为准，在整个测定过程试针沉入的位置至少要距试模内壁10mm。临近初凝时，每隔5min测定一次，临近终凝时每隔15min测定一次，到达初凝或终凝时应立即重复测定一次，当两次结论相同时，才能确定为达到初凝或终凝状态。每次测定不能让试针落入原孔，每次测定完必须将试针擦净并将试模放回养护箱内，整个测定过程要防止试模受振。

4.结果整理

由开始加水至初凝、终凝状态所用的时间分别为该水泥的初凝时间和终凝时间，用小时（h）和分钟（min）来表示。

## 五、水泥安定性检测

1.仪器设备

（1）沸煮箱。有效容积为410mm×240mm×10mm，内设箅板和加热器，能在30min±5min内将箱内水由室温升至沸腾，并可保持沸腾状态3h而不需加水。

（2）雷氏夹。由钢制材料组成（如图2-6所示），当一根指针的根部先悬挂在一根金属丝或尼龙丝上，另一根指针的根部再挂上300g的砝码时，两只针尖距离增加应在17.5mm±2.5mm范围内，去掉砝码，针尖应回到初始状态（如图2-7所示）。

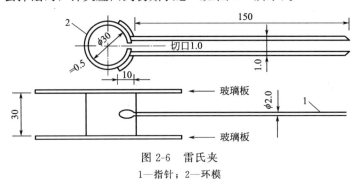

图 2-6 雷氏夹
1—指针；2—环模

（3）雷氏夹膨胀测定仪。标尺最小可读为0.5mm（如图2-8所示）。

（4）水泥净浆搅拌机，标准养护箱，天平，量水器。

2.检测准备

（1）在准备好的玻璃板上（玻璃板约100mm×100mm）、雷氏夹的内壁稍涂有机油。

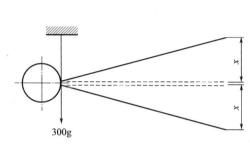

图 2-7　雷氏夹受力示意图

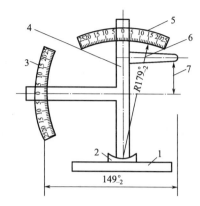

图 2-8　雷氏夹膨胀测定仪

1—底座；2—模子座；3—测弹性标尺；4—立柱；
5—测膨胀值标尺；6—悬臂；7—悬丝

（2）调整沸煮箱的水位，使试件在整个沸煮过程中都被水没过，且途中不需加水，同时又能保证在 30min±5min 内加热至沸腾。

（3）称取 500g 水泥，加以标准稠度用水量，用水泥净浆搅拌机拌成水泥净浆。

3.检测步骤

（1）雷氏法

① 将预先准备好的雷氏夹放在已稍擦油的玻璃板上，并立刻将已制好的标准稠度净浆装满试模，装模时一只手轻轻扶持试模，另一只手用宽约 10mm 的小刀插捣 15 次左右，然后平盖上稍涂油的玻璃板，接着立刻将试模移至养护箱内养护 24h±2h。

② 养护结束后将试件从玻璃板上脱去。先测量雷氏夹指针尖端间的距离 $A$，精确到 0.5min，之后将雷氏夹指针放入沸煮箱水中篦板上，指针朝上，试件之间互不交叉，然后在 30min±5min 内加热至沸腾，并恒沸 3h±5min。

③ 煮沸结束，即放掉箱中热水，打开箱盖，待箱体冷却至室温时，取出试件测量试件指针尖端间的距离。

（2）试饼法

① 将搅拌好的水泥净浆取出一部分（约 150g），分成两等份使之成球形。将其放在预先准备好的玻璃板上。轻轻振动玻璃板，并用湿布擦过的小刀由边缘至中央抹动，做成直径为 70～80mm，中心厚约 10mm，边缘渐薄，表面光滑的试饼。将做好的试饼放入养护箱内养护 24h±2h。

② 养护结束后将试件从玻璃板上脱去。先检查试饼是否完整，在试饼无缺陷的情况下，将试饼放在煮沸箱的水篦板上，然后在 30min±5min 内加热至沸腾，并恒沸 3h±5min。

③ 煮沸结束，即放掉箱中热水，打开箱盖，待箱体冷却至室温时，取出试件进行观察。

4.结果评定

（1）若为雷氏夹，计算煮沸后指针间距增加值（$C-A$），取两个试件的平均值为试验结果，当（$C-A$）不大于 5.0mm 时，即认为水泥体积安定性合格，反之为不合格。当两个试件（$C-A$）值相差超过 4mm 时，应用同一样品立即重做一次试验。再如此，则认为该水泥为安定性不合格。

（2）若为试饼，目测试件未发现裂缝，用直尺检查也没有弯曲的试饼为体积安定性合格，反之为不合格。当两个试饼的判别结果有矛盾时，该水泥也判别为不合格。

### 六、水泥胶砂强度检测

**1. 仪器设备**

（1）搅拌机。行星式水泥胶砂搅拌机属于国际标准通用型，工作时搅拌机叶片既绕自身轴线自转又沿搅拌机锅周边公转，运动轨迹似行星式的水泥胶砂搅拌机。

（2）水泥胶砂试件成型振实台：由可以跳动的台盘和使其跳动的凸轮等组成（图2-9）振实台的震动频率为60次，振幅为0.75min。

（3）试模。为可拆卸的三联试模，由隔板、端板、底座等组成。模槽内腔尺寸为40mm×40mm×160mm，三边应互相垂直（如图2-10所示）。

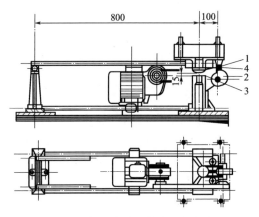

图2-9 水泥胶砂试体成型振实台
1—突头；2—凸轮；3—止动器；4—随动轮

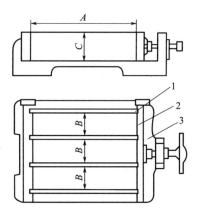

图2-10 水泥标准试模
1—隔板；2—端板；3—底板；
A—160mm；B—40mm；C—40mm

（4）播料器。是将搅拌好的胶砂方便的装入试模之内，有大播料器和小播料器两种。

（5）金属刮平尺。用于刮平试模里的砂浆表面。

（6）水泥强度试验机（AEC-201）。抗折机上支撑砂浆试件的两支撑圆柱的中心距为100mm。抗压强度最大荷载以200～300kN为宜，压力机应具有加荷载速度自动调节和记录结果的装置，同时应配有抗压试验用的专用夹具，夹具由优质碳钢制成，受压面积为40mm×40mm。

**2. 检测准备**

（1）将试模擦净，四周的模板与底座的接触面涂上黄油，紧密装配，防止漏浆，内壁均匀地刷一薄层机油。

（2）取被检测水泥450g±5g，标准砂1350g±5g，拌和水225g±1g，配制1：3水泥胶砂，水灰比为0.5。水泥、砂、水和试验用具的温度与实验室相同，称量用的天平精度应为±1g，当用自动滴管加225mL时，滴灌精度应达到±1mL。

**3. 检测步骤**

（1）搅拌 把水加入锅里，再加入水泥，再把锅放在固定架上，上升至固定位置。然后立即开动机器，低速搅拌30s后，在第二个30s开始的时间同时均匀加入标准砂。把机器转至高速再拌30s。

停拌90s，在第一个15s内用一胶皮刮具将叶片和锅壁上的胶砂刮入锅中间。在高速下继续搅拌60s。各个搅拌阶段，时间误差应在一秒以内。

（2）成型 用振实台成型，胶砂制备好后立即进行成型。将空试模和模套固定在振实台上，用勺子从搅拌锅里将胶砂分两层装入试模。装第一层时，每个槽内约放300g胶砂，用大播料器垂直将每个模槽的料层播平，接着振实 60 次，再装入第二层胶砂，用小播料器播平，再振实 60 次，移走模套，取下试模，用一金属直尺垂直沿试模长度方向，以横向锯割动作慢慢向另一端移动，一次将超过试模部分的胶砂刮去，并用同一直尺将试体表面抹平。接着在试模上作出标记或用字条标明试体编号。

（3）试件养护

① 连模标准养护：去掉留在模子四周的胶砂，立即将做好的试件连模放入雾室或养护箱（室）的水平架子上养护（温度为 20℃±1℃、相对湿度＞90％），湿空气应能与试模各边接触，养护时不应将试模放在其他试体上。至 20～24h 取出脱模。硬化速度较慢的水泥，可延长脱模时间，但要做好记录。

② 脱模：对于 24h 龄期的，应在破性试验前 20min 内脱模；对于 24h 以上龄期的应在成型后 20～24h 之间脱模。

③ 水中养护：将做好标记的试件立即水平或竖立放在 20℃±1℃的水中养护，水平放置时刮平面应朝上。试件在水中六个面都要与水接触，试件之间的间隔或试件上表面的水深不得小于 5mm。

每个养护水池只养护同类型的水泥试件。最初用自来水装满养护池（或容器），随后随时加水保持适当恒定水位，不允许在养护期间全部换水。

除 24h 龄期或延迟 48h 脱模的试体外，任何到龄期的试体应在试验（破性）前 15min 从水中取出。去除表面沉积物，并用湿布覆盖至试验为止。

（4）强度检验　强度检验试体的龄期是从水泥加水搅拌开始试验时算起的。不同龄期强度试验在下列时间里进行：24h±15min；48h±30min；7d±45min；28d±8h。

① 抗折强度检验。将试体一个侧面放在抗折机的支撑圆柱上，试体长轴垂直于支撑圆柱，通过加荷圆柱以（50±10）N/s 的速率将荷载垂直的加在棱住体相对侧面上直至折断试体。保持两个半截棱柱体处于潮湿状态直至抗压强度检验。

② 抗压强度检验。将半截棱柱体装在抗压夹具内，棱柱体中心与夹具压板受压中心差应在±0.5mm 内，棱柱体露在压板外的部分约为 10mm。开动压力机，以（2400±200）N/s 的速率均匀地向试体加荷直至破坏。

4.结果评定

（1）抗折强度按式（2-4）计算：

$$R_f = \frac{1.5 F_f L}{b^3} \tag{2-4}$$

式中　$F_f$——折断时的荷载，N；

$L$——支撑圆柱的距离，mm；

$b$——圆柱体正方形截面的边长，mm。

以一组三个棱柱体抗折结果的平均值作为实验结果。当 3 个强度值中有超出平均值±10％时，应剔除后再取平均值作为抗折强度实验结果。各试体的抗折强度记录至 0.1MPa，平均值计算精确至 0.1MPa。

（2）抗压强度按式（2-5）计算：

$$R_c = \frac{F_c}{A} \tag{2-5}$$

式中　$F_c$——破坏时的最大荷载，N；

$A$——受压部分面积，$mm^2$（40mm×40mm＝1600$mm^2$）。

以一组三个棱柱体上得到的 6 个抗压强度测定值的算术平均值为实验结果。如 6 个测定值中有一个超出 6 个平均值的±10％，就应剔除这个结果，而以剩下 5 个的平均数为结果。

如果 5 个测定值中再有超过它们平均数±10%的，则此组结果作废。单个抗压强度结果计算至 0.1MPa，平均值计算精确至 0.1MPa。

# 任务三 水泥的选用

## 任务描述

根据工程特点和所处环境，合理选用不同品种的水泥。

如某水利枢纽工程"进水口、洞群和溢洪道"标段为提高泄水建筑物抵抗黄河泥沙及高速水流的冲刷能力，需浇筑 28 天抗压强度达 70MPa 的混凝土约 50 万立方米，该优先选择何种水泥来配制混凝土。

## 任务分析

要合理选用水泥品种，首先要掌握各种水泥的性能特点及应用范围；然后再根据工程特点和使用环境来合理地选择。

## 知识链接

### 一、通用硅酸盐水泥的特性与应用

#### (一) 硅酸盐水泥的特性与应用

1. 凝结硬化快，强度等级高，尤其是早期强度发展快

硅酸盐水泥中 $C_3S$ 的含量高，对 28d 内强度的发展起决定性作用，同时较多的 $C_3A$ 也有利于 $1\sim3d$ 的强度快速增长，$C_2S$ 有利于后期强度的增长。因此，硅酸盐水泥适宜配制高强混凝土和预应力钢筋混凝土，以及适用于早期强度要求高和冬季施工的混凝土工程。

2. 水化热大，且放热较集中

水泥的水化热是指水泥在水化过程中的放热量。硅酸盐水泥的水化热是通用硅酸盐水泥中最大的，因为其中的 $C_3S$ 和 $C_3A$ 含量高，它们的水化放热大，放热速度快，有利于冬季施工。但对大体积混凝土（高层基础、大坝等），由于混凝土是热的不良导体，水化热在混凝土内的聚集造成内外温差过大，在混凝土内引起局部拉应力过大，使混凝土产生热裂缝。因此硅酸盐水泥不宜用于大体积混凝土工程。

3. 抗冻性好，耐磨能力强

由于硅酸盐水泥能够形成较致密的早期硬化结构，使其表现出较好的抗冻性和耐磨性；只要得到适当的早期养护，就可以获得较为稳定的结构，从而表现出较小的干缩。这些特性使其更适合于抗冻、耐磨要求或干燥环境中的结构工程以及道路、地面工程。

4. 耐腐蚀性差

硅酸盐水泥水化后含有较多的氢氧化钙和水化铝酸钙，耐软水侵蚀和抗化学腐蚀性差，所以不宜用于受流动及压力水作用的混凝土工程，也不宜用于受海水、矿物水等腐蚀性作用的工程。

5. 抗碳化性能好

空气中的二氧化碳与水泥石中的氢氧化钙反应生成碳酸钙的过程叫碳化。硅酸盐水泥水化后氢氧化钙含量较多，故水泥石的碱度不易降低，对埋于其中的钢筋有较强的保护作用，所以特别适合于重要的钢筋混凝土结构和预应力钢筋混凝土工程，也适用于空气中二氧化碳浓度高的环境。

6. 耐热性较差

随着温度的升高，硅酸盐水泥的硬化结构中的某些组分会产生较明显的变化。环境温度为

100～250℃时，由于尚存的游离水在较高温度下会使其产生额外水化作用，而且脱水后的水泥凝胶体与部分氢氧化钙结晶体对水泥具有加强作用，这将使水泥石的强度有所提高。当温度达到 250～300℃时，其中部分结晶体水化物开始脱水，致使水泥石结构产生收缩，强度受到影响而开始下降。当受热温度达到 400～600℃时，其水泥中的部分矿物将会产生明显的晶型转变或分解，导致其结构强度显著下降。当温度达到 700～1000℃时，其水泥石结构会遭到严重破坏，而表现为强度的严重降低，甚至产生结构崩溃。故硅酸盐水泥不适用于耐热性较高的工程。

#### (二) 掺混合材料的硅酸盐水泥的特性与应用

**1. 混合材料**

磨制水泥时掺入的人工的或天然的矿物材料称为混合材料。混合材料按其性能不同分为活性混合材料和非活性混合材料。

(1) 活性混合材料　活性混合材是具有火山灰性或潜在的水硬性，或兼有火山灰性和潜在水硬性的矿物质材料。

火山灰性，是指磨细的矿物质材料和水拌和成浆后，单独不具有水硬性，但在常温下与外加的石灰水拌后的浆体，能形成具有水硬性化合物的性能，如火山灰、粉煤灰、硅藻土等。

潜在水硬性，是指该类矿物质材料只需在少量外加剂的激发条件下，即可利用自身溶出的化学成分，生成具有水硬性的化合物，如粒化高炉矿渣等。

① 粒化高炉矿渣　高炉冶炼生铁时，浮在铁水表面的熔融物（主要成分是硅酸钙和铝酸钙），经急冷处理而成的粒径为 0.5～5mm 的疏松颗粒材料，称为粒化高炉矿渣。

粒化高炉矿渣是以玻璃体为主的矿物，其中，玻璃体含量达 80% 以上；其主要化学成分为 $CaO$、$SiO_2$ 和 $Al_2O_3$ 等，另外还有少量的 $MgO$、$Fe_2O_3$ 及其他杂质。由于粒化高炉矿渣具有较高的化学潜能而表现为在激发条件下较强的化学活性。它们的活性主要来自玻璃体结构中的活性 $SiO_2$ 和 $Al_2O_3$，其活性通常表现为在水泥水化后形成的饱和石灰或石膏溶液中产生明显的二次水化反应，从而生成水化硅酸钙，水化铝酸钙等新的水化产物。这些新的水化物可改善水泥的某些性能。

② 火山灰质混合材料　火山灰质混合材按其成因可分为天然和人工的两类。天然的火山灰质混合材包括火山灰（火山喷发形成的碎石屑）、凝灰岩（由火山灰质作用而形成的岩石）、浮石（火山喷出时形成的玻璃质多孔岩石）、沸石（凝灰岩经环境介质作用而形成的一种以含水铝硅酸盐矿物为主的多孔岩石）和硅藻土（由极细的硅藻介壳聚集、沉积而成的矿物）等。人工的火山灰质混合材料包括燃烧过的煤矸石、烧页岩、烧黏土和炉渣等。火山灰质混合材料的活性成分也是活性 $SiO_2$ 和 $Al_2O_3$，它们必须有激发剂存在时才能具有水硬性。

③ 粉煤灰　粉煤灰是火力发电厂等以煤为燃料的燃煤炉中所收集的灰渣。在高温悬浮的燃烧过程中，煤粉所含的黏土质矿物熔融，在表面张力作用下形成液滴，在排出炉外时经过急速冷却，即为粒径为 1～50μm 的微细球型玻璃体颗粒，呈灰白到黑色，主要成分是 $SiO_2$ 和 $Al_2O_3$，含少量 $CaO$。其性能与火山灰质混合材料相同，也属于火山灰质混合材料。

粉煤灰的矿物组成主要是铝硅玻璃体，也是粉煤灰具有活性的主要组成部分，玻璃体含量越多，其活性越高；烧失量（粉煤灰中未燃尽的煤的含量）越低，活性也越高。我国规定，粉煤灰的烧失量不应大于 8%，过大时可用浮选法等处理，以改善质量。

(2) 非活性混合材料　凡不具有活性或活性很低的人工或天然矿物质材料经粉磨而成的细粉，且掺入后对水泥无不利影响的材料称为非活性混合材。水泥中掺加非活性混合材料主要是起调节水泥强度等级、降低水化热、增加水泥产量等作用。

常用的非活性混合材有活性指标较低的粒化高炉煤渣、粒化高炉矿渣粉、粉煤灰、火山灰质混合材料；石灰石和砂岩等磨成的细粉（其中石灰石中的三氧化铝含量不应大于 2.5%）。

硅酸盐水泥熟料中，掺加一定量混合材料制成水泥，不仅可以调节水泥的强度等级、增加产量、降低成本，还可以调整水泥的性能，扩大水泥品种，满足不同工程的需要。

根据所加混合材料的种类和数量，即可制得六大种通用硅酸盐水泥。

### 2. 普通硅酸盐水泥

普通硅酸盐水泥简称为普通水泥，是指（熟料和石膏）组分80%～95%，掺加5%～20%的粉煤灰、粒化高炉渣或火山灰等活性混合材料，其中允许用不超过水泥质量8%的非活性混合材料或不超过水泥质量5%的窑灰来代替活性混合材料，共同磨细制成的水硬性胶凝材料，代号P·O。

普通硅酸盐水泥中，混合材料的掺加量较少，绝大部分仍是硅酸盐水泥熟料，故其性能特征和应用范围与同强度等级的硅酸盐水泥相近。但由于掺入了少量混合材料，因此与硅酸盐水泥相比，普通水泥的早期硬化速度稍慢，3d强度稍低，抗冻性与耐磨性也稍差，水化热略低，耐腐蚀性稍好。

国家标准规定：普通硅酸盐水泥的细度同硅酸盐水泥一样，用比表面积表示，根据规定应不小于$300m^2/kg$；初凝时间不小于45min；终凝不大于600min；体积安定性必须合格。

普通硅酸盐水泥被广泛用于各种混凝土或钢筋混凝土工程，是我国目前主要的水泥品种之一。

### 3. 矿渣硅酸盐水泥

矿渣硅酸盐水泥简称为矿渣水泥。矿渣硅酸盐水泥有两个品种，一种是（熟料和石膏）组分≥50%且<85%，掺加>20%且≤50%的活性混合材料粒化高炉矿渣，其中允许用不超过水泥质量8%的其他活性混合材料。非活性混合材或窑灰中的任一种代替，代号P·S·A；另一种是（熟料和石膏）组分≥30%且<50%，掺加>50%且≤70%的活性混合材料粒化高炉矿渣，其中允许用不超过水泥质量8%的其他活性混合材、非活性混合材或窑灰中的任一种代替，代号为P·S·B。

矿渣水泥加水后，水化反应过程是分两步进行的。首先是水泥熟料颗粒开始水化，然后矿渣受熟料水化时所析出的$Ca(OH)_2$和外掺石膏的激发，活性$SiO_2$、$Al_2O_3$即与$Ca(OH)_2$作用形成具有胶凝性能的水化硅酸钙和水化铝酸钙。

矿渣水泥加入的石膏，一方面可调节水泥的凝结时间，另一方面又是矿渣的激发剂。因此，石膏的掺量一般比硅酸盐水泥中稍多一些。但若掺量太多，也会降低水泥的质量。国家标准中规定，矿渣水泥中的$SO_3$含量不得超过4.0%

矿渣水泥的密度一般为$2.8～3.0g/cm^3$，较硅酸盐水泥略小，颜色也较淡。由于矿渣硅酸盐水泥中水泥熟料含量比硅酸盐水泥少，并掺有大量的粒化高炉矿渣。因此与硅酸盐水泥相比，矿渣硅酸盐水泥的性能及应用具有以下特点。

（1）早期强度低，后期强度增长率大 矿渣水泥中活性$SiO_2$、$Al_3O_2$与$Ca(OH)_2$的化合反应在常温下进行的较缓慢，故矿渣水泥早期硬化较慢，其早期（28d以前）强度较同强度等级的硅酸盐水泥及普通水泥为低；到后期随着水化硅酸钙凝胶数量的增多，28d以后的强度将超过强度等级相同的硅酸盐水泥。矿渣掺入量越多，早期强度越低，后期强度增长率大。此外，矿渣硅酸盐水泥的水化反应对温度敏感，提高养护温度、湿度，有利于强度发展。若采用蒸汽养护，强度增长较普通硅酸盐水泥快，且后期强度仍能很好地增长。故矿渣硅酸盐水泥不宜用在温度较低、养护条件差的工程。

（2）水化热低 矿渣硅酸盐水泥中，熟料较少，相对降低了$C_3S$和$C_3A$的含量，水化和硬化过程较慢，因此水化热比普通硅酸盐水泥小，宜用于大体积工程。

（3）抗软水及硫酸盐腐蚀的能力较强 矿渣硅酸盐水泥中水泥熟料相对减少，$C_3S$和$C_3A$的含量也随之减少，其水化所析出的$Ca(OH)_2$比硅酸盐水泥少，而且矿渣中活性$SiO_2$、$Al_2O_3$与$Ca(OH)_2$作用又消耗了大量的$Ca(OH)_2$，这样水泥中$Ca(OH)_2$就更少了，因此提高了抗软水及硫酸盐腐蚀的能力。故矿渣硅酸盐水泥适用于溶出性和硫酸盐侵蚀的水工建筑工程、海港工程和地下工程。

（4）环境温度对凝结硬化的影响较大　矿渣水泥在较低温度下，凝结硬化较硅酸盐水泥及普通水泥缓慢，故冬季施工时，更需要加强保温养护措施。但在湿热条件，矿渣水泥的强度发展很快，故适合于蒸汽养护。

（5）保水性差、泌水性较大　水泥加水拌和后，水泥浆体能够保持一定量的水分而不析出的性能，称为保水性。当加水量超过保水能力时，在凝结过程中将有部分水从浆体中析出，这种析出水分的性能，称为泌水性或析水性。由于矿渣在与熟料共同粉磨过程中，颗粒难以磨得很细，且矿渣玻璃质结构亲水性较弱，因而矿渣水泥的保水性较差，泌水性较大。这是一个缺点，它易使混凝土内形成毛细管通道，当水分蒸发后，便形成孔隙，降低混凝土的密实性、均匀性及抗渗性。

（6）耐热性较强　矿渣硅酸盐水泥中的 $Ca(OH)_2$ 含量较低，且矿渣本身又是水泥的耐热掺料，故具有较好的耐热性，适用于高温车间、高炉基础等耐热工程。还可掺入耐火砖粉等配制成耐热混凝土。

（7）干缩性较大　矿渣硅酸盐水泥中混合材料掺入较大，且磨细粒化高炉矿渣有尖锐棱角，故标准稠度需水量较大，保持水分能力较差，泌水性较大，因而干缩性较大，如养护不当，则易产生裂缝。

（8）抗碳化能力较差　用矿渣水泥拌制的砂浆及混凝土，由于水泥石中氢氧化钙碱度较低，因而表层的碳化作用进行的较快，碳化深度也大。这对钢筋混凝土极为不利，因为当碳化深入到钢筋的表面时，就会导致钢筋的锈蚀，最后使混凝土产生顺筋裂纹。

（9）抗冻性和耐磨性较差　矿渣水泥抗冻性及耐磨性均较硅酸盐水泥和普通水泥差，因此，矿渣水泥不宜用于严寒地区水位经常变动的部位，也不宜用于受高速夹砂水流冲刷或其他具有耐磨要求的工程。

### 4. 火山灰硅酸盐水泥

火山灰质硅酸盐水泥简称为火山灰水泥。火山灰质硅酸盐水泥是指（熟料和石膏）组分 $\geq 60\%$ 且 $< 80\%$，掺加 $> 20\%$ 且 $\leq 40\%$ 的火山灰质活性混合材料磨细制成的水硬性胶凝材料，代号为 P·P。

火山灰水泥的许多性能，如抗侵蚀性、水化时的发热量、强度及其增长率、环境温度对凝结硬化的影响、碳化速度等，都与矿渣水泥有相同的特点。

（1）火山灰水泥凝结硬化缓慢，早期强度低，后期强度高。火山灰水泥的水化和硬化过程及水化产物均与矿渣水泥相类似。火山灰水泥的凝结硬化过程对环境温度、湿度变化较为敏感，故火山灰水泥宜用蒸汽或压蒸养护，不宜用于有早强要求高及低温工程中。

（2）火山灰水泥具有良好的抗渗性、耐水性及一定的抗腐蚀能力。火山灰水泥在硬化过程中形成了大量的水化硅酸钙凝胶，提高了水泥石的致密程度，从而提高了抗渗性、耐水性及抗硫酸性、且由于氢氧化钙含量低，因而有良好的抗淡水侵蚀性。故火山灰水泥宜用于抗渗性要求较高的工程。但是当混合材料中活性氧化铝含量较多时，则抗硫酸盐腐蚀能力较差。

（3）火山灰水泥保水性差，在干燥环境中将由于失水而使水化反应停止，强度不再增长，且由于水化硅酸钙凝胶的干燥将产生收缩和内应力，使水泥石产生很多细小的裂缝。在表面则由于水化硅酸钙抗碳化能力差，使水泥石表面产生"起粉"现象。因此，火山灰水泥不宜用于干燥环境中的地上工程。

（4）火山灰水泥具有较低的水化热，适用于大体积工程。

此外，这种水泥需水量大，收缩大，抗冻性差。使用时需引起注意。

### 5. 粉煤灰硅酸盐水泥

粉煤灰硅酸盐水泥简称粉煤灰水泥，是指（熟料和石膏）组分≥60％且＜80％，掺加＞20％且≤40％的粉煤灰活性混合材料磨细制成的水硬性胶凝材料，代号为 P·F。

粉煤灰水泥的细度、终凝时间及体积安定性等的技术要求与普通硅酸盐水泥相同。

粉煤灰水泥的凝结硬化过程与火山灰水泥基本相同，在性能上也与火山灰水泥有很多相似之处，如水化热小，抗硫酸盐腐蚀能力强及抗冻性差等特点，同时也有它独自的特点。

（1）粉煤灰水泥的凝结硬化慢，早期强度低，后期强度高甚至可以赶上或明显超过硅酸盐水泥。粉煤灰活性越高，细度越细，则强度增长速度越快。因此，这种水泥宜用于承受荷载较迟的工程。

（2）粉煤灰比表面积较小，吸附水的能力较小，因而这种水泥干缩小，抗裂性较强。

（3）粉煤灰水泥泌水较快，易引起失水裂缝，故应在硬化早期加强养护，并采取一定的工艺措施。

粉煤灰水泥除同样能用于工业与民用建筑外，还非常适用于大体积混凝土以及水中结构、海港工程等。但粉煤灰水泥水化产物的碱度低，不宜用于有抗碳化要求的工程。

### 6. 复合硅酸盐水泥

复合硅酸盐水泥简称为复合水泥，是指（熟料和石膏）组分≥50％且＜80％，掺加两种（两种以上）的活性或非活性混合材料，且掺加量＞20％且≤50％，其中，允许用不超过水泥质量8％的窑灰代替，磨细制成的水硬性胶凝材料，代号为 P·C。掺矿渣时，混合材料掺量不得与矿渣硅酸盐水泥重复。

用于掺入复合水泥的混合材料有多种。除符合国家标准的粒化高炉矿渣、粉煤灰及火山灰质混合材料外，还可掺用符合标准的粒化精炼铁渣、粒化增钙液态渣及各种新开辟的活性混合材料以及各种非活性混合材料。因此，复合水泥更加扩大了混合材料的使用范围，即利用了混合材料资源，缓解了工业废渣的污染问题，又大大降低了水泥的生产成本。

复合硅酸盐水泥同时掺入两种或两种以上的混合材料，它们在水泥中不是每种混合材料作用的简单叠加，而是相互补充。如矿渣与石灰石复掺，使水泥既有较高的早期强度，又有较高的后期强度增进率；又如火山灰和矿渣复掺，可有效地减少水泥的需水性。水泥中同时掺入两种或多种混合材料，可更好地发挥混合材料各自的优良特性，使水泥性能得到全面改善。

矿渣水泥、火山灰水泥、粉煤灰水泥和复合水泥的凝结时间要求与普通水泥一样；但细度以筛余量表示，根据国家标准规定，$80\mu m$ 或 $45\mu m$ 方孔筛筛余应不大于10％或30％；火山灰水泥、粉煤灰水泥、复合水泥和掺火山灰质混合材料的普通硅酸盐水泥在进行胶砂强度检测时，其用水量按 0.50 水灰比和胶砂流动度不小于 180mm 来确定。当流动度小于180mm 时，须以 0.01 的整数倍递增的方法将水灰比调整至胶砂流动度不小于 180mm；其强度要求见表 2-3。

不同品种的通用硅酸盐系水泥适用环境与选用原则见表 2-7。

**表 2-7　不同品种的通用硅酸盐系水泥适用环境与选用原则**

| 工程特点及所处土环境 | | 优先选用 | 可以选用 | 不宜选用 |
|---|---|---|---|---|
| 普通混凝土 | 1　在一般气候环境中混凝土 | 普通水泥 | 矿渣水泥、火山灰水泥、粉煤灰水泥、复合水泥 | — |
| | 2　在干燥环境中混凝土 | 普通水泥 | 矿渣水泥 | 火山灰水泥 |
| | 3　在高湿环境中或长期处于水中的混凝土 | 矿渣水泥、火山灰水泥、粉煤灰水泥、复合水泥 | 普通水泥 | — |
| | 4　大体积混凝土 | 矿渣水泥、火山灰水泥、粉煤灰水泥、复合水泥 | — | 硅酸盐水泥、普通水泥 |

| 工程特点及所处土环境 | | 优先选用 | 可以选用 | 不宜选用 |
|---|---|---|---|---|
| 有特殊要求的混凝土 | 1 要求快硬、高强的混凝土 | 硅酸盐水泥 | 普通水泥 | 矿渣水泥、火山灰水泥、粉煤灰水泥、复合水泥 |
| | 2 严寒地区的露天混凝土，寒冷地区处于水位升降范围内的混凝土 | 普通水泥 | 矿渣水泥（强度等级＞32.5） | 火山灰水泥 |
| | 3 严寒地区处于水位升降范围内的混凝土 | 普通水泥（强度等级＞42.5） | — | 矿渣水泥、火山灰水泥、粉煤灰水泥、复合水泥 |
| | 4 有抗渗要求的混凝土 | 普通水泥 | — | 矿渣水泥 |
| | 5 有耐磨性要求的混凝土 | 硅酸盐水泥、普通水泥 | 矿渣水泥（强度等级＞32.5） | 火山灰水泥、粉煤灰水泥 |
| | 6 受侵蚀性介质作用的混凝土 | 矿渣水泥、火山灰水泥、粉煤灰水泥、复合水泥 | — | 硅酸盐水泥、普通水泥 |

## 二、其他品种水泥的性能与应用

### (一) 道路水泥

以道路硅酸盐水泥熟料、0～10%活性混合材料和适量石膏磨细制成的水硬性胶凝材料，称为道路硅酸盐水泥（简称道路水泥），代号为 P·R。

由于水泥混凝土要承受高速重载车辆反复的冲击、震动和摩擦作用，要承受各种恶劣气候如夏季高温、冬季冻融等；路面和路基也会经常遭受引起的膨胀反应力等。这些因素都会造成路面易损、耐久性下降。这就要求水泥混凝土路面应具有良好的力学性能，尤其是抗折强度要求要高，还要有足够的抗干缩变形能力和耐磨性。此外，对其抗冻性和抗硫酸盐腐蚀性要求也较高。

为满足以上要求，道路硅酸盐水泥熟料必须含有较多的铁铝酸钙。依据国家标准《道路硅酸盐水泥》（GB 13693—2005）规定，铝酸三钙的含量不得大于 0.5%，铁铝酸钙的含量不得小于 16.0%，水中游离氧化钙含量不得大于 1.0%（旋窑生产）和 1.8%（立窑生产），氧化镁含量不得超过 5.0%，三氧化硫含量不得超过 3.5%，水泥比表面积为 300～450$m^2$/kg，水泥初凝时间不得早于 1.5h，终凝时间不得迟于 10h，28d 干缩率不得大于 0.10%，耐磨性以 28d 磨耗量表示，不得大于 3.0kg/$m^2$，安定性用沸煮法检验必须合格。

根据抗压及抗折强度，道路水泥分为 32.5、42.5 和 52.5 三个强度等级，各龄期的强度值见表 2-8。

**表 2-8 道路硅酸盐水泥各龄期强度值**

| 强度等级 | 抗压强度/MPa | | 抗折强度/MPa | |
|---|---|---|---|---|
| | 3d | 28d | 3d | 28d |
| 32.5 | 16.0 | 32.5 | 3.5 | 6.5 |
| 42.5 | 21.0 | 42.5 | 4.0 | 7.0 |
| 52.5 | 26.0 | 52.5 | 5.0 | 7.5 |

道路水泥抗折强度高，干缩小，耐磨性好，适用于修筑道路路面和飞机场跑道，也可用于一般土木工程。

### (二) 快硬硅酸盐水泥

快硬硅酸盐水泥简称为快硬水泥，是以硅酸钙为主要成分的硅酸盐水泥熟料，加入适量的石膏，磨细制成的一种早强快硬的水硬性胶凝材料。

根据国家标准《快硬硅酸盐水泥》（GB 199—1990）规定，快硬水泥初凝不得早于45min，终凝不得迟于10h。按3d胶砂抗压强度，划分为32.5、37.5、42.5三个强度等级，各强度等级1d、3d、28d强度要求见表2-9。

表 2-9　快硬硅酸盐水泥各龄期强度值

| 强度等级 | 抗压强度/MPa | | | 抗折强度/MPa | | |
| --- | --- | --- | --- | --- | --- | --- |
| | 1d | 3d | 28d | 1d | 3d | 28d |
| 32.5 | 15.0 | 32.5 | 52.5 | 3.5 | 5.0 | 7.2 |
| 37.5 | 17.0 | 37.5 | 57.5 | 4.0 | 6.0 | 7.6 |
| 42.5 | 19.0 | 42.5 | 62.5 | 4.5 | 6.4 | 8.0 |

由于快硬硅酸盐水泥的熟料矿物组成中，$C_3A$ 及 $C_3S$ 的含量较多，且粉磨细度较细，故该水泥具有硬化较快、早期强度较高等特点。可用来配制早强、高强混凝土、低温条件下高强度混凝土预制构件以及用于紧急抢修工程。

快硬水泥易吸收空气中的水蒸气，所以贮运时需特别注意防潮，并应及时使用，不宜久存。从出厂日起不得超过1个月，超过一个月应重新检验，合格后方可使用。

### (三) 铝酸盐水泥

以铝矾土及石灰石为原料，经高温煅烧，得到以铝酸钙为主要成分的铝酸盐水泥熟料，磨细制成的水硬性胶凝性材料，称为铝酸盐水泥（原名高铝水泥），又名快硬高强铝酸盐水泥或矾土水泥。代号为CA。

根据《铝酸盐水泥》（GB 201—2000）规定，铝酸盐水泥按 $Al_2O_3$ 含量分为 CA-50、CA-60、CA-70、CA-80 四个品种。CA-50 $Al_2O_3$ 含量为 $50\% \leqslant Al_2O_3 < 60\%$；CA-60 为 $60\% \leqslant Al_2O_3 < 68\%$；CA-70 为 $68\% \leqslant Al_2O_3 < 77\%$；CA-80 为 $77\% \leqslant Al_2O_3$。

1. 物理性能与强度等级

(1) 细度　比表面积不得小于 $300m^2/kg$，或 $45\mu m$ 筛余量不得超过20%。

(2) 凝结时间　CA-50、CA-70、CA-80 的初凝时间不得早于30min，终凝时间不得迟于6h；CA-60 的初凝时间不得早于60min，终凝时间不得迟于18h。

(3) 强度　各龄期的强度值不得低于表2-10规定的数值。

表 2-10　铝酸盐水泥胶砂强度值（GB 201—2000）

| 水泥类型 | 抗压强度/MPa | | | | 抗压强度/MPa | | | |
| --- | --- | --- | --- | --- | --- | --- | --- | --- |
| | 6h | 1d | 3d | 28d | 6h | 1d | 3d | 28d |
| CA-50 | 20[①] | 40 | 50 | — | 3.0[①] | 5.5 | 6.5 | — |
| CA-60 | — | 20 | 45 | 85 | — | 2.5 | 5.0 | 10.0 |
| CA-70 | — | 30 | 40 | | — | 5.0 | 6.0 | |
| CA-80 | — | 20 | 30 | | — | 4.0 | 5.0 | |

① 当用户需要时，生产厂应提供结果

2. 性能特点

(1) 早期强度高，后期强度增长不明显　铝酸盐水泥的水化产物主要是含水铝酸一钙（$CaO \cdot Al_2O_3 \cdot 10H_2O$，简写为 $CAH_{10}$）、含水铝酸二钙（$C_2AH_8$）和铝胶（$AH_3$）。水化产物 $CAH_{10}$ 与 $C_2AH_8$ 为针状或板状结晶，能相互交织成坚固的结晶共生体、析出的氢氧化铝凝胶（$Al_2O_3 \cdot 3H_2O$）难溶于水，填充于晶体骨架中的空隙中，形成比较致密的结构，使水泥石获得很高的强度，经5～7d后，水化物的数量很少增加，因此，铝酸盐水泥的早期强度增长很快、24h即可达到极限强度的80%左右，但后期强度增长不显著。尤其是在高于30℃湿热环境下，强度下降得更快。

（2）水化热大 铝酸盐水泥主要成分是铝酸钙，故水化放热量大，且集中在水化初期，1d 内即可放出水化热总量的 70%～80%。

（3）抗硫酸盐侵蚀性强 由于铝酸盐水泥水化产物中没有 $Ca(OH)_2$，所以，铝酸盐水泥抗硫酸盐侵蚀性强，但抗碱性差。

（4）耐热性好 因为高温下产生固相反应，烧结代替水化，使得铝酸盐水泥在高温下仍能保持较高的强度。

3. 应用

铝酸盐水泥宜用于要求早期强度高的紧急抢修工程及寒冷地区冬季施工的混凝土工程；如用耐火的粗、细骨料，可制成使用温度达到 1300～1400℃ 的耐火混凝土等。

铝酸盐水泥不适合用蒸汽养护；严禁与硅酸盐水泥或石灰混杂在一起，也不得与尚未硬化的硅酸盐水泥混凝土接触使用。

### （四）中、低热硅酸盐水泥及低热矿渣硅酸盐水泥

以适当成分的硅酸盐水泥熟料，加入适量石膏，磨细制成的具有中等水化热的水硬性胶凝材料，称为中热硅酸盐水泥（简称中热水泥），代号 P·MH。

以适当成分的硅酸盐水泥熟料，加入适量石膏，磨细制成的具有低水化热的水硬性胶凝材料，称为低热硅酸盐水泥（简称低热水泥），代号 P·LH。

以适当成分的硅酸盐水泥熟料，加入矿渣、适量石膏，磨细制成的具有低水化热的水硬性胶凝材料，称为低热矿渣硅酸盐水泥（简称低热矿渣水泥），代号 P·SLH。水泥中矿渣掺量为 20%～60%（质量分数）。允许用不超过混合材料总量 50% 的磷渣或粉煤灰代替部分矿渣。

为了减少水泥的水化热及降低放热速度，特限制中热水泥熟料中 $C_3A$ 的含量不得超过 6%，$C_3S$ 的含量不得超过 55%，低热矿渣水泥熟料中 $C_3A$ 的含量不得超过 8%。在细度要求上，80μm 方孔筛上的筛余不得超过 12%；初凝时间不得早于 60min，终凝时间不得迟于 12h；水泥安定性必须合格。中、低热水泥及低热矿渣水泥强度等级及各龄期强度指标见表 2-11；各龄期水化热值见表 2-12。

**表 2-11 中、低热硅酸盐水泥及低热矿渣硅酸盐水泥强度值**

| 品 种 | 强度等级 | 抗压强度/MPa | | | 抗折强度/MPa | | |
|---|---|---|---|---|---|---|---|
| | | 3d | 7d | 28d | 3d | 7d | 28d |
| 中热水泥 | 42.5 | 12.0 | 22.0 | 42.5 | 3.0 | 4.5 | 6.5 |
| 低热水泥 | 42.5 | — | 13.0 | 42.5 | — | 3.5 | 6.5 |
| 低热矿渣水泥 | 32.5 | — | 12.0 | 32.5 | — | 3.0 | 5.5 |

**表 2-12 中、低热硅酸盐水泥及低热矿渣硅酸盐水泥水化热值**

| 品 种 | 强度等级 | 水化热/(kJ/kg) | |
|---|---|---|---|
| | | 3d | 7d |
| 中热水泥 | 42.5 | 251 | 293 |
| 低热水泥 | 42.5 | 230 | 260 |
| 低热矿渣水泥 | 32.5 | 197 | 230 |

中、低热水泥主要用于大坝溢流面或大体积建筑物的面层和水位变动区等部位，要求较低水化热和较高耐磨性、抗冻性的工程；低热矿渣水泥主要适用于大坝或大体积建筑物内部及水下等要求低水化热的工程。

### （五）白色硅酸盐水泥和彩色硅酸盐水泥

1. 白色硅酸盐水泥

根据《白色硅酸盐水泥》（GB/T 2015—2005）规定，以适当成分的生料，烧至部分熔

融，所得以硅酸钙为主要成分，氧化铁含量少的硅酸盐水泥熟料，加入适量石膏及 $0\sim10\%$ 的石灰石或窑灰，磨细制成的水硬性胶凝材料，称为白色硅酸盐水泥（简称"白水泥"）。代号 P·W。水泥粉磨时，允许加入不损害水泥性能的助磨剂，加入量不超过水泥质量的 $1\%$。

通用硅酸盐水泥呈暗灰色，主要是含有较多的氧化铁，随着氧化铁含量的增加而颜色变深。

（1）白色硅酸盐水泥的生产及要求　通常，白色水泥硅酸盐水泥中铁含量只有普通水泥的 $1/10$ 左右。为满足工程对水泥颜色的要求，白色硅酸盐水泥在生产时应严格控制水泥原料的含铁量，并严防在生产过程中混入铁质物质。此外，由于钛、锰、铬等的氧化物也会导致水泥白度的降低，故在生产中亦应控制其含量。显然，白色硅酸盐水泥与通用硅酸盐水泥的生产原理与方法基本相同，只是对原材料的要求有所不同。生产白色水泥所用石灰石及黏土原料中的氧化铁含量应分别低于 $0.1\%$ 和 $0.7\%$。为此，常用的黏土质原料主要有高岭石、瓷石、白泥、石英砂等，石灰岩质原料则多采用白垩。

为防止有色物质对水泥的颜色污染，生产中还需要采取一些特殊措施，如选用无灰烬的气体燃料或液体燃料（柴油、重油或酒精等）；在粉磨生料和熟料时，为避免混入铁质，球磨机内壁要镶贴白色花岗岩或高强陶瓷衬板，并采用烧结刚玉、瓷球、卵石等作为研磨体。为提高白色水泥的白度，对白水泥熟料还需经漂白处理。例如，对刚出窑的红热熟料进行喷水、喷油或浸水，使高价色深的 $Fe_2O_3$ 还原成低价色浅的 $FeO$ 或 $Fe_3O_4$，也可通过提高白色水泥熟料的饱和比（即 KH 值）增加其中游离 $CaO$ 的含量，并使其吸水消解为 $Ca(OH)_2$，适当提高水泥的细度；白色硅酸盐水泥所用石膏多采用高白度的雪花石膏来增强其白度。

（2）白色硅酸盐水泥的技术性质　根据国家标准《白色硅酸盐水泥》（GB/T 2015—2005）规定，白色硅酸盐水泥三氧化硫含量应不超过 $3.5\%$；$80\mu m$ 方孔筛余应不超过 $10\%$；初凝时间应不早于 $45min$，终凝时间应不迟于 $10h$；压蒸安定性必须合格。

根据抗压及抗折强度值，白水泥分为 32.5、42.5、52.5 三个强度等级。各龄期强度值见表 2-13。

表 2-13　白色硅酸盐水泥各龄期强度值

| 强度等级 | 抗压强度/MPa | | 抗折强度/MPa | |
|---|---|---|---|---|
| | 3d | 28d | 3d | 28d |
| 32.5 | 12.0 | 32.5 | 3.0 | 6.0 |
| 42.5 | 17.0 | 42.5 | 3.5 | 6.5 |
| 52.5 | 22.0 | 52.5 | 4.0 | 7.0 |

白度是反映水泥颜色白色程度的技术参数。白度的检测方法是将白色水泥样品装入压样器中压成表面平整的白板，置于白度仪中所测定的技术指标，以色品指数和明度指数为基数，采用亨特公式计算出白度。根据《白色硅酸盐水泥》（GB 2015—2005）规定，白色硅酸盐水泥白度应不低于 87。

根据规定，凡三氧化硫、初凝时间、安定性中任一项不符合标准规定或强度低于最低等级的指标时为废品；凡细度、终凝时间、强度和白度任一项不符合规定的为不合格品，水泥包装标志中水泥品种、生产者名称和出厂编号不全的，也属于不合格品。

2.彩色硅酸盐水泥

彩色硅酸盐水泥是指除灰色的通用水泥及白色水泥之外的硅酸盐水泥。为获得所期望的色彩，可采用烧成法或染色法生产彩色水泥。其中烧成法是通过调整水泥生料的成分，使其烧成后生成所需要的彩色水泥；染色法是将硅酸盐水泥熟料（白水泥熟料或普通水泥熟料）、适量石膏和碱性颜料共同磨细而制成的彩色水泥，也可将矿物颜料直接与水泥粉混合而配制成彩色水泥。

彩色水泥中加入的颜料必须具有良好的大气稳定性和耐久性，不溶于水，分散性好，抗碱性强，不参与水泥水化反应，对水泥的组成和特性无破坏性。常用的颜料有氧化铁（黑、红、褐、黄色）、二氧化锰（黑、褐色）、氧化铬（绿色）、钴蓝（蓝色）等。

白水泥和彩色水泥主要用于建筑物内外面的装饰，如地面、楼面、墙柱、台阶；建筑立面的线条、装饰图案、雕塑等。白色水泥和彩色水泥配以彩色大理石、白云石石子和石英砂作粗细骨料，可拌制出彩色砂浆和彩色混凝土，做成水磨石英钟、水刷石、斩假石等饰面，物美价廉。

### (六) 膨胀水泥和自应力水泥

一般硅酸盐水泥在空气中硬化时，体积会发生收缩。收缩会导致水泥石结构内产生微裂缝，降低了水泥石结构的密实性，影响结构的抗渗性、抗冻、耐腐蚀等性能。膨胀水泥在硬化过程中体积不会发生收缩，而是略有膨胀，可以解决由于收缩带来的不利后果。

根据在约束条件下产生的膨胀量和用途，分为收缩补偿型膨胀水泥（简称膨胀水泥）及自应力型膨胀水泥（简称自应力水泥）两大类。前者表示水泥水化硬化过程中的体积膨胀，在实用上具有补偿因普通水泥在水化时所产生的收缩，其自应力值小于 2.0MPa，一般为 0.5MPa，其线膨胀率一般在 1% 以下，相当或稍大于一般水泥的收缩；后者表示水泥水化硬化后的体积膨胀，能使砂浆或混凝土在受约束条件下产生可应用的预应力（常称自应力）值不小于 2.0MPa，线膨胀率一般在 1%～3%。

1. 膨胀水泥的分类

根据膨胀水泥的基本组成，可分为以下几类。

(1) 以硅酸盐水泥为主，外加铝酸盐水泥和石膏等膨胀组分配制而成。如膨胀硅酸盐水泥和自应力水泥等。

(2) 明矾石膨胀水泥。以硅酸盐水泥熟料为主，外加天然明矾石、石膏和粒化高炉矿渣（或粉煤灰）配制而成。

(3) 以铝酸盐水泥为基础的膨胀水泥。由铝酸盐水泥熟料和适量石膏配制而成。如石膏矾土膨胀水泥、自应力铝酸盐水泥等。

(4) 以铁铝酸盐水泥为基础的膨胀水泥。由铁铝酸盐水泥熟料，加入适量石膏，磨细而成。有膨胀与自应力铁铝酸盐水泥。

(5) 以硫铝酸盐水泥为基础的膨胀水泥。由硫铝酸盐水泥熟料，加入适量石膏磨细而成。包括膨胀与自应力硫铝酸盐水泥。

2. 膨胀水泥的特点及作用

膨胀水泥在硬化过程中具有体积膨胀的特点。其膨胀作用是由于水化过程形成大量膨胀性的物质（如水化硫铝酸钙等）所造成的。由于这一过程是在水泥硬化初期进行的。因此，水化硫铝酸钙等晶体的长大不致引起有害内应力，而仅使硬化的水泥体积膨胀。

膨胀水泥在硬化过程中，形成比较密实的水泥石结构，故抗渗性较高。因此，膨胀水泥又是一种不透水的水泥。

膨胀水泥适用于补偿收缩混凝土结构工程、防渗层及防渗混凝土，构件的接缝及管道接头，结构的加固与补修、固结机器底座和地脚螺栓等。自应力水泥适用于制造自应力钢筋混凝土压力管等。

### (七) 抗硫酸盐硅酸盐水泥

这种水泥简称抗硫酸盐水泥，它的熟料矿物组成主要是限制 $C_3A$ 及 $C_3S$ 的含量。按照抗硫酸盐的性能分为中抗硫水泥（$C_3A$＜5％，$C_3S$＜55％）及高抗硫水泥（$C_3A$＜3％，$C_3S$＜55％）两大类。两类水泥按强度分为32.5、42.5两个强度等级。根据国家标准《抗硫酸盐硅酸盐水泥》（GB 748—2005）的规定各龄期强度值要求见表2-14。

表2-14　抗硫酸盐水泥各龄期强度值

| 强度等级 | 抗压强度/MPa | | 抗折强度/MPa | |
| --- | --- | --- | --- | --- |
| | 3d | 28d | 3d | 28d |
| 32.5 | 10.0 | 32.5 | 2.5 | 6.0 |
| 42.5 | 15.0 | 42.5 | 3.0 | 6.5 |

这种水泥抗硫酸盐侵蚀的能力很强，同时也具有较强的抗冻性及较低的水化热。适用于同时受硫酸盐侵蚀、冻融和干湿作用的海港工程、水利及地下等工程。

### 任务实施

#### 一、材料准备
硅酸盐水泥、普通水泥、矿渣水泥、粉煤灰水泥、火山灰水泥、复合水泥样品。

#### 二、实施步骤
1.分组讨论各种水泥的特性及应用。

2.现有下列混凝土工程和构件的生产任务，选用合理的水泥品种并说明理由。

（1）大体积混凝土工程；

（2）有抗冻要求的混凝土工程；

（3）有硫酸盐腐蚀的地下工程；

（4）高炉或工业窑炉的混凝土基础；

（5）有抗渗（防水）要求的混凝土工程；

（6）冬季现浇施工混凝土工程；

（7）大跨度结构工程、高强度预应力混凝土工程；

（8）采用蒸汽养护的混凝土构件。

3.分组分析：某水利枢纽工程"进水口、洞群和溢洪道"标段为提高泄水建筑物抵抗黄河泥沙及高速水流的冲刷能力，需浇筑28天抗压强度达70MPa的混凝土约50万立方米，该优先选择何种水泥来配制混凝土。

## 小　结

本学习情境介绍了常用两种无机胶凝材料：石灰和水泥。

1.气硬性胶凝材料和水硬性胶凝材料是胶凝材料中的两种类型。气硬性胶凝材料只能在空气中凝结硬化，产生强度；水硬性胶凝材料不仅能在空气中，也能在水中凝结硬化，并产生强度。两者硬化条件不同，适用范围不同，在使用时应注意合理的选择。

2.生石灰熟化时要放出大量的热量，且体积膨胀，故生石灰必须充分熟化后方可使用，否则会影响施工质量。石灰浆体具有良好的可塑性和保水性，硬化慢、强度低，硬化时体积收缩大，所以不宜单独使用，主要用于配置砂浆，制作石灰乳涂料，拌制灰土和三合土，生产硅酸盐制品。石灰在储运过程中要注意防潮且储存时间不宜过长。

3.水泥的品种繁多，在道路和桥梁工程中通常应用的水泥有：硅酸盐水泥、普通硅酸盐水泥、矿渣硅酸盐水泥、火山灰硅酸盐水泥、粉煤灰硅酸盐水泥和复合硅酸盐水泥六大通用水泥。硅酸盐水泥的矿物成分有4种：$C_3S$、$C_3A$、$C_2S$、$C_4AF$；水化产物有水化硅酸钙、水化铝酸钙、水化铁酸钙、水化硫酸钙和氢氧化钙；硅酸盐水泥的技术性质包括密度和堆积密度、细度、标准稠度用水量、凝结时间、体积安定性、强度、水化热、不容物和烧失量、含碱量等；硅酸盐水泥储应分别存放，并注意防潮，不宜久存；硅酸盐水泥如使用不当，会受到腐蚀。腐蚀种类有软水腐蚀、盐类腐蚀、酸类腐蚀和强碱腐蚀等，防止水泥石腐蚀方法有 3 种：合理选用水泥品种、提高水泥石密度、制作保护层。

4.混合材料有活性混合材料和非活性混合材料。与硅酸盐水泥相比，掺混合材料的硅酸盐水泥具有早期强度低（但后期强度增长较快）、水热化小、抗腐蚀性强、对温湿度比较敏感等特点；所谓通用水泥是指硅酸盐水泥和五种掺混合材料的硅酸盐水泥，它们矿物成分比例不同，性能特点各异，适用于不同要求的混凝土和钢筋混凝土工程。使用时，应加强养护。

## 能力训练题

1.什么是气硬性胶凝材料和水硬性胶凝材料？

2.什么是石灰的陈伏？生石灰为什么要充分熟化后方可使用？

3.石灰的主要性质有哪些？

4.石灰主要应用在哪些方面？为什么石灰本身不耐水，但用石灰配制的灰土和二合土却有较高的强度和耐水性？

5.试述硅酸盐水泥熟料的主要矿物组成及其对水泥性能的影响。

6.硅酸盐水泥的主要水化产物是什么？硬化水泥石的结构怎样？影响水泥石强度的因素有哪些？

7.试说明下列三种情况是否合适，为什么？

（1）磨细水泥熟料时掺入适量的石膏。

（2）水泥混凝土工程长期处于含硫酸盐的地下水坏境中。

（3）工地现场施工时，在水泥中掺入一定量的石膏。

8.硅酸盐水泥的技术性质包括哪些？如何测定？

9.何为水泥体积安定性？引起安定性不良的原因是什么？安定性不良的水泥为什么不能用于工程中？

10.什么是混合材料？在硅酸盐水泥中掺入混合材料有何作用？

11.试分析硅酸盐水泥、普通水泥、矿渣水泥、火山灰水泥、粉煤灰水泥、复合水泥各有哪些性能特点。各适用于哪些工程？

12.现有下列工程和构件的生产任务，试优先选用水泥品种，并说明理由。

（1）现浇楼板、梁、柱工程，且为冬季施工。

（2）采用蒸汽养护的预制构件。

（3）紧急抢修工程。

（4）大体积工程。

（5）有硫酸盐腐蚀的地下混凝土工程。

（6）高温车间及其他有耐热要求的混凝土工程。

（7）有抗冻、抗渗要求的混凝土工程。

（8）修补建筑物裂缝。

（9）制作输水管道。

（10）路面混凝土工程。

# 学习情境 三 水泥混凝土和砂浆的检测与配制

## 教学目标

1. 掌握普通混凝土、砂浆的组成及其原材料的质量控制。
2. 掌握普通混凝土、砂浆拌合物的主要技术性质、要求及影响因素。
3. 掌握硬化后水泥混凝土、砂浆的主要技术性质、要求及影响因素。
4. 掌握普通混凝土、砂浆的配合比设计步骤。
5. 了解普通混凝土的质量控制。
6. 了解其他品种混凝土的特点及应用。

## 能力目标

1. 会检测混凝土、砂浆拌合物的和易性。
2. 能做混凝土标准试块，会检测混凝土强度，并根据混凝土抗压强度，判定混凝土强度等级。
3. 能按要求进行混凝土配合比设计、试配与调整。
4. 能根据施工单位给出的混凝土强度历史资料，对混凝土质量进行合格性判定。
5. 能制作砂浆的标准试块，正确试压砂浆抗压强度，并根据砂浆的抗压强度，判定砂浆的强度等级。
6. 能根据给定的条件，正确进行砌筑砂浆配合比设计。

　　水泥混凝土是由水泥、粗细骨料、水和外加剂，按适当比例配合，拌制、浇筑、成型后，经一定时间养护，硬化而成的一种人造石材。水泥混凝土是道路桥梁工程建设中应用最广泛、用量最大的建筑材料之一。随着现代高等级公路的发展，水泥混凝土与沥青混凝土一样，成为高等级路面的主要建筑材料。钢筋混凝土桥是目前最主要的一种桥型，广泛应用于高等级公路工程中。作为未来的道路与桥梁工程师，必须掌握水泥混凝土的基本理论和性能检测技能。

　　混凝土按表观密度大小分类，通常可分为以下几种。

　　(1) 重混凝土　重混凝土是指干表观密度大于 $2800kg/m^3$ 的混凝土。重混凝土常用重晶石、铁矿石、铁屑等作骨料。由于厚重密实，具有不透 X 射线和 γ 射线的性能，故主要用作防辐射的屏蔽材料。

　　(2) 普通混凝土　普通混凝土的干表观密度在 $2000\sim2800kg/m^3$ 之间，一般采用普通的天然砂、石作骨料配制而成，是建筑工程中最常用的混凝土，主要用于各种承重结构。

　　(3) 轻混凝土　轻混凝土是干表观密度小于 $2000kg/m^3$ 的混凝土。它可以分为 3 种：轻骨料混凝土（用膨胀珍珠岩、浮石、陶粒、煤渣等轻质材料作骨料）、多孔混凝土（泡沫混凝土、加气混凝土等）和无砂大孔混凝土（组成材料中不加细骨料）。该混凝土主要用于保温隔热用和一些轻质结构。

　　混凝土按强度等级分类，通常可分为以下几种。

　　(1) 普通混凝土　其强度等级一般在 60MPa（C60 等级）以下。其中，抗压强度小于 30MPa 的混凝土为低强度等级混凝土，抗压强度为 30~60MPa（C30~C60 等级）为中强度混凝土。

（2）高强度混凝土　高强度混凝土抗压强度在 60～100MPa 之间。

（3）超高强混凝土　超高强混凝土抗压强度在 100MPa 以上。

# 任务一　普通混凝土组成材料的验收

## 任务描述

对配制普通混凝土的各组成材料进行验收，对混凝土用砂、石、水合格与否做出正确判定。

## 任务分析

普通混凝土是由水泥、砂、石子、水以及外加剂组成。各组成材料性质的优劣，对混凝土各项性质的影响很大。在配制普通混凝土前，需要对各组成材料进行性能测定，将测定结果对照国家标准《建设用砂》（GB/T 14684—2011）、《建设用卵石、碎石》（GB/T 14685—2011）作出合格性判定。学生通过完成此任务，掌握普通混凝土的组成及其原材料的质量控制，为配制和使用混凝土奠定基础。

## 知识链接

### 一、混凝土中各组成材料的作用

在混凝土组成材料中，砂、石是骨料，对混凝土起骨架作用，其中小颗粒填充大颗粒的空隙。水泥和水形成水泥浆，包裹在砂粒表面，并填充砂子之间的空隙。水泥浆和砂子形成水泥砂浆，又包裹在石子表面，并填充石子间的空隙。混凝土硬化前，水泥浆起着润滑作用，赋予拌合物一定的流动性，便于施工。混凝土浇注成型后，水泥水化生成的水化产物将砂石等骨料胶结成整体，渐渐成为坚硬的人造石材，并产生力学强度。混凝土的组织结构如图 3-1 所示。

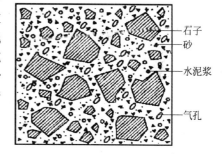

图 3-1　混凝土的组织结构

### 二、混凝土的组成材料的技术性质

#### (一) 水泥

水泥在混凝土中起着胶结作用，是混凝土最为重要的组分，直接影响混凝土的强度、耐久性和经济性。所以，在混凝土中要合理选择水泥的品种和强度等级。

1. 水泥品种的选择

配制混凝土用的水泥，应根据混凝土工程特点和所处环境，结合各种水泥的不同特性进行选用。常用的水泥品种的选用详见学习情境二的内容。

2. 水泥强度等级的选择

配制混凝土所用水泥的强度等级应与混凝土的设计强度等级相适应。原则上，配制高强度等级的混凝土，应选用高强度等级水泥；配制低强度等级的混凝土，应选用低强度等级水泥。对于一般强度混凝土，水泥强度等级宜为混凝土强度等级的 1.5～2.0 倍，对于较高强度等级的混凝土，水泥强度宜为混凝土强度的 0.9～1.5 倍。

若采用高强度等级水泥配制低强度等级混凝土，只需少量的水泥或较大的水灰比就可满足强度要求，但却满足不了施工要求的良好的和易性，使施工困难，并且硬化后的混凝土耐久性较差。因而不宜用高强度等级水泥配制低强度等级的混凝土。若用低强度等级水泥配制高强度等级的混凝土，一是很难达到要求的强度，二是需采用很小的水灰比或者说水泥用量很大，因而硬化后混凝土的干缩变形和徐变变形大，对混凝土结构不利，易于干裂。同时由于水泥用量大，水化放热量也大，对大体积或较大体积的工程也极为不利。此外经济上也不合理。所以不宜用低强度等级水泥配制高强度等级的混凝土。

### （二）细骨料——砂

粒径在 0.15～4.75mm 之间的骨料称为细骨料或细集料（砂子）。砂子分为天然砂和人造砂两类。天然砂是岩石自然风化后所形成的大小不等的颗粒，包括河砂、山砂及海砂；人工砂包括机制砂和混合砂。河砂和海砂由于长期受水流的冲刷，颗粒表面比较圆滑、洁净，但海砂中常含有贝壳碎片及可溶性盐等有害杂质。山砂多具棱角，表面粗糙，含泥量及一些有害的有机杂质可能较多。人工砂颗粒尖锐，有棱角，也较洁净，但片状及细粉含量可能较多，成本也高。因此，一般混凝土用砂多采用天然砂较合适。

砂子和石子一样，在混凝土中主要起骨架作用，并抑制水泥硬化后收缩，减少收缩裂缝。砂子和水泥、石子一起共同抵抗荷载。因此，砂和水泥浆，包裹在石子表面，填充石子间的空隙。

根据我国标准《建设用砂》（GB/T 14684—2011）的规定，砂按细度模数（$M_x$）大小分为粗、中、细三种规格；按技术要求分为Ⅰ类、Ⅱ类、Ⅲ类三种类别。

对砂的质量要求主要有以下几个方面。

#### 1. 有害杂质的含量

用来配制混凝土的砂，要求清洁不含杂质，以保证混凝土的质量。但实际上砂中常含有云母、硫酸盐、黏土、淤泥等有害杂质，这些杂质黏附在砂的表面，妨碍水泥与砂的黏结，降低混凝土的强度，同时还增加了混凝土的用水量，从而加大了混凝土的收缩，降低了混凝土的耐久性。氯化物容易加剧钢筋混凝土中的钢筋锈蚀，一些硫酸盐、硫化物，对水泥石也有腐蚀作用。因此，应对有害杂质含量加以限制。《建设用砂》（GB/T 14684—2011）中，对砂中有害杂质含量作了具体规定，见表 3-1。

表 3-1　混凝土用砂有害杂质及坚固性要求

| 项　　目 | | 指　　标 | | |
| --- | --- | --- | --- | --- |
| | | Ⅰ类 | Ⅱ类 | Ⅲ类 |
| 云母（按质量计）/% | < | 1.0 | 2.0 | 2,0 |
| 轻物质（按质量计）/% | < | 1.0 | 1.0 | 1.0 |
| 有机物（比色法） | | 合格 | 合格 | 合格 |
| 硫化物及硫酸盐（按 $SO_3$ 质量计）/% | < | 0.5 | 0.5 | 0.5 |
| 氯化物（按质量计）/% | < | 0.01 | 0.02 | 0.06 |
| 含泥量（按质量计）/% | < | 1.0 | 3.0 | 5.0 |
| 泥块含量（按质量计）/% | < | 0 | <1.0 | <2.0 |
| 硫酸钠溶液干湿 5 次循环后的质量损失/% | < | 8 | 8 | 8 |

#### 2. 砂子的坚固性与碱活性

砂子的坚固性，是指抵抗自然环境对其腐蚀或风化的能力。通常用硫酸钠溶液干湿循环 5 次后的质量损失来表示砂子坚固性的好坏。对砂子的坚固性要求见表 3-1。

砂子若含有活性氧化硅时，可能与水泥中的碱分起作用，产生碱-骨料反应，并使混凝土发生膨胀开裂。因此，通常应选用无活性氧化硅的骨料。

3.砂的粗细程度与颗粒级配

砂的粗细程度和颗粒级配应使所配置混凝土达到设计强度等级和节约水泥的目的。

在砂用量相同的条件下，若砂子过细，则砂子的总表面积较大，需要包裹砂粒表面的水泥浆的数量较多，水泥用量就多；若砂子过粗，虽能少用水泥，但混凝土拌合物黏聚性较差。所以，用于拌制混凝土的砂不宜过粗也不宜过细，应讲究一定的颗粒级配。

由于混凝土中的砂粒之间的空隙是由水泥浆填充的，所以，为了节约水泥，提高混凝土强度，就应尽量减少砂粒之间的空隙。从图 3-2 可以看出：如果是相同粒径的砂，空隙就大 ［图 3-2(a)］；用两种不同粒径的砂搭配起来空隙就小了 ［图 3-2(b)］；用三种以上不同粒径的砂搭配，空隙就更小了 ［图 3-2(c)］。由此可见，想要减少砂粒的空隙，不宜使用单一粒级的砂，而应使用大小不同颗粒的砂子相互搭配，即选用颗粒级配良好的砂。

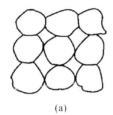 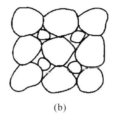 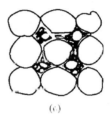

(a)                    (b)                    (c)

图 3-2　砂的不同级配情况

根据《建设用砂》（GB/T 14684—2011）规定，普通混凝土用砂的细度模数，一般控制在 2.0～3.5 之间较为适宜。混凝土用砂的颗粒级配，应处于表 1-3 或图 1-3 的任何一个级配区，否则认为该砂的颗粒级配不合格。

一般认为，处于 2 区级配的砂，其粗细适中，级配较好；1 区砂含粗粒较多，属于粗砂，拌制混凝土保水性差；3 区砂颗粒较细，属于细砂，拌制的混凝土保水性好、黏聚性好，但水泥用量多，干缩大，容易产生微裂缝。

混凝土用砂的级配必须合理。否则难以配置出性能良好的混凝土，当现有的砂级配不良时，可采用人工级配方法加以改善，采取的最简单措施是将粗、细砂按适当比例进行适配，掺和使用。

### (三) 粗骨料——石子

粗骨料一般是指粒径大于 4.75mm 的岩石颗粒，有卵石和碎石两大类。卵石是由自然破碎、筛分而得。卵石多为圆形，表面光滑，与水泥黏结较差；碎石多棱角，表面粗糙，与水泥黏结较好。当采用相同混凝土配合比时，用卵石拌制的混凝土拌合物流动性较好，但硬化后强度较低；而用碎石拌制的混凝土拌合物流动性较差，但硬化后强度较高。

配制混凝土选用碎石还是卵石要根据工程性质、当地材料的供应情况、成本等各方面综合考虑。

为了保证混凝土的强度和耐久度，国家标准《建设用卵石、碎石》（GB/T 14685—2011）对卵石和碎石的各项指标做了具体规定，主要有以下几个方面。

1.有害杂质含量

粗骨料中的有害杂质主要有黏土、淤泥、硫酸盐及硫化物和一些有机杂质等，这些有害物质对混凝土的危害作用与细骨料中的相同。另外，粗骨料中还可能含有针状（颗粒长度大于相应颗粒平均粒径的 2.4 倍）和片状（颗粒厚度小于平均粒径的 0.4 倍），针、片状颗粒易折断，其含量多时，会降低新拌混凝土的流动性和硬化后混凝土的强度。粗骨料中有害杂质及针片状颗粒的允许含量应符合表 3-2 的规定。

**表 3-2　粗骨料中有害杂质及针片状颗粒限制值**

| 项　　目 | | 指　　标 | | |
|---|---|---|---|---|
| | | Ⅰ类 | Ⅱ类 | Ⅲ类 |
| 含泥量(按质量计)/% | ≤ | 0.5 | 1.0 | 1.5 |
| 泥块含量(按质量计)/% | ≤ | 0 | 0.5 | 0.7 |
| 有机物 | | 合格 | 合格 | 合格 |
| 硫化物及硫酸盐(按 SO₃ 质量计)/% | < | 0.5 | 1.0 | 1.0 |
| 针片状颗粒含量(按质量计)/% | < | 5 | 15 | 25 |

　　2. 强度和坚固性

　　(1) 强度　粗骨料应质地致密,具有足够的强度。碎石或卵石的强度,可用岩石立方体抗压强度和压碎指标两种方法表示。

　　岩石立方体抗压强度是用母岩制成 50mm×50mm×50mm 的立方体(或直径与高度均为 50mm 的圆柱体)试件,浸泡水中 48h,待吸水饱和后测其极限抗压强度。岩石立方体抗压强度与设计要求的混凝土强度等级之比,不应低于 1.5。根据标准规定,火成岩试件的强度不应低于 80MPa,变质岩不应低于 60MPa,水成岩不应低于 30MPa。

　　压碎指标是将一定质量气干状态下粒径为 9.5～19.0mm 的石子装入一定规格的圆桶内,在压力机上均匀加荷至 200kN,卸荷后称取试样质量($m_0$),再用孔径 2.36mm 的筛筛除被压碎的碎粒,称取试样的筛余量($m_1$)。压碎指标可用式(3-1)计算:

$$压碎指标 = \frac{m_0 - m_1}{m_0} \times 100\% \qquad (3-1)$$

　　压碎指标值越小,说明石子的强度越高。对不同强度等级的混凝土,所用石子的压碎指标应满足表 3-3 的要求。

**表 3-3　碎石及卵石压碎指标和坚固性指标** (GB/T 14685—2001)

| 项　　目 | | 指　　标 | | |
|---|---|---|---|---|
| | | Ⅰ类 | Ⅱ类 | Ⅲ类 |
| 碎石压碎指标/% | ≤ | 10 | 20 | 30 |
| 卵石压碎指标/% | ≤ | 12 | 14 | 16 |
| 硫酸钠溶液干湿5次循环后的质量损失/% | ≤ | 5 | 8 | 12 |

　　对经常性的生产质量控制常用压碎指标值来检验石子的强度。但当在选择石子场,或对粗骨料强度有严格要求,或对质量有争议时,宜用岩石立方体强度进行检验。

　　(2) 坚固性　石子的坚固性是石子在气候、环境变化和其他物理力学因素作用下,抵抗碎裂的能力。为保证混凝土的耐久性,用作混凝土的粗集料应具有足够的坚固性,以抵抗冻融和自然因素的风化作用。现行标准《建设用卵石、碎石》(GB/T 14685—2011)规定:用硫酸钠溶液浸泡法进行坚固性检验,试样经 5 次干湿循环后测其质量损失。具体规定见表 3-3。

　　3. 最大粒径和颗粒级配

　　(1) 最大粒径　粗骨料最大粒径增大时,其表面积减小,有利于节约水泥。因此,应尽可能选用较大粒径的粗骨料。但研究表明,粗骨料最大粒径超过 80mm 后节约水泥的效果就不明显了,同时,选用粒径过大,会给混凝土搅拌、运输、振捣等带来困难,所以需要综合考虑各种因素来确定石子的最大粒径。《混凝土结构工程施工及验收规范》(GB 50204—2002)从结构和施工的角度,对粗骨料最大粒径作了以下规定:粗骨料的最大粒径不得超过结构截面最小尺寸的 1/4，同时不得超过钢筋间最小净距的 3/4；对混凝土实芯板，粗骨料最大粒径允许用板厚的 1/2，但最大粒径不得超过 5mm。对于泵送混凝土，骨料采用连续级配为好，且泵送高度在 50m 以下时，粗骨料最大粒径与输送管内径之比要求碎石不宜大于 1∶3，卵石不宜大于 1∶2.5。泵送高度在 50～100m 时，对碎石不宜大于 1∶4，对卵石不宜大于 1∶3。泵送高度大于 100m 时，对碎石不宜大于 1∶5，对卵石不宜大于 1∶4。

（2）颗粒级配　与细骨料要求一样，粗骨料也应具有良好的颗粒级配，以减少空隙率，节约水泥，提高混凝土的密实度和强度。

粗骨料的颗粒级配分为连续级配和单粒级配，混凝土用粗骨料的颗粒级配应符合表 1-4 的规定。

连续级配是石子粒级呈连续性，即颗粒由大到小，每级石子占一定的比例。连续级配的石子颗粒间粒差小，配制的混凝土和易性好，不易发生离析现象（骨料颗粒下沉、水泥浆上浮）。连续级配是粗骨料最理想的级配形式，目前在建筑中最常用。

单粒级配是人为剔除某些粒级颗粒，从而使粗骨料的级配不连续，又称间断级配。单粒级配中，较大粒径骨料之间的空隙，直接由比它小几倍的小颗粒填充，使空隙率达到最小，密度增加，可以节约水泥。但由于颗粒粒径相差较大，混凝土拌合物容易产生离析现象，导致施工困难，一般工程中较少使用，单粒级骨料一般不单独使用，常用两种或两种以上的单粒级组成连续粒级，也可与连续粒级配合使用。

### (四) 拌和及养护用水

对拌和及养护混凝土用水的质量要求是：不影响混凝土的凝结和硬化，无损于混凝土的强度发展和耐久性，不加快钢筋的锈蚀，不引起应力钢筋脆断，不污染混凝土表面等。《混凝土结构工程施工及验收规范》（GB 50204—2002）规定，混凝土用水宜优先采用符合国家标准的饮用水。若采用其他水源时，水质要求符合《混凝土用水标准》（JGJ 63—2006）规定，水中各种杂质的含量应符合表 3-4 的规定。

表 3-4　混凝土用水中有害物质含量限制值

| 项　　目 | | 预应力混凝土 | 钢筋混凝土 | 素混凝土 |
|---|---|---|---|---|
| pH 值 | ≥ | 5.0 | 4.5 | 4.5 |
| 不溶物/(mg/L) | ≤ | 2000 | 2000 | 5000 |
| 可溶物/(mg/L) | ≤ | 2000 | 5000 | 10000 |
| 氯化物（按 $Cl^-$ 计）/(mg/L) | ≤ | 500 | 1000 | 3500 |
| 硫酸盐（按 $SO_4^{2-}$ 计）/(mg/L) | ≤ | 600 | 2000 | 2700 |
| 碱含量/(rag/L) | ≤ | 1500 | 1500 | 1500 |

注：碱含量按 $Na_2O+0.658K_2O$ 计算值来表示。采用非碱活性骨料时，可不检验碱含量。混凝土养护用水可不检测不溶物和可溶物。

### (五) 混凝土外加剂

混凝土外加剂是指在搅拌过程中掺入的、用以改善混凝土性能的物质，其掺量一般不超过胶凝材料用量的 5%（特殊情况例外）。混凝土外加剂是现代混凝土的一个重要组成部分，它在混凝土中虽然掺量很小，但却能使混凝土的性能得到很大的改善。可以说，正是由于混凝土外加剂的应用和发展，推动了现代混凝土的技术进步，进而推动建筑业的发展。比如：高效减水剂的出现，推动了高强度混凝土的发展，也使得混凝土实现泵送化、自密实化成为可能；引气剂的使用，大大提高了混凝土的抗冻性，以至于现在配制 F300（抗冻融循环达 300 次）以上的混凝土不再是一件困难的事；膨胀剂的使用，大大增强了混凝土防裂抗掺性能；防冻剂的使用，大大延长了我国北方地区基本建设可施工期等。随着我国经济建设的快速发展，大力推广和使用外加剂，有着重要的技术和经济意义。

1.常用的混凝土外加剂

（1）减水剂　减水剂是指在保证混凝土坍落度不变的条件下，能减少拌和用水量的外加剂。目前国内使用的减水剂种类繁多。按减水效果差异，可分为普通型和高效型；按凝结时间不同，分标准型、早强型和缓凝型；按是否引气，可分为引气型和非引气型。

① 减水剂的作用机理　常用的减水剂属表面活性物质，其分子结构由亲水基团和憎水基团两部分组成。

水泥加水拌和后，由于水泥颗粒间具有分子引力作用，使水泥浆形成絮凝结构，这种絮凝结构，使10％～30％的拌合水（游离水）被包裹在其中［如图3-3（a）所示］，从而降低了混凝土拌合物的流动性。当加入适量减水剂后，减水剂分子定向吸附于水泥颗粒表面，使水泥颗粒表面带上电性相同的电荷而产生静电斥力，迫使水泥颗粒分开，絮凝结构解体，被包裹的游离水释放出来，从而有效地增加混凝土拌合物的流动性［如图3-3（b）所示］。当水泥颗粒表面吸附足够的减水剂后，在水泥颗粒表面形成一层稳定的溶剂化水膜［如图3-3（c）所示］，增大了水泥水化面积，促使水泥充分水化，从而提高了混凝土强度。同时，这层膜也是很好的润滑剂，有助于水泥颗粒的滑动，从而使混凝土的流动性进一步提高。

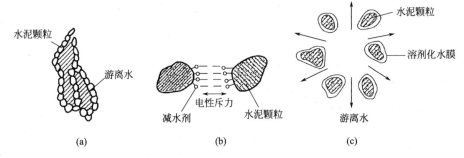

图 3-3　水泥浆的絮凝结构和减水剂作用示意

② 普通减水剂　普通减水剂是减水率在5％～10％的减水剂。常用的普通减水剂有木质素磺酸钙（木钙）、木质素磺酸钠（木钠）、木质素磺酸镁（木镁）等。木钙、木钠、木镁统称为木质素系减水剂，它们是以生产纸浆或纤维浆剩余下来的亚硫酸浆废液为原料，采用石灰乳中和，经生物发酵除糖、蒸发浓缩、喷雾干燥而制得的棕黄色粉末，掺量约为胶凝材料量的0.2％～0.3％。其技术性能特点见表3-5。

表 3-5　木质素磺酸盐性能比较

| 项　　目 | | 木　　钙 | 木　　钠 | 木　　镁 |
|---|---|---|---|---|
| pH | | 4～6 | 9～9.5 | — |
| 减水率/% | | 5～8 | 8～10 | 5～8 |
| 引气性/% | | 约3 | 约2.5 | 约2.5 |
| 抗压强度比/% | 3d | 90～100 | 95～105 | 约100 |
| | 28d | 100～110 | 100～120 | 约110 |
| 凝结时间/min | 初凝 | 270 | 30 | 0 |
| | 终凝 | 275 | 60 | 30 |

木质素系减水剂具有缓凝作用。掺和到混凝土中，能降低水灰比，减少单位用水量，提高混凝土的抗渗性、抗冻性、改善混凝土和易性。木质素减水剂的缓凝性和引气性，决定了

其只能低掺量使用（适宜掺量一般不超过胶凝材料的 0.25%）。否则，缓凝作用过大，有可能使混凝土后期强度降低。

多年来，许多学者致力于对木质素磺酸钙进行改性研究。改性后的木钙其掺量可提高到 0.5%～0.6%，减水率可达 15% 以上，且没有其他不良效果。木质素系减水剂适用于一般混凝土工程，尤其适用于大体积混凝土浇筑、滑模施工、泵送混凝土及夏季施工的混凝土等。在日最低气温低于 5℃ 时，应与早强剂或防冻剂复合使用。

③ 高效减水剂　同普通减水剂相比，高效减水剂具有高减水率、低引气性等特点。自 20 世纪 60 年代初期日本开始应用高效减水剂以来，高效减水剂取得了很大的发展，在世界各国获得了广泛应用。常用的高效减水剂有萘系、蜜胺系、脂肪族系、氨基磺酸盐系和聚羧酸系等。目前，在我国外加剂市场中，相对来说，萘系高效减水剂成本较低、工艺较成熟、对水泥的适应性好，因此用量最大（掺量为水泥量的 0.5%～1.0%，减水率 12%～20%），但萘系高效减水剂生产过程易造成环境污染，单纯掺合萘系高效减水剂的混凝土流动性损失加快。聚羧酸系高效减水剂对环境无污染，其掺量小，减水率高（减水率可达 30% 以上，水灰比可降低到 0.25 左右，混凝土抗压强度可达 100MPa 以上），在混凝土流动性损失控制上优于其他高效减水剂，是很有发展前景的一种超塑化剂，在国内发展很快，应用也越来越广。

（2）早强剂　早强剂是指能提高混凝土早期强度，并对后期强度无显著影响的外加剂。根据我国现行规范，混凝土早期强度主要是指龄期为 1d、3d、7d 的强度。早强剂按其化学成分不同，可分为无机盐类、有机物类及复合型早强剂三大类。

① 无机盐类早强剂　这类早强剂中，以氯化物、硫酸盐最为常用。氯化物主要是氯化钠和氯化钙，掺量一般为 0.5%～1.0%，3d 强度可提高 50%～100%，7d 强度可提高 20%～40%；硫酸盐主要有硫酸钠、硫代硫酸钠和硫酸铝等。硫酸盐类早强剂掺量一般为 0.5%～2.0%，掺量为 1.5% 时，达到设计强度 70% 的时间可缩短一半。此外，硝酸盐、碳酸盐、氟硅酸盐和铬酸盐等也均有较明显的早强作用。

② 有机物类早强剂　这类早强剂主要是低级的有机酸盐（甲酸盐、草酸钙等）、三乙醇胺、三异丙醇胺以及尿素等。如使用三乙醇胺作早强剂，其适宜掺量为 0.02%～0.05%，一般不单独使用，常与其他早强剂复合使用。典型的复合型早强剂是三乙醇胺与无机盐类的复合。

③ 复合型早强剂　主要是指无机盐类与有机物类，或无机盐类与无机盐类，或有机物类与有机物类之间的复合。复合型早强剂往往比单组分早强剂早强效果好，并能改善单组分早强剂不足，掺量也比单组分早强剂低。

早强剂多用于冬季低温和负温（温度不低于 −5℃）混凝土施工和抢修工程。需要注意的有以下几点。

a. 氯盐类早强剂对钢筋有腐蚀性。因此，在干燥情况下，钢筋混凝土氯离子量不宜大于水泥量的 0.6%，素混凝土中氯离子量不宜大于水泥量的 1.8%。预应力混凝土结构、相对湿度大于 80% 环境的钢筋混凝土、使用冷拉钢丝或冷拔低碳钢丝的混凝土，不得使用氯盐类早强剂。

b. 硫酸盐类早强剂掺量大时，表面会出现明显的"白霜"，影响混凝土外观。为减轻或避免这种现象，应加强混凝土早期养护，且掺量一般小于 2%。

c. 三乙醇胺也是常用的早强剂之一。掺量过大（＞0.05%）时，不仅不经济，而且严重影响混凝土凝结时间，甚至发生快凝、后期强度降低等异常现象。

（3）防冻剂

防冻剂是能降低水的冰点，使混凝土在负温下硬化，并在规定养护条件下达到足够防冻强度的外加剂。常用的防冻剂有氯盐（氯化钠、氯化钾）、氯盐阻锈类（以氯盐与亚硝酸钠复合）、无氯盐类（硝酸盐、亚硝酸盐、碳酸盐、乙酸钠或尿素复合）三大类型。

氯盐类防冻剂适用于无筋混凝土；氯盐阻锈类防冻剂可用于钢筋混凝土；无氯盐类防冻剂可用于钢筋混凝土工程和预应力钢筋混凝土工程。使用时，应注意以下几点。

① 混凝土拌合物中冰点的降低与防冻剂液相浓度有关。因此，气温越低，防冻剂的掺量应适当加大。

② 在混凝土中掺加防冻剂的同时，还应注意混凝土其他组成材料的选择及养护措施等。如水泥品种尽可能选择硅酸盐水泥或普通硅酸盐水泥；当防冻剂中含有较多的 $Na^+$、$K^+$ 时，不得使用活性骨料；负温下混凝土表面不得浇水等。

③ 在日最低气温为 $-5℃$ 时，可不用防冻剂，采用早强剂或早强减水剂即可。浇筑后的混凝土应采用一层塑料薄膜和两层草袋或其他代用品覆盖养护。

此外，冬季复配防冻剂时，如配比不当，易出现结晶或沉淀，堵塞管道泵而影响混凝土生产或浇筑；某些防冻剂（如尿素）掺量过多时，混凝土会缓慢向外释放出刺激性气体（氨气），使竣工后的建筑室内有害气体含量超标；还有一些防冻剂（如碳酸钾）掺加后，混凝土后期强度损失较大。这些现象均应在生产和使用防冻剂时加以注意。

（4）引气剂　引气剂是指在混凝土拌合物搅拌过程中，能引入大量均匀、稳定而封闭的微小气泡（直径在 $10\sim100\mu m$ 之间）的外加剂。引气剂的掺量十分微小，适合掺量仅为水泥质量的 $0.005\%\sim0.012\%$。

目前常用的引气剂主要有松香热聚物、松香皂和烷基苯硫酸盐等。其中，以松香热聚物的效果较好、用得最多，松香热聚物是由松香与硫酸、石碳酸起聚合反应，再经氢氧化钾中和而成。

引气剂属憎水性表面活性剂，由于能显著降低水的表面张力和界面能，使水溶解液在搅拌过程中极易产生许多微小的封闭气泡。同时，因引气剂定向吸附在气泡表面，形成较为牢固的液膜，使气泡稳定而不宜破裂。正是由于大量微小、封闭并均匀分布的气泡存在，使混凝土的某些性能得到明显改善或改变。

① 改善混凝土拌合物的和易性　混凝土内大量微小封闭球状气泡，如同滚珠一样，减少了颗粒间的摩擦阻力，使混凝土拌合物流动性增加。同时，由于水分均匀分布在大量气泡的表面，使能自由移动的水量减少，混凝土拌合物的泌水量大大减少，保水性、黏聚性也随之提高。

② 显著提高混凝土的抗渗性、抗冻性　大量均匀分布的封闭气泡切断了混凝土中的毛细管渗水通道，改变了混凝土的孔结构，使混凝土的抗渗性显著提高。同时，封闭气泡有较大的弹性变形能力，对有水结冰所产生的膨胀应力有一定的缓冲作用，因而混凝土抗冻性也得到提高。

③ 降低混凝土强度　由于大量气泡，减少了混凝土有效受力面积，使混凝土强度有所降低。一般的，混凝土含气量每增加 $1\%$，其抗压强度将下降 $4\%\sim6\%$。

引气剂主要用于抗渗混凝土、抗冻混凝土、泌水严重的混凝土、抗硫酸盐混凝土及饰面有要求的混凝土等，不宜用于蒸汽养护的混凝土和预应力混凝土。

（5）缓凝剂　缓凝剂是指能延缓混凝土凝结时间，并对混凝土后期发展无不利影响的外加剂。缓凝剂的品种很多，可以分为有机物和无机物两大类。常用的有机缓凝剂类如下。

① 木质素类。

② 多羟基化合物、羟基羧酸及其盐类，如蔗糖、糖蜜、葡萄糖、葡萄糖酸钠、柠檬酸、柠檬酸钠、酒石酸、酒石酸钠等。

③ 多元醇及其衍生物，如三乙醇胺、丙三醇、聚乙烯醇、山梨醇等。

常用的无机缓凝剂类有硼砂、硫酸锌、磷酸三钠、磷酸五钠、六偏磷酸钠、氯化锌等。缓凝剂主要用于大体积混凝土、炎热气候条件下施工的混凝土、长时间停放及远距离运输的商品混凝土。但要注意的是，无机盐缓凝剂的特点是掺量大，一般为胶凝材料量的千分之几；而有机物缓凝剂的掺量小，一般为胶凝材料量的万分之几到十万分之几。不论是无机类还是有机类缓凝剂，如使用不当，均会引起混凝土或水泥砂浆的最终强度降低。此外，不同的缓凝剂与水泥存在适应性问题。实践中，应通过实验选择缓凝剂品种、确定缓凝剂最佳掺量。

有些缓凝剂兼有缓凝、减水功能，如木钠、木钙、糖钙等，叫缓凝型减水剂。

（6）泵送剂　随着商品混凝土的推广，混凝土采用泵送施工越来越普遍。对泵送施工的混凝土必须具有良好的可泵性。泵送剂即是改善混凝土拌合物泵送性能的外加剂。

混凝土泵送剂应具备以下特点。

① 减水率高　多采用高效减水剂，以便降低水灰比的同时，增加混凝土的流动性，减少泵送压力。

② 坍落度损失小　坍落度是反映混凝土拌合物稀稠程度的物理量。坍落度值大，说明混凝土拌合物稀，流动性好。混凝土拌合物从搅拌机出来到施工现场浇筑，这一时间段的坍落度差值，叫坍落度损失。混凝土拌合料坍落度的损失应满足输送、泵送、浇筑要求，防止阻塞管道。

③ 具有一定引气性　在保证强度不受影响条件下，适当的引气性可减少拌合料与管壁的摩擦阻力，增加拌合料的黏聚性。

④ 与水泥有着良好的相容性　混凝土泵送剂一般不是单一组分，而是由功能各异的多种组分（或外加剂）组成。

a.减水组分　可以采用普通型减水剂（主要用于混凝土强度等级较低、坍落度要求不高，且现场拌制和浇筑的混凝土）和高效减水剂（主要用于配制强度等级较高、流动度大、输送距离远的混凝土）。试验表明，在泵送剂中，采用两种或两种以上减水剂复合，可取得超叠加效应，有利于降低成本和改善混凝土的可泵性。

b.缓凝组分　延缓初、终凝时间，降低水化放热速率，降低坍落度损失。主要品种有磷酸盐类、羟基羧基盐类、糖类及多元醇类等。

c.引气组分　改善和易性，减少泵送阻力，增加黏聚性，提高混凝土抗渗性和抗冻性。主要品种有松香皂类、松香热聚物类及引气性减水剂等。

d.保水组分　减少混凝土水分的蒸发，增加混凝土拌合物均匀性和稳定性，控制混凝土坍落度损失。主要品种有聚乙烯醇、甲基纤维素、羧甲基纤维素等。

以上是泵送剂的基本组成，根据混凝土施工环境及使用目的，其组成成分及各成分比例也应做适当调整。如有早强要求时，应复合早强组分，有抗渗要求时，应掺加防水组分，有抗冻要求时，应复合防冻组分等。

2.使用外加剂的注意事项

（1）外加剂品种的选择　混凝土外加剂的品种很多，效果各异。在选择外加剂时，要特别注意与所用水泥的适应性。使用前，必须先了解外加剂的性能，再根据工程需要、现场施工条件及所用的材料等条件，通过试验验证后选择合适的外加剂品种。

（2）外加剂掺量　不同外加剂，掺量也不同。即使是同一种外加剂，使用不同品牌的水泥或在不同季节使用时，掺量也可能不一样，有时相差还很大。掺量过小，往往达不到预期效果；掺量过大，会影响混凝土质量，甚至造成严重事故。因此，使用外加剂必须严格控制掺量，并准确计量。在没有可靠的资料为依据时，应通过试验来确定最佳掺量。

（3）外加剂的掺入方法　常用的外加剂掺加方法有以下几种。

① 先掺法 先掺法是将粉状外加剂先与水泥混合后，再加入集料与水搅拌。这种方法有利于外加剂的分散，能减少集料对外加剂的吸附量，但实际工程中使用不便，常在试验室或混凝土方量较小的现场施工时采用。

② 同掺法 同掺法是将粉状或液体外加剂与混凝土组成材料一起投入搅拌机拌和，或将液体外加剂与水混合，然后与其他材料一起拌和。这种方法简单易行，在实际工程中大多采用该方法。

③ 后掺法 后掺法是在混凝土加水搅拌了一段时间后（有时在浇筑前），再加入外加剂进一步搅拌，即水泥水化反应进行了一段时间后，再加入外加剂。这种办法可避免拌合物流动性损失过快而影响混凝土拌合物浇筑困难的现象。

④ 分次加入法 分次加入法是在混凝土搅拌或运输过程中分几次将外加入剂加入混凝土拌合物中，使混凝土拌合物中的外加剂浓度始终保持在一定的水平。

在相同条件下，后掺法、分次加入对减小拌合物的坍落度损失效果很好，并可减少外加剂量，特别是对水泥矿物中 $C_3A$ 及 $C_4AF$ 含量高且新鲜水泥效果最明显。但同样因使用不便，在实际工程中用的不多。

### 任务实施

#### 一、材料准备

砂、石的检验报告；《建设用砂》（GB/T 14684—2011）、《建设用卵石、碎石》（GB/T 14685—2011）、《混凝土用水标准》（JGJ 63—2006）国家标准。

#### 二、建设用砂、石的验收

1.建设用砂的验收

查看砂的检验报告，对于天然砂，检验项目为：颗粒级配、细度模数、松散堆积密度、含泥量、泥块含量、云母含量。机制砂的检验项目为：颗粒级配、细度模数、松散堆积密度、石粉含量（含亚甲蓝试验）、泥块含量、坚固性。检测结果各项性能指标都符合国家标准的相应类别时，可判为该产品合格。

2.建设用石的验收

查看石的检测报告，检测项目为颗粒级配、含泥量、泥块含量、针片状颗粒含量。检测结果各项性能指标都符合国家标准的相应类别时，可判为该产品合格。

# 任务二 混凝土拌合物的性能检测

### 任务描述

检测混凝土拌合物的表观密度和和易性，判定混凝土拌合物的质量。

### 任务分析

混凝土在未凝结硬化以前，称为混凝土拌合物，亦称新拌混凝土。为了便于施工，保证能获得良好的浇灌质量，混凝土拌合物必须具有良好的工作性（或称和易性），因此，在水泥混凝土浇灌前必须对其和易性进行检测，保证各种施工工序（拌和、运输、浇筑、振捣等）易于操作并能获得质量均匀、密实的混凝土。凝土拌合物的表观密度和和易性检测，是按照《公路工程水泥及水泥混凝土试验规程》（JTG E30—2005），测定混凝土拌合物的表观密度、坍落度，观察其黏聚性和保水性，评定其和易性。

## 知识链接

### 一、和易性的概念

和易性是指混凝土拌合物易于各种施工工序（拌和、运输、浇筑、振捣等）操作并能获得质量均匀、密实的性能，也叫混凝土工作性。它是一项综合技术性质，包括流动性、黏聚性和保水性三方面含义。

1. 流动性

是指混凝土拌合物在自重或机械振捣作用下能产生流动，并均匀密实地填满模板的性能。流动性反应混凝土拌合物的稀稠。若混凝土拌合物太稠，流动性差，难以振捣密实，易造成内部或表面孔洞等缺陷；若拌合物过稀，流动性好，但容易出现分层、离析现象（水泥上浮、石子颗粒下沉），从而影响混凝土的质量。

2. 黏聚性

是指混凝土和拌合物个颗粒间具有一定的黏聚力，在施工过程中能够抵抗分层离析，使混凝土保持整体均匀的性能。黏聚性反应混凝土拌合物的均匀性。若混凝土拌合物黏聚性不好，混凝土中骨料与水泥浆容易分离，造成混凝土不均匀，挣捣后会出现蜂窝、空洞等现象。

3. 保水性

是指混凝土拌合物保持水分的能力，在施工过程中不产生严重泌水的性能。保水性反应混凝土拌合物的稳定性。保水性差的混凝土内部容易形成透水通道，影响混凝土的密实性，并降低混凝土的强度和耐久性。

混凝土拌合物的和易性是以上三方面的综合体现，它们之间既相互联系，又相互矛盾。提高水灰比，可使流动性增大，但黏聚性和保水性往往较差；要保证拌合物具有良好的黏聚性和保水性，则流动性会受到影响。不同的工程对混凝土拌合物和易性的要求也不同，应根据工程具体情况对和易性三方面既要有所侧重，又要相互照顾。

### 二、和易性的测定

由于混凝土拌合物的和易性是一项综合的技术性质，目前还很难用一个单一的指标来全面衡量混凝土拌合物的和易性。通常以坍落度试验和维勃稠度试验来评定混凝土拌合物的和易性。先测定其流动性，再以直观经验观察其黏聚性和保水性。

1. 坍落度与坍落度扩展度

在平整、湿润且不吸水的操作面上放落坍落筒，将混凝土拌合物分 3 次（每次装料 1/3 筒高）装入坍落度桶内，每次装料后，用插捣棒从周围向中间插捣 25 次，以使拌合物密实。待第三次装料、插捣密实后，表面刮平，然后垂直提起坍落度筒。拌合物在自重作用下会向下坍落，坍落的高度（以 mm 计）就是该混凝土拌合物的坍落度，如图 3-4 所示。

坍落度数值越大，表示混凝土拌合物的流动性越好。根据混凝土拌合物坍落度大小，可分为：干硬性混凝土，坍落度小于 10mm；低塑性混凝土，坍落度 10～40mm；塑性混凝土，坍落度 50～90mm；流动性混凝土，坍落度 100～150mm；大流动性混凝土，坍落度大于 160mm。

当混凝土拌合物的坍落度大于 220mm 时，应采用坍落度扩展值。

在进行坍落度试验过程中，同时观察混凝土试体的棱度、含砂情况、黏聚性和保水性以评定新拌混凝土的工作性。用捣棒在已坍落的拌合物锥体侧面轻轻打击，如果锥体逐渐下沉，表示拌合物黏聚性良好；如果锥体突然倒坍或部分崩裂或出现离析现象，表示拌合物黏聚性较差。若有较多的稀浆从锥体底部析出，锥体部分的拌合物也因失浆而骨料外露，表明

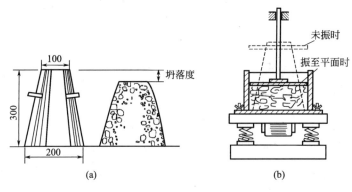

图 3-4　坍落度及维勃稠度试验

混凝土拌合物保水性不好；如无这种现象，表明保水性良好。

施工中，选择混凝土拌合物的坍落度，一般根据构件截面的大小，钢筋分布的密疏、混凝土成型方式等因素来确定。若构件截面尺寸较小，钢筋分布较密，且为人工捣实，坍落度可选择大一些；反之，坍落度可选择小一些。

坍落度试验受操作技术及人为因素影响较大，但因其操作简便，故应用很广。该方法一般仅适用于骨料最大粒径不大于 40mm，坍落度不小于 10mm 的混凝土拌合物流动性的测定。

2.维勃稠度试验

对于干硬性混凝土，若采用坍落度试验，测出的坍落度值过小，不易准确反映其工作性，这时需要维勃稠度试验测定。其方法是：将坍落度筒置于维勃稠度仪上的圆形容器内，并固定在规定的振动台上。把拌制好的混凝土拌合物按坍落度试验方法，分三次装入坍落度筒内，表面刮平后提起坍落度筒，将维勃稠度仪上的透明圆盘转至试体顶面，使之与试体轻轻接触。开启振动台，同时用秒表计时，振动至透明圆盘底面被水泥浆布满的瞬间关闭振动台并停止计时，由秒表读出的时间，即是该拌合物的维勃稠度值。维勃稠度值小，表示拌合物的流动性大。

维勃稠度试验主要用于测定干硬性混凝土的流动性。适用于粗骨料最大粒径不超过 40mm，维勃稠度在 5～30s 之间的混凝土拌合物。碾压混凝土拌合物的稠度用改进的维勃稠度法测定。

### 三、影响混凝土拌合物和易性的主要因素

1.水泥浆的数量

在混凝土拌合物中，水泥浆除了起胶结作用外，还起着润滑骨料、提高拌合物流动性的作用。在水灰比不变的情况下，单位体积拌合物内，水泥浆数量越多，拌合物流动性越大。但若水泥浆数量过多，不仅水泥用量大，而且会出现流浆现象，使拌合物的黏聚性变差，同时会降低混凝土的强度和耐久性；若水泥浆数量过少，则水泥浆不能填满骨料空隙或不能很好包裹骨料表面，会出现混凝土拌合物崩坍现象，使黏聚性变差。因此，混凝土拌合物中水泥浆的数量应以满足流动性和强度要求为度，不宜过多或过少。

2.水泥浆的稠度（水灰比）

水泥浆的稀稠是由水灰比决定的。水灰比是指混凝土拌合物中用水量与水泥用量的比值。当水泥用量一定时，水灰比越小，水泥浆越稠，拌合物的流动性就越小。当水灰比过小时，水泥浆过于干稠，拌合物的流动性过低，影响施工，且不能保证混凝土的密实性。水灰

比增大会使流动性加大，但水灰比过大，又会造成混凝土拌合物的黏聚性和保水性较差，产生流浆、离析现象，并严重影响混凝土的强度和耐久性。所以水泥浆的稠度（水灰比）不宜过大或过小，应根据混凝土强度和耐久性要求合理选用。混凝土常用水灰比在 0.40～0.75 之间。

无论是水泥浆数量的多少，还是水泥浆的稀稠，实际上对混凝土拌合物流动性起决定作用的是用水量的多少。当使用确定的的材料拌制混凝土时，为使混凝土拌合物达到一定的流动性，所需的单位用水量是一个定值。当使用确定的骨料，如果单位体积用水量一定，单位体积水泥用量增减不超过 50～100kg，混凝土拌合物的坍落度大体可以保持不变。应当指出的是，不能单独采取增减用水量（即改变水灰比）的办法来改善混凝土拌合物的流动性，而应在保持水灰比不变的条件下，用增减水泥浆数量的办法来改善拌合物的流动性。

3.砂率

砂率是指混凝土中的砂的质量占砂、石总质量的百分率。砂率的变动会使骨料的空隙率和总面积有显著改变，因而对混凝土拌合物的和易性产生显著的影响。砂率过大时，骨料的总面积和空隙率都将增大，则水泥浆数量相对不足，拌合物的流动性就降低。若砂率过小，又不能保证粗骨料之间有足够的砂浆层，会降低拌合物的流动性，且黏聚性和保水性也将变差。当砂率值适宜时，砂不但能够填满石子间的空隙，而且还能保证粗骨料间有一定厚度的砂浆层，以减小粗骨料间的摩擦阻力，使混凝土拌合物有较好的流动性。这个适宜的砂率称为合理砂率。当采用合理砂率时，在用水量和水泥用量一定的情况下，能使混凝土拌合物获得最大的流动性且能保持良好的流动性和保水性（图 3-5）；如要达到一定的坍落度，选择合理砂率（图 3-6），将使水泥用量最少，这对降低成本是非常有利的。

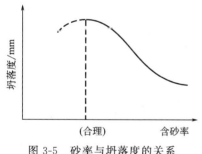

图 3-5 砂率与坍落度的关系
（水与水泥用量一定）

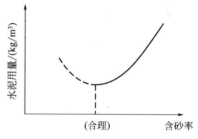

图 3-6 砂率与水泥用量的关系
（达到相同的坍落度）

4.组成材料的性质

水泥的品种、骨料种类及形状、外加剂等，都对混凝土的和易性有一定的影响。水泥的标准稠度用水量大，则拌合物的流动性小。骨料的颗粒较大，外形圆滑及级配良好时，则拌合物的流动性较大。此外，在混凝土拌合物中掺入外加剂（如减水剂），能显著改善和易性。

5.时间及环境的温度、湿度

混凝土拌合物随时间的延长，因水泥水化及水分蒸发而变得干稠，和易性变差；环境温度上升，水分容易蒸发，水泥水化速度也会加快，混凝土拌合物流动性将减小；空气湿度小，拌合物水分蒸发较快，坍落度损失也会加快。夏季施工或较长距离运输的混凝土，上述现象更加明显。

6.施工工艺

采用机械拌合的混凝土比同等条件下人工拌和的混凝土坍落度大，采用同一拌和方式，其坍落度随着有效拌和时间的增长而增大。搅拌机类型不同，拌和时间不同，获得坍落度也不同。

## 四、改善和易性的措施

掌握了混凝土拌合物和易性的变化规律，就可运用这些规律去能动地调整拌合物的和易性，已满足工程需要。在实际工程中，可采用以下措施调整混凝土拌合物的和易性。

（1）采用合理砂率，并尽可能采用较低的砂率，已提高混凝土的质量和节约水泥。

（2）改善砂、石的级配。

（3）在可能条件下，尽可能采用较粗的砂、石。

（4）当混凝土拌合物坍落度太小时，保持水灰比不变，适量增加水泥浆数量；当坍落度太大时，保持砂率不变，适量增加砂、石。

（5）有条件时，尽量掺加外加剂，如减水剂、引气剂等。

### 📝 任务实施

### 一、混凝土拌合物取样

混凝土施工过程中，进行混凝土试验时，其取样方法和原则应按现行《公路工程水泥及水泥混凝土试验规程》（JTG E30—2005）有关规定进行。

（1）同一组混凝土拌合物的取样应从同一盘混凝土或同一车混凝土中取样。取样量应多于试验所需量的 1.5 倍；且宜不小于 20L。

（2）混凝土拌合物的取样应具有代表性，宜采用多次采样的方法。一般在同一盘或同一车混凝土中约 1/4 处、1/2 处和 3/4 处之间分别取样，从第一次取样到最后一次取样不宜超过 15min，然后人工搅拌均匀。从取样完毕到开始做各项性能试验不宜超过 5min。

### 二、混凝土拌合物的和易性检测

#### (一)坍落度法

1.仪器设备

（1）坍落度筒。由薄钢板或其他金属制成的圆台形筒，其内壁应光滑、无凹凸部位。底面和顶面应相互平行并与锥体的轴线垂直，在坍落度筒外部 2/3 高度处安装两个把手，下端应焊上脚踏板。筒的内部尺寸为：底部直径 200mm±2mm，顶部直径 100mm±2mm，高度 300mm±2mm，筒壁厚度不小于 1.5mm；如图 3-7(a) 所示。

（2）捣棒。直径 16mm、长 600mm 的钢棒，端部应磨圆，如图 3-7(b) 所示。

（3）小铲、钢尺、喂料斗等。

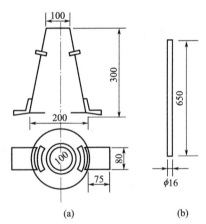

图 3-7 标准坍落度筒和捣棒
（单位：mm）

2.检测步骤

（1）湿润坍落度筒及其他用具，并把筒放在不吸水的刚性水平底板上，然后用脚踩住两个脚踏板，使坍落度筒在装料时保持位置固定。

（2）把按要求取得的混凝土试样用小铲分三层均匀地装入桶内，使捣实后每层高度为筒高的 1/3 左右。每层用捣棒沿螺旋方向在截面上由外向中心均匀插捣 25 次。插捣筒边混凝土时，捣棒可以稍稍倾斜。插捣底层时，捣棒应贯穿整个深度。插捣第二层和顶层时，捣棒应插透本层至下一层的表面。

（3）装顶层混凝土时应高出筒口。插捣过程中，如混凝土沉低于筒口，则应随时添加。顶层插捣完后，刮出多余的混凝土，并用抹刀抹平。

（4）清除筒边底板上的混凝土后，垂直平稳地提起坍落度筒。坍落度筒的提离过程应在5～10s内完成。从开始装料到提起坍落度筒的整个过程，应不间断地进行，并应在150s内完成。

（5）提起坍落筒后，两侧筒高与坍落后混凝土试体最高点之间的高度差，即为混凝土拌合物的坍落度值，如图3-4所示。

（6）当混凝土拌合物的坍落度大于220mm时，用钢尺测量混凝土扩展后最终的最大直径和最小直径，在两个直径之差小于50mm的条件下，取其算术平均值作为坍落度扩展度；否则，此次检测无效。

3.结果评定

（1）坍落筒提离后，如混凝土发生崩坍或一边剪坏现象，则应重新取样另行测定。如第二次试验仍出现上述现象，则表示该混凝土拌合物和易性差，应予记录备查。

（2）观察坍落度测定后混凝土试体的棍度、含砂情况、黏聚性和保水性。

① 棍度　按插捣混凝土拌合物时的难易程度评定，分"上"、"中"、"下"三级。"上"表示插捣容易；"中"表示插捣时稍有石子阻滞上"表示插捣容易；"中"表示插捣时稍有石子阻滞的感觉；"下"表示很难插捣。

② 含砂情况　按拌合物外观含砂多少评定，分"多"、"中"、"少"三级。"多"表示用抹刀抹拌合物表面时，　两次即可使拌合物表面平整无蜂窝；"中"表示抹五六次才可使表面平整无蜂窝；"少"表示抹面困难，不宜抹平，有空隙及石子外露等现象。

③ 黏聚性　用捣棒在已坍落的混凝土锥体侧面轻轻敲打，如果锥体逐渐下沉，表示黏聚性良好；如果锥体倒坍、部分崩裂或出现离析现象，表示黏聚性差。

④ 保水性　提起坍落筒后，如有较多的稀浆从底部析出，锥体部分的拌合物也因失浆而集料外露，表明其保水性差。如坍落度筒体提起后，无稀浆或仅有少量稀浆自底部析出，表明其保水性良好。

（3）混凝土拌合物坍落度以mm为单位，结果精确至5mm。

**(二)维勃稠度**

1.仪器设备

（1）维勃稠度仪。其组成如下：振动台面长380mm、宽260mm，支承在4个减震器上。振动频率50Hz±3Hz。容器空时台面振幅为0.5mm±0.1mm（图3-8）。

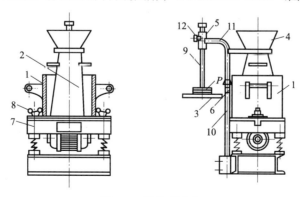

图3-8　维勃稠度仪

1—容器；2—坍落度筒；3—透明圆盘；4—喂料斗；5—套筒；6—螺钉；7—振动台；
8—螺钉；9—测杆；10—支柱；11—旋转架；12—螺钉

（2）容器。用钢板制成，内径为 240mm±3mm，高为 200mm±2mm，筒壁厚 3mm，筒底厚 7.5mm。

（3）坍落度筒同标准圆锥坍落度筒，但应去掉两侧的脚踏板。

（4）旋转架、连接测杆及喂料斗。测杆下端安装透明且水平的圆盘，并用螺丝把测杆固定在套筒中，坍落度筒在容器中心安放好后，把喂料斗的底部套在坍落度筒口上，旋转架安装在支柱上，通过十字凹槽来固定方向，并用螺钉来固定其位置。就位后，测杆或漏斗的轴线应与容器的轴线重合。

（5）透明圆盘直径为 230mm±2mm，厚度为 10mm±2mm，荷载（P）直接放在圆盘上，由测杆、圆盘及荷重组成的滑动部分之质量调至 2750g±50g。测杆上应有刻度以读出混凝土的坍落度值。

（6）捣棒、小铲、秒表（精度为 0.5s）。

2.检测步骤

（1）把维勃稠度仪放置在坚实水平的基础面上，用湿布把容器、坍落度筒、喂料斗内壁及其他用具擦湿。

（2）将喂料斗提到坍落度筒的上方扣紧，校正容器位置，使其中心与喂料斗中心重合，然后拧紧螺丝。

（3）把混凝土拌合物经喂料斗分层装入坍落度筒。装料及插捣的方法同坍落度测定中的规定。

（4）把圆盘、喂料斗都转离坍落度筒，小心并垂直地提起坍落度筒，此时应注意不使混凝土试体产生横向的扭动。

（5）把透明圆盘转到混凝土锥体顶面，放松螺钉，使圆盘轻轻落到混凝土顶面，此时应防止坍落的混凝土倒下与容器内壁相碰。如有需要可记录坍落度值。

（6）拧紧螺钉，并检查螺钉是否已经放松。同时开启振动台和秒表，在透明盘的底面被水泥浆所布满的瞬间停下秒表，并关闭振动态。

3.结果评定

记录秒表上的时间，读数精确到 1s。由秒表读出的时间秒数表示所测定的混凝土拌合物的维勃稠度值。如维勃稠度值小于 5s 或大于 30s，则此种混凝土所具有的稠度已超出本仪器的适用范围。

### 三、混凝土拌合物的表观密度检测

#### (一)仪器设备

（1）容量筒。金属制成的圆筒，两旁装有把手。对骨料最大粒径不大于 40mm 的拌合物采用容积为 5L 的容量筒，其内径与筒高均为 186mm±2mm，筒壁厚为 3mm；集料最大粒径大于 40mm 时，容量筒的内径与筒高均应大于集料最大粒径的 4 倍。容量筒上缘及内壁应光滑平整，顶面与底面应平行，并与圆柱体的轴垂直。

（2）磅秤。称量 100kg，感量 50g。

（3）振动台。频率应为 50Hz±3Hz，空载时的振幅应为 0.5mm±0.1mm。

（4）捣棒。直径 16mm、长 600mm 的钢棒，端部应磨圆。

（5）小铲、抹刀、刮尺等。

#### (二)检测步骤

（1）用湿布把容量筒内外擦干净，称出质量（$m_1$），精确至 50g。

（2）混凝土的装料及捣实方法应视拌合物的稠度而定。一般来说，坍落度不大于 70mm 的混凝土，用振动台振实，大于 70mm 的用捣棒捣实。

① 采用捣棒捣实时，应根据容量筒的大小决定分层与插捣次数：用 5L 容量筒时，混凝土拌合物分两层装入，每层插捣次数为 25 次；用大于 5L 的容量筒时，每层混凝土的高度不应大于 100mm，每层插捣次数应按每 $100cm^2$ 截面不少于 12 次计算。各次插捣应均匀地分布在每层截面上，插捣底层时捣棒应贯穿整个深度。插捣顶层时，捣棒应插透本层，并使之刚刚插入下面一层。每一层捣完后可把捣棒垫在筒底，将筒按住，左右交替地颠击地面各 15 次。插捣后如有棒坑留下，可用捣棒刮平。

② 采用振动台振实时应一次将混凝土拌合物装满到稍高出容量筒口。装料是允许用捣棒稍加插捣。在振实过程中，如混凝土高度沉落到低于筒口，则应随时添加混凝土。振动直至表面出浆为止。

③ 用刮尺将筒口多余的混凝土拌合物刮去，表面如有凹陷应予填平。将容量筒外壁擦净，称出混凝土与容量筒总重（$m_2$），精确至 50g。

**(三) 结果评定**

混凝土拌合物是表观密度（$\rho_h$）按式（3-2）计算，精确至 $10kg/m^2$：

$$\rho_h = \frac{m_2 - m_1}{V} \times 1000 \tag{3-2}$$

式中　$\rho_h$——湿表观密度，$kg/m^3$；

　　　$m_1$——空容量筒质量，kg；

　　　$m_2$——混凝土拌合物与空容量筒质量，kg；

　　　$V$——空容量筒容积，L。

# 任务三　混凝土强度的检测与评定

### 任务描述

测定混凝土立方体抗压强度、抗弯拉强度，并根据测定结果评定水泥混凝土的强度等级。

### 任务分析

测定混凝土强度，评定混凝土的强度等级，是按照《公路工程水泥及水泥混凝土试验规程》（JTG E30—2005）规定，制作、养护混凝土试件，测定试件的抗压强度，将检测结果对照国家标准，评定水泥混凝土的强度等级。要完成此任务，需要掌握有关水泥混凝土的强度等级知识及熟悉国家标准，掌握水泥混凝土强度的检测方法。

### 知识链接

强度是混凝土最重要的力学性质。因为混凝土主要用于承受荷载或抵抗各种作用力。混凝土的强度有立方体强度、轴心抗压强度、抗拉强度、黏结强度、抗弯强度等。混凝度的抗压强度最大，抗拉强度最小，因此在建筑工程中主要是利用混凝土来承受压力作用。混凝土的抗压强度是混凝土结构设计的主要参数，也是混凝土质量评定的重要指标。工程中提到的混凝土强度一般指的是混凝土的抗压强度。

## 一、混凝土受压破坏过程

混凝土是由水泥石和粗、细骨料组成的复合材料，它是一种不十分密实的非匀质多相分散体。混凝土在未受力之前，其水泥浆与骨料之间及水泥浆内部，就已存在着随机分布的不规则微细原生界面裂缝。当混凝土受荷载时，这些界面微裂缝会逐渐扩大、延长并汇合联通起来，形成可见的裂缝，致使混凝土结构丧失连续性而遭到完全破坏。

试验表明，当混凝土试件单向静力受压，而荷载不超过极限应力的30％时，这些裂缝无明显变化，此时荷载（应力）与形变（应变）接近直线关系。当荷载达到30％～50％极限应力时，裂缝数量有所增加，且稳定地缓慢伸展，因此，在这个一阶段，应力-应变曲线不再成直线关系。当荷载超过50％极限应力时，界面裂缝将不稳定。而且逐渐延伸至砂浆基体中。当超过75％极限应力，在界面裂缝继续发展的同时，砂浆基体中的裂缝也逐渐增生，并与邻近的界面裂缝连接起来，成为连续裂缝，变形加速增大，荷载曲线明显地弯向水平应变轴。超过极限载荷后，连续裂缝急剧扩展，混凝土的承载能力迅速下降，变形急剧增大而导致试件完全破坏。

## 二、混凝土的抗压强度与强度等级

### 1.立方体抗压强度

混凝土抗压强度是指其标准试件在压力作用下直至破坏时，单位面积所能承受的最大压力。按照标准的制作方法制成边长为150mm×150mm×150mm的正立方体试件，在标准养护条件（温度20℃±2℃，相对湿度95％以上）下或者在$Ca(OH)_2$饱和溶液中养护，养护至28d龄期，按照标准的测定方法测定其抗压强度值，即为混凝土立方体抗压强度$f_{cu}$，按式(3-3)计算，以MPa计。

$$f_{cu} = \frac{F}{A} \tag{3-3}$$

式中　$f_{cu}$——立方体抗压强度，MPa；

　　　$F$——试件破坏荷载，N；

　　　$A$——试件承压面积，$mm^2$。

当采用非标准试件测定立方体抗压强度时，须乘以换算系数，见表3-6，折算为标准试件的立方体抗压强度。

表 3-6　试件尺寸换算系数

| 项　目 | 指　标 | | |
|---|---|---|---|
| 试件尺寸/mm | 100×100×100 | 150×150×150 | 200×200×200 |
| 换算系数 | 0.95 | 1.00 | 1.05 |

### 2.立方体抗压强度标准值

按照标准方法制作和养护的边长为150mm的立方体试件，在28d龄期，用标准试验方法测定的抗压强度总体分布中的一个值，以MPa计，强度低于该值的百分率不超过5％（即具有95％保证率的抗压强度），将该值作为立方体抗压强度标准值，以$f_{cu,k}$表示。

可见，立方体抗压强度只是一组混凝土试件抗压强度的算术平均值，并未涉及数理统计和保证率的概念。而立方体抗压强度标准值是按数理统计方法确定，具有不低于95％保证率的立方体抗压强度。

### 3.强度等级

混凝土的强度等级是根据立方体抗压强度标准值来确定的。强度等级以符号"C"和"立方体抗压强度标准值（$f_{cu,k}$）"两项内容来表示，如"C25"即表示混凝土立方体抗压强度标准值为25MPa≤$f_{cu,k}$<30MPa。

普通混凝土按立方体抗压强度标准值划分为C15、C20、C25、C30、C35、C40、C45、C50、C55、C60、C65、C70、C75、C80这14个等级。

### 三、混凝土轴心抗压强度

混凝土的强度等级是采用立方体试件来确定的。但在实际工程中，混凝土结构构件的形式极少是立方体，大部分是棱柱体或圆柱体。为了能更好地反映混凝土的实际抗压性能，在计算钢筋混凝土构件承载力时，常采用混凝土轴心抗压强度作为设计依据。

根据国家标准《普通混凝土力学性能试验方法》（GB/T 50081—2002）规定，测定轴心抗压强度采用 $150mm \times 150mm \times 300mm$ 的棱柱体作为标准试件，在标准养护条件下养护至 28 天龄期后按照标准试验方法测得，用 $f_{cp}$ 表示。混凝土轴心抗压强度 $f_{cp}$ 约为立方体抗压强度 $f_{cu}$ 的 70%～80%。

### 四、混凝土抗拉强度 （$f_{ts}$）

混凝土的抗拉强度很低，只有抗压强度的 1/20～1/10，且随着混凝土强度等级的提高，比值有所降低。测定混凝土抗拉强度的试验方法有直接轴心受拉试验和劈裂试验，直接轴心受拉试验时试件对中比较困难，因此我国目前常采用劈裂试验方法测定。劈裂试验方法是采用边长为 150mm 的立方体标准试件，按规定的劈裂抗拉试验方法测定混凝土的劈裂抗拉强度 $f_{ts}$。混凝土劈裂抗拉强度按式(3-4) 计算：

$$f_{ts} = \frac{2F}{\pi A} = 0.637 \frac{F}{A} \tag{3-4}$$

式中　$f_{ts}$——混凝土的劈裂抗拉强度，MPa；

　　　$F$——破坏荷载，N；

　　　$A$——试件劈裂面面积，$mm^2$。

### 五、混凝土抗弯强度 （$f_{cf}$）

道路路面或机场跑道用混凝土，是以抗弯强度（或称抗折强度）为主要设计指标。水泥混凝土的抗弯强度试验是以标准方法制备成 $150mm \times 150mm \times 550mm$ 的梁形试件，在标准条件下养护 28d 后，按三分点加荷，测定其抗弯强度 （$f_{cf}$），按式(3-5) 计算：

$$f_{cf} = \frac{FL}{bh^2} \tag{3-5}$$

式中　$f_{cf}$——混凝土抗弯强度，MPa；

　　　$F$——破坏荷载，N；

　　　$L$——支座间距，mm；

　　　$b$——试件截面宽度，mm；

　　　$h$——试件截面高度，mm。

如为跨中单点加荷得到的抗折强度，按断裂力学推导应乘以折算系数 0.85。

### 六、混凝土与钢筋的黏结强度

在钢筋混凝土结构中，要使钢筋和混凝土能共同承受荷载，它们之间必须要有一定的黏结强度。这种黏结强度主要来源于混凝土和钢筋之间的摩擦力、钢筋与水泥石之间的黏结力及变形钢筋的表面与混凝土之间的机械啮合力。

黏结强度与混凝土质量、混凝土强度、钢筋尺寸及变形钢筋种类、钢筋在混凝土中的位置（水平钢筋或垂直钢筋）、加荷类型（使钢筋受拉或受压）、混凝土温湿度变化等因素有关。

目前，还没有一种较适当的标准试验能准确测定混凝土与钢筋的黏结强度。美国材料试验学会（ASTM C234）提出了一种拔出试验方法：将φ19 的标准变形钢筋，埋入边长为 150mm 立方体混凝土试件，标准养护 28d 后，进行拉伸试验，试验时以不超过 34MPa/min 的加荷速度对钢筋施加拉力,直到钢筋发生屈服,或混凝土开裂,或加荷端钢筋滑移超过25mm。记录出现上述3种中任一情况时的荷载值$P$,用式(3-6)计算混凝土与钢筋的黏结强度:

$$f_N = \frac{P}{\pi dl} \tag{3-6}$$

式中　$f_N$——黏结强度,MPa;

　　　$d$——钢筋直径,mm;

　　　$l$——钢筋埋入混凝土中的长度,mm;

　　　$P$——测定的荷载值,N。

### 七、影响混凝土强度的因素

1.水泥强度等级与水灰比

水泥是混凝土中的活性组分,其强度大小直接影响着混凝土强度的高低。在配合比相同的条件下,所用的水泥标号越高,制成的混凝土强度也越高。当用同一品种同一标号的水泥时,混凝土的强度主要取决于水灰比。因为水泥水化时所需的结合水,一般只占水泥质量的23%左右,但在拌制混凝土混合物时,为了获得必要的流动性,常需用较多的水(约占水泥质量的40%~70%)。混凝土硬化后,多余的水分蒸发或残存在混凝土中,形成毛细管、气孔或水泡,它们减少了混凝土的有效断面,并可能在受力时于气孔或水泡周围产生应力集中,使混凝土强度下降。

在保证施工质量的条件下,水灰比越小,混凝土的强度就越高。但是,如果水灰比太小,拌合物过于干涩,在一定的施工条件下,无法保证浇灌质量,混凝土中将出现较多的蜂窝、孔洞,也将显著降低混凝土的强度和耐久性。试验证明,混凝土强度,随水灰比增大而降低,呈曲线关系,而混凝土强度与灰水比呈直线关系[如图3-9所示]。

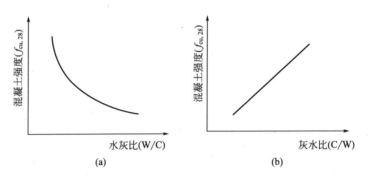

图3-9　混凝土强度与水灰比及灰水比的关系

水泥石与骨料的黏结情况与骨料种类和骨料表面性质有关,表面粗糙的碎石比表面光滑的卵石(砾石)的黏结力大,硅质集料与钙质集料也有差别。在其他条件相同的情况下,碎石混凝土的强度比卵石混凝土的强度高。

根据大量试验建立的混凝土强度经验公式:

$$f_{cu,0} = \alpha_a f_{ce}(C/W - \alpha_b) \tag{3-7}$$

式中　$f_{cu,0}$——混凝土28天立方体抗压强度,MPa;

　　　$f_{ce}$——水泥的实际强度,MPa;

　　$C/W$——灰水比;

　　　$C$——每立方米混凝土中水泥用量,kg;

　　　$W$——每立方米混凝土中用水量,kg;

　$\alpha_a$,$\alpha_b$——回归系数,与骨料品种、水泥品种有关,其数值可通过试验求得。《普通混凝土配合比设计规程》（JGJ 55—2000）提供的 $\alpha_a$、$\alpha_b$ 经验值为：

采用碎石：$\alpha_a = 0.46$；$\alpha_b = 0.07$

采用卵石：$\alpha_a = 0.48$；$\alpha_b = 0.33$

**2. 骨料的影响**

当骨料中含有杂质较多，或骨料材质低劣（强度较低）时，会降低混凝土的强度。表面粗糙并有棱角的骨料，与水泥石的黏结力较强，可提高混凝土的强度。所以在相同混凝土比的条件下，用碎石拌制的混凝土强度比用卵石拌制的混凝土强度高。骨料粒形以三围长度相等或相近的球形或立方体形为好，若含有较多针片状颗粒，则会增加混凝土孔隙率，增加混凝土结构缺陷，导致混凝土强度降低。

**3. 养护的温度和湿度**

混凝土强度的增长，是水泥的水化、凝结和硬化的过程，必须在一定的温度和湿度条件下进行。在保证足够湿度情况下，不同养护温度，其结果也不相同。温度高，水泥凝结硬化速度快，早期强度高，所以在混凝土制品厂常采用蒸汽养护的方法提高构件的早期强度，以提高模板和场地周转率。低温时水泥混凝土硬化比较缓慢，当温度低至 0℃ 以下时，硬化不但停止，且具有冰冻破坏的危险，养护温度对混凝土强度的影响见图 3-10。

水是水泥的水化反应的必要条件，只有周围环境有足够的湿度，水泥水化才能正常进行，混凝土强度才能得到充分发展。如果湿度不够，水泥难以水化，甚至停止水化，混凝土强度与保湿养护时间的关系见图 3-11。因此，混凝土浇筑完毕后，必须加强养护。

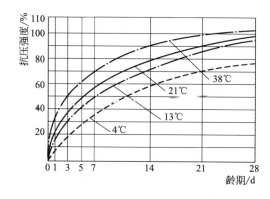

图 3-10　养护温度对混凝土强度的影响

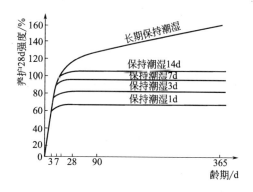

图 3-11　混凝土强度与保湿养护时间的关系

为了保证混凝土的强度持续增长，在混凝土浇筑完毕后应在 12h 内进行覆盖，以防水分蒸发。冬天施工的混凝土，要注意采取保温措施；夏季施工的混凝土，要特别注意浇水保湿。使用硅酸盐水泥、普通硅酸盐水泥和矿渣水泥，浇水保湿应不少于 7d；使用火山灰和粉煤灰水泥，或在施工中掺用缓凝型外加剂，或混凝土有抗渗要求时，保湿养护不应少于 14d。

**4. 养护时间（龄期）**

混凝土在正常养护条件下，强度将随龄期的增长而增加。混凝土的强度在最初的 3~7d 内增长较快，28d 后强度增长逐渐变慢，但只要保持适当的温度和湿度，其强度会一直有所增长，见图 3-11。所以，一般以混凝土 28d 的强度作为设计强度值。

普通水泥混凝土，在标准混凝土养护条件下，混凝土强度大致与龄期的对数成正比，计算如下：

$$f_n = \frac{f_{28} \cdot \lg n}{\lg 28} \tag{3-8}$$

式中　$f_n$——$n$d 龄期混凝土的抗压程度，MPa；

　　　$f_{28}$——28d 龄期混凝土的抗压强度，MPa；

　　　$n$——养护龄期，$n \geqslant 3$。

式(3-8) 适用于在标准条件下养护的不同水泥拌制的中等强度的混凝土。根据此式，可由所测混凝土早期强度，或者由混凝土 28d 强度推算 28d 前混凝土达到某一强度值需要养护的天数，由于影响混凝土强度的因素很多，强度发展也很难一致，因此该公式仅供参考。

**5.施工质量**

施工质量的好坏对混凝土强度有非常重要的影响。施工质量包括配料准确，搅拌均匀，振捣密实，养护适宜等。任何一道工序忽视了规范管理和操作，都会导致混凝土强度的降低。

**6.试验条件的影响**

同一批混凝土试件，在不同试验条件下，所测抗压强度值会有差异，其中最主要的因素是加荷速度的影响。加荷速度越快，测得的强度值越大，反之则小。

## 八、提高混凝土强度的措施

**1.采用高强度等级水泥**

在相同的配合比情况下，水泥的强度等级越高，混凝土强度越高，但由于水泥强度等级的提高，受原料、生产工艺等因素制约，故单纯靠提高水泥强度来提高混凝土强度，往往不现实，也不经济。

**2.降低水灰比**

这是提高混凝土强度的有效措施。降低混凝土拌合物水灰比，即可降低硬化混凝土的孔隙率，提高混凝土的密实度，增加水泥与骨料之间的黏结力，从而提高混凝土强度。但降低水灰比，会使混凝土拌合物的工作性下降，因此，施工时必须有相应的技术措施配合，如采用机械强力振动、掺加外加剂等。

**3.采用湿热养护**

湿热养护分蒸汽养护和蒸压养护两类。蒸汽养护是将混凝土放在温度低于 100℃常压蒸汽中进行养护。混凝土经过 16～20h 蒸汽养护，其强度可达正常条件下养护 28d 强度的 70％～80％。蒸汽养护最适合于掺混合材的矿渣水泥、火山灰水泥及粉煤灰水泥混凝土。而对普通水泥和硅酸盐水泥混凝土，因在水泥颗粒表面过早形成水化产物凝胶膜层，阻碍水分子继续深入水泥颗粒内部。使其后期强度增长速度减缓，其 28d 强度比标准养护 28d 强度低 10％～15％。

蒸压养护是将混凝土置于 175℃、0.8MPa 蒸压釜中进行养护，这种养护方式能大大促进水泥的水化，明显提高混凝土强度，特别适用于掺混合材料硅酸盐水泥。

**4.采用机械搅拌和振捣**

混凝土采用机械搅拌不仅比人工搅拌效率高，而且搅拌更均匀，故能提高混凝土的密实度和强度。采用机械振捣混凝土，可使混凝土拌合物的颗粒产生振动，降低水泥浆的黏度及骨料之间的摩擦力，使混凝土拌合物转入流体状态，提高流动性。同时，混凝土拌合物被振捣后，其颗粒互相靠近，使混凝土内部孔隙大大减少，从而使混凝土的密实度和强度提高。

**5.掺加混凝土外加剂、掺合料**

在混凝土中掺入早强剂可提高混凝土早期强度；掺入减水剂可减少用水量，降低水灰比，提高混凝土强度。此外，在混凝土中掺入减水剂的同时，掺入磨细的矿物掺合料（如硅灰、优质粉煤灰、超细矿粉），可显著提高混凝土强度，配制出超高强度混凝土。

### 九、水泥混凝土的质量控制与强度评定

#### (一)混凝土的质量控制

加强质量控制是现代化科学管理生产的重要环节。混凝土质量控制的目标，是要生产出质量合格的混凝土，即所生产的混凝土应能按规定的保证率满足设计要求的技术性质。混凝土质量控制包括以下 3 个过程。

(1)混凝土生产前的初步控制　主要包括人员配备、设备调试、组成材料的检验及配合比的确定与调整等内容。

(2)混凝土生产过程中的控制　包括控制称量、搅拌、运输、浇筑、振捣及养护等项内容。

(3)混凝土生产后的合格性控制　包括批量划分、确定批取样数、确定检测方法和验收界限等项内容。

在以上过程的任一步骤中(如原材料质量、施工操作、试验条件等)都存在着质量的随机波动，故进行混凝土质量控制时，如要做出质量评定就必须用数理统计方法。在混凝土生产质量管理中，由于混凝土的抗压强度与其他性能有较好的相关性，能较好地反映混凝土整体质量情况，因此，工程中通常以混凝土抗压强度作为评定和控制其质量的主要指标。

#### (二)混凝土强度的评定

在正常连续生产的情况下，可用数理统计方法来检验混凝土强度或其他技术指标是否达到质量要求。统计方法可用算术平均值、标准差、变异系数和保证率等参数综合地评定混凝土强度。

1.混凝土强度的波动规律

实践结果证明，同一等级的混凝土，在施工条件基本一致的情况下，其强度波动服从正态分布规律。正态分布是一形状如钟形的曲线，以平均强度为对称轴，距离对称轴越远，强度概率值越小。对称轴两侧曲线上轴的水平距离等于标准差($\sigma$)。曲线与横坐标之间的面积为概率的总和，等于 100%。在数理统计中，常用强度平均值，标准差，变异系数和强度保证率等统计参数来评定混凝土质量。

2.强度平均值、标准差、变异系数

(1)混凝土强度平均值($\overline{f}_{cu}$)　它代表混凝土强度总体的平均水平，其值按式(3-9)计算：

$$\overline{f}_{cu} = \frac{1}{n}\sum_{i=1}^{n} f_{cu,i} \tag{3-9}$$

式中　$n$——试件的组数；

$f_{cu,i}$——第 $i$ 组试验值。

平均强度反映了混凝土总体强度的平均值，但并不反映混凝土强度的波动情况。

(2)标准差($\sigma$)　标准差又称均方差，反映混凝土强度的离散程度，即波动程度，用 $\sigma$ 表示，其值可按式(3-10)计算：

$$\sigma = \sqrt{\frac{\sum_{i=1}^{n} f_{cu,i}^2 - n\overline{f}_{cu}^2}{n-1}} \tag{3-10}$$

式中　$n$——试件的组数($n \geqslant 25$)；

$f_{cu,i}$——第 $i$ 组试件的抗压强度算数平均数，MPa；

$\overline{f}_{cu}$——$n$ 组试件抗压强度算数平均值，MPa；

$\sigma$——$n$ 组抗压强度的标准差，MPa。

$\sigma$ 是评定混凝土质量均匀性的重要指标。$\sigma$ 值越大，强度分布曲线就越宽而矮，离散程度越大，则混凝土质量越不稳定。

(3) 变异系数（$C_v$）　混凝土的标准差与平均强度之比，称为变异系数，又称离差系数，即：

$$C_v = \frac{\sigma}{\overline{f}_{cu}} \qquad (3-11)$$

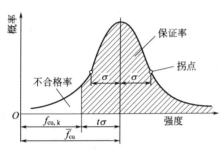

图 3-12　混凝土强度正态分布曲线及保证率

$C_v$ 也是说明混凝土质量均匀性的指标。在相同生产管理水平下，混凝土强度标准差会随强度平均值的提高或降低而增大或减小，它反映绝对波动量的大小，有量纲；而变异系数 $C_v$ 反映的是平均强度水平不同的混凝土之间质量相对波动的大小，无量纲，其值越小，说明混凝土质量越稳定，混凝土生产的质量水平越高。

3. 混凝土强度保证率（$P$）

强度保证率是指混凝土强度总体分布中，不小于设计要求的强度等级标准值（$f_{cu,k}$）的概率。以正态分布曲线下的阴影部分来表示（图 3-12）。强度正态分布曲线下的面积为概率的总和，等于 100%。强度保证率可按如下方法计算：

首先，计算出概率 $t$，即：

$$t = \frac{\overline{f}_{cu} - f_{cu,k}}{\sigma} = \frac{\overline{f}_{cu} - f_{cu,k}}{C_v \overline{f}_{cu}} \qquad (3-12)$$

表 3-7　不同 $t$ 值的保证率 $P$

| $t$ | 0.00 | 0.50 | 0.84 | 1.00 | 1.20 | 1.28 | 1.40 | 1.60 |
|---|---|---|---|---|---|---|---|---|
| $P/\%$ | 50.0 | 69.2 | 80.0 | 84.1 | 88.5 | 90.0 | 91.9 | 94.5 |
| $t$ | 1.645 | 1.70 | 1.81 | 1.88 | 2.00 | 2.05 | 2.33 | 3.00 |
| $P/\%$ | 95.0 | 95.5 | 96.5 | 97.0 | 97.7 | 99.0 | 99.4 | 99.87 |

根据标准正态分布的曲线方程，可求出概率度 $t$ 与强度保证率 $P$（%）的关系，见表 3-7。根据以上数值，按表 3-8 确定混凝土生产质量水平。

表 3-8　混凝土生产质量水平

| 生产水平 | | 优　良 | | 一　般 | | 差 | |
|---|---|---|---|---|---|---|---|
| 混凝土强度等级 | | <C20 | ≥C20 | <C20 | ≥C20 | <C20 | ≥C20 |
| 评定指标 混凝土强度标准差 $\sigma$/MPa | 商品混凝土厂预制混凝土构件厂 | ≤3.0 | ≤3.5 | ≤4.0 | ≤5.0 | >4.0 | >5.0 |
| | 集中搅拌混凝土的施工现场 | ≤3.5 | ≤4.0 | ≤4.5 | ≤5.5 | >4.5 | >5.5 |
| 混凝土强度不低于规定强度等级值的百分率 $P$/% | 商品混凝土厂预制混凝土构件厂集中搅拌混凝土的施工现场 | ≥95 | | >85 | | ≤85 | |

4. 混凝土强度评定

根据《混凝土强度检验评定标准》（GB 50107—2010）规定，混凝土强度评定分为统计方法评定和非统计方法评定。

（1）统计方法评定　这种方法适用于预拌混凝土厂、预制混凝土构件厂或采用现场集中搅拌的混凝土施工单位，根据混凝土强度的稳定性，统计方法评定又分为以下两种情况。

① 已知标准差方法　当混凝土生产条件在较长时间内能保持一致，且同一品种混凝土的强度变异性能保持稳定时，应由连续的 3 组试件组成一个验收组，其强度应同时满足下列要求。

$$\overline{f}_{cu} \geqslant f_{cu,k} + 0.7\sigma \tag{3-13}$$

$$f_{cu,min} \geqslant f_{cu,k} - 0.7\sigma \tag{3-14}$$

当混凝土强度等级高于 C20 时，其强度的最小值尚应满足下式要求。

$$f_{cu,min} \geqslant 0.9 f_{cu,k} \tag{3-15}$$

式中　$\overline{f}_{cu}$——同一验收批混凝土立方体抗压强度平均值，$N/mm^2$；

　　　$f_{cu,k}$——混凝土立方体抗压强度标准值，$N/mm^2$；

　　　$\sigma$——验收批混凝土立方体抗压强度标准差，$N/mm^2$；

　　　$f_{cu,min}$——同一验收批混凝土立方体抗压强度最小值，$N/mm^2$。

② 未知标准差方法　当混凝土生产条件不能满足前述规定，或在前一个检验期内的同一品种混凝土没有足够的数据用以确定验收批混凝土强度的标准差时，应由不少于 10 组试件组成一个验收批，其强度应同时满足式（3-16）和式（3-17）要求。

$$\overline{f}_{cu} - \lambda_1 S_{fcu} \geqslant 0.9 f_{cu,i} \tag{3-16}$$

$$f_{cu,min} \geqslant \lambda_2 f_{cu,i} \tag{3-17}$$

式中　$S_{fcu}$——同一验收批混凝土立方体抗压强度标准差，MPa，当 $S_{fcu}$ 计算值小于 $0.06 f_{cu,k}$ 时，取 $0.06 f_{cu,k}$；

　　　$\lambda_1$，$\lambda_2$——合格判定系数，按表3-9取用。

表 3-9　混凝土强度的合格判定系数

| 试件组数 | 10~14 | 15~24 | >24 |
|---|---|---|---|
| $\lambda_1$ | 1.70 | 1.65 | 1.60 |
| $\lambda_2$ | 0.9 | 0.85 | |

混凝土立方体抗压强度的标准差可按式（3-18）计算。

$$S_{f.c.u} = \sqrt{\frac{\sum\limits_{i=1}^{n} f_{cu,i}^2 - n\overline{f}_{cu}^2}{n-1}} \tag{3-18}$$

式中　$f_{cu,i}$——第 $i$ 组混凝土立方体抗压强度值，$N/mm^2$；

　　　$n$——一个验收混凝土试件的组数。

（2）非统计方法　该种方法适用于零星生产的预制构件混凝土或现场搅拌批量不大的混凝土。这种情况下，因试件数量有限（试件组少于 10 组），不具备按统计方法评定混凝土强度的条件。因而采用非统计方法。按非统计方法评定混凝土强度时，其强度应同时满足下列要求：

$$\overline{f}_{cu} \geqslant 1.15 f_{cu,k} \tag{3-19}$$

$$f_{cu,min} \geqslant 0.95 f_{cu,k} \tag{3-20}$$

（3）混凝土强度的合格性判定　混凝土强度应分批进行检验评定，当检验结果能满足上述规定时，则该混凝土强度判定为合格；当不满足上述规定时，则该批混凝土强度判定为不合格。

对不合格批混凝土制成的结构或构件，应进行鉴定。对不合格的结构或构件必须及时处理。

当对混凝土试件强度的代表性有怀疑时，可采用从结构或构件中钻取试件的方法或采用非破损检验方法，按有关标准的规定对结构或构件中混凝土的强度进行推定。

结构或构件拆模、出池、出厂、吊装、预应力筋张拉或放张，以及施工期间需短暂负荷时的混凝土强度，应满足设计要求或现行国家标准的有关规定。

## 📝 任务实施

### 一、水泥混凝土立方体抗压强度的检测

**1.仪器设备**

（1）压力试验机。精度（示标的相对误差）至少为±2%，其量程应能使试件的预期破坏荷载值不小于全量程的20%，也不大于全量程的80%。

（2）钢尺。量程300mm，最小刻度1mm。

（3）试模。有铸铁或钢制成，应具有足够的刚度并便于拆装。试模内应抛光，其不平度应不大于试件边长的0.05%。组装后跟相邻面的不垂直度应不超过±0.5°。

（4）振动台。试验用振台的振动频率应为50Hz±3Hz，空载时振幅应约为0.5mm。

（5）钢制捣棒。直径16mm、长600mm，一端为弹头。

（6）小铁铲，镘刀。

**2.试件的制作**

（1）混凝土抗压强度实验一般以三个组件为一组。每一组试件所用的拌合物应从同一盘或同一车运送的混凝土中取出，或在实验时用机械或人工单独拌制。用以检验现浇混凝土工程或预制构件质量的试件分组及取样原则，应按《混凝土结构工程施工及验收规范》及其他有关标准的规定执行。

（2）制作前，应将试模擦拭干净，并在试模内表面涂一层矿物油脂。

（3）所有试件应在取样后立即制作。试件成型方法应视混凝土稠度而定。一般坍落度小于70mm的混凝土，用振动台振实。大于70mm的则用捣棒人工捣实。

① 采用振动台成型时，应将混凝土拌合物一次装入试模，装料时应用抹刀沿试模内壁人工插捣，并使混凝土拌合物高出试模上口。振动时，应防止试模在振动台上自由跳动。振动应持续到混凝土表面出浆为止，刮去多余的混凝土，并用抹刀抹平。

② 采用人工插捣时，混凝土拌合物应分为两层装入试模，每层的装料厚度大致相等，插捣应按螺旋方向从边缘向中心均匀进行。插捣底层时，捣棒应达到试模表面，插捣上层时，捣棒传入下层深度为20～30mm，插捣时捣棒应保持垂直，不得倾斜。同时，还应用抹刀沿试模内壁插入数次。每层的插捣次数应根据实际的界面而定，一般每100cm$^2$截面积不应少于12次，见表3-10。插捣完毕后，刮除多余的混凝土，并用抹刀抹平。

表3-10　混凝土试件尺寸与每层振捣次数选用表及强度换算系数

| 试 件 尺 寸 | 允许骨料最大粒径/mm | 每层插捣次数 | 换算系数 |
|---|---|---|---|
| 100mm×100mm×100mm | 30 | 12 | 0.95 |
| 150mm×150mm×150mm | 40 | 25 | 1.00 |
| 200mm×200mm×200mm | 60 | 50 | 1.05 |

**3.试件的养护**

试件成型后，应覆盖表面，以防止水分蒸发，并应在温度为20℃±5℃的情况下静停一

昼夜（不得超过两昼夜），然后拆模。

（1）标准养护　拆模后的试件应立即放在温度为 20℃±5℃，湿度为 90% 以上的标准养护室中养护。试件放在架上，彼此间隔为 10～20mm，应避免用水直接淋冲试件。当无标准养护室时，试件可在温度为 20℃±5℃ 的不流动水中养护。水的 pH 值不应小于 7。

（2）同条件养护　试件成型后，应覆盖表面。试件的拆模时间可与实际构件的拆模时间相同，拆模后，试件仍需同条件护养。

4. 抗压强度检测

（1）试件从养护地点取出后，应尽快进行试验，以免试件内部的温度和湿度发生显著变化。

（2）先将试件擦拭干净，测量尺寸，并检查外观，试件尺寸测量精确至 1mm，并据此计算试件的承压面积。如实测尺寸与公称尺寸之差不超过 1mm，可按公称尺寸进行计算。

（3）将试件安放在试验机的下压板上。试件的承压面应与成型的顶面垂直。试件的中心应与试验机下压板中心对准。开动试验机，当上板与试件接近时，调整球座，使接触均衡。

混凝土试件的试验应连续而均匀的加荷，混凝土强度等级低于 C30 时，其加荷速度为 0.3～0.5MPa/s；若混凝土强度等级高于或等于 C30 时，则为 0.5～0.8MPa/s。当试件接近破坏而开始迅速变形时，停止调整试验机油门，直至试件破坏。然后记录破坏荷载。

5. 结果计算与评定

（1）混凝土立方体试件抗压强度（$f_{cu}$）为：

$$f_{cu} = \frac{F}{A} \tag{3-21}$$

（2）以 3 个试件测量的算术平均值作为该组试件的抗压强度值。3 个测值中的最大或最小值中如有一个与中间值的差值超过中间值的 15% 时，则把最大值与最小值一并舍去，取中间值作为改该组试件的抗压强度。如有两个测值与中间值的差超过中间值的 15%，则该组试件的试验结果无效。

（3）取 150mm×150mm×150mm 试件的抗压强度值为标准值，用其他尺寸试件测得的强度值均乘以尺寸换算系数，换算系数见表 3-10。

## 二、水泥混凝土抗弯拉强度检测

1. 试验仪器设备

（1）压力机或万能试验机。

（2）抗弯拉试验装置（三分点处双点加荷和三点自由支承式混凝土抗弯拉强度与抗弯拉弹性模量试验装置），如图 3-13 所示。

2. 试样准备

（1）混凝土抗弯拉强度标准试件尺寸为 150mm×150mm×550mm 或 150mm×150mm×600mm，集料公称最大粒径不大于 31.5mm。如确有必要，允许采用 100mm×100mm×400mm 的非标准试件。

（2）混凝土抗弯拉强度试件应取同龄期者为 1组，每组为同条件制作和养护的试件 3 根。

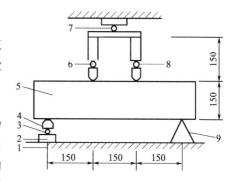

图 3-13　抗弯拉试验装置（单位：mm）
1—机台；2—活动支座；3,8—两个钢球；
4—活动船形垫块；5—试件；6,7——个
钢球；9—固定支座

**3.检测步骤**

(1) 试件从养护地点取出后,用湿毛巾覆盖并应及时进行测试,以保持试件干湿状态不变。

(2) 测试前检查试件,如试件长向中部 1/3 区段内表面有直径超过 5mm、深度超过 2mm 的孔洞,则该试件用废。检查合格试件,在试件中部量出其宽度和高度,精确至 1mm。

(3) 调整两个可移动支座,将试件安放在支座上,试件成型时的侧面朝上,中心对中后,务必使支座及承压面与活动垫块的接触面平衡、均匀、否则应垫平。

(4) 均匀、连续地加荷。当混凝土强度等级小于 C30 时,加荷强度为 0.02～0.05MPa/s;当混凝土强度等级大于等于 C30 且小于 C60 时,加荷速度为 0.05～0.08MPa/s;当混凝土强度等级大于等于 C60 时,加荷速度为 0.08～0.10MPa/s。当试件接近破坏而开始迅速变形时,应停止调整试验机油门,直至试件破坏,记下最大破坏荷载 $F$。

**4.结果评定**

(1) 当断面发生在两个加荷点之间时,抗弯拉强度 $f_f$ 按下式计算,精确至 0.01MPa。

$$f_f = \frac{FL}{bh^2}$$

式中　$f_f$——抗弯拉强度,MPa;

$F$——试件破坏荷载,N;

$L$——支座间跨度,mm;

$b$——试件宽度,mm;

$h$——试件高度,mm。

(2) 以 3 个试件测值的算术平均值作为测定值。3 个测值中的最大值或最小值中如有 1 个与中间值之差超过中间值的 ±15% 时,则把最大值与最小值一并舍除,取中间值作为测定值;安顺最大值和最小值与中间值之差均超过中间值的 ±15%,则该组试件试验结果无效。

(3) 3 个试件中如有 1 个断面位于加荷点外侧,则混凝土抗弯拉强度按另外 2 个试件的试验结果计算。如果该 2 个测值的差值不大于其中较小值的 15%,则以 2 个测值的平均值作为测试结果,否则试验结果无效。

(4) 如果有 2 根试件均出现断裂面位于加荷点外侧,则该组结果无效。

(5) 采用 100mm×100mm×400mm 的非标准试件时,所取得的抗弯拉强度应乘以尺寸换算系数 0.85。当混凝土强度等级大于等于 C60 时,应采用标准试件。

# 任务四　混凝土的变形与耐久性检测

## 任务描述

测定混凝土的抗渗性、抗冻性,评定混凝土的耐久性。

## 任务分析

混凝土的抗渗性、抗冻性、耐磨性、碱-集料反应、碳化以及抗侵蚀性等都会影响水泥混凝土的耐久性。评定水泥混凝土的耐久性,是按照《公路工程水泥及水泥混凝土试验规程》(JTG E30—2005) 规定,制作、养护水泥混凝土试件,测定水泥混凝土抗冻性、抗渗性等指标,并将测定结果对照国家标准,评定水泥混凝土的耐久性。通过完成此任务,掌握混凝土的变形、影响混凝土耐久性的因素以及如何提高混凝土的耐久性，同时掌握混凝土耐久性的检测方法。

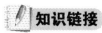 **知识链接**

### 一、混凝土的变形

混凝土在硬化期间和使用过程中，会受到各种因素作用而产生变形。混凝土的变形直接影响到混凝土的强度和耐久性，特别是对裂缝的产生有直接影响。引起混凝土变形的因素很多，归纳起来可分为两大类，即非荷载作用下的变形和荷载作用下的变形。

#### (一)非荷载作用下的变形

**1.化学收缩**

一般水泥水化生成物的体积比水化反应前物质的总体积要小，导致水化过程的体积收缩，这种收缩称为化学收缩。化学收缩随混凝土的硬化龄期的延长而增加，在40d内收缩值极快，以后逐渐稳定。化学收缩是不能恢复的，其对结构物不会产生明显的破坏作用，但在混凝土中可产生微细裂缝。

**2.干湿变形**

由于周围环境的湿度变化引起混凝土变形，称为干湿变形。干湿变形的特点是干缩湿胀。当混凝土在水中硬化时，水泥凝胶体中胶体粒子的吸附水膜增厚，胶体粒子间距增长，使混凝土产生微小膨胀。当混凝土在干燥空气中硬化时，混凝土中水分子逐渐蒸发，水泥凝胶或水泥石毛细管失水，使混凝土产生收缩。若把已收缩的混凝土再置于水中养护，原收缩变形一部分可以恢复，但仍有一部分（占30%～50%）不可恢复。

混凝土的湿胀形变量很小，对结构一般无破坏作用。但干缩形变对混凝土危害较大，干缩可能使混凝土表面出现拉应力而开裂，严重影响混凝土的耐久性。一般条件下，混凝土的极限收缩值达（50～90）$\times 10^{-5}$mm/mm。工程设计时，混凝土线收缩采用（15～20）$\times 10^{-5}$mm/mm，即每米胀缩0.15～0.20mm。为了防止发生干缩，应采取加强养护、减少水灰比、减少水泥用量、加强振捣等措施。

**3.温度变形**

混凝土的热胀冷缩变形称为温度变形。混凝土的温度线膨胀系数为（1～1.5）$\times 10^{-5}$/℃，即温度每升降1℃，每米胀缩0.01～0.015mm。温度变形对大体积混凝土非常不利。在混凝土硬化初期，水泥水化放出较多的热量，而混凝土散热缓慢，使大体积混凝土内外产生较大的温差，从而在混凝土表面产生很大的拉应力，严重时会产生裂缝。因此，对大体积混凝土工程，应设法降低混凝土的发热量，如使用低热水泥，减少水泥用量，掺加缓凝剂及采取人工降温措施等，以减少内外温差，防止裂缝的产生和发展。

对纵向较长的混凝土及结构和大面积混凝土工程，为防止其受大气温度影响而产生开裂，常每隔一定距离设置温度伸缩缝，以及在结构中设置温度钢筋等措施。

#### (二)荷载作用下的形变

**1.短期荷载作用下的变形**

混凝土是由水泥石、砂、石子等组成的不均匀复合材料，是一种弹性塑性体。混凝土受力后既会产生可以恢复的弹性形变，又会产生不可恢复的塑性变形。全部应变（$\varepsilon$）由弹性应变（$\varepsilon_e$）与塑性应变（$\varepsilon_p$）组成，如图3-14所示。

混凝土应力与应变曲线上任一点的$\sigma$与其应变$\varepsilon$的比值，称作混凝土在该应力下的变形模量。它反应了混凝土所受应力与所产生应变之间的关系，混凝土应力与应变之间的关系不是直线而是曲线，因此混凝土的变形模量不是定值。

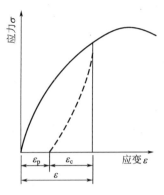

图 3-14　混凝土受力应力-应变

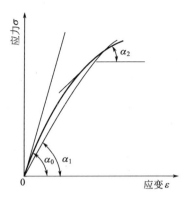

图 3-15　$\alpha_0$、$\alpha_1$、$\alpha_2$ 示意

根据《普通混凝土力学性能试验方法》（GB J50081）规定，采用 $150\mathrm{mm} \times 150\mathrm{mm} \times 300\mathrm{mm}$ 的棱柱体试件，取测定点的应力等于试件轴心抗压强度的 $40\%$，经 4 次以上反复加荷与卸荷后，所得的应力-应变曲线与初始切线大致平行时测得的变形模量值，即为该混凝土的弹性模量。混凝土变形模量有三种表示方法，即初始弹性模量 $E_0 = \tan\alpha_0$、割线弹性模量 $E_c = \tan\alpha_1$ 和切线弹性模量 $E_h = \tan\alpha_2$。$\alpha_0$、$\alpha_1$、$\alpha_2$ 表示如图 3-15 所示。在计算钢筋混凝土结构的变形、裂缝以及大体积混凝土的温度应力时，都需要混凝土弹性模量。

影响混凝土弹性模量的因素主要有混凝土的强度、骨料的性质以及养护等。混凝土的强度等级越高，弹性模量也越高。当混凝土的强度等级由 C15 增加到 C80 时，其弹性模量大致由 $2.20 \times 10^4 \mathrm{MPa}$ 增至 $3.80 \times 10^4 \mathrm{MPa}$；骨料的含量越多，混凝土的弹性模量也越高；混凝土的水灰比小，养护较好及龄期较长，混凝土的弹性模量也较大。

2. 长期荷载作用下的变形

混凝土在长期荷载作用下会产生徐变现象。混凝土在长期荷载作用下，随着时间的延长，沿着作用力的方向发生的变形，一般要延续 $2\sim3$ 年才逐渐趋向稳定。这种随时间而发展的变形性质，成为混凝土的徐变。混凝土无论是受压、受拉、受弯时，都会产生徐变。混凝土在长期荷载作用下，其变形与持荷时间的关系如图 3-16 所示。

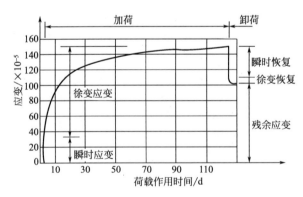

图 3-16　混凝土徐变曲线

当混凝土开始加荷时产生瞬时应变，随着荷载持续作用时间的延长，产生徐变变形。徐变变形初期增长较快，以后逐渐变慢，一般在延续 $2\sim3$ 年才稳定下来，最终徐变应变可达 $(3\sim15) \times 10^{-4}$，即 $0.3\sim1.5\mathrm{mm/m}$。当变形稳定以后卸荷，一部分变形瞬时恢复，其值小于在加荷瞬间产生的瞬时变形。在卸荷后的一段时间内，变形还会继续恢复，称为徐变恢

复。最后残留下来的不能恢复的应变，称为残余应变。

混凝土的徐变，一般认为是由于水泥石中的凝胶体在长期荷载作用下的黏性流动，并向毛细孔中移动的结果。在混凝土的较早龄期加荷，水泥尚未充分水化，所含凝胶体较多，且水泥石中毛细孔较多，凝胶体易于流动，所以徐变发展较快。随着水泥继续硬化，凝胶体含量相对减少，毛细孔亦少，徐变发展缓慢。

影响混凝土徐变的因素很多，混凝土水灰比较小或在水中养护时，徐变较小，同等水灰比的混凝土，其水泥用量越多，徐变越大；混凝土所用骨料的弹性模量较大时，徐变较小；所受应力越大，徐变也越大。

混凝土的徐变对混凝土结构物的影响有利也有弊。有利的是，徐变能消除混凝土内的应力集中，使应力较均匀地重新分布。对大体积混凝土，则能消除一部分由于温度变形所产生的破坏应力。但是，徐变会使结构的变形增加；在预应力钢筋混凝土结构中，徐变会使钢筋混凝土的预应力受到损失，从而降低结构的承载能力。

## 二、混凝土的耐久性

在建筑工程中，不仅要求混凝土具有足够的强度来安全地承受载荷，还要求混凝土具有与环境相适应的耐久性来延长建筑物的使用寿命。例如，受水压作用的混凝土，要求具有抗渗性；要与水接触并遭受冰冻作用的混凝土，要求具有抗冻性；处于侵蚀性环境中的混凝土，要求具有相应的抗侵蚀性等，因此，把混凝土抵抗环境介质作用并长期保持其良好的使用性能和外观完整性，从而维持混凝土结构的安全、正常使用的能力，称为耐久性。

混凝土的耐久性是一项综合技术指标，包括抗渗性、抗冻性、抗腐蚀性、抗碳化、抗碱骨料反应等。

### (一) 混凝土的抗渗性

混凝土的抗渗性是指混凝土抵抗液体（水、油等）渗透的能力。抗渗性是混凝土耐久性的一项重要指标。它直接影响混凝土抗冻性和抗腐蚀性。当混凝土的抗渗性较差时，不但容易渗水，而且由于水分渗入内部，当有冰冻作用或水中含腐蚀性介质时，混凝土易受到冰冻或腐蚀作用而破坏，对钢筋混凝土还可能引起钢筋的腐蚀以及保护层开裂和剥落。

混凝土的抗渗性用抗渗等级表示。抗渗等级是以 28d 龄期的标准混凝土抗渗试件，按照规定的实验方法，以不渗水时所受能承受的最大水压（MPa）确定，用代号 P 表示共有 P4、P6、P8、P10、P12 五个等级，分别表示能抵抗 0.4MPa、0.6MPa、0.8MPa、1.0MPa、1.2MPa 的静止水压力而不出现渗透现象。

混凝土渗水主要原因是由于内部的孔隙形成连通的渗水通道。这些孔道除产生于施工振捣不密实外，主要来源于水泥浆中多余水分蒸发留下的气孔、水泥浆泌水所形成的毛细孔以及粗骨料下部界面水富集所形成的孔穴。这些渗水通道的多少，主要与水灰比大小有关。因此，水灰比是影响抗渗性的主要因素之一。实验表明，随着水灰比的增大，抗渗性逐渐变差，当水灰比大于 0.6 时，抗渗性急剧下降。

提高混凝土抗渗性的重要措施有：提高混凝土密实度，改善混凝土孔隙结构，减少连通孔隙。这些可以通过降低水灰比、选择好的骨料级配、充分振捣和养护、渗加引气剂等方法来实现。

### (二) 混凝土的抗冻性

混凝土的抗冻性是指混凝土在水饱和状态下，能经受多次冻融循环作用而不破坏，同时不严重降低强度的性能。

混凝土的抗冻性用抗冻等级表示，抗冻等级是以 28d 龄期的混凝土标准试件，在浸水饱和状态下，进行冻融循环试验，以同时满足强度损失率不超过 25％，质量损失率不超过 5％

时最大循环次数来表示。混凝土的抗冻等级分为 F10，F15，F25，F50，F100，F150，F200，F250 和 F300 九个等级，分别表示混凝土能承受冻融循环次数不少于 10 次、15 次、25 次、50 次、100 次、150 次、200 次、250 次和 300 次。

混凝土受冻破坏的主要原因是由于混凝土内部孔隙中的水在负温下结冰，体积膨胀（水结成冰后体积膨胀约 8%左右）产生膨胀压力，当这种压力产生的内应力超过混凝土的极限抗拉强度时，混凝土就会产生裂缝，经多次冻融循环，裂缝不断扩展直至混凝土破坏。

混凝土的抗冻性与混凝土的密实程度、孔隙率和孔隙特征、孔的充水程度等因素有关。密实的或具有封闭孔隙的混凝土，抗冻性较好；水灰比越小，混凝土的密实度越高抗冻性也越高；在混凝土中加入引气剂或减水剂，能有效提高混凝土的抗冻性。

### (三) 混凝土的耐磨性

耐磨性是道路与桥梁工程用混凝土的最重要的性能之一。作为高级路面的水泥混凝土，必须具有抵抗车辆轮胎磨耗和磨光的性能。作为大型桥梁的墩台用混凝土，也需要具有抵抗湍流空蚀的能力。

混凝土的耐磨性评价，以试件磨损面上单位的磨损作为评定混凝土耐磨性的相对指标，按现行《公路工程水泥及水泥混凝土试验规程》(JTG E30—2005) 规定进行测试。

### (四) 混凝土的抗侵蚀性

混凝土的抗侵蚀性是指混凝土抵抗外界侵蚀性介质破坏作用的能力。通常有软水侵蚀、硫酸盐侵蚀、一般酸侵蚀和强碱侵蚀等。地下、码头、海底等混凝土工程易受环境介质侵蚀、其混凝土应有较高的抗侵蚀性。

混凝土的抗侵蚀性与所用的水泥品种、混凝土密实程度、孔隙特征等因素有关。密实性好的或具有封闭孔隙的混凝土，抗侵蚀性好。提高混凝土的抗侵蚀性应根据工程所处环境合理选择水泥品种，常用的水泥品种的选择详见学习情境三的内容。

### (五) 混凝土的碳化

混凝土的碳化是指混凝土中的 $Ca(OH)_2$ 与空气中 $CO_2$ 作用生成 $CaCO_3$ 和 $H_2O$ 的过程。混凝土碳化是 $CO_2$ 由表及里逐渐向混凝土内部扩散的过程。碳化引起水泥石化学组成及组织结构变化，降低了混凝土的碱度。对混凝土的强度和收缩均能产生影响。

影响碳化速度与混凝土的密实度、水泥品种、环境中 $CO_2$ 浓度及环境湿度等因素有关。当水灰比较小，混凝土较密实时，$CO_2$ 和水不易进入，碳化速度减慢；掺混合材的水泥碱度较低，碳化速度随混合材掺量的增多而加快（在常用水泥中，火山灰水泥碳化速度最快，普通硅酸盐水泥碳化速度最慢）；空气中 $CO_2$ 浓度高时，碳化速度快；在相对湿度为 50%～75%的环境中，碳化速度最快，相对湿度达 100%或相对湿度小于 25%时碳化作用停止。

碳化对混凝土的作用有利也有弊。由于水泥水化产生大量氢氧化钙，使钢筋处在碱性环境中而在表面生成一层钝化膜，保护钢筋不锈蚀。碳化使混凝土碱性降低，当碳化深度穿透混凝土保护层而达到钢筋表面时，钢筋钝化膜被破坏而发生锈蚀，锈蚀的钢筋体积膨胀，致使混凝土保护层开裂，开裂后的混凝土更有利于 $CO_2$ 和水的渗入，加剧了碳化的进行和钢筋的锈蚀，最后导致混凝土顺着钢筋开裂而破坏。另外，碳化作用会增加混凝土的收缩，引起混凝土表面产生拉应力而出现微细裂缝，从而降低混凝土的抗拉、抗折强度及抗渗能力。不过碳化产生的碳酸钙填充了水泥石的空隙，以及碳化时产生的水分有助于未水化水泥的继续水化，从而可提高混凝土的碳化层的密实度，这对提高混凝土抗压强度有利。如混凝土预制桩往往利用碳化作用来提高桩的表面硬度。但总的来说，碳化对混凝土是利多弊少，因此应设法提高混凝土的抗碳化能力。

在实际工程中，为减少或避免碳化作用，可根据钢筋混凝土所处环境下去选择合适的水泥品种、设置足够的混凝土保护层、减小水灰比、加强振捣密实、掺加外加剂、在混凝土表面涂刷保护层等措施。

### (六) 混凝土碱-骨料反应

碱-骨料反应是指水泥中的碱（$Na_2O$、$K_2O$）与骨料中的活性二氧化硅发生化学反应，在骨料表面生成复杂的碱-硅酸凝胶，其吸水后体积膨胀（体积可增加 3 倍以上），从而导致混凝土开裂而破坏的现象。

混凝土发生碱-骨料反应必须具备以下 3 个条件。

（1）水泥中碱含量高。水泥中碱含量按（$Na_2O+0.658K_2O$）计算大于 0.6%。

（2）砂、石骨料中含有活性二氧化硅成分。含活性二氧化硅的矿物有蛋白石、玉髓、鳞石英等。

（3）有水存在。在无水情况下，混凝土不可能发生碱-骨料反应。

在实际工程中，为抑制碱-骨料反应，常采取控制水泥总含碱量不超过 0.6%；选用非活性骨料；降低混凝土单位水泥用量，以降低混凝土含碱量；在混凝土中掺入火山灰质混合材，以减少膨胀值；防止水分浸入，设法使混凝土处于干燥状态等措施。

### (七) 提高混凝土耐久性的措施

混凝土所处的环境和使用条件不同，对其耐久性要求也不相同。提高混凝土耐久性常采取以下措施。

（1）合理选择水泥品种

水泥品种的选择应与工程结构所处环境条件相适应，可参照学习情境三的内容选用合适的水泥品种。

（2）控制混凝土的最大水灰比及最小水泥用量

在一定的工艺条件下，混凝土的密实度与水灰比有直接关系，与水泥用量有间接关系。所以混凝土中水泥用量和水灰比，不能仅满足于混凝土对强度的要求，还必须满足耐久性要求。《普通混凝土配合比设计规程》（JGJ 55—2011）对建筑工程所用混凝土的最大水灰比和最小水泥用量作了规定，见表 3-11。

**表 3-11　混凝土的最大水灰比和最小水泥用量**

| 环境条件 | | 结构类别 | 最大水灰比 | | | 最小水泥用量/kg | | |
|---|---|---|---|---|---|---|---|---|
| | | | 素混凝土 | 钢筋混凝土 | 预应力混凝土 | 素混凝土 | 钢筋混凝土 | 预应力混凝土 |
| 干燥环境 | | 正常居住或办公用房室内部件 | 不做规定 | 0.65 | 0.60 | 200 | 260 | 300 |
| 潮湿环境 | 无冻害 | 高湿度的室内部件,室外部件,在非侵蚀性土和(或)水中部件 | 0.70 | 0.60 | 0.60 | 225 | 280 | 300 |
| | 有冻害 | 经受冻害的食物部件在非侵蚀性土和(或)水中且经受冻害的部件,高湿度且经受冻害的室内部件 | 0.55 | 0.55 | 0.55 | 250 | 280 | 300 |
| 有冻害和除冰剂的潮湿环境 | | 经受冻害和除冰剂作用的室内和室外部件 | 0.50 | 0.50 | 0.50 | 300 | 300 | 300 |

（3）选用较好的砂、石骨料。尽可能选用级配良好、技术条件合格的砂、石骨料，在允许的最大粒径范围内，尽量选用较大粒径的粗骨料，以减少骨料的孔隙率和总表面积，节约水泥，提高混凝土的密实度和耐久性。

（4）掺加引气剂或减水剂，提高混凝土抗冻性、抗渗性。

（5）改善混凝土施工条件，保证施工质量。

### 📝 任务实施

#### 一、混凝土抗水渗透性检测

1.仪器设备

(1) 混凝土抗渗仪。应能使水压按规定的程度稳定地作用在试件上的装置。

(2) 加压装置。螺旋或其他形式,其压力以能把试件压入试件套内为宜。

2.试样制备

(1) 根据抗渗设备要求,制作抗渗试件,以6个为一组。

(2) 试件成型后24h拆模,用钢丝刷刷去两端面水泥浆膜,然后送入标准养护室养护。试件一般养护至28d龄期进行试验,如有特殊要求,可在其他龄期进行。

3.检测步骤

(1) 试件养护至试验前一天取出,将表面晾干,然后在其侧面涂一层熔化的密封材料,随即在螺旋或其他加压装置上,将试件压入经烘箱预热过的试件套中,稍冷却后,即可解除压力、连同试件套装在抗渗仪上进行试验。

(2) 试验从水压为0.1MPa开始。以后每隔8h增加水压0.1MPa,并且要随时注意观察试件端面的渗水情况。

(3) 当6个试件中有3个试件端面呈有渗水现象时,即可停止试验,记下当时的水压。

(4) 在试验过程中,如发现水从试件周边渗出,则应停止试验,重新密封。

4.结果评定

混凝土的抗渗标号以每组6个试件中4个试件未出现渗水时的最大水压力计算,其计算式为:

$$P = 10H - 1 \tag{3-22}$$

式中  $P$——抗渗标号;

$H$——6个试件中3个渗水时的水压力,MPa。

#### 二、混凝土抗冻性检测 (慢冻法)

1.仪器设备

(1) 冷冻箱(室)。装有试件后能使箱(室)内温度保持在 $-20 \sim -15$℃的范围以内。

(2) 融解水槽。装有试件后能使水温保持在 $15 \sim 20$℃的范围以内。

(3) 框篮。用钢筋焊成,其尺寸应与所装的试件相适应。

(4) 案秤。称量10kg,感量为5g。

(5) 压力试验机。精度至少为±2%,其量程应能使试件的预期破坏荷载值不小于全量程的20%,也不大于全量程的80%。试验机上、下压板及试件之间可各垫以钢垫板,钢垫板两承受压面均为机械加工。与试件接触的压板或垫板的尺寸应大于试件承压面,其不平度应为每100mm不超过0.02mm。

2.试样制备

(1) 慢冻法混凝土抗冻性能试验应采用立方体试件。试件的尺寸与制作方法同混凝土立方体抗压强度试验,每次试验所需的试件组数应符合表3-12的规定,每组试件应为3块。

(2) 如无特殊要求,试件应在28d龄期时进行冻融试验。试验前4d应把冻融试件从养护地点取出,进行外观检查,随后放在 $15 \sim 20$℃水中浸泡,浸泡时水面至少应高出试件顶面20mm,冻融试件浸泡4d后进行冻融试验。对比试件则应保留在标准养护室内,直到完成冻融循环后,与抗冻试件同时试压。

表 3-12　慢冻法试验所需的试件组数

| 设计抗冻标号 | F25 | F50 | F100 | F150 | F200 | F250 | F300 |
|---|---|---|---|---|---|---|---|
| 检查强度时的冻融循环次数 | 25 | 50 | 50～100 | 100～150 | 150～200 | 200～250 | 250～300 |
| 鉴定28d强度所需试件组数 | 1 | 1 | 1 | 1 | 1 | 1 | 1 |
| 冻融试件组数 | 1 | 2 | 2 | 2 | 2 | 2 | 2 |
| 对比试件组数 | 1 | 1 | 2 | 2 | 2 | 2 | 2 |
| 总计试件组数 | 3 | 3 | 5 | 5 | 5 | 5 | 5 |

3.检测步骤

（1）浸泡完毕后，取出试件，用布擦除表面水分、称重、按编号置入框篮后即可放入冷冻箱（室）开始冻融试验。在箱（室）内，框篮应架空，试件与框篮接触处应垫以垫条，并保证至少留20mm的空隙，框篮中各试件之间至少保持20mm的空隙。

（2）抗冻试验冻结时温度应保持在－20～－15℃。试件在箱内温度到达－2℃时放入，装完试件如温度有较大升高，则以温度重新降至－15℃时起算冻结时间。每次从装完试件到重新降至－15℃所需的时间不应超过2h。冷冻箱（室）内温度均以其中心处温度为准。

（3）每次循环中试件的冻结时间应按其尺寸而定，对 100mm×100mm×100mm 及 150mm×150mm×150mm 试件的冻结时间不应小于4h，对 200mm×200mm×200mm 试件不应小于6h。如果在冷冻箱（室）内同时进行不同规格尺寸试件的冻结试验，其冻结时间应按最大尺寸试件计。

（4）冻结试验结束后，试件即可取出并应立即放入能使水温保持在15～20℃的水槽中进行融化。此时，槽中水面应至少高出试件表面20mm，试件在水中融化的时间不应小于4h。融化完毕即为该次冻融循环结束，取出试件送入冷冻箱（室）进行下一次循环试验。

（5）应经常对冻融试件进行外观检查。发现有严重破坏时应进行称重，如试件的平均失重率超过5%，即可停止其冻融循环试验。

（6）混凝土试件达到表3-12规定的冻融循环次数后，即应进行抗压强度试验。抗压试验前应称重并进行外观检查，详细记录试件表面破损、裂缝及边缘缺损情况。如果试件表面破损严重，则应用石膏找平后再进行试压。

（7）在冻融过程中，如因故需中断试验，为避免失水和影响强度，应将冻融试件移入标准养护室保存，直至恢复冻融试验为止。此时应将故障原因及暂停时间在试验结果中注明。

4.结果整理

（1）混凝土冻融试验后应按式（3-23）计算其强度损失率。

$$\Delta f_c = \frac{f_{c0} - f_{cn}}{f_{c0}} \times 100\% \tag{3-23}$$

式中　$\Delta f_c$——n 次冻融循环后的混凝土强度损失率，以3个试件的平均值计算，%；

　　　$f_{c0}$——对比试件的抗压强度平均值，MPa；

　　　$f_{cn}$——经 n 次冻融循环后的3个试件抗压强度平均值，MPa。

（2）混凝土试件冻融后的重量损失率可按式（3-24）计算：

$$\Delta \omega_n = \frac{G_0 - G_n}{G_0} \times 100\% \tag{3-24}$$

式中　$\Delta \omega_n$——n 次冻融循环后的质量损失率，以3个试件的平均值计算，%；

　　　$G_0$——冻融循环试验前的试件质量，kg；

　　　$G_n$——n 次冻融循环后的试件质量，kg。

混凝土的抗冻标号，以同时满足强度损失率不超过20%，重量损失率不超过5%时的最大循环次数来表示。

# 任务五　普通混凝土的配制

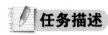

配制某办公楼现浇钢筋混凝土柱用混凝土。要求混凝土设计强度等级为 C30。施工采用机械拌合和振捣，选择的混凝土拌合物坍落度为 30～50mm。施工单位无混凝土强度统计资料。

**任务分析**

配制混凝土，主要是按照《普通混凝土配合比设计规程》（JGJ 55—2011）进行混凝土的配合比设计，即根据工程所需的水泥混凝土各项性能要求确定混凝土中各组成材料数量之间的比例关系。首先，根据原材料的性能和混凝土技术要求进行初步计算，得出初步计算配合比；再经过试验室试拌调整，得出基准配合比；然后，经过强度检验（如有抗渗、抗冻等其他性能要求，应进行相应的检验），定出满足设计和施工要求并比较经济的试验配合比。最后，根据现场砂、石的实际含水率，对试验室配合比进行调整，得出施工配合比。

**知识链接**

## 一、混凝土配合比表示方法

水泥混凝土配合比表示方法，有下列两种。

1. 单位用量表示法

以每立方米混凝土中各种材料的用量表示，例如：水泥 310kg，水 155kg，砂 750kg，石子 1116kg。

2. 相对用量表示法

以混凝土各项材料的质量比来表示（以水泥质量为1），例如：水泥：水：砂：石子＝1：0.5：2.4：3.6。

## 二、混凝土配合比设计的基本要求

配合比设计的任务，就是根据原材料的技术性能及施工条件，确定能满足工程要求的技术经济指标的各项组成材料的用量。其基本要求如下。

（1）满足施工条件所需要的和易性。

（2）满足混凝土结构设计的强度等级。

（3）满足工程所处环境和设计规定的耐久性。

（4）在满足上述要求的前提下，尽可能节约水泥，降低成本。

## 三、混凝土配合比设计的资料准备

在设计混凝土配合比之前，应掌握以下基本资料。

（1）了解工程设计所要求的混凝土强度等级和质量稳定性的强度标准差，以便确定混凝土配制强度。

（2）了解工程所处环境对混凝土耐久性的要求，以便确定所配制混凝土最大水灰比和最小水泥用量。

（3）了解结构构件断面尺寸及钢筋配置情况，以便确定混凝土骨料的最大粒径。

（4）了解混凝土施工方法及管理水平，以便选择混凝土拌合物坍落度及骨料最大粒径。

（5）掌握原材料的性能指标，包括水泥的品种、强度等级、密度；砂、石骨料的种类、表观密度、级配、最大粒径；拌和用水的水质情况；外加剂的品种、性能、掺量等。

### 四、混凝土配合比设计中的三个重要参数

混凝土配合比设计，实际上就是确定水泥、水、砂与石子四种基本组成材料用量之间的3个比例关系。即：水与水泥用量的比值（水灰比）；砂子质量占砂石总质量的百分率（砂率）；单位用水量。在配合比设计中正确地确定这三个参数，就能使混凝土满足配合比设计的四项基本要求。

水灰比是影响混凝土强度和耐久性的主要因素，其确定原则是在满足强度和耐久性要求前提下，尽量选择较大值，以节约水泥。砂率是影响混凝土拌合物和易性的重要指标，选用原则是在保证混凝土拌合物黏聚性和保水性的前提下，尽量取较小值。单位用水量是指 $1m^3$ 混凝土用水量，它反应混凝土拌合物中水泥浆与骨料之间的比例关系，其确定原则是在达到流动性要求的前提下取较小值。

### 五、混凝土配合比设计的步骤

#### (一) 初步配合比的计算

1. 确定配制强度 $f_{cu,0}$

考虑到实际施工条件与实验室条件的差别，为了保证混凝土能够达到设计要求的强度等级，在混凝土配合比设计时，必须使混凝土的配制强度高于设计强度等级。根据《普通混凝土配合比设计规程》（JGJ 55—2000）规定，配制强度 $f_{cu,0}$ 可按式（3-25）计算：

$$f_{cu,0} = f_{cu,k} + 1.645\sigma \qquad (3-25)$$

式中　$f_{cu,0}$——混凝土配制强度，MPa；

$f_{cu,k}$——混凝土设计强度等级，MPa；

$\sigma$——混凝土强度标准差，MPa。强度标准差 $\sigma$ 可根据施工单位以往的生产质量水平进行测算，如施工单位无历史统计资料时，可按表3-13选取。

**表 3-13　$\sigma$ 取值表**

| 项目　　混凝土强度等级 | <C20 | C20～C35 | >C35 |
|---|---|---|---|
| $\sigma$/MPa | 4.0 | 5.0 | 6.0 |

2. 初步确定水灰比（$W/C$）

根据已算出的混凝土配制强度（$f_{cu,0}$）及所用水泥的实际强度（$f_{ce}$）或水泥强度等级，按混凝土强度式（3-26）计算出所要求的水灰比值（混凝土强度等级小于C60级）：

$$\frac{m_w}{m_c} = \frac{\alpha_a f_{ce}}{f_{cu,0} + \alpha_a \alpha_b f_{ce}} \qquad (3-26)$$

式中　$f_{ce}$——水泥28d抗压强度实测值，MPa；

$\alpha_a$，$\alpha_b$——回归系数；应根据工程所用的水泥、集料，通过试验由建立的水灰比与混凝土强度关系式确定；当不具备上述试验统计资料时，可取碎石混凝土 $\alpha_a = 0.46$，$\alpha_b = 0.07$；卵石混凝土 $\alpha_a = 0.48$，$\alpha_b = 0.33$。

为了保证混凝土耐久性，计算出的水灰比不得大于表3-11中规定的最大水灰比值。如计算出的水灰比值大于规定的最大水灰比值，应取表中规定的最大水灰比进行设计。

3. 确定 $1m^3$ 混凝土的用水量（$m_{w0}$）

根据混凝土施工要求的坍落度及所用骨料的品种、最大粒径等因素，对干硬性混凝土用水量可参考表3-14选用；对塑性混凝土的用水量可参考表3-15选用。如果是流动性大或大

流动性混凝土，以表 3-15 中坍落度为 90mm 的用水量为基础，按坍落度每增大 20mm，用水量增加 5kg。如果混凝土掺加外加剂，其用水量按式(3-27) 计算：

$$m_{wa} = m_{w0}(1-\beta) \tag{3-27}$$

式中　$m_{wa}$——掺外加剂时混凝土的单位用水量，kg；

　　　　$m_{w0}$——未掺外加剂时混凝土的单位用水量，kg；

　　　　$\beta$——外加剂的减水率，应经试验确定。

**表 3-14　干硬性混凝土的单位用水量选用表**　　　　单位：kg/m³

| 维勃稠度/s | 卵石最大粒径 | | | 碎石最大粒径 | | |
| --- | --- | --- | --- | --- | --- | --- |
| | 10mm | 20mm | 40mm | 16mm | 20mm | 40mm |
| 16～20 | 175 | 160 | 145 | 180 | 170 | 155 |
| 11～15 | 180 | 165 | 150 | 185 | 175 | 160 |
| 5～10 | 185 | 170 | 155 | 190 | 180 | 165 |

**表 3-15　塑性混凝土的单位用水量选用表**　　　　单位：kg/m³

| 坍落度/mm | 卵石最大粒径 | | | | 碎石最大粒径 | | | |
| --- | --- | --- | --- | --- | --- | --- | --- | --- |
| | 10mm | 20mm | 31.5mm | 40mm | 16mm | 20mm | 31.5mm | 40mm |
| 10～30 | 190 | 170 | 160 | 150 | 200 | 185 | 175 | 165 |
| 35～50 | 200 | 180 | 170 | 160 | 210 | 195 | 185 | 175 |
| 55～70 | 210 | 190 | 180 | 170 | 220 | 205 | 195 | 185 |
| 75～90 | 215 | 195 | 185 | 175 | 230 | 215 | 205 | 195 |

注：1. 本表不宜用于水灰比小于 0.4 或大于 0.8 的混凝土。

2. 本表用水量系采用中砂时的平均值，若用细（粗）砂，每立方米混凝土用水量可增加（减少）5～10kg。

3. 掺用外加剂或掺合料时，用水量应作相应调整。

### 4. 确定 1m³ 混凝土用水量的水泥用量

根据确定出的水灰比和 1m³ 混凝土的用水量，可求出 1m³ 混凝土的水泥用量 （$m_{c0}$）；

$$m_{c0} = \frac{m_{w0}}{m_w/m_c} \tag{3-28}$$

为了保证混凝土的耐久性，由式(3-28)计算得出的水泥用量还要满足表 3-11 中规定的最小水泥用量的要求，如果算得的水泥用量小于表 3-11 规定的最小水泥量，应取表 3-11 规定的最小水泥用量。

### 5. 选取合理的砂率（$\beta_s$）

一般应通过试验找出合理的砂率。如无试验经验，可根据骨料种类、规格及混凝土的水灰比，参考表 3-16 选用合理砂率。

**表 3-16　混凝土砂率选用表**　　　　单位：%

| 水灰比 $m_w/m_c$ | 卵石最大粒径 | | | 碎石最大粒径 | | |
| --- | --- | --- | --- | --- | --- | --- |
| | 10mm | 20mm | 40mm | 10mm | 20mm | 40mm |
| 0.40 | 26～32 | 25～31 | 24～30 | 30～35 | 29～34 | 27～32 |
| 0.50 | 30～35 | 29～34 | 28～33 | 33～38 | 32～37 | 30～35 |
| 0.60 | 33～38 | 32～37 | 31～36 | 36～41 | 35～40 | 33～38 |
| 0.70 | 36～41 | 35～40 | 34～39 | 39～44 | 38～43 | 36～41 |

注：1. 本表适用于坍落度为 10～60mm 的混凝土。坍落度大于 60mm，应在上表的基础上，按坍落度每增大 20mm，砂率增大 1% 的幅度予以调整；坍落度小于 10mm 的混凝土，其砂率应经试验确定。

2. 本表数值系采用中砂时的选用砂率，若用细（粗）砂，可相应减少（增加）砂率。

3. 只用一个单粒级粗骨料配制的混凝土，砂率应适当增加。

4. 对薄壁构件砂率取偏大值。

6.计算 $1m^3$ 混凝土粗、细骨料的用量 $(m_{g0})$ 及 $(m_{s0})$

确定砂子、石子用量的方法很多,最常用的是假定表观密度法和绝对体积法。

(1) 假定用量法　如果混凝土所用原料的情况比较稳定,所配制混凝土的表观密度将接近一个固定值,这样就可以先假定 $1m^3$ 混凝土拌合物的表观密度。列出以下方程。

$$m_{c0} + m_{s0} + m_{g0} + m_{w0} = m_{cp} \tag{3-29}$$

$$\beta_s = \frac{m_{s0}}{m_{s0} + m_{g0}} \times 100\% \tag{3-30}$$

式中　$m_{c0}$,$m_{s0}$,$m_{g0}$,$m_{w0}$——$1m^3$ 混凝土中水泥、砂、石子、水的用量,kg;

$m_{cp}$——$1m^3$ 混凝土拌合物的假定质量,kg,可取 $2350 \sim 2450 kg/m^3$;

$\beta_s$——砂率,%。

(2) 绝对体积法　假定混凝土拌合物的体积等于各组成材料的绝对体积和拌合物中空气的体积之和。因此,在计算混凝土拌合物的各材料用量时,可列出式(3-31):

$$\frac{m_{c0}}{\rho_c} + \frac{m_{s0}}{\rho_s} + \frac{m_{g0}}{\rho_g} + \frac{m_{w0}}{\rho_w} + 0.01\alpha = 1 \tag{3-31}$$

式中　$\rho_c$,$\rho_s$,$\rho_g$,$\rho_w$——水泥的密度、砂的表观密度、石子的表观密度、水的密度,

$kg/m^3$,水泥的密度可取 $2900 \sim 3100 kg/m^3$;

$\alpha$——混凝土的含气量百分数,在不使用引气型外加剂时,可取 $\alpha = 1$。

联立求解式(3-30)、式(3-31) 或式(3-31)、式(3-32),即可求解出 $m_{g0}$ 和 $m_{s0}$。

通过以上六个步骤便可将混凝土中水泥、水、砂子和石子的用量全部求出,得到混凝土的初步配合比。

**(二) 确定基准配合比和实验室配合比**

混凝土的初步配合比是根据经验公式估算而得出的,不一定符合工程需要,必须通过实验进行配合比调整。配合比调整的目的有两个:一是使混凝土拌合物的和易性满足施工要求;二是使水灰比满足混凝土强度和耐久性的要求。

1.调整和易性,确定基准配合比

按初步配合比称取一定量原材料进行试拌。当所有骨料最大粒径 $D_{max} \leqslant 31.5mm$ 时,试配的最小拌和量为 15L。当 $D_{max} = 40mm$ 时,试配的最小拌和量为 25L。试拌时的搅拌方法应与生产时使用的方法相同。拌和均匀后,先测定拌合物的坍落度,并检验黏聚性和保水性。如果和易性不符合要求,应进行调整。调整的原则如下:若坍落度过大,应保持砂率不变,增加砂、石的用量;若坍落度过小,应保持水灰比不变,增加用水量及相应的水泥用量;如拌合物黏聚性和保水性不良,应适当增加砂率(保持砂、石总重量不变,提高砂用量,减少石子用量);如拌合物显得砂浆过多,应适当降低砂率(保持砂、石总重量不变,减少砂用量,增加石子用量)。每次调整后再试拌,评定其和易性,直到和易性满足设计要求为止,并记录好调整后各种材料用量,测定实际体积密度。

假定调整后混凝土拌合物的体积密度为 $\rho_{0h}(kg/m^3)$,调整和易性后的混凝土试样总质量为:

$$m_{Qb} = m_{cb} + m_{wb} + m_{sb} + m_{gb} \tag{3-32}$$

由此得出基准配合比 (调整和易性后 $1kg/m^3$ 混凝土中各材料用量):

$$m_{cj} = \frac{m_{cb}}{m_{Qb}} \rho_{0h} \quad (kg/m^3)$$

$$m_{wj} = \frac{m_{wb}}{m_{Qb}} \rho_{0h} \quad (kg/m^3)$$

$$m_{sj} = \frac{m_{sb}}{m_{Qb}} \rho_{0h} \quad (kg/m^3) \qquad (3\text{-}33)$$

$$m_{gj} = \frac{m_{gb}}{m_{Qb}} \rho_{0h} \quad (kg/m^3)$$

式中          $m_{Qb}$——调整和易性后的混凝土试样总质量，kg；

$m_{cb}$，$m_{wb}$，$m_{sb}$，$m_{gb}$——调整和易性后的混凝土试样中水泥、水、砂、石用量，kg；

$m_{cj}$，$m_{wj}$，$m_{sj}$，$m_{gj}$——调整和易性后，1m³混凝土中水泥、水砂、石用量，kg/m³。

2.检验强度和耐久性，确定实验室配合比

经过和易性调整后得到的基准配合比，其水灰比选择不一定恰当，即混凝土强度和耐久性有可能不符合要求，应检验强度和耐久性。强度检验一般采用 3 组不同的水灰比，其中一组为基准配合比中的水灰比，另外两组配合比的水灰比值，应较基准配合比中的水灰比值分别增加和减少 0.05，其用水量应与基准配合比相同，砂率值可分别适当增加或减少，调整好和易性，测定其体积密度，制作 3 个水灰比下的混凝土标准试块，并经标准养护 28d，进行抗压试验（如对混凝土还有抗渗、抗冻等耐久性要求，还应增加相应的项目试验）。由试验所测得的混凝土强度与相应的水灰比作图，求出与混凝土配制强度相对应的水灰比，并按以下原则确定 1m³ 混凝土拌合物的各材料用量，及实验室配合比。

（1）用水量（$m_w$）应在基准配合比用水量的基础上，根据制作强度试件时测的坍落度或维勃稠度进行调整确定。

（2）水泥用量（$m_c$）应以用水量乘以选定出来的灰水比计算确定。

（3）粗、细骨料用量（$m_s$，$m_g$）应在基准配合比的粗、细骨料用量基础上，按选定的灰水比进行调整后确定。

经试配确定配合比后，还应按下列步骤进行校正（$\rho_{c,c}$）

$$\rho_{c,c} = m_c + m_w + m_s + m_g \qquad (3\text{-}34)$$

再按下式计算混凝土配合比校正系数 $\delta$：

$$\delta = \frac{\rho_{c,s}}{\rho_{c,c}} \qquad (3\text{-}35)$$

式中    $\rho_{c,s}$——混凝土体积密度实测值，kg/m³；

       $\rho_{c,c}$——混凝土体积密度计算值，kg/m³。

当混凝土体积密度实测值与计算值之差的绝对值不超过计算值的 2% 时，按以前的配合比即为确定的实验室配合比；当两者之差超过 2% 时，应将配合比中每项材料用量乘以校正系数 $\delta$，即为实验室配合比。

根据本单位常用的材料，可设计出常用的混凝土配合比备用。在使用过程中，应根据原材料情况及混凝土质量检验的结果予以调整。但遇有下列情况之一时，应重新进行配合比设计。

① 对混凝土性能指标有特殊要求时。

② 水泥、外加剂或矿物掺合料品种、质量有显著变化时。

③ 该配合比的生产间断半年以上时。

3.确定施工配合比

以上混凝土配合比是以干燥骨料为基准得出的，而工地存放的砂石一般都含有水分。假定现场砂、石子的含水率分别为 $a\%$ 和 $b\%$，则施工配合比中 1m³ 混凝土的各组成材料用量如下。

水泥用量：$m'_c = m_c$

砂用量：$m'_s = m_s(1 + a\%)$

石子用量：$m'_g = m_g(1 + b\%)$

用水量：$m'_w = m_w - m_s a\% - m_g b\%$

## 六、掺减水剂混凝土配合比设计

混凝土掺减水剂而不需要减水和减水泥时，其配合比设计的方法与步骤与不掺减水剂时完全相同，但当掺减水剂后需要减水或同时又需要减少水泥用量时，则其计算方法有所不同。掺减水剂混凝土配合比设计的计算原则和步骤如下。

（1）首先按《普通混凝土配合比设计规程》计算出不掺外加剂的混凝土的配合比。

（2）在不掺外加剂的混凝土的配合比用水量和水泥用量的基础上，进行减水和减水泥，然后算出减水和减水泥后的每立方米混凝土的实际水和水泥用量。

（3）混凝土配合比中减水和减水泥后，这时相应增加砂、石骨料用量。计算砂、石用量仍可按体积法或重量法求得。

（4）计算 $1m^3$ 混凝土中减水剂的掺量，以占水泥重的百分比计。

（5）混凝土试拌及调整。最后即可得出正式配合比。

在设计掺减水剂混凝土的配合比时，应注意以下几点。

① 当掺用减水剂以期达到提高混凝土的强度时，不能仅仅减水而不改动砂、石骨料，而应既减水又必须增加砂、石用量，否则将造成混凝土亏方（混凝土体积减少）。

② 当掺用减水剂以期改善混凝土拌合物的和易性时，应适当增大砂率，以免引起拌合物的保水性和黏聚性变差。

③ 当掺用减水剂以达到节省水泥时，必须注意减水泥后 $1m^3$ 混凝土中的水泥用量不得低于 GB 50204—2002 中规定的最低水泥用量值。

## 七、水泥混凝土配合比设计实例

**【例 3-1】**　某框架结构工程现浇室内钢筋混凝土梁，混凝土设计强度等级为 C30。施工采用机械拌和和振捣，选择的混凝土拌合物坍落度为 35～50mm。施工单位无混凝土强度统计资料。所用原材料如下。

水泥：普通水泥，强度等级 42.5MPa，实测 28d 抗压强度 45.9MPa，密度 $\rho_c = 3.0\text{g/cm}^3$。

砂：中砂，级配 2 区合格，表观密度 $\rho_s = 2.65\text{g/cm}^3$。

石子：碎石，5～31.5mm，表观密度 $\rho_g = 2.70\text{g/cm}^3$。

水：自来水，密度 $\rho_w = 1.00\text{g/cm}^3$。

外加剂：FDN 非引气高效减水剂（粉剂），适宜掺量 0.5%。

试求以下内容。

① 混凝土基准配合比。

② 混凝土掺加 FDN 减水剂的目的是为了既要使混凝土拌合物和易性有所改善，又要能节约一些水泥用量，故决定减水 8%，减水泥 5%，求此掺减水剂混凝土的配合比。

③ 经试配制混凝土的和易性和强度均符合要求，无需作调整。又知现场砂子的含水率为 3%，石子含水率为 1%，试计算混凝土施工配合比。

**解**　（一）求混凝土基准配合比

1.计算混凝土的配制强度 $f_{cu,0}$。

根据题意可得：$f_{cu,k} = 30.0\text{MPa}$，查表 3-24 取 $\sigma = 5.0\text{MPa}$，则

$$f_{cu,0} = f_{cu,k} + 1.645\sigma = 30.0 + 1.645 \times 5.0 = 38.23 \text{（MPa）}$$

2.确定混凝土水灰比 $m_w/m_c$

(1) 按强度要求计算

根据题意可得：$f_{ce}=45.9MPa$，$\alpha_a=0.46$，$\alpha_b=0.07$，则：

$$\frac{m_w}{m_c}=\frac{\alpha_a f_{ce}}{f_{cu,0}+\alpha_a \alpha_b f_{ce}}=\frac{0.46\times45.9}{38.23+0.46\times0.07\times45.9}=0.53$$

(2) 复核耐久性：由于框架结构混凝土梁处于干燥环境，经复核，耐久性合格，可取水灰比值为 0.53。

3.确定用水量 $m_{w0}$

根据题意，骨料为中砂，碎石，最大粒径为 31.5mm，查表取 $m_w=185kg$。

4.计算水泥用量 $m_{c0}$

(1) 计算：

$$m_{c0}=\frac{m_{w0}}{m_w/m_c}=\frac{185}{0.53}=349\ (kg)$$

(2) 复核耐久性：经复核，耐久性合格。

5.确定砂率 $\beta_s$

根据题意，采用中砂、碎石（最大粒径 31.5mm）、水灰比 0.53，查表 3-24 取 $\beta_s=35\%$。

6.计算砂、石子用量 $m_{s0}$、$m_{g0}$

体积法如下。

将数据代入体积法的计算公式，取 $\alpha=1$，可得：

$$\begin{cases}\dfrac{m_{s0}}{2650}+\dfrac{m_{g0}}{2700}=1-\dfrac{349}{3000}-\dfrac{185}{1000}-0.01\\[3mm]\dfrac{m_{s0}}{m_{s0}+m_{g0}}\times100\%=35\%\end{cases}$$

解方程组，可得 $m_{s0}=644kg$、$m_{g0}=1198kg$。

7.计算基准配合比

$$m_{c0}:m_{s0}:m_{g0}=185:644:1198=1:1.85:3.43,\ m_w/m_c=0.53$$

(二) 计算掺减水剂混凝土的配合比

设 $1m^3$ 掺减水剂混凝土中的水泥、水、砂、石、减水剂的用量分别为 $m_c$、$m_w$、$m_s$、$m_g$、$m_j$，则其各材料用量应为：

水泥：$m_c=349\times(1-5\%)=332\ (kg)$

水：$m_w=185\times(1-8\%)=170\ (kg)$

砂、石：用体积法计算，即

$$\begin{cases}\dfrac{332}{3.0}+\dfrac{170}{1.0}+\dfrac{m_s}{2.65}+\dfrac{m_g}{2.70}+10\times1=1000\\[3mm]\dfrac{m_{s0}}{m_{s0}+m_{g0}}\times100\%=35\%\end{cases}$$

解此联立方程，则得：$m_s=664kg$，$m_g=1233kg$

减水剂 FDN：$m_j=332\times0.5\%=1.66\ (kg)$

(三) 换算成施工配合比

设施工配合比 $1m^3$ 掺减水剂混凝土中的水泥、水、砂、石、减水剂的用量分别为 $m_c'$、$m_w'$、$m_s'$、$m_g'$、$m_j'$，则其各材料用量应为：

$m_c'=m_c=332\ (kg)$

$m_s'=m_s\times(1+a\%)=664\times(1+3\%)=684\ (kg)$

$m_g'=m_g\times(1+b\%)=1233\times(1+1\%)=1245\ (kg)$

$m_j'=m_j=1.66\ (kg)$

$$m'_w = m_w - m_s \times a\% - m_g \times b\% = 170 - 664 \times 3\% - 1233 \times 1\% = 138 \text{ (kg)}$$

## 任务实施

### 配制某办公楼现浇钢筋混凝土柱用混凝土

原始资料：混凝土设计强度等级为 C30。施工采用机械拌和和振捣，选择的混凝土拌合物坍落度为 30～50mm。施工单位无混凝土强度统计资料。

1. 材料准备

（1）普通水泥。学习情境三任务二水泥性能检测用水泥。强度、密度等指标见检测结果。

（2）砂。学习情境一任务实施所用砂。砂的表观密度、细度、级配情况以及含水率见检测结果。

（3）石子。学习情境一任务实施所用石。石的表观密度、最大粒径、级配情况以及含水率见检测结果。

（4）水。自来水，密度为 1.00g/cm³。

2. 仪器设备

（1）搅拌机。容量 50～100L，转速 18～22r/min。

（2）磅秤。称量 100kg，感量 50g。

（3）托盘天平。称量 1000g，感量 0.5g，称量 5000g，感量 1g 各一台。

（4）量筒。1000mL。

（5）拌板。1.5m×2m 左右，拌后不小于 3mm。

（6）其他：钢抹子、铁锹、坍落度筒、刮尺和钢板尺等。

3. 混凝土配合比设计

参见【例 3-1】。

4. 混凝土的配制

（1）一般规定

① 试验室制备混凝土拌合物时，所用的原材料应符合技术要求，并与施工实际用料相同，拌和用的原材料应提前运入室内，使材料的温度与室温相同（应保持 20℃±5℃）。水泥如有结块，需用 0.9mm 筛孔将结块筛除，并仔细搅拌均匀装袋待用。

② 试验室拌制混凝土时，材料用量以质量计，称量的精确度：集料为 ±1%；水、水泥和外加剂均为 ±0.5%。

③ 拌制混凝土所用的各项用具（如搅拌机、拌和钢板和铁锹等），应预先用水湿润。测定时需配置拌合物约 15L。

（2）按混凝土计算配合比确定的各材料用量进行称量，然后进行拌和及稠度检测，已检定拌合物的性能。拌和可采用人工拌和或机械拌和。

① 人工拌和

a. 在拌和前先将钢板、铁锹等工具洗刷干净保持湿润。将称好的砂、水泥倒在钢板上，先用铁锹翻拌至颜色均匀，再放入称好的石子与之拌匀，至少翻拌 3 次，然后堆成锥形。

b. 将中间扒开一凹坑，加入拌和用水（外加剂一般随水一同加入），小心拌和，至少翻拌六次，每翻拌一次后，应用铁锹在全部拌合物面上压切一次。

c. 拌和时间从加水完毕时算起，应大致符合下列规定：拌合物体积为 30L 以下时 4～5min；拌合物体积为 30～50L 时 5～9min；拌合物体积为 50～75L 时 9～12min。

② 机械拌和

a. 在机械拌和混凝土时应在拌和混凝土前预先拌适量的混凝土进行挂浆（与正式配合比相同），避免在正式拌和时水泥浆的损失，挂浆多余的混凝土倒在拌和钢板上，使钢板也粘有一层砂浆，一次拌和量不宜少于搅拌机容积的 20%。

b. 将称好的石子、水泥、砂按顺序倒入机内，干拌均匀，然后将水徐徐加入机内一起拌和 1.5～2min。

5. 和易性的调整

（1）在按初步计算原料用量的同时，另外还需备好两份调整坍落度用的水泥与水，备用的水泥与水的比例应符合原定的水灰比，其用量各为原来计算用量的 5% 和 10%。

（2）若测得拌合物的坍落度达不到要求，或黏聚性、保水性认为不满意时，可掺入备用的 5% 或 10% 的水泥和水；但坍落度过大时，可酌情增加砂和石子的质量，尽快拌和均匀，重做坍落度测定。直到符合要求为止。从而得出检验混凝土用的基准配合比。

6. 试件的制作

以混凝土基准配合比中的基准 $W/C$ 和基准 $(W/C)\pm 0.5$，配制三组不同的配合比，其用水量不变，砂率可增加或减少 1%。制备好拌合物，应先检验混凝土的稠度、黏聚性、保水性及拌合物的表观密度，然后每种配合比制作一组（3 块）试件，标养 28d 试压。

7. 混凝土配合比的确定

（1）根据试验所得到的不同 $W/C$ 的混凝土强度，用作图或计算求出与配制强度相对应的灰水比值，并初步求出每立方米混凝土的材料用量。

用水量（$m_w$）——取基准配合比中的用水值，并根据制作强度试件时的坍落度（或维勃稠度）值，加以适当调整。

水泥用量（$m_c$）——取用水量除以经试验定出的、为达到配制强度所必需的 $W/C$。

粗、细骨料用量（$m_g$ 与 $m_s$）——取基准配合比中粗、细骨料用量，并作适当调整。

（2）配合比表观密度校正。混凝土计算表观密度为 $\rho_{co}$ 计（$\rho_{co计}=m_w+m_c+m_s+m_g$），实测表观密度为 $\rho_{co测}$，则校正系数 $\delta$ 为：

$$\delta=\rho_{co测}/\rho_{oc计}$$

当表观密度的实测值与计算值之差不超过计算值的 2% 时，不必校正，则上述确定的配合比即为配合比的设计值。当两者差值超过 2% 时，则须将配合比中每项材料用量均乘以校下系数 $\delta$，即为最终定出的混凝土配合比设计值。

### 📝 知识拓展

## 一、高强混凝土

高强混凝土（HSC）是指强度等级为 C60 及 C60 以上的混凝土。

高强混凝土的特点是强度高、耐久性好，能适应现代工程结构向大跨度、重载、高层发展和承受恶劣环境条件的需要。使用高强混凝土可获得明显的工程效益和经济效益。高效减水剂及超细掺合料的使用，使在普通施工条件下制得的高强度混凝土成为可能。但高强混凝土的脆性比普通混凝土大，强度的拉压比低。

配制高强混凝土时，应选用质量稳定、强度等级不低于 42.5 级的硅酸盐水凝或普通硅酸盐水泥，水泥用量不应大于 550kg/m³，水泥和矿物掺合料的总量不应大于 600kg/m³。应掺用活性较好的矿物掺合料，且宜复合使用矿物掺合料。掺加的高效减水剂或缓凝高效减水剂应有较高的减水率。对强度等级为 C60 级的混凝土，其粗骨料的最大粒径不应大于 25mm，其中，针、片状颗粒含量不宜大于 5.0%，含泥量不应大于 0.5%，泥块含量不宜大于 0.2%，其他质量指标应符合现《建设用碎石、卵石》（GB/T 14685—2011）的规定；细骨料的细度模数宜大于 2.6，含泥量不应大于 2.0%，泥块含量不应大于 0.5%，其他质量指标也应符合现行标准的规定。

高强混凝土配合比的计算方法和步骤可按《普通混凝土配合比设计规程》(JGJ 55—2011)的有关规定进行。

## 二、高性能混凝土

随着现在工程结构的高度、跨度和体积不断增加，结构越来越复杂，使用的环境条件日益严酷，工程建设对混凝土性能的要求越来越高，使用寿命要求越来越长。近年来，为了适应土木工程的发展，人们对高性能混凝土（HPC）给予了越来越多的关注。

Mehta 和 Aitcin 于 1990 年首先提出了 HPC 的概念，并将具有高工作性、高强度和高耐久性的混凝土定义为高性能混凝土。ACI 于 1998 年提出了 HPC 的定义是：能同时满足性能和通过传统的组成材料、拌和工艺、浇注和养护而达到的特殊要求的混凝土。因此，HPC 应具有满足特殊应用和环境的某些特定，如易于浇注，不离析，早强、密实、长期强度和力学性能高，渗透性和水化热性低，韧性和体积稳定性好、寿命长等。

中国土木工程学会标准《混凝土结构耐久性设计与施工指南》(CCES01—2004)（2005年修订版）对 HPC 的定义是：以耐久性为基本要求并满足工程其他特殊性能和匀质性要求、用常规材料和常规工艺制造的水泥基混凝土。这种混凝土在配合比上的特点掺加合格的矿物掺合料和高效减水剂，取用较低的水胶比和较少的水泥用量，并在制作上通过严格的质量控制，使其达到良好的工作性、均匀性、密实性和体积稳定性。

由此可见我国土木工程学会标准对 HPC 的定义中，强调了高工作性、高耐久性及高体积稳定性才是 HPC 的基本特性，而非高性能混凝土一定要求其高强。

高性能混凝土的组成材料具有水胶比较低、胶凝材料用量少、掺加活性混合材等特点。HPC 使用的水泥基材料总量一般不超过 $400kg/m^3$，其中粉煤灰或磨细矿渣粉的掺量可达 $30\%\sim40\%$。为了同时满足低水胶比、少胶凝材料用量及高工作性能要求，HPC 配制时均需使用高效减水剂。

HPC 具有如下特性及应用。

(1) 自密实性　HPC 用水量较低，但由于使用了高效减水剂，并掺加适量的活性混合材，流动性好，抗离析性高，具有优异的填充密实性。因此，HPC 适用于结构复杂、用普通振捣密实方法施工难以进行的混凝土结构工程。

(2) 体积稳定性　HPC 针对工程对混凝土变形能力的具体要求，可通过优选适宜的原材料（包括骨料、水泥、混合材、外加剂），优化施工工艺，提高其体积稳定性和抗裂能力。

(3) 水化热　由于使用了大量的火山灰质矿物掺合料，HPC 的水化热低于 HSC，这对大体积混凝土结构非常有利。

(4) 抗渗性　掺加了活性混合材的 HPC 渗透性低，特别是 $Cl^-$ 的渗透性较普通混凝土大幅度降低。掺加 $7\%\sim10\%$ 的硅灰、偏高岭土或稻壳灰后，HPC 的渗透性（特别是 $Cl^-$ 的渗透性）更低。因此，HPC 特别适用于抗渗性要求高的水工或海工混凝土结构工程。

(5) 耐久性　现代许多复杂的混凝土结构设计寿命长达 $100\sim200$ 年，要求混凝土暴露在侵蚀性环境中工作时不允许出现裂缝，在相当长的时间内应具有极高的抗渗性。HPC 适应变形能力好，抗裂性高，抗侵蚀能力强，使用寿命长。因此，HPC 可用于海上钻井平台、大跨桥梁、高速公路桥面板等高耐久、长寿命要求的工程。

## 三、流态混凝土

流态混凝土（亦称大流动性混凝土）是指混凝土拌合物坍落度大于或等于 160mm，呈现高度流动状态的混凝土，可自动流满模板并呈密实状态，因此也称自流密实混凝土。其主要应用于不便振捣施工、用普通塑性混凝土难于浇筑密实的部位，流态混凝土适用于浇筑钢筋特别密、形状复杂、截面窄小的料仓壁，高层建筑的剪力墙，安装机械设备的预留孔，隧道衬砌的封顶部位或水下混凝土等。

配制流态混凝土，必须在拌合物中加入复合的高效塑化剂。由于高效塑化剂具有高减水作用，可使混凝土在低水灰比情况下大大提高混凝土流动性，因而混凝土强度和耐久性并不会降低。

为了避免流态混凝土施工过程中产生离析及分层现象，粗骨料最大粒径不宜大于40mm。在配合比设计中应适当加大砂率值，且砂中应含有一定量的细颗粒，必要时可掺加一定数量的粉煤灰，水泥与小于0.315mm的细骨料颗粒的总和不宜小于400kg/m³。与此同时，选择合适的复合型高效塑化剂改善大流动性混凝土的黏聚性。

### 四、碾压式水泥混凝土

碾压式水泥混凝土是以级配集料和较低的水泥用量与用水量以及掺合料和外加剂等组成的超干硬性混凝土拌合物，经振动压路机等机械碾压密实而形成的一种混凝土。这种泳坛铺筑成的路面具有强度高、干缩小、密度大、耐久性好等技术性能，同时带来节约水泥、提高工效、提早通车和降低投资的经济效益。

1. 材料组成

（1）水泥　在路面碾压混凝土中应选用弯拉强度高、凝结时间稍长、强度发展快、干缩性小及耐磨性好的水泥。矿渣水泥和含火山灰质材料的普通水泥不宜用于高等级公路碾压混凝土路面。

（2）粗、细集料　粗、细集料的技术性能应符合路面普通混凝土对粗、细集料的有关要求。粗集料的最大粒径一般不宜大于19.0mm。砂率宜为35%～40%，级配符合表3-17的要求。

表 3-17　路面碾压式混凝土粗、细集料合成级配适宜范围

| 筛孔尺寸/mm<br>项目 | 19.0 | 9.50 | 4.75 | 2.36 | 1.18 | 0.60 | 0.30 | 0.15 |
|---|---|---|---|---|---|---|---|---|
| 通过百分率范围/% | 90～100 | 50～70 | 35～47 | 25～38 | 18～30 | 10～23 | 5～15 | 3～10 |

（3）掺合料　粉煤灰作为掺合料。当碾压混凝土用作道路基层或做复合式路面底层时，可使用Ⅲ级以上的煤灰，不宜使用等外灰。当碾压混凝土用作路面时，应使用Ⅰ、Ⅱ级粉煤灰，不得使用Ⅲ级粉煤灰。

（4）外加剂　为改善混凝土和易性及有足够的碾压时间，可掺加缓凝型减水剂。

2. 技术性能

（1）强度高　碾压混凝土的矿质混合料组成为连续密级配，经过振动压路机和轮胎压路机等的碾压，使各种集料排列为骨架密实结构，因而具有较高的强度，特别是早期强度提高明显。

（2）干缩率小　碾压混凝土由于其组成材料配合比的改进，使拌合物具有优良的级配和很低的含水率，这种拌合物在碾压机械的作用下，才有可能使矿质集料形成包裹一层很薄水泥浆而又互相靠拢的骨架。国为水泥浆的干缩率比集料大得多，所以碾压混凝土的干缩率也大大减小。

（3）耐久性好　由于在形成这种密实结构的过程中，拌合物中的空气被碾压机械所排出，所以在碾压式混凝土中的孔隙率在为降低，这样抗水性、抗渗性和抗生素冻性等耐久性指标都有了提高。

3. 工程应用

碾压式混凝土主要用于大坝、道路及机场路面混凝土等工程中，若应用于水泥混凝土路

面，可以做成一层式或两层式；亦可作为底层，面层采用沥青混凝土为抗滑、磨耗层。

## 五、大体积混凝土

大体积混凝土是指混凝土结构物实体的最小尺寸等于或大于 1m，或预计会因水泥水化热引起混凝土的内外温差过大而导致裂缝的混凝土。

为了减少由于水化热引起的温度应力，大体积混凝土配合比设计时，应选用水化热低和凝结时间长的水泥，如低热矿渣硅酸盐水泥、中热硅酸盐水泥、掺混合材的水泥等。当采用硅酸盐水泥或普通硅酸盐水泥时，应采取相应措施延缓水泥水化热的释放。大体积混凝土应掺用缓凝剂、缓凝型减水剂和能减少水泥水化热的掺合料。粗骨料宜采用连续级配，细骨料宜采用中砂。在保证混凝土强度及坍落度要求的前提下，应提高掺合料及骨料的用量，尽可能降低水泥用量。大体积混凝土配合比计算及试配步骤按《普通混凝土配合比设计规程》（JGJ 55—2011）的规定进行，并宜在配合比确定后进行水化热的验算和测定。

大型水坝、桥墩、高层建筑的基础等工程所用的混凝土，应按大体积混凝土设计和施工。

## 六、纤维混凝土

纤维混凝土是以混凝土为基础，掺入各种纤维材料拌制而成的水泥基复合材料。纤维可分为两类：一类为高弹性模量的纤维，如玻璃纤维、钢纤维和碳纤维等；另一类为低弹性模量的纤维，如尼龙、聚丙烯、人造丝以及植物纤维等。实际工程中常用的纤维混凝土有：钢纤维混凝土、玻璃纤维混凝土、聚丙烯纤维混凝土及石棉水泥制品等。

### (一)钢纤维混凝土

钢纤维的外形为长直形圆截面，有 SF-20、SF-25、SF-30、SF-35 四种型号，其规格尺寸见表 3-18。

表 3-18　钢纤维产品规格尺寸参数（JT/T 524—2004）　　　单位：mm

| 型　　号 | 规格长度 | 等效直径 | 长径比 |
| --- | --- | --- | --- |
| SF-20 | 20 | 0.4～0.5 | 40～50 |
| SF-25 | 25 | 0.4～0.5 | 50～60 |
| SF-30 | 30 | 0.5～0.6 | 50～60 |
| SF-35 | 35 | 0.5～0.7 | 50～60 |

钢纤维掺量以体积率表示，一般为 0.5%～2%。

钢纤维混凝土的物理力学性能明显优于素混凝土。试验表明，钢纤维混凝土抗压强度可提高 15%～25%，抗拉强度可提高 30%～50%，抗弯强度可提高 50%～100%，韧性可提高 10～50 倍，抗冲击强度可提高 2～9 倍。耐磨性、耐疲劳性等指标也有明显增加。

钢纤维混凝土广泛应用于道路工程、机场地坪及跑道、防爆及防震结构，以及要求抗裂、抗冲刷和抗侵蚀的水利工程、地下洞室的衬砌、建筑物的维修，并可用作预制构件等。施工方法除普通的浇筑法外，还可用泵送灌注法、喷射法。

### (二)聚丙烯纤维混凝土及碳纤维增强混凝土

聚丙烯纤维（又称丙纶纤维），纤维长度 10～100mm 为宜，通常掺入量为 0.40%～0.45%（体积比）。聚丙烯纤维的弹性模量仅为普通混凝土的 1/4，对混凝土增强效果并不显著，但可显著提高混凝土的抗冲击能力和疲劳强度。

碳纤维是由石油沥青或合成高分子材料经氧化、碳化等工艺生产出的。碳纤维属高强度、高弹性模量的纤维，作为一种新材料，广泛应用于国防、航天、造船、机械工业等尖端工程，碳纤维增强水泥混凝土具有高强、高抗裂、高抗冲击韧性、高耐磨等多种优越性能。

在飞机场跑道等工程中应用碳纤维获得了很好的效果。然而碳纤维成本高，推广应用受到限制。

### (三) 玻璃纤维混凝土

普通玻璃易受水泥中碱性物质的腐蚀，不能用于配制玻璃纤维混凝土。因此，玻璃纤维混凝土是采用抗碱玻璃纤维和低碱水泥配制而成的。

抗碱玻璃纤维是由含一定量氧化铝的玻璃制成的。国产抗碱玻璃纤维有无捻粗纱和网格布两种形式。无捻粗纱可切割成任意长度的短纤维单丝，其直径为 0.012～0.014mm，掺入纤维体积率为 2%～5%。与水泥浆拌和后可浇筑成混凝土构件，也可用喷射法成型；网格布可用铺网喷浆法施工，纤维体积率为 2%～3%。

玻璃纤维混凝土的抗冲击性、耐热性、抗裂性等都十分优越。但耐久性有待进一步考察。故现阶段主要用于非承重结构或次要承重结构，如屋面瓦、顶棚、下水道管、渡槽、粮仓等。

## 七、滑模混凝土

滑模混凝土是采用滑模摊铺机摊铺的，满足摊铺工作性，强度及耐久性等要求的较低塑性水泥混凝土材料。

1. 原材料技术要求

(1) 水泥　特重、重交通水泥混凝土路面采用旋窑生产的道路硅酸盐水泥、硅酸盐水泥或普遍硅酸盐水泥。中、轻交通的路面，可采取旋窑生产的矿渣硅酸盐水泥，冬季施工、有快速通车要求的路段可采用快硬早强 R 型水泥，一般情况宜采用普通型水泥。

在高速公路、一级公路水泥混凝土路面使用掺有 10% 以内活性混合材料的道路硅酸盐水泥和掺有 6%～15% 活性混合材料或 10% 非活性混合材料的普通硅酸盐水泥时，不得再掺有山灰、煤矸石、窑灰和黏土四种混合材料。路面有抗盐冻要求时，不宜使用掺有 5% 石灰石粉的 Ⅱ 型硅酸盐水泥和普通水泥。

滑模混凝土使用的水泥宜采用散装水泥，其水泥的各项品质必须合格。

(2) 粉煤灰　滑模混凝土可掺入规定的电厂收尘的 Ⅰ、Ⅱ 级干排或磨细粉煤灰，但宜采用散装干粉煤灰。

(3) 粗集料　粗集料可使用碎石、破碎砾石和砾石。砾石最大粒径不得大于 19mm，破碎砾石和碎石最大粒径不得大于 31.5mm，超径和逊径含量均不得大于 5%，粒径小于 0.15mm 的石粉含量不得大于 1%。

粗集料的级配应符合规范的要求，质地坚硬、耐久、洁净。

(4) 细集料　细集料采用质地坚硬、耐久、洁净的河砂、机制砂、沉积砂和山砂，宜控制通过 0.15mm 筛的石粉含量不大于 1%。滑模混凝土用砂宜为细度模数在 2.3～3.2 范围内的中砂或偏细粗砂。

(5) 水　所有水的硫酸盐含量（按 $SO_4^{2-}$ 计）小于 2.7mg/cm³，含盐量不得超过 5mg/cm³，pH 值不得小于 4，不得含有油污。海水不得使用。

(6) 外加剂　可使用引气剂、减水剂等，其他外加剂品种可视现场气温、运距和混凝土拌合物振动黏度系数、坍落度及其损失、抗滑性、弯拉强度、耐磨性等需要选用。

(7) 养生剂　养生剂的品种主要有水玻璃型、石蜡型和聚合物型三大类。

(8) 钢筋　使用的钢筋应符合《钢筋混凝土用热轧带肋钢筋》（GB 1499—1998）和《钢筋混凝土用热轧光园钢筋》（GB 13013—1991）的技术要求。钢筋应顺直，不得有裂纹、断伤、刻痕、表面油污和锈蚀。

(9) 填缝材料　常用填缝材料有常温施工式填缝料、加热施工式填缝料、预制多孔橡胶条制品等。高速公路、一级公路宜使用树脂类、橡胶类的填缝材料及其制品，二级及其以下公路可采用各种性能符合要求的填缝材料。

2.滑模混凝土的技术性能

（1）优良的工作性　新拌滑模混凝土具有较低坍落度（坍落度损失小），以及与摊铺机械振捣能力和速度相匹配的最优振动黏度系数、匀质性和稳定性。

（2）高抗弯拉强度　用滑模摊铺机铺筑路面混凝土，可以提高其抗弯拉强度，使其具有足够的抗断裂破坏能力。

（3）高耐疲劳极限　原来的抗弯拉疲劳循环周次由1000万次或更大，保障滑模摊铺水泥混凝土路面的使用寿命延长一倍以上。

（4）小变形性能　包括较抵抗折弹性模量，较小的温度变形系数和较低的干缩变形量，保证接缝具有较小的温、湿度变形伸缩量和完好的使用状态。

（5）高耐久性　具有良好的抗磨性、抗滑性及其保持率、抗冻性和抗渗性，以及高耐油类的侵蚀、耐盐碱腐蚀、耐海水侵蚀的能力。

（6）经济性　在满足所有路面混凝土工程性能条件下尽可能就地取材、因地制宜。

3.工程应用

滑模混凝土广泛使用在水泥混凝土路面、大型桥面以及机场跑道、城市快车道、停车场、大面积地坪和广场混凝土道面上，具有良好的使用效果。

# 任务六　建筑砂浆拌合物的性能检测

## 任务描述

测定建筑砂浆拌合物的稠度和分层度，评定砂浆在运输存放和使用过程中的流动性和保水性，控制现场拌制砂浆的质量。

## 任务分析

建筑砂浆拌合物的性能主要指和易性。砂浆的和易性包括流动性和保水性两个方面。和易性好的砂浆，在运输和施工过程中不易产生分层、泌水现象，灰缝饱满密实。要生产出具有良好和易性的砂浆，就必须掌握砂浆的组成材料以及原材料的质量控制，同时对砂浆的流动性和保水性进行检测，以保证砂浆的质量。砂浆拌合物的性能检测是按照《建筑砂浆基本性能试验方法标准》（JGJ/T 70—2009）测定砂浆的流动性和保水性，通过完成该学习任务，使学生掌握砂浆流动性和保水性的概念以及稠度、砂浆分层度的测试方法，熟悉测试所需的仪器设备。

## 知识链接

砂浆由胶结材料、细集料和水按适当比例配制而成。为了改善砂浆的和易性，可掺入适当的外加剂和混合材料。

在道路、桥梁和隧道工程中，砂浆是一种用量大、用途广的工程材料，主要用于砌筑桥涵、挡土墙和隧道衬砌等砌体级砌体表面的抹面。

砂浆的种类很多。根据用途不同，可分为砌筑砂浆（将砖、石、砖块等黏结成为砌体的砂浆）和抹面砂浆；按胶结材料不同，可分为水泥砂浆、石灰砂浆、混合砂浆、聚合物水泥砂浆等。按生产砂浆方式有现场拌制砂浆和工厂预拌砂浆两种，后者是国内外生产砂浆的发展趋势，我国建设部门要求尽快实现全面推广应用预拌砂浆。合理地选择和使用砂浆，对保证工程质量、降低工程成本有着重要的意义。

## 一、砂浆的组成材料

### (一) 水泥

水泥是砂浆的主要胶凝材料，常用的水泥品种有普通水泥、矿渣水泥、火山灰水泥、粉煤灰水泥、复合水泥等。由于砌筑水泥有较低的强度等级且配成的砂浆具有较好的和易性，因此，砌筑水泥是专门用于配制砌筑砂浆与抹面砂浆的水泥。对于一些有特殊要求的工程，如修补裂缝、预制构件嵌缝、结构加固可采用膨胀水泥。装饰砂浆还可能用到白色水泥或彩色水泥。

水泥强度一般为砂浆强度等级的 4~5 倍较为适宜。由于砂浆的强度等级要求不高，因此在配制砂浆时，为合理利用资源，节约材料，在配制水泥砂浆时尽量选用 32.5 级水泥和砌筑水泥。水泥混合砂浆中，石灰膏掺合料会降低砂浆的强度，因此，水泥混合砂浆可用强度等级为 42.5 级的水泥。

### (二) 细骨料——砂子

砂浆所用的砂子应符合混凝土用砂的质量要求。但由于砂浆层较薄，对砂子的最大粒径应有所限制。用于砌筑石材的砂浆，砂子的最大粒径不应大于砂浆层厚度的 1/5~1/4；砌砖所用的砂浆宜采用中砂或细砂，且砂子的粒径不大于 2.5mm；用于各种构件表面的抹面砂浆及勾缝砂浆，宜采用细砂，且砂子的粒径不大于 1.2mm。

此外，为了保证砂浆的质量，对砂中的含泥量也有要求。强度等级大于等于 M5 的砂浆，砂中含泥量应不大于 5%；强度等级小于 M5 的砂浆，砂中含泥量应不大于 10%。

### (三) 掺合料

掺合料是为改善砂浆和易性、减少水泥用量、降低成本而加入的无机材料。如石灰膏、黏土膏、粉煤灰等。掺和料应符合以下规定。

**1. 石灰膏**

石灰膏是将石灰熟化后，应用孔径不大于 3mm×3mm 的网过滤，熟化时间不得少于 7d；磨细生石灰粉的熟化时间不得少于 2d。沉淀池中贮存的石灰膏应采取防止干燥、冻结和污染的措施。严禁使用脱水硬化的石灰膏。消石灰粉不得直接用于砌筑砂浆中。

**2. 黏土膏**

采用黏土或亚黏土制备黏土膏时，宜用搅拌机加水搅拌，通过孔径不大于 3mm×3mm 的网过筛，用比色法鉴定黏土中的有机物含量时应浅于标准色。

**3. 电石膏**

制作电石膏的电石渣应用孔径不大于 3mm×3mm 的网过筛，检验时应加热至 70℃并加热保持 20min，没有乙炔气味后，方可使用。

石灰膏、黏土膏和电石膏试配时的稠度，应为 120mm±5mm。

**4. 粉煤灰**

粉煤灰的品质指标和磨细生石灰品质指标，应符合国家标准《用于水泥和混凝土中的粉煤灰》（GB 1596）及行业标准《建筑生石灰粉》（JC/T 480）的要求。

### (四) 水

砂浆拌和用水与混凝土用水的质量要求相同，应选用不含有害杂质的洁净水来拌制砂浆。

### (五) 外加剂

外加剂是在拌制砂浆过程中掺入的、用以改善砂浆性能的物质。如引气剂、缓凝剂、早强剂等。但对所选外加剂和掺量必须通过试验确定。

## 二、砂浆拌合物的和易性

砂浆拌合物的和易性包括流动性和保水性两个方面。

### (一) 流动性

砂浆的流动性是指砂浆在自重或外力作用下易于流动的性能，又称为稠度。砂浆的稠度用砂浆稠度仪测定。流动性大小用沉入度（mm）表示。测定方法很简单，就是以标准圆锥体自由沉入砂浆内 10s。沉入的深度即为砂浆沉入度，沉入度越大，砂浆流动性越好。

砂浆稠度的选择要考虑砌体材料的种类、气候条件等因素。一般基底为多孔吸水材料或在干热条件下施工时，砂浆的流动性应大一些；而对于密实的、吸水较少的基底材料，或在湿冷条件下施工时，砂浆的流动性应小一些。砂浆流动性的选用见表 3-19。

**表 3-19　砂浆流动性选用表**（沉入度）　　　　　　　单位：mm

| 砌体种类 | 干燥气候或多孔吸水材料 | 寒冷气候或密实材料 | 抹灰工程 | 机械加工 | 手工操作 |
| --- | --- | --- | --- | --- | --- |
| 砖砌体 | 80～100 | 60～80 | 底层 | 80～90 | 100～120 |
| 普通毛石砌体 | 60～70 | 40～50 | 中层 | 70～80 | 70～90 |
| 振捣毛石砌体 | 20～30 | 10～20 | 面层 | 70～80 | 90～100 |
| 炉渣混凝土砌体 | 70～90 | 50～70 | 灰浆面层 | — | 90～120 |

### (二) 保水性

砂浆保水性是指砂浆保持水分的能力，也指砂浆中各项组成材料不易分层离析的性质。若砂浆的保水性不好，在运输和使用过程中发生泌水、流浆现象，使砂浆的流动性下降。难以铺成均匀、密实的砂浆薄层，并且水分流失会影响胶凝材料的凝结硬化，降低砂浆强度和黏结力。

砂浆保水性，用砂浆分层度测定仪测定。将搅拌均匀的砂浆，先测沉入度，然后将其装入分层度测定仪，静置 30min 后，去掉上部 200mm 厚的砂浆，再测剩余部分砂浆的沉入度，两次沉入度的差值即为分层度，单位以 mm 计。分层度越大，砂浆保水性越差，越不便于施工。砂浆的分层度一般以 10～20mm 为宜，水泥砂浆的分层度不宜大于 30mm，水泥石灰混合砂浆的分层度不宜大于 20mm。不过，分层度也不宜过小，分层度接近于零的砂浆，不仅胶凝材料用量大，且硬化后易产生干缩裂缝。

## 三、砂浆的密度

水泥砂浆拌合物的密度不宜小于 $1900kg/m^3$；水泥混合砂浆拌合物的密度不宜小于 $1800kg/m^3$。

## 四、凝结时间

建筑砂浆凝结时间，以贯入阻力达到 0.5MPa 为评定依据。水泥砂浆不宜超过 8h，水泥混合砂浆不宜超过 10h，加入外加剂后应满足设计和施工要求。

### 任务实施

## 一、砂浆的稠度检测

1.仪器设备

（1）砂浆稠度仪。如图 3-17 所示。

（2）捣棒。直径 10mm，长 350mm，一端呈半球形的钢棒。

（3）台秤。

（4）拌锅、拌板、量筒、秒表等。

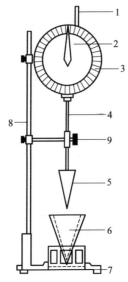

图 3-17　砂浆稠度测定仪

1—齿条测杆；2—指针；3—刻度盘；
4—滑杆；5—圆锥筒；6—圆锥体；
7—底座；8—支架；9—制动螺钉

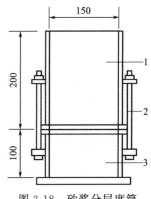

图 3-18　砂浆分层度筒

1—无底圆筒；2—链接螺栓；
3—有底圆筒

2.检测步骤

(1) 将拌好的砂浆一次装入砂浆筒内，装至距筒口约 10mm 为止，用捣棒插捣 25 次，并将浆体振动 5~6 次，使表面平整，然后移置于稠度仪底座上。

(2) 放松圆锥体滑杆的制动螺钉，使试锥尖端与砂浆表面接触，拧紧制动螺钉，使齿条测杆下端刚好接触滑杆上端，并将指针对准零点。

(3) 拧开制动螺钉，使圆锥体自动沉入砂浆中，同时计时间，到 10s，立即固定螺丝。从刻度盘上读出下沉深度（精确至 1mm）。

(4) 圆锥筒内的砂浆，只允许测定一次稠度，重复测定时应重新取样测定。

3.结果评定

以两次测定结果的平均值作为砂浆稠度测定结果，如两次测定值之差大于 20mm，应重新配料测定。

## 二、砂浆分层度检测

1.仪器设备

(1) 砂浆分层度测定仪。如图 3-18 所示。

(2) 砂浆稠度测定仪。

(3) 木锤。

2.检测步骤

(1) 将拌和好的砂浆，经稠度试验后重新拌和均匀，一次注满分层度测定仪内。用木锤在容器周围距离大致相等的 4 个不同地方轻敲 1~2 次，并随时添加，然后用抹刀抹平。

(2) 静置 30min，去掉上层 200mm 砂浆，然后取出底层 100mm 砂浆重新拌和均匀，再测定砂浆稠度。

(3) 取两次砂浆稠度的差值，即为砂浆的分层度（以 mm 计）。

3.结果评定

(1) 取两次试验结果的算术平均值作为该砂浆的分层度值。

（2）两次分层度试验值之差，大于 20mm 应重做试验。

# 任务七　建筑砂浆强度的检测

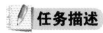 **任务描述**

制作砂浆标准试块、正确试压砂浆抗压强度，评定砂浆的强度等级。

**任务分析**

评定砂浆的强度等级是按照《建筑砂浆基本性能试验方法标准》（JGJ/T 70—2009），制作砂浆标准试块，经标准养护 28d 后测定其抗压极限强度，并以一组标准砂浆试件的立方体抗压极限强度对照标准评定其强度等级。通过完本工作任务，使学生掌握建筑砂浆抗压强度技术性能的测试方法，熟悉测试所需的仪器设备。

**知识链接**

## 一、砂浆的强度等级

砂浆的强度等级确定是将砂浆制成 70.7mm×70.7mm×70.7mm 的立方体标准试件，一组六块，在标准条件下养护 28d，用标准试验方法测得的平均抗压强度（fm）。根据砂浆的抗压强度，将砂浆划分为 M2.5、M5、M7.5、M10、M15、M20 六个强度等级。如 M10 表示砂浆的抗压强度为 10MPa。砌筑砂浆强度等级为 M10 及 M10 以下宜采用水泥混合砂浆。

## 二、砂浆的黏结力

砂浆黏结力直接影响砌体的强度、耐久性、稳定性和抗震性等。砂浆的黏结力大小与砂浆强度有密切关系，一般的砂浆的抗压强度越高，黏结力越大。此外，砂浆的黏结力还与基层材料的表面状态、润滑情况、清洁程度及施工养护等条件有关。在粗糙的、湿润的、清洁的基层上使用且养护良好的砂浆与基层的黏结力较好。因此，砌筑墙体前应将块材表面清理干净，并浇水湿润，必要时凿毛。砌筑后应加强养护，以提高砂浆与块材间的黏结力。

## 三、砂浆的变形

砂浆在承受荷载、温度变化或湿度变化时，均会产生变形。变形过大或变形不均匀会降低砌体的整体性，引起成沉降或裂缝。砂浆中混合料掺量过多或使用轻骨料，也会产生较大的收缩变形。

为了减少收缩，可在砂浆中加入适量的膨胀剂。

**任务实施**

## 一、仪器设备

1. 压力试验机。
2. 试模。7.07cm×7.07cm×7.07cm，分无底试模与有底试模两种。
3. 捣棒。直径 10mm，长 350mm，一端呈半圆形。
4. 垫板等。

## 二、试样制备

1. 试件制作

（1）当制作多孔吸水基面的砂浆试件时，将无底试模放在预先铺上吸水性较好的湿纸的普通黏土砖上，砖的吸水率不小于 10％，含水率小于 2％。试模内壁应事先涂以机油，将拌好的砂浆一次性倒满试模，并用捣棒均匀由外向内按螺旋方向捣插 25 次，使砂浆略高于试模口 6～8mm，待砂浆表面出现麻斑后（15～30min），用刮刀齐模口刮平抹光。

（2）当制作用于密实（不吸水）基底的砂浆试件时，用有底试模，涂油后，将拌好的砂分两层装入，每层用捣棒插捣 12 次，然后用刮刀沿试模壁捣插数次，静停 15～30min，刮去多余部分，抹光。

2.试件养护

装模成型后，在 20℃±5℃环境下经 24h±2h 即可脱模，气温较低时。可适当延长时间，但不得超过 2d。然后，按下列规定进行养护。

（1）自然养护　放在室内空气中养护，混合砂浆在相对湿度 60％～80％，正温条件下养护；水泥砂浆在正温并保持试件表面湿润的状态下（如湿砂堆中）养护。

（2）标准养护　混合砂浆应在 20℃±3℃，相对湿度为 60％～80％条件下养护；水泥砂浆应在温度 20℃±3℃，相对湿度为 90％以上的潮湿条件养护。试件间隔不小于 10mm。

### 三、检测步骤

（1）经 28d 养护后的试件从养护地点取出后，应尽快进行试验，以免试件内部的温度、湿度发生显著变化。先将试件擦干净，测量尺寸，并检查其外观。试件尺寸测量精确至 1mm，并据此计算试件的承压面积。若实测尺寸与公称尺寸之差不超过 1mm，可按公称进行计算。

（2）将试件置于压力机的下压板上，试件的承压面应与成型时的顶面垂直，试件中心应与下压板中心对准。

（3）开动压力机，当上压板与试件接近时，调整球座，使接触面均衡受压。加荷应均匀而连续，加荷速度应为 0.5～1.5kN/s（砂浆强度不大于 5MPa 时，取下限为宜，大于 5MPa 时，取上限为宜），当试件接近破坏而开始迅速变形时，停止调整压力机油门，直至试件破坏，记录破坏荷载。

### 四、结果评定

单个试件的抗压强度按式(3-36) 计算（精确至 0.1MPa）：

$$f_{m,cu} = \frac{F}{A} \tag{3-36}$$

式中　$f_{m,cu}$——砂浆立方体抗压强度，MPa；

$\quad\quad F$——立方体破坏荷载，N；

$\quad\quad A$——试件承压面积，$mm^2$。

每组试件为 6 个，取 6 个试件测值的算术平均值作为该组试件的抗压强度值，平均值计算精确至 0.1MPa。

当 6 个试件的最大值或最小值与平均值的差超过 20％时，以中间 4 个试件的平均值作为该组试件的抗压强度值。

# 任务八　建筑砂浆的配制

### 任务描述

配制某工程砌筑砖墙所用强度等级为 M10 的水泥石灰混合砂浆。采用强度等级为 32.5 级的矿渣水泥；砂子为中砂，含水率为 2％，干燥堆积密度为 1500kg/m³；石灰膏的稠度为 40mm。此工程施工水平优良。

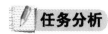 **任务分析**

配制砂浆，是根据《砌筑砂浆配合比设计规程》（JGJ 98—2010）规定，进行砂浆的配合比设计，即根据工程所需的砂浆各项性能要求确定砂浆中各组成材料数量之间的比例关系。首先，根据原材料的性能和砂浆技术要求进行初步计算，得出初步计算配合比；再经过试验室试拌调整，得出基准配合比；然后，经过拌合物的沉入度和分层度以及强度检验，定出满足设计和施工要求并比较经济的试验配合比。最后，根据现场砂的实际含水率，对试验室配合比进行调整，得出施工配合比。

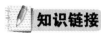 **知识链接**

### 一、砌筑砂浆的配合比设计

用于砌筑砖、砌块、石材等各种块材的砂浆称为砌筑砂浆。砌筑砂浆起着胶结块材、传递荷载的作用，同时还起着填实块材缝隙，提高砌体绝热、隔声等性能的作用。

常用砌筑砂浆的种类如下。

（1）水泥砂浆 由水泥、砂子和水组成。水泥砂浆和易性较差，但强度较高，适用于潮湿环境、水中以及要求砂浆强度等级较高的工程。

（2）石灰砂浆 由石灰、砂子和水组成。石灰砂浆和易性较好，但强度低。由于石灰是气硬性胶凝材料，故石灰砂浆一般用于地上部位、强度要求不高的低层建筑或临时性建筑，不适合用于潮湿环境或水中。

（3）水泥石灰混合砂浆 由水泥、石灰、砂子和水组成，其强度、和易性、耐水性介于水泥砂浆和石灰砂浆之间，应用较广，常用于地面以上的工程。

#### (一)砌筑砂浆配合比设计应满足以下基本条件

（1）砂浆拌合物的和易性应满足施工要求。

（2）砌筑砂浆的强度、耐久性应满足设计要求。

（3）经济上应合理，水泥及掺合料的用量应较少。

#### (二)水泥混合砂浆配合比设计步骤

《砌筑砂浆配合比设计规程》（JGJ 98—2010）规定，砂浆的配合比以质量比表示。按以下步骤计算。

1.确定砂浆试配强度

为了保证砂浆配置强度具有95％的保证率，砂浆的试配强度应高于设计强度，计算公式为：

$$f_{m,0} = f_2 + 0.645\sigma \tag{3-37}$$

式中 $f_{m,0}$——砂浆的试配强度，MPa；

$f_2$——砂浆设计强度等级，即砂浆抗压强度平均值，精确至0.1MPa；

$\sigma$——砂浆现场强度标准差，精确至0.01MPa。

当有统计资料时，统计周期内同一砂浆组数 $n \geq 25$ 时按统计方法计算；当不具有近期统计资料时，按表3-20选取。

表3-20 砌筑砂浆强度标准差 $\sigma$（MPa）选用表

| 砂浆强度等级<br>施工水平 | M2.5 | M5 | M7.5 | M10 | M15 | M20 |
|---|---|---|---|---|---|---|
| 优良 | 0.50 | 1.00 | 1.50 | 2.00 | 3.00 | 4.00 |
| 一般 | 0.62 | 1.25 | 1.88 | 2.50 | 3.75 | 5.00 |
| 较差 | 0.75 | 1.50 | 2.25 | 3.00 | 4.50 | 6.00 |

根据《砌筑砂浆配合比设计规程》（JGJ 98—2010）规定，一般的混砖多层住宅、多层商店、办公楼、教学楼等采用 M5～M10 的砂浆；平房宿舍、商店等采用 M2.5～M5 的砂浆；食堂、仓库、厂房等采用 M2.5～M10 的砂浆；特别重要的砌体采用 M15～M20 的砂浆，也可根据经验确定砂浆的设计强度等级。

$$Q_c = \frac{1000(f_{m,0} - B)}{A f_{ce}} \tag{3-38}$$

式中　$Q_c$——每立方米砂浆中水泥的用量，$kg/m^3$；

　　$A$，$B$——砂浆特征系数，可参考表 3-21 选用；

　　$f_{ce}$——水泥的实测强度，MPa。在无法取得水泥实测强度时，也可按以下公式：$f_{ce} = \gamma_c f_{ce}^b$，其中，$f_{ce}^b$ 为水泥强度等级；$\gamma_c$ 为水泥强度等级富余系数，该值应按实际统计资料确定，无统计资料时，$\gamma_c$ 可取 1.0。

表 3-21　砂浆特征系数 A、B 参考数值

| 砂浆种类 | A | B |
| --- | --- | --- |
| 水泥砂浆 | 1.03 | 3.50 |
| 水泥混合砂浆 | 3.03 | −15.09 |

当计算出的水泥用量不足 $200kg/m^3$ 时，应取 $Q_c = 200kg/m^3$。

2.确定每立方米砂浆中掺合料（石灰膏）的用量 $Q_d$

为保证砂浆具有良好的流动性和保水性，每立方米砂浆中胶凝材料及掺合料的总量 $Q_a$ 应控制在 $300～350kg/m^3$ 之间，这样，砂浆中掺合料的用量为：

$$Q_d = Q_a - Q_c \tag{3-39}$$

石灰膏的稠度按 $120mm \pm 5mm$ 计。当石灰膏的稠度为其他值时，其用量应乘以换算系数，换算系数见表 3-22。

表 3-22　石灰膏不同稠度时的用量换算系数

| 石灰膏稠度/mm　　项目 | 120 | 110 | 100 | 90 | 80 | 70 | 60 | 50 | 40 | 30 |
| --- | --- | --- | --- | --- | --- | --- | --- | --- | --- | --- |
| 换算系数 | 1.00 | 0.99 | 0.97 | 0.95 | 0.93 | 0.92 | 0.90 | 0.88 | 0.87 | 0.86 |

3.确定每立方米砂浆中砂子的用量 $Q_s$

砂浆中的胶凝材料、掺合料和水是用来填充砂子间空隙的，因此，每立方米砂浆含有堆积体积为 $1m^3$ 的砂子。砂子的用量如下：

$$Q_s = \rho_{0,\text{干}}(1 + \beta) \tag{3-40}$$

式中　$Q_s$——每立方米砂浆中砂子的用量，$kg/m^3$；

　　$\rho_{0,\text{干}}$——砂子干燥状态的堆积密度，$kg/m^3$；

　　$\beta$——砂子的含水率，%。

4.确定每立方米砂浆中水的用量 $Q_w$

每立方米砂浆中的用水量，根据砂浆稠度等要求，可选用 $240～310kg/m^3$。混合砂浆中的用水量，不包括石灰膏中的水；当采用细砂或粗砂时，用水量分别取上限或下限；稠度小于 70mm 时，用水量可小于下限；施工现场气候炎热或干燥季节，可酌量增加用水量。

5.配合比的试配、调整

试配时应采用工程中实际使用的材料。水泥砂浆、混合砂浆搅拌时间不小于 120s；掺用粉煤灰和外加剂的砂浆，搅拌时间不小于 180s。按计算配合比进行适拌，测定拌合物的沉入度和分层度。若不满足要求，应调整材料用量，直到符合要求为止。由此得到的即为基

准配合比。

检验砂浆强度时至少应采用 3 个不同的配合比，其中一个为基准配合比，另外两个配合比的水泥用量按基准配合比分别增加和减少 10%，在保证沉入度、分层度合格的条件下，可将用水量或掺合料用量作相应调整。三组配合比分别成型、养护、测定 28d 砂浆强度，由此确定符合试配强度要求的且水泥用量最低的配合比作为砂浆配合比。

当材料有变更时，其配合比必须重新通过试验确定。

对水泥砂浆，可按表 3-23 选取材料用量，再按上述方式进行适配与调整。

表 3-23　每立方米水泥砂浆材料用量　　　　　　　　　　单位：kg

| 强度等级 | 水泥用量 | 砂用量 | 用水量 |
|---|---|---|---|
| M2.5～M5 | 200～230 | 1m³ 砂的堆积密度 | 270～330 |
| M7.5～M10 | 220～280 | | |
| M15 | 280～340 | | |
| M20 | 340～400 | | |

注：1. 此表水泥强度等级为 32.5MPa 级，大于 32.5MPa 级水泥用量宜取下限。

2. 根据施工水平合理选择水泥用量。

3. 用水量的选定在此表的基础上，同水泥混合砂浆的规定进行适当调整。

【例 3-2】　某工程砌筑砖墙，用水泥石灰混合砂浆，强度等级为 M10。使用 32.5 级的普通硅酸盐水泥；中砂，含水率为 3%，干燥堆积密度为 1450kg/m³；石灰膏的稠度为 100mm。此工程施工水平一般，试计算此砂浆的配合比。

**解**　1. 确定砂浆试配强度 $f_{m,0}$。

$f_2 = 10$MPa，查表 3-20 得 $\sigma = 2.5$MPa，根据式（3-37）可得到砂浆的配制强度：

$$f_{m,0} = 10 + 0.645 \times 2.5 = 11.6(\text{MPa})$$

2. 计算每立方米砂浆中水泥的用量 $Q_c$。

$f_{ce} = 1.0 \times 32.5 = 32.5$（MPa），查表 3-21，得 $A = 3.03$，$B = -15.09$。则每立方米砂浆中水泥的用量为：

$$Q_c = \frac{1000(f_{m,0} - B)}{A f_{ce}} = \frac{1000 \times (11.6 + 15.09)}{3.03 \times 32.5} = 271(\text{kg/m}^3)$$

3. 计算每立方米砂浆中石灰膏的用量 $Q_d$。

取每立方米砂浆中胶凝材料和掺合料的总用量 $Q_a = 320$kg/m³，由式（3-39）得每立方米砂浆中石灰膏的用量：

$$Q_d = Q_a - Q_c = 320 - 271 = 49(\text{kg/m}^3)$$

查表 3-22 得，稠度为 100mm 的石应灰膏用量应乘以换算系数 0.97，则应掺加石灰膏的用量为 $49 \times 0.97 = 47.5$（kg/m³）

4. 计算每立方米砂浆中砂子的用量 $Q$。

$$Q_s = \rho_{0,干}(1 + \beta) = 1450 \times (1 + 3\%) = 1493.5(\text{kg/m}^3)$$

5. 计算每立方米砂浆中的用水量 $Q_w$。

取用水量 $Q_w = 280$（kg/m³）。

故此砂浆的设计配合比为

水泥：石灰膏：砂：水 = 271：47.5：1493.5：280 = 1：0.18：5.51：1.03

## 二、抹面砂浆的配制

抹面砂浆是指涂抹在建筑物或构件表面的砂浆，又称抹灰砂浆。

根据抹面砂浆功能不同，可将抹面砂浆分为普通抹面砂浆、装饰砂浆和具有某些特殊功能的抹面砂浆（如防水砂浆、绝热砂浆、耐酸砂浆等）。

抹面砂浆应具有良好的和易性，以便抹成均匀平整的薄层；与基层要有足够的黏结力，长期使用不致开裂和脱落。处于潮湿环境或易受外力作用的部位（如墙裙、地面等），还应具有较高的耐水性和强度。

普通抹面砂浆是建筑工程中用量最大的抹面砂浆。其功能主要是保护墙体、地面不受风雨及有害杂质的侵蚀，提高防潮、防腐蚀、抗风化能力，增加耐久性；同时，可使建筑物达到表面平整、清洁和美观的效果。

抹面砂浆通常分为两层或三层进行施工。各层砂浆要求不同，因此每层所选用的砂浆也不一样。一般底层砂浆起黏结基层的作用，要求砂浆应具有良好的和易性和较高的黏结力，因此，底层砂浆的保水性要好，否则水分易被基层材料吸收而影响砂浆的黏结力。基层表面粗糙些，有利于与砂浆的黏合。中层抹灰主要是为了找平，有时可省去不用。面层抹灰主要是为了平整美观，因此应选细沙。

用于砖墙的底层抹灰，多用水泥砂浆；用于板条墙或板条顶棚的底层抹灰多用混合砂浆或石灰砂浆；混凝土墙、梁、柱、顶板等底层抹灰多用混合砂浆、麻刀石灰浆或纸筋石灰浆。在容易碰撞或潮湿的地方，应采用水泥砂浆。如墙裙、踢脚板、地面、雨篷、窗台以及水池、水井等处一般多用 1∶2.5 的水泥砂浆。

常用抹面砂浆配合比及应用范围见表 3-24。

**表 3-24　常用抹面砂浆配合比参考表**

| 材　料 | 配合比(体积比) | 应　用　范　围 |
|---|---|---|
| 石灰∶砂 | (1∶2)～(1∶4) | 用于砖石墙表面(檐口、勒脚、女儿墙及潮湿房间的墙除外) |
| 石灰∶黏土∶砂 | (1∶1∶4)～(1∶1∶8) | 干燥环境墙表面 |
| 石灰∶石膏∶砂 | (1∶0.40∶2)～(1∶1∶3) | 用于不潮湿房间的墙及天花板 |
| 石灰∶石膏∶砂 | (1∶2∶2)～(1∶2∶4) | 用于不潮湿房间的线脚及其他装饰工程 |
| 石灰∶水泥∶砂 | (1∶0.5∶4.5)～(1∶1∶5) | 用于檐口、勒脚、女儿墙，以及比较潮湿的部位 |
| 水泥∶砂 | (1∶3)～(1∶2.5) | 用于浴室、潮湿车间等墙裙、勒脚或地面基层 |
| 水泥∶砂 | (1∶2)～(1∶1.5) | 用于地面、天棚或墙面面层 |
| 水泥∶砂 | (1∶0.5)～(1∶1) | 用于混凝土地面随时压光 |
| 石灰∶水泥∶砂∶锯末 | 1∶1∶3∶5 | 用于吸音粉刷 |
| 水泥∶白石子 | (1∶2)～(1∶1) | 用于水磨石[打底用(1∶2.5)水泥砂浆] |
| 水泥∶白石子 | 1∶1.5 | 用于斩假石[打底用(1∶2)～(1∶2.5)水泥砂浆] |
| 白灰∶麻刀 | 100∶2.5(质量比) | 用于板条天棚底层 |
| 石灰膏∶麻刀 | 100∶1.3(质量比) | 用于板条天棚底层(或100kg石灰膏加3.8kg纸筋) |
| 纸筋∶白灰浆 | 灰膏 0.1m³;纸筋 0.36kg | 较高级墙板、天棚 |

**任务实施**

配制某工程砌筑砖墙用水泥石灰混合砂浆。要求砂浆强度等级为 M10；使用 32.5 级的普通硅酸盐水泥；中砂，含水率为 3%，干燥堆积密度为 1450kg/m³；石灰膏的稠度为 100mm，此工程施工水平一般。

## 一、仪器设备

（1）砂浆搅拌机。

（2）拌合铁板。约 1.5m×2m，厚约 3mm。

（3）磅秤。称量 50kg，感量 50g。

（4）台秤。称量 10kg，感量 5g。

（5）拌铲、抹刀、量筒、盛器等。

## 二、配合比设计

参见【例 3-2】。

## 三、砂浆试配、调整

1.一般规定

（1）拌制砂浆所用的原材料，应符合质量标准，并要求提前运入实验室内，拌和时实验室温度应保持在 20℃±5℃。

（2）水泥如有结块应充分拌和均匀，以 0.9mm 筛过筛，砂也应以 5mm 筛过筛。

（3）拌制砂浆时，材料称量计量的精度：水泥、外加剂等为±0.5%；砂、石灰膏、黏土膏等为±1%。

（4）搅拌前应将搅拌机、拌和铁板、拌铲、抹刀等工具表面用水湿润，注意拌和铁板上不得有积水。

2.人工拌和

按设计配合比（质量比），称取各项材料用量，先把水泥和砂放入拌板干拌均匀，然后将混合物堆成堆，在中间做一凹坑，将称好的石灰膏（或黏土膏）倒入凹坑中，再倒入一部分水，将石灰膏稀释，然后充分拌和，并逐渐加水，直至混合料色泽一致、观察和易性符合要求为止，一般需拌和 5min。可用量筒盛定量水，拌好以后，减去筒中剩余水量，即为用水量。

3.机械拌和

（1）先拌适量砂浆（应与正式拌和的砂浆配合比相同），使搅拌机内壁黏附一薄层砂浆，使正式拌和时的砂浆配合比成分准确。

（2）先称出个材料用量，再将砂、水泥装入搅拌机内。

（3）开动搅拌机，将水徐徐加入（混合砂浆须将石灰膏或黏土膏用水稀释至浆状），搅拌约 3min（搅拌的用量不宜少于搅拌容量的 20%，搅拌时间不宜少于 2min）。

（4）将砂浆拌合物倒至拌和铁板上，用拌铲翻拌两次，使之均匀。拌好的砂浆，应立即进行有关的实验。

─────────── 小　结 ───────────

本学习情境主要讲述了普通混凝土的组成、主要技术性质和配合比设计及混凝土质量控制，另外简要介绍了轻混凝土等其他品种的混凝土。

（1）普通混凝土的基本组成材料是水泥、砂子、石子和水，随着混凝土技术的发展，外加剂已成为现代混凝土不可缺少的第五种重要组分。各组成材料在混凝土中各自起着不同的作用。砂、石统称为骨料，在混凝土中主要起骨架作用，抑制水泥石收缩；水泥与水形成水泥浆，在混凝土硬化前主要起润滑作用，在混凝土硬化后主要起胶结作用；外加剂起着减少用水的作用，混凝土外加剂虽然掺量很少（通常情况下不超过水泥用量的 5%），但却能显著改善混凝土的和易性和强度，提高混凝土的耐久性。但在使用时，要合理选择外加剂的品种，严格控制外加剂掺量。

（2）混凝土所用的原材料必须满足国家有关规范、标准规定的质量要求，才能确保混凝土的质量。

（3）混凝土的主要技术性质包括混凝土拌合物的和易性、硬化混凝土的强度、变形和混凝土的耐久性。混凝土拌合物的和易性包括流动性、黏聚性和保水性三方面。影响混凝土和易性的因素主要有水泥浆的数量、水泥浆的稠度、砂率值、拌合物存放时间及环境温度，同时，组成材料性质对混凝土和易性也有较大影响；混凝土的强度包括抗压强度、抗拉强度、抗剪强度和抗弯强度等，其中抗压强度较高，抗拉强度小，设计时，一般不考虑混凝土的抗拉强度。影响混凝土强度的因素主要有水泥强度等级、水灰比、骨料的性质、养护条件、龄期等。混凝土变形有非荷载作用下的变形与荷载作用下的变形（徐变）。混凝土的耐久性是一项综合的质量指标，包括抗渗性、抗冻性、抗侵蚀性、碳化能力及抗碱-骨料反应等。混凝土要求具有良好的和易性、较高的强度、较小的变形、良好的耐久性及合理的经济性。

（4）混凝土配合比设计就是确定 $1m^3$ 混凝土中各组成材料的最佳用量。设计步骤是：先计算初步配合比，再通过试配与调整，确定基准配合比和实验室配合比，最后确定施工配合比。

（5）为了保证混凝土结构的可靠性，必须进行混凝土质量评定。要对混凝土原材料及各施工环节进行质量检查和控制，另外还要用数理统计方法对混凝土强度进行检验评定。

（6）除了常用的普通混凝土外，其他品种的混凝土（如轻骨料混凝土、防水混凝土、高强混凝土、大流动性混凝土和泵送混凝土、大体积混凝土、纤维增强混凝土等）应用也越来越广。这些混凝土的品种不同，性能、特点各异，分别适用于不同的环境要求，在实际工程中应合理选用。

建筑砂浆是由砂、水泥、掺合料、水、外加剂组成，是建筑工程不可缺少的重要材料之一，主要起黏结、衬垫和传递荷载的作用。

（1）建筑砂浆按功能和用途不同，分为砌筑砂浆、抹面砂浆和特种砂浆；按所用胶凝材料不同分为水泥砂浆、石灰砂浆和混合砂浆。

（2）新拌砂浆要求具有良好的和易性。砂浆的和易性包括流动性和保水性两方面的含义。

（3）砂浆的强度一般指立方体抗压强度。根据砂浆的抗压强度将砂浆划分为6个强度等级。当基层为吸水材料时，砂浆的强度主要取决于水泥强度等级和水泥用量。

（4）砌筑砂浆应进行砂浆配合比设计来保证砂浆的强度，从而保证工程质量。

（5）抹面砂浆要求具有良好的和易性，容易抹成均匀平整的薄层；与基层有足够黏结力，长期使用不开裂和脱落。

# 能力训练题

1.普通混凝土的组成材料有哪几种？在混凝土中各起什么作用？

2.配制普通混凝土如何选择水泥的品种和强度等级？

3.配制普通混凝土选择石子的最大粒径应考虑哪些方面因素？

4.现浇钢筋混凝土柱，混凝土强度等级为C25，截面最小尺寸为120mm，钢筋间最小净距为40mm。现有普通硅酸盐水泥42.5和52.5和粒径在5～20mm之间的卵石。

问：（1）选用哪一强度等级水泥最好？

（2）卵石粒级是否合适？

（3）将卵石烘干，称取5kg经筛分后筛余量见下表，试判断卵石级配是否合格。

| 项目 筛孔尺寸/mm | 26.5 | 19.0 | 16.0 | 9.5 | 4.75 | 2.36 |
|---|---|---|---|---|---|---|
| 筛余量/% | 0 | 0.30 | 0.90 | 1.70 | 1.90 | 0.20 |

5.什么是混凝土拌合物的和易性？它包括哪几方面含义？如何评定混凝土的和易性？

6.影响混凝土拌合物和易性的主要因素有哪些？

7.当混凝土拌合物流动性太大或太小，可采取什么措施进行调整？

8.什么是合理砂率？采用合理砂率有何技术和经济意义？

9.解释关于混凝土强度的几个名词：（1）立方体抗压强度；（2）立方体抗压强度标准值；（3）强度等级；（4）轴心抗压强度；（5）配制强度；（6）设计强度。

10.影响混凝土强度的主要因素有哪些？提高混凝土强度的主要措施有哪些？

11.当使用相同配合比拌制混凝土时，卵石混凝土和碎石混凝土的性质有何不同？

12.用强度等级为42.5的普通水泥，河砂及卵石配置混凝土，使用的水灰比分别为0.60和0.53，试估算混凝土28d的抗压强度分别为多少？

13.什么是混凝土的抗渗性？P8表示什么含义？

14.什么是混凝土的抗冻性？F150表示什么含义？

15.提高混凝土耐久性的措施有哪些？

16.使用外加剂应注意哪些事项？

17.混凝土配合比设计的基本要求是什么？

18.在混凝土混合比设计中，需要确定哪三个参数？

19.某教学楼的钢筋混凝土（室内干燥环境），施工要求坍落度为30～50mm。混凝土设计强度等级为C30，采用42.5级普通硅酸盐水泥（$\rho = 3.1\text{g/cm}^3$）；砂子为中砂，表观密度为2.65g/cm$^3$，堆积密度为1450kg/m$^3$，石子为碎石，粒级为5～40mm，表观密度为2.70g/cm$^3$，堆积密度为1550kg/m$^3$；混凝土采用机械搅拌、振捣，施工单位无混凝土强度标准差的统计资料。

（1）根据以上条件，用绝对体积法求混凝土的初步配合比。

（2）假如计算出初步配合比拌和混凝土，经检验后混凝土的和易性、强度和耐久性均满足设计要求。又已知现场砂的含水率为2.5%，石子的含水率为1%，求该混凝土的施工配合比。

20.混凝土的表现密度为2400kg/m$^3$，1m$^3$混凝土中水泥用量为280kg，水灰比为0.5，砂率为40%。计算此混凝土的质量配合比。

21.砂浆的组成材料有哪几种？各有什么要求？

22.砂浆的和易性包括哪几方面含义？各用什么表示？

23.什么是砂浆的保水性？为什么要选用保水性良好的砂浆？

24.什么是砂浆的强度？影响砂浆强度的因素有哪些？如何计算砂浆的强度？

25.砌筑砂浆常用种类有哪些？常用于什么地方？

26.对抹面砂浆有哪些要求？

27.某工程砌筑砖墙所用强度等级为M5的水泥石灰混合砂浆。采用强度等级为32.5级的矿渣水泥；砂子为中砂，含水率为2%，干燥堆积密度为1500kg/m$^3$；石灰膏的稠度为40mm，此工程施工水平优良，试设计此砂浆的配合比。

# 学习情境㈣ 无机结合料稳定土的检测与配制

## 教学目标

1. 掌握无机结合料稳定土的组成材料。
2. 掌握无机结合料稳定土的主要技术性质。
3. 了解稳定土的强度形成原理。
4. 熟悉现行稳定土的配合比组成设计方法。

## 能力目标

1. 能测定无机结合料稳定土的最佳含水量和最大干密度。
2. 能测定无机结合料稳定土的无侧限抗压强度。
3. 能按要求进行无机结合料稳定土的配合比组成设计。

# 任务一 无机结合料稳定土的技术性质检测

### 任务描述

测定无机结合料稳定土的最佳含水量、最大干密度以及无侧限抗压强度，评判稳定土的质量。

### 任务分析

要测定无机结合料稳定土的最佳含水量和最大干密度，首先要熟悉无机结合料稳定土的组成和测定方法。通过完成对无机结合料稳定土的击实试验，绘制稳定土的含水量干密度关系曲线，从而确定稳定土的最佳含水量和最大干密度这一任务，达到使学生掌握有关无机结合料稳定土的组成材料的知识和测定无机结合料稳定土的最佳含水量和最大干密度的技能。

评定无机结合料稳定土质量，首先要熟悉无机结合料稳定土的主要技术性质及技术标准，掌握无机结合料稳定土技术性质的检测方法。通过完成无机结合料稳定土样品的无侧限抗压强度的检测任务，使学生掌握无机结合料稳定土的主要技术性质以及测定无机结合料稳定土的无侧限抗压强度的技能。

### 知识链接

稳定土是指在粉碎或原状松散的土中掺入一定量的水泥、石灰、工业废渣、沥青及其他材料后，经拌和、压实及养护后得到的具有较高后期强度，整体性和水稳定性均较好的一种材料。稳定土耐磨性差，因此不适宜作为路面的面层；但其具有稳定性好、抗冻性能强、结构本身自成板体的特点，而被广泛用于路面结构的基层或底基层。无机结合料稳定土是在粉碎或原状松散的土中掺入一定量的无机结合材料形成的，主要包括水泥稳定土、石灰稳定土、石灰稳定工业废渣和综合稳定土。

### 一、无机结合料稳定土的组成材料

#### (一)土

土的矿物成分对无机结合稳定土性质有着重要的影响。试验表明，除有机质或硫酸盐含量高的土以外，各类砂砾土、砂土、粉土和黏土都可以用作无机结合稳定材料。一般规定，用于稳定土的素土的液限不大于 40，塑性指数不大于 20。级配良好的土用作无机结合稳定料时，既可以节约无机结合料的用量，又可以取得满意的效果。重黏土中黏土颗粒含量多，不易粉碎和拌和，用石灰稳定时，容易使路面造成缩裂。粉质黏土的稳定效果最佳。用水泥稳定重黏土时，同样因不易粉碎和拌和，会造成水泥用量过高，经济性差。

1. 水泥稳定土

凡能被经济地粉碎的土都可用水泥稳定土。

（1）二级或二级以下公路水泥稳定土

① 底基层水泥稳定土　单个颗粒的最大料径不应超过 53mm，颗粒组成应满足表 4-1 的要求。土的均匀系数应大于 5，细粒土的液限不应超过 40，塑性指数不应超过 17；对中粒土和粗粒土，如小于 0.6mm 的颗粒含量在 30% 以下，塑性指数可稍大。

表 4-1　用作底基层时水泥稳定土的颗粒组成范围（二级或二级以下公路）

| 项目 \ 筛孔尺寸/mm | 53 | 4.75 | 0.6 | 0.075 | 0.002 |
|---|---|---|---|---|---|
| 通过质量百分率/% | 100 | 50～100 | 17～100 | 0～50 | 0～30 |

② 基层水泥稳定土　单个颗粒的最大粒径不应超过 37.5mm，颗粒组成应满足表 4-2 要求。

表 4-2　用作基层时水泥稳定土的颗粒组成范围（二级或二级以下公路）

| 筛孔尺寸/mm | 通过质量百分率/% | 筛孔尺寸/mm | 通过质量百分率/% |
|---|---|---|---|
| 37.5 | 90～100 | 2.36 | 20～70 |
| 26.5 | 66～100 | 1.18 | 14～57 |
| 19 | 54～100 | 0.6 | 8～47 |
| 9.5 | 30～100 | 0.075 | 0～30 |
| 4.75 | 28～84 | | |

（2）高速公路和一级公路水泥稳定土

① 底基层水泥稳定土　单个颗粒的最大料径不应超过 37.5mm，颗粒组成应满足于表 4-3 要求。土的均匀系数应大于 5，细粒土的液限不应超过 40，塑性指数不应超过 17；对中粒土和粗粒土，如粒径小于 0.6mm 的颗粒含量在 30% 以下，塑性指数可稍大。

表 4-3　用作底基层时水泥稳定土的颗粒组成范围（高速公路和一级公路）

| 项目 \ 筛孔尺寸/mm | 37.5 | 4.75 | 0.6 | 0.075 | 0.075 |
|---|---|---|---|---|---|
| 通过质量百分率/% | 100 | 50～100 | 17～100 | 0～50 | 0～30 |

② 基层水泥稳定土　单个颗粒的最大粒径不应超过 31.5mm，颗粒组成应满足表 4-4 要求。

表 4-4　用作基层时水泥稳定土的颗粒组成范围（高速公路和一般公路）

| 筛孔尺寸/mm | 通过质量百分率/% | 筛孔尺寸/mm | 通过质量百分率/% |
|---|---|---|---|
| 37.5 | 100 | 4.75 | 29～50 |
| 31.5 | 90～100 | 2.36 | 18～38 |
| 19 | 67～90 | 0.6 | 8～22 |
| 9.5 | 45～68 | 0.075 | 0～7 |

**2. 石灰稳定土**

塑性指数为 15～20 的黏土以及含有一定数量黏性土的中粒土和粗粒土均适宜用于石灰稳定土。

(1) 石灰稳定土用作高速公路和一级公路的底基层时，颗粒的最大粒径不应超过 37.5mm；用作其他等级公路时，颗粒的最大粒径不应超过 53mm。

(2) 石灰稳定土用作基层时，颗粒的最人粒径不应超过 37.5mm。

**3. 石灰工业废渣稳定土**

石灰工业废渣稳定土宜采用塑性指数 15～20 的黏土（亚黏土），有机质含量不超过 10%，最大粒径不应大于 15mm。

**(二) 无机结合料**

**1. 水泥**

各类水泥都可以用于稳定土。水泥的矿物成分和分散度对其稳定效果有明显影响，对同一种土，硅酸盐水泥比铝酸盐水泥稳定效果好。在水泥矿物成分相同、硬化条件相似的情况下，水泥稳定土的强度随水泥比表面积和活性的增大而提高。稳定土的强度还与水泥用量有关，不存大最佳水泥用量，而存在一个经济用量。通常在保证土的性质能起根本变化，且能保证稳定土达到所规定的强度和稳定性的前提下，尽可能地降低水泥用量。

**2. 石灰**

各种化学组成的石灰均可用于稳定土。但石灰质量应符合表 2-2～表 2-4 规定的生石灰和消石灰的技术指标。在剂量不大的情况下，钙质石灰比镁石灰稳定土的初期强度高，镁质石灰稳定土在剂量大时后期强度优于钙质石灰稳定土。石灰最佳剂量，对黏性土和粉性土为干土质量的 8%～16%，对砂性土为干土质量的 10%～18%。

**3. 工业废渣**

(1) 粉煤灰 粉煤灰是火力发电厂排出的废渣，属硅质或硅铝质材料，其本身不具有或有很小的黏结性，但它以细分散状态与水和硝石灰或水泥混合，可以发生反应形成具有黏结性的化合物。所以石灰粉煤灰可用来稳定各种粒料和土，又称二灰土。

粉煤灰中 $SiO_2$、$Al_2O_3$ 和 $Fe_2O_3$ 的总含量应大于 70%，烧失量不应超过 20%；其比面积大于 $2500cm^3/g$。干、湿粉煤灰都可以应用。湿粉煤灰的含水率不宜超过 35%，干粉煤灰如堆积在空地上应加水，防止飞扬造成污染。使用时，应将凝固的粉煤灰块打碎或过筛，同量清除有害杂质。

(2) 煤渣 煤渣是煤经锅炉燃烧后的残渣，它的主要成分是 $SiO_2$ 和 $Al_2O_3$，它的松干密度为 $700～1100kg/m^3$。用于稳定土的煤渣的最大粒径不应大于 30mm，颗粒组成宜有一定级配，且不宜含杂质。

**4. 水**

水分是稳定土的一个重要组成部分，一般饮用水均满足要求，其技术指标符合水泥混凝土用水标准。水分可以满足稳定土形成强度的需要，同时使稳定土在压实具有一定的塑性，以达到所需要的压实度。水分还可以使稳定土在养生时具有一定的湿度。最佳含水率用重型击实试验法确定。

## 二、稳定土的技术性质和技术标准

稳定土应用广泛，由于其耐磨性差，在路面工程中一般不用于路面面层，主要作为路面基层材料。为满足行车、气候和水文地质条件的要求，稳定土必须具备一定的强度、抗变形能力和水稳定性。

**(一) 强度**

在柔性路面结构中，由于路面面层厚度较薄，传给基层的荷载应力大，基层是承受车辆荷载作用的主要结构（一般称为承重层），这就要求无机结合稳定材料具有足够的强度。

若面层系水泥混凝土路面，由于刚性板块传递给基层的应力已经很小，基层不起主要承重作用，但是保证路面整体强度、防止水泥混凝土板产生开裂等损坏的重要支撑结构，同时对延长路面使用寿命也有明显作用。因此要求基层材料具有适当的强度，而最重要的是要求材料强度均匀、整体性好、表面密实平整、透水性小。

无机结合稳定材料的抗压强度采用的是饱水状态下的无侧抗压强度。

1. 试件尺寸

无机结合稳定材料的抗压强度试件采用的都是高：直径＝1：1的圆柱体，不同颗粒大小的土应采用不同的试件尺寸（表4-5）。

表 4-5　无机结合稳定材料的抗压强度试件尺寸

| 土的颗粒大小 | 颗粒最大粒径/mm | 试件尺寸$\left(\dfrac{直径}{mm}\times\dfrac{高}{mm}\right)$ |
|---|---|---|
| 细粒土 | ≤5 | 50×50 |
| 中粒土 | ≤25 | 100×100 |
| 粗粒土 | ≤40 | 150×150 |

制备试件时，尽可能用静力压实法制备等干密度的试件。

2. 强度标准

不同的公路等级、稳定剂类型和路面结构层次，无机结合稳定土的抗压强度标准也不一样，详见表4-6。

表 4-6　无机结合稳定土抗压强度标准

| 稳定剂类型 | 结构单位 | 公 路 等 级 | |
|---|---|---|---|
| | | 一级和二级以下公路/MPa | 高速公路和一级公路/MPa |
| 水泥稳定类 | 基层 | 2.5～3 | 3～5 |
| | 底基层 | 1.5～2 | 1.5～2.5 |
| 石灰稳定类 | 基层 | ≥0.8 | — |
| | 底基层 | 0.5～0.7 | ≥0.8 |
| 二灰混合料 | 基层 | 0.6～0.8 | 0.8～1.1 |
| | 底基层 | ≥0.5 | ≥0.6 |

### (二) 密度

密度是材料单位体积的质量，是衡量材料内部紧密程度的指标。密度越大材料越致密，其空隙越小，耐久性和强度就越高。无机结合稳定材料的密度往往用压实度来表示。

1. 压实度

压实度是指土或其他筑路材料在施加的外力作用下，能获得的密实程度。它等于材料干密度与最大密度的比值。

$$k=\frac{\rho_{\mathrm{d}}}{\rho_{\mathrm{d,max}}}\times100\%\qquad(4\text{-}1)$$

式中　$k$——压实度；

$\rho_{\mathrm{d}}$——实测干密度，$\mathrm{g/cm^3}$；

$\rho_{\mathrm{d,max}}$——材料最大干密度，$\mathrm{g/cm^3}$。

压实的实质是通过外力作用，克服材料之间的内摩擦力和黏结力，使材料颗粒产生位移并互相靠近，从而提高其密度。水的含量变化对结合料的性质影响较大，对材料所能达到的密实度起着非常重要的作用。

### 2.含水率

含水率是材料中所含水分的质量与干燥材料质量的比值。

适量的水在颗粒之间起着润滑作用，使材料的内摩擦阻力减小，有利于材料的压实；过多的水分，虽然能继续减小材料的内摩阻力，但单位材料空气中的体积逐渐减少到最小程度，而水的体积却不断在增加，由于水是不可压缩的，因此在相同的压实功作用下，对于改变材料颗粒的相对位置，故压实效果较差，另外，在材料使用过程中，由于自由水的蒸发在材料中留下大量的孔隙，从而降低了材料的密度和耐久性；当水分含量过少时，由于材料颗粒间缺乏必要的水分润滑，使材料的内摩擦阻力加大，增加了压实的难度，同时因为材料含水量过低，材料的可塑性变差，其塑性变形的能力降低。

用等量的机械功去压实无机结合稳定材料，可以得到最大密度时的含水率值称为最佳含水率。

无机结合稳定材料的最佳含水率和最大干密度都是通过标准击实试验得到的。

### 3.击实试验

击实试验模拟现场施工条件，利用实验室标准化击实仪具，通过试验得出材料的密度和相应的含水率的关系。

击实试验分别分轻型击实试验和重型击实试验两种（表4-7）。

**表 4-7　击实试验类型**

| 试验方法 | 类别 | 锤底直径/cm | 锤重/kg | 落高/cm | 试筒尺寸 | | | 层数 | 每层击数 | 击实功/(kJ/m³) | 最大粒径/mm |
| | | | | | 内径/cm | 高/cm | 容积/cm³ | | | | |
| --- | --- | --- | --- | --- | --- | --- | --- | --- | --- | --- | --- |
| 轻型Ⅰ法 | Ⅰ·1 | 5 | 2.5 | 30 | 10 | 12.7 | 997 | 3 | 27 | 598.2 | 25 |
| | Ⅰ·2 | 5 | 2.5 | 30 | 15.2 | 12 | 2177 | 3 | 59 | 598.2 | 38 |
| 轻型Ⅱ法 | Ⅱ·1 | 5 | 4.5 | 45 | 10 | 12.7 | 997 | 5 | 27 | 2687 | 25 |
| | Ⅱ·2 | 5 | 4.5 | 45 | 15.2 | 12 | 2177 | 3 | 98 | 2687 | 38 |

配制一组不同含水率的试样（不少于5个），按估计的塑限为最佳含水率，其他依次相差约2%，通过击实试验，将每个试样所得到的含水率 $w$ 与干密度绘制成击实曲线图（图4-1），则曲线峰值所对应的含水率即为最佳含水率，对应的干密度即最大干密度。

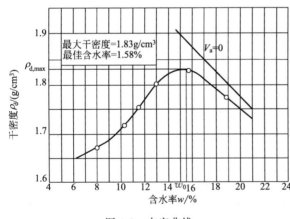

图 4-1　击实曲线

### （三）变形性能

#### 1.缩裂特性

（1）干缩　随着无机结合料稳定土强度的不断形成，水分逐渐消耗以及蒸发，体积发生收缩，收缩变形受到约束时，逐渐产生裂缝，称为干缩裂缝。试验表时，最佳含水率状态下各种无机结合料稳定土的干缩系数由大到小排序为石灰土、石灰砂砾、二灰土、二灰砂砾、水泥砂砾。稳定土干缩裂缝的产生与结合料的种类和用量、含细粒土的多少及养护条件有关。石灰稳定土比水泥稳定土容易产生干缩裂缝。对于含细粒土较多的无机结合料稳定土，常以干缩为主，故应加强初期养护，保证稳定土表面潮湿，减轻其干缩裂缝。

（2）温缩　无机结合料稳定土具有热胀冷缩的性质。随着气温的降低，稳定土会产生冷却收缩变形，收缩变形受到约束时，逐渐形成裂缝，称为温缩裂缝。试验表时，最佳含水率状态下各种无机结合料稳定土的温缩系数按由大到小排序为石灰土、石灰砂砾、二灰土、水泥砂砾、二灰砂砾。其温缩裂缝的产生与结合料的种类与用量、土的粗细程度与成分以及养护条件有关。石灰稳定土比水泥稳定土的温缩大，细粒土比粗粒土的温缩大。掺入一定数量的粉煤灰可以降低温度系数。早期养生良好的无机结合料稳定土易于成形，早期强度高，可以减少裂缝的产生。

2.裂缝防治措施

（1）改善土质 稳定土用土越黏，则缩裂越严重。所以采用黏性小的土，或在黏性土中掺入砂土、粉煤灰等，可以降低土的塑性指数。

（2）控制含水率及压实度 稳定土含水率过多产生的干缩裂缝较显著，压实度小时产生的干缩比压实度大时严重。因此，稳定土压实含水率比最佳含水率略小为好，并尽可能达到最佳压实效果。

（3）掺加粗粒料 掺入一定数量（掺入量60%～70%）的粗粒料，如砂、碎石、砾石等，使混合料满足最佳组成要求，可以提高其强度和稳定性，减少裂缝产生，同时可以节约结合料和改善碾压时的拥挤现象。

### (四)疲劳特性

在重复荷载作用下，材料的强度与其静力极限强度相比有所下降。荷尔蒙载重复作用的次数越多。这种强度下降亦越大，即疲劳强度越小。材料从开始至出现疲劳破坏的荷载作用次数称之为材料的疲劳寿命。试验表明，石灰粉煤灰稳定材料的抗疲劳性能优于水泥砂砾。

由于在一定应力条件下，疲劳寿命决定于材料的强度，故在多数情况下，凡有利于水泥（石灰）类材料强度的因素对提高疲劳寿命也有利。

### (五)水稳定性和抗冻稳定性

稳定类基层材料除具有适当的强度，能承受设计荷载以外，还应具备一定的水稳定性和冰冻稳定性。否则，稳定类基层由于面层开裂、渗水或者两侧路肩渗水将使稳定土含水率增加，强度降低，从而使路面过早破坏。在冰冻地区，冰冻将加剧这种破坏。评价材料的水稳定性和抗冻稳定性可用浸水强度和冻融循环试验。影响水稳定性和抗冻稳定性的主要因素如下。

（1）土类 细土含量多、塑性指数大的土，水稳定性和抗冻稳定性能差。

（2）稳定剂种类和剂量 石灰粉煤灰粒料和水泥粒料的水稳定性最好。当稳定剂剂量不足时，胶结作用弱，透水性大，强度达不到要求，其稳定性也差。

（3）密实度 密实度大时，透水能力降低，水稳定性增强。

（4）龄期 由于某些稳定剂如水泥、石灰或二灰的强度形成需要一定的时间，因此这类稳定土的水稳定性随龄期的增长而增长。

## 任务实施

### 一、无机结合料稳定土的最佳含水量和最大干密度测定

1.目的与适用范围

（1）本测定法适用范围于规定的试筒内，对水泥稳定土（在小泥水化前）、石灰稳定土及石灰（或水泥）粉煤灰稳定土进行击实试验，以绘制稳定土的含水量干密度关系曲线，从而确定最佳含水量和最大干密度。

（2）测试集料的最大粒径宜控制在25mm以内，最大不得超过40mm（圆孔筛）。

（3）本测试可采用三种测试方法，各类测试方法的主要参数列于表4-8中。

表 4-8　测试方法类别

| 测试方法 | 锤的质量/kg | 锤击面直径/cm | 落高/cm | 试筒尺寸 | | | 锤击层数 | 每层锤击次数 | 平均单位击实功/J | 容许最大粒径/mm |
| | | | | 直径/cm | 高/cm | 容积/cm³ | | | | |
| 甲 | 4.5 | 5.0 | 45 | 10 | 12.7 | 997 | 5 | 27 | 2.687 | 25 |
| 乙 | 4.5 | 5.0 | 45 | 15.2 | 12.0 | 2177 | 5 | 59 | 2.687 | 25 |
| 丙 | 4.5 | 5.0 | 45 | 15.2 | 12.0 | 2177 | 5 | 98 | 2.677 | 40 |

2.仪器设备

（1）击实筒。小型击筒由内径 100mm、高 127mm 的金属圆筒，高 50mm 的套环，高 50mm 的筒内垫块及底座组成；中型击实筒由内径 152mm、高 170mm 的金属圆筒，高 50mm、直径 151 的套环，高 50mm 的筒内垫块及底座组成。

（2）击锤和导管。击锤的底面直径 50mm，总质量 4.5kg，击锤在导管内的总行程为 450mm。

（3）天平。感量 0.01g。

（4）台秤。称量 15kg，感量 5g。

（5）圆孔筛。孔径 40mm、25mm 或 20mm 以及 5mm 的筛各 1 个。

（6）量筒。50mL、100mL 和 500mL 的量筒各 1 个。

（7）直刮刀。长 200～250mm、宽 30mm、厚 3mm，一侧开口的直刮刀用以刮平和修饰粒料大的试件的表面。

（8）刮土刀。长 150～200mm、宽约 20mm 的刮刀，用以刮平和修饰小试件的表面。

（9）工字形刮平尺。30mm×50mm×310mm 上下两面和侧面均刨平。

（10）拌和工具。约 400mm×600mm×70mm 的长方形金属盘，拌和用平头小铲等。

（11）脱模器。

（12）测定含水量用的铝盒、烘箱等其他工具。

3.检测准备

（1）将具有代表性和风干试料（必要时，也可以在 50℃ 的烘箱内烘干）用木锤或木碾捣碎。土团均应捣碎至能通过 5mm 的筛孔，但应注意不使粒料的单个颗粒破碎或不使其破碎程度超过施工中拌和机械的破碎率。

（2）如试料是细粒土，将已捣碎的具有代表性的土过 5mm 筛备用（用甲方法或乙法做试验。）

（3）如果试料中含有粒径大于 5mm 的颗粒，刚先将试料过 25mm 的筛，如存留在筛孔 25mm 筛的颗粒的含量不超过 20%（质量分数），则过筛料留作备用（用甲法或乙法做试验）。

（4）如试料中粒径大于 25mm 的颗粒含量过多，则将试料过 40mm 的筛备用（用丙法试验）。

（5）每次筛分后，均应记录超尺寸颗粒的百分率。

（6）在预定做击实试验的前一天，取有代表性的试料测定其风干含水量。对于细粒土，试样应不少于 100g；对于中粒土（粒径小于 25mm 的各种集料），试样应不少于 1000g；对于粗粒土的各种集料，试样应不少于 2000g。

4.检测步骤

（1）将已筛分的试样用四分法分出 10～15kg。再用四分法将其分成 5～6 份，每份试料的干质量为 2.0kg（对于细粒土）或 2.5kg（对于各种中粒土）。

（2）预定 5～6 个不同含水率，依次相差 1%～2%，且其中至少有 2 个大于和 2 个小于最佳含水率。一般其最佳含水率较塑限约小 3%～10%。天然气砂砾土，级配集料等最佳含水率与集料中细土的含量和塑性指数有关，一般变化在 5%～12% 之间。对于细土少的、塑性指数为 0 的未筛分碎石，其最佳含水率接近 5%。对于细土粒偏多的、塑性指数较大的砂砾土，其最佳含水率在 10% 左右。水泥稳定土的最佳含水率与素土的最佳含水率接近，石灰稳定土的最佳含水率可能较素土最佳含水率大 1%～3%。

> 注：对于中粒土，在最佳含水率附近取 1%，其余取 2%；对于细粒土，取巧 2%；但对于黏土，特别是重黏土，可能需要取 3%。

（3）按预定含水率制备试样。将一份试料平铺于金属盘内，将事先计算得到的该份试料中应加的水量均匀地喷洒在试样上，用小铲将试料充分拌和到均匀状态（如为石灰稳定土和水泥石灰综合稳定土，可将石灰和试样一起拌匀），然后装入密闭容器或塑料口袋内浸润备用。

浸润时间，黏性土 12～24h，粉性土 6～8h，砂性土、砂砾土、红土砂砾、级配砂砾等可以缩短到 4h 左右，含土很少的未筛分碎石、砂砾和砂可缩短到 2h。

应加水量可按式(4-2) 计算。

$$Q_w = \left( \frac{Q_n}{1-0.01w_n} - \frac{Q_c}{1-0.01w_c} \right) \times 0.01w - \frac{Q_n}{1+0.01w_n} \times 0.01w_n - \frac{Q_c}{1+0.01w_c} \times 0.01w_c$$

$$(4-2)$$

式中　$Q_w$——混合料中应加的水量，g；

　　　$Q_n$——混合料中素土（或集料）的质量，g；

　　　$Q_c$——混合料中水泥或石灰的质量，g；

　　　$w$——要求达到的混合料的含水率，%；

　　　$w_n$——混合料中素土（或集料）的原始含水率，即风干含水率，%；

　　　$w_c$——混合料中素土（或集料）的原始含水率，%，水泥的原始含水率通常很小，也可忽略不计。

（4）将所需要的稳定剂水泥加到浸润的试料中，并用小铲、泥刀或其他工具充分拌和到均匀状态。加有水泥的试样拌和后，应在 1h 内完成击实试验，拌和后超过 1h 而未进行击实试验的试磁，应予作废（石灰稳定土和石灰粉煤灰除外）。

（5）试筒套环与击实底板应紧密联结，将击实筒放在坚实地面上，取制备好的试样（仍用四分法）400～500g（其量应使击实后的试样等于或略高于筒高的 1/5）倒入筒内，整平其表面并稍加压紧，然后按所需击数进行第一层试样的击实。击实后，击锤应自由铅直落下，落高应为 45cm，锤迹必须均匀分布于试样面。第 1 层击实后，检查该层高度是否合适，以便调整以后几层的试样用量，用刮土刀或螺钉旋具将已击实的表面"拉毛"，然后重复上述做法，进行其余 4 层试样的击实。最后 1 层试样击实后，试样超出试筒顶的高度不得大于 6mm，超出高度过大的试件应该作废。

（6）用刮土刀沿套环内壁削挖（使试样与套环脱离）后，扭动并取下套环。齐筒顶细心刮平试样，并拆除底板。如试样底面略突出筒外或有孔洞，则应细心刮平或修补。最后用工字形刮平尺齐筒顶和底将试样刮平，擦净试筒的外壁，称其质量，精确至 5g。

（7）用脱模器推出筒内试亲，从试样内部自上至下取 2 个有代表性的样品（可将脱出试件用锤打碎后，用四分法采取），测定其含水率，精确至 0.1%。两个试样的含水率的差值不得大于 1%。所取样品的数量见表 4-9（如只取一个样品测定含水率，则样品的质量应为表中数值的两倍）。

烘箱的温度应事先调整至 110℃ 左右，以使放入的试样能立即在 105～110℃ 的温度下烘干。

表 4-9　测稳定土含水率的样品数量

| 项目 ＼ 最大粒径/mm | 2 | 5 | 25 |
|---|---|---|---|
| 样品质量/g | 约 50 | 约 100 | 约 100 |

（8）按上述（3）~（7）项的步骤进行其余含水率下稳定土的击实和测定工作。凡已用过的试样，一律不得重复使用。

5. 结果评定

（1）按下式计算每次击实后稳定土的湿密度。

$$\rho_w = \frac{Q_1 - Q_2}{V} \qquad (4\text{-}3)$$

式中　$\rho_w$——稳定土的湿密度，$g/cm^3$；

　　　$Q_1$——试筒与湿试样的质量，$g$；

　　　$Q_2$——试筒的质量，$g$；

　　　$V$——试筒的容积，$cm^3$。

（2）按式(4-4)计算每次击实后稳定土的干密度。

$$\rho_d = \frac{\rho_w}{1 + 0.01w} \qquad (4\text{-}4)$$

式中　$\rho_d$——试样的干密度，$g/cm^3$；

　　　$w$——试样的含水率，%。

（3）如图 4-1 所示，以干密度为纵坐标，以含水率为横坐标，在普通直角坐标纸上绘制干-密度与含水率的关系曲张，驼峰形曲线顶点的纵横坐标分别为稳定土的最大干密度和最佳含水率。最大干密度用 2 位小数表示。如最佳含水率的值在 12% 以上，则用整数表示（即精确到 1%）；如最佳含水率的值在 6%~12%，则用 1 位小数"0"或"5"表示（即精确到 0.5%）；如最佳含水率的值小于 6%，则取 1 位小数，并用偶数表示（即精确到 0.2%）。如试验点不足以连成完整的驼峰曲线，则应该进行补充试验。

（4）超尺寸颗粒的校正。当试样中大于规定最大粒径的超尺寸颗粒的含量为 5%~30%（质量分数）时，按下式对试验所得最大干密度和最佳含水率进行校正（超尺寸颗粒的含量小于 5% 时，它对最大干密度的影响位于平行试验的误差范围内，可以不进行校正。

最大干密度按下式校正，精确至 0.01g/cm³。

$$\rho'_{dm} = \rho_{dm}(1 - 0.01P) + 0.9 \times 0.01PG'_a \qquad (4\text{-}5)$$

式中　$\rho'_{dm}$——校正后的最大干密度，$g/cm^3$；

　　　$\rho_{dm}$——试验所得的最大干密度，$g/cm^3$；

　　　$P$——试样中超尺寸颗粒的百分率，%；

　　　$G'_a$——超尺寸颗粒的相对密度。

最佳含水率按下式校正。

$$\rho'_0 = \rho_0(1 - 0.01P) + 0.01PGw_a \qquad (4\text{-}6)$$

式中　$\rho'_0$——校正后的最佳含水率，%；

　　　$\rho_0$——试验所得的最佳含水率，%；

　　　$P$——试样中超尺寸颗粒的百分率，%；

　　　$w_a$——超尺寸颗粒的吸水率，%。

（5）精密度或允许误差。应做 2 次平行试验，2 次试验大干密度的差不应超过 0.05g/cm³（稳定细粒土）和 0.08g/cm³（稳定中粒土和粗粒土）；最佳含水率的并不应超过 0.5%（最佳含水率小于 10%）和 1.0%（最佳含水率大于 10%）。

## 二、无机结合料稳定土无侧限抗压强度测定

1. 目的与适用范围

（1）本法适用于测定无机结合料稳定土（包括稳定细粒土、中粒土、粗粒土）试件的无侧限抗压强度。它包括按照预定干密度用静力压实法制备试件以及用锤击法制备试件。试件均为高：直径＝1:1 的圆柱体。应尽可能用压实法制备等干密度的试件。

（2）本测定法也可以适用于其他稳定材料或综合稳定土的无侧限抗压强度试验。

2. 仪器设备

（1）圆孔筛。孔径 40mm、25mm（或 20mm）及 5mm 的筛各 1 个。

（2）试模。

细粒土（最大粒径不超过 10mm）：试模直径×高＝50mm×50mm

中粒土（最大粒径不超过 25mm）：试模直径×高＝100mm×100mm

精粒土（最大粒径不超过 40mm）：试模直径×高＝150mm×150mm

（3）脱模器。

（4）反力框架。规格为 400kN。

（5）液压千斤顶：200～500kN。

（6）夯锤和导管。夯锤底面直径 50mm，总质量 4.5kg。分锤在导管内的总行程为 450mm。

（7）养生室。能恒温恒湿。

（8）水槽。深度大于试件高度 50mm。

（9）路面材料强度试验仪或其他的压力机，但后者的规格应不大于 200kN。

（10）天平。感量 0.01g。

（11）台秤。称量 10kg，感量 5g。

（12）量筒、拌和工具、漏斗、大小铝盒、烘箱。

3. 检测准备

（1）将具有代表性的风干试料（必要时也可以在 50℃烘箱内烘干），用木锤和木碾捣碎，但应避免破碎改变粒料的原粒径。将土过筛并进行分类。如试料为粗粒土，则除去大于 40mm 的颗粒备用；如试料为中粒土，则除去大于 25mm 或 20mm 的颗粒备用；如试料为细粒土，则除去大于 10mm 的颗粒备用。

（2）在预定做试验的前一天，取有代表性的试料测定其风干含水率。对于细粒土，试样应不少于 100g；对于粒径小于 25mm 的中粒土，试样应不小于 1000g；对于粒径小于 40mm 的粗粒土，试样应不小于 2000g。

（3）按击实试验方法确定无机结合料混合料的最佳含水率和最大干密度。

4. 检测步骤

（1）试件制作

① 对于同一无机结合料混合料，需要制备相同状态的试件数量（即平行试验的数量）与土类及操作的仔细程度有关。对于无机结合料稳定细粒土，至少应制备 6 个试件；对于无机结合料稳定中粒土和粗粒土，至少应分别制备 9 个和 13 个试件。

② 称取一定数量的风干土并计算干土的质量，其数量随试件大小而变。对于 50mm×50mm 的试件，一人试件需干土 180～210g；100mm×100mm 的试件，1 个试件需干土 1700～1900g；150mm×150mm 的试件，一个试件需干土 5700～6000g。

③ 对于细粒土，可以一次称取 6 个试件的土；对于中料土，可以一次称取 3 个试件的

土；对于粗粒土，一次只称取 1 个试件的土。

④ 将称取的土放在长方盘内，向土中加水，对于细粒土（特别是黏性土）使其含水率较最佳含水率小 3%，对于中粒土和粗粒土可按最佳含水率加水。将土和水拌和均匀后放在密闭的窗口内浸润备用。如为石灰稳定土和水泥石灰综合稳定土，可将石灰和土一起拌匀进行浸润。应加水量可按式（4-1）计算。

⑤ 在浸润的试料中，加入预定数量的水泥或石灰并拌和均匀（水泥或石灰剂量均按干土或集料质量的百分率计）。

⑥ 按预定的干密度制备试件。

a. 用反力框架和液压千斤顶制备试件。制备一个预定干密度的试件，需要的稳定土混合料质量随试模尺寸而变，即：

$$m_1 = \rho d V(1 + w) \qquad (4-7)$$

式中  $V$——试模的体积；

$w$——稳定土混合料的含水率，%；

$\rho d$——稳定土试件的干密度，$g/cm^3$。

事先在试模在内壁及上下压柱的底面涂一薄层机油，将试模的下压柱放入试模的下部，并外露 20mm 左右。将称量的规定数量的稳定土混合料分 2～3 次用漏斗灌入试模中，每次灌入后用插刀轻轻插实。如制 50mm×50mm 的小试件，则可以将混合料一次倒入试模中，然后将上压柱放入试模内，应使其也外露 20mm 左右（即上下压柱露出试模外的部分应该相等）。

将整个试模（连同上下压柱）放到反力框架内的千斤顶上（千斤顶下应放一扁球座），加压，直到上下压柱都压力试模内为止，并放到脱模器上将试件顶出（利用千斤顶和下压柱）。称取试件的质量 $m_2$，小试件精确到 1g；中试件精确到 2g；大试件精确到 5g。然后用游标卡尺量出试件的高度 $h$，精确到 0.1mm。

b. 用击锤制备试件。其步骤与用反力框架和液压千斤顶制备试件相同，只是用击锤（可以利用做击实验的锤，但压柱顶面要垫一层牛皮或胶皮，以保护锤面和压柱顶面不受损伤）将上下压柱打入试模内。

（2）养生  试件从试模内脱出来并称重后，应立即放到养生室内进行保温保湿养生。养生时间视需要而定，作为工地控制，通常只取 7d。整个养生期间的温度，在北方地区应保持 20℃±2℃，在南方地区应持 25℃±2℃。

养生期的最后一天，应将试件浸泡在水中，水的深度应使水面高出试件顶面 25mm。在浸泡水中之前，应再次称试件的质量 m₃。养生期间，试件质量的损失应符合下列规定：小试件不超过 1g；中试件不超过 4g，大试件不超过 10g。超过此规定的试件，应作废。

（3）无侧限抗压强度试验

① 将已浸水 1 昼夜的试件从水中取出，用软的旧布吸去试件表面的自由水，并称试件的质量 $m_4$。

② 用游标卡尺测量试件的高度 $h_1$，精确到 0.1mm。

③ 将试件放到路面材料强度试验仪的升降台上（台上先放一扁球座），进行抗压试验。试验过程中，应使试件的变形等速增加，并保持速率约为 1mm/nin。记录试件破坏时的最大压力 $P$。

④ 从试件内部取有代表性的样品，打破，测定其含水率 $w_1$。

5. 结果评定

（1）试件的无侧限抗压强度 $R_c$ 按式（4-8）计算。

小试件：
$$R_c = \frac{p}{A} = 0.00051P$$

中试件：
$$R_c = \frac{p}{A} = 0.000127P \qquad (4\text{-}8)$$

大试件：
$$R_c = \frac{p}{A} = 0.000057P$$

式中　$p$——试件破坏时的最大压力，N；

$A$——试件的截面积，$mm^2$；$A = \dfrac{\pi D^2}{4}$，$D$ 为试件的直径。

（2）精密度或允许误差。若干次平行试验的偏差系数 $C_V$ 应符合下列规定：小试件不大于 10%；中试件不大于 15%；大试件不大于 20%。

（3）抗压强度小于 2.0MPa 时，采用 2 位小数，并用偶数表示；抗压强度大于 2.0MPa 时，采用 1 位小数。

### 知识拓展

稳定土的强度形成原理

在土中掺入适量的石灰或水泥，并在最佳含水量下拌和均匀、压实，使无机结合料与土发生一系列的物理、化学作用而逐渐具有一定的强度。石灰与土之间的物理化学作用大致可分为 4 个方面：离子交换作用、结晶作用、碳酸化作用和火山灰作用。水泥与土之间产生的物理与化学作用也可分为四个，即硬凝反应、离子交换作用、化学激发作用、碳酸化作用。

#### 一、石灰稳定土强度形成原理

1.离子交换作用

土的微小颗粒具有一定的胶体性质，一般都带有负电荷，表面吸附着一定数量的钠、氢、钾等低价阳离子（$Na^+$、$H^+$、$K^+$）。石灰是一种强电解质，在土中加入石灰和水后，石灰在溶液中电离出来的钙离子（$Ca^{2+}$）就与土中的钠、氢、钾离子交换作用，原来的钠（钾）土变成钙土，土颗粒表面所吸附的离子由一价变成二价，减少了土颗粒表面吸附水膜的厚度，使土粒相互之间更为接近，分子引力随着增加，许多单个土粒聚成小团粒，组成一个稳定结构。

2.结晶作用

在石灰土中只有一部分熟石灰 $Ca(OH)_2$ 进行离子交换作用，绝大部分饱和的 $Ca(OH)_2$ 自行结晶。熟石灰与水作用成熟石灰结晶网络。

由于结晶作用，把土粒胶结成整体，使石灰的整体强度得到提高。

3.火山灰作用

熟石灰的游离钙 $Ca^{2+}$ 与土中的活性氧化硅 $SiO_2$ 和氧化铝 $Al_2O_3$ 作用生成含水在硅酸钙和含水的铝酸钙，它们在水分作用下能够逐渐硬结。

上述所形成的熟石灰结晶网格和硅酸钙、含水的铝酸钙结晶都是胶凝物质，它具有水硬性并能在固体和水两种环境下发生硬化反应。这些胶凝物质在土微粒团外围形成一层稳定保护膜，填充颗粒空隙，使颗粒间产生结合料，减少了颗粒间的空隙和透水性，同时提高密实度，这是石灰土获得强度和水稳定性的基本原因，但这种作用比较缓慢。

4.碳酸化作用

在土中的 $Ca(OH)_2$ 与空气中的 $CO_2$ 作用，生成 $CaCO_3$ 结晶，其化学反应式为：

$$Ca(OH)_2 + CO_2 \Longrightarrow CaCO_3 + H_2O$$

$CaCO_3$ 是坚硬的结晶体，它和其生成的复杂盐类把土粒胶结起来，从而大大提高了土的强度和整体性。

结晶作用和碳酸化作用使石灰土的后期板体性、强度和稳定性得到提高。

由于石灰与土发生了一系列的相互作用，从而使土的性质发生根本的改变。在初期，主要表现为土的团结、塑性降低、最佳含水量和最大密实度减少等，后期表现为结晶结构的形成，从而提高其板体性、强度和稳定性。

## 二、水泥稳定土强度形成原理

在利用水泥稳定土的过程中，水泥、土和水之间发生了多种非常复杂的作用，从而使土的性能发生了明显的变化。这些作用可以分为：化学作用（如水泥颗粒的水化、硬化作用，有机物的聚合作用，以及水泥水化产物与黏土矿物之间的化学作用等）；物理-化学作用（如黏土颗粒与水泥及水泥水化产生物这是的吸附作用，微粒的凝聚作用，水及水化产物的扩散、渗透作用，水化产物的溶解、结晶作用等）；物理作用（如土块的机械粉碎作用，混合料的拌和、压实作用等）。现就其中的一些主要作用过程介绍如下。

### 1. 硬凝反应

硬凝反应也是水泥的水化反应。在水泥稳定土中，首先发生的是水泥自身的水化反应，从而产生具有胶结能力的水化产物，这是水泥稳定土强度的主要来源。

水泥经水化反应产生的水化产物，在土的孔隙中相互交织搭接，将土颗粒包覆连接起来，使土逐渐丧失了原有的塑性等性质，并且随着水化产物的增加，混合料也逐渐坚固起来。但水泥稳定土中水泥的水化与水泥混凝土中水泥的水化之间还有所不同。这是因为：土具有非常高的比表面积和亲水性；水泥稳定上的水泥含量最少；土对水泥的水化产物具有强烈的吸附性；在一些土中常存在酸性介质环境。由于这特点，在水泥稳定土中，水泥的水化硬化条件较混凝土中差得多，特别是在由于黏土矿物对水化产物中的 $Ca(OH)_2$ 具有极强的吸附和吸收作用，使溶液中的碱度降低，从而影响了水泥水化产物的稳定性；水化硅酸钙中的钙硅比会逐渐降低，析出 $Ca(OH)_2$，从而使水化产物的结构和性能发生变化，进而影响到混合料的性能。因此在选用水泥时，在其他条件相同的情况下，应优先选用硅酸盐水泥，必要时还应对水泥稳定土进行"补钙"，以提高混合料中的碱度。

### 2. 离子交换作用

土中的黏土颗粒由于颗粒细小、比表面积大，因而具有较高的活性，当黏土颗粒与水接触时，黏土颗粒表面通常带有一定量的负电荷，在黏土颗粒周围形成一个电场，这层带负电荷的离子就称为电位离子。带负电的黏土颗粒表面吸引周围溶液中的正离子，如 $K^+$、$Na^+$ 等，而在颗粒表面形成了一个双电层结构，这些与电位离子电荷相反的离子就称为反离子。在对电层中电位离子形成了内层，反离子形成外层。靠近颗粒的反离子与颗粒表面结合较紧密，当黏土颗粒运动时，结合较紧密的反离子将随颗粒一起运动，而其他反离子将不产生运动，由此在运动与不运动的反离子之间便出现了一个滑移面。

由于在黏土颗粒表面存在着电场，因此也存在着电位。颗粒表机电位离子形杨的电位称为热力学电位，滑动面上的电位称为电动电位。由于反离子的存在，离开颗粒表面越远电位越低，经过一定的距离电位将降低为零，此距离称为双电层。由于各个黏土颗粒表面都具有相同的双电层结构，因此黏土颗粒往往间隔着一定的距离。

在硅酸盐水泥中，硅酸三钙和硅酸二钙占主要部分，其水化后所产生的 $Ca(OH)_2$ 所占有的比例也较高，可达水化产物的 $25\%$。大量的 $Ca(OH)_2$ 溶于水以后，在土中形成了一个富含 $Ca^{2+}$ 的碱性环境。当溶液中富含 $Ca^{2+}$ 时，因为 $Ca^{2+}$ 的电价高于 $Na^+$、$K^+$ 等离子，因此与电位离子的吸引力较强，从而取代了 $Na^+$、$K^+$，成为反离子，同时 $Ca^{2+}$ 的双层电的降低速度加快，因此使电动电位减小、双电层的厚度降低，黏土颗粒之间的距离减小，相互靠拢，导致土的凝聚，从而改变土的塑性，使土具有一定的强度和稳定度。这种作用就称为离子交换作用。

3.化学激发作用

钙离子的存在不仅影响到了黏土颗粒表面双电层的结构，而且在这种碱性溶液环境下，土本身的化学性质也将发生变化。

土的矿物组成基本都属于硅铝酸盐类，其中含有大量的硅氧四面体和铝氧信面体。在通常情况下，这些矿物具有比较高的稳定性，但当黏土颗粒周围介质的 pH 值增加到一定程度时，黏土矿物中的部分 $SiO_2$ 和 $Al_2O_3$ 的活性将被激发出来，与溶液中的 $Ca^{2+}$ 进行反应，生成亲水的矿物，这些矿物主要是硅酸钙和铝酸钙系列。这些矿物的组成和结构与水泥的水化产物有很多类似之处，并且同样具有胶凝能力。生成的这些胶结物质包裹着黏土颗粒表面，与水泥的水化产物一起，将黏土颗粒凝结成为一个整体。因此 $Ca(OH)_2$ 对黏土矿物的激发作用，将进一步提高水泥稳定土的强度和水稳定性。

4.碳酸化作用

水泥水化生成的 $Ca(OH)_2$，除了可与黏土矿物发生化学反应外，还可进一步与空气中的 $CO_2$ 发生碳化反应并生成碳酸钙晶体。其反应式见式(4-4)。

碳酸钙生成过程中产生体积膨胀，也可以对土的基体起到填充和加固作用，只是这种作用相对来讲比较弱，并且反应过程缓慢。

# 任务二　无机结合料稳定土的配制

## 任务描述

配制抗压强度为 0.5MPa，压实度大于 95％，用于公路的底基层的石灰稳定土。

## 任务分析

配制石灰稳定土，就是进行稳定土混合料的组成设计，根据规定的强度标准，通过试验选取最适合于稳定的土，确定必须的水泥、石灰、粉煤灰等稳定材料的剂量和混合料的最佳含水量。在需要改善土的颗粒组成时，还包括确定所掺集料的比例，改善其级配，并通过试验确定其配合比。通过对无机结合料稳定土的配置，使学生了解现行无机结合料稳定土的配合比组成设计方法。

## 知识链接

### 一、设计依据与标准

目前，稳定土设计的依据主要有强度和耐久性。

各种混合料的强度标准（7d）建议值见表 4-6。关于耐久性标准，鉴于现行冻融试验方法所建立的试验条件与稳定层在路面结构中所能遇到的环境条件相比，更为恶劣，因此我国 JTJ 034—2000《公路路面基层施工技术规范》规定：混合料进行设计时，仅采用一个设计标准，即无侧限抗压强度。

### 二、稳定土材料组成设计步骤

1.原材料试验

原材料试验主要包括基础材料和稳定剂性质试验，具体试验内容如下。

（1）颗粒分析试验。

（2）液限和塑性指数试验。

（3）相对密度试验。

（4）击实试验。

（5）压碎值试验。

（6）有机质含量试验（必要时做）。

（7）硫酸盐含量试验（必要时做）。

（8）稳定剂性质试验。

2．拟定混合料配合比

（1）选用不同的石灰或水泥剂量，制备同一种土样的混合料试件若干，建议剂量见表4-10、表4-11。

表 4-10　初拟配合比时的水泥剂量（一）

| 层　　位 | 土　　类 | 水泥剂量/% |
|---|---|---|
| 基层 | 中、粗粒土 | 3、4、5、6、7 |
| | 塑性指数小于 12 的细粒土 | 5、7、8、9、11 |
| | 其他细粒土 | 8、10、12、14、16 |
| 底基层 | 中、粗粒土 | 3、4、5、6、7 |
| | 塑性指数小于 12 的细粒土 | 4、5、6、7、9 |
| | 其他细粒土 | 6、8、9、10、12 |

表 4-11　初拟配合比时的水泥剂量（二）

| 层　　位 | 土　　类 | 水泥剂量/% |
|---|---|---|
| 基层 | 砂砾土和碎石土 | 3、4、5、6、7 |
| | 塑性指数小于 12 的黏性土 | 10、12、13、14、16 |
| | 塑性指数大于 12 的黏性土 | 5、7、9、11、13 |
| 底基层 | 塑性指数小于 12 的黏性土 | 8、10、11、12、14 |
| | 塑性指数大于 12 的黏性土 | 5、7、8、9、11 |

（2）确定各种混合料的最佳含水率和最大干（压实）密度，至少做三个不同水泥剂量混合料的击实试验，即最小剂量、中间剂量和最大剂量。

（3）按规定压实度分别计算不同石灰或水泥剂的试件应有的干密度。

（4）按最佳含水率和计算得到的干密度制备试件。进行强度试验时，作业平行试验的最少试件数量应不小于表4-12的规定。如试验结果的偏差系数大于表4-10中规定的值，则应重做试验，并找出原因，加以解决，如不能降低偏差系数，则应增加试件数量。

表 4-12　最少试件数量

| 土　　类 | 偏差系数 | | |
|---|---|---|---|
| | <10% | 10%～15% | 15%～20% |
| | 试　件　数　量 | | |
| 细粒土 | 6 | 9 | — |
| 中粒土 | 6 | 9 | 13 |
| 粗粒土 | | 9 | 13 |

（5）试件在规定温度下保温状态 6d，浸水 24h 后，按《公路工程无机结合料稳定材料试验规程》进行无侧限抗压强度试验，并计算试验结果的平均值和偏差系数。

（6）选定石灰或水泥的剂量。根据试验结果和表4-6的强度标准，选定合适的石灰或水泥剂量。此剂量试件室内试验结果的平均抗压强度 $\bar{R}$ 应符合式（4-9）的要求。

$$\bar{R} \geqslant \frac{R_d}{1 - Z_a C_v} \tag{4-9}$$

式中　$\bar{R}$ ——设计抗压强度，MPa；

　　　$C_v$ ——试验结果的偏差系数（以小数计）；

　　　$Z_a$ ——保证率系数，高速公路和一级公路应取保证率为 95%，此时即 $Z_a = 1.645$，一般公路应取保证率为是 90%，即 $Z_a = 1.282$。

（7）工地实际采用水泥剂量应比室内试验确定的剂量多 0.5%～1.0%。采用集中厂拌法施工时，可只增加 0.5%；采用路拌法施工时，宜增加 1%。

（8）水泥的最小剂量应符合表 4-13 的规定。

表 4-13　水泥的最小剂量

| 土　类 | 拌 和 方 法 | |
|---|---|---|
| | 路拌法 | 集中厂拌法 |
| 中粒土和粗粒土 | 4% | 3% |
| 细粒土 | 5% | 4% |

（9）综合稳定土和其他无机稳定类材料的组成设计与上述步骤相同。

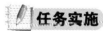 **任务实施**

根据以下条件进行石灰稳定土的组成设计。

## 一、设计要求

（1）工程名称　某公路。

（2）工程部位　底基层。

（3）设计强度　0.6MPa。

（4）设计压实度　≥95%。

## 二、原材料

（1）石灰　市购Ⅱ灰。

（2）土　外运土。

# 小　结

无机结合料稳定材料具有稳定性好、抗冻性能强、结构本身自成板体的优点，但耐磨性差，因此被广泛用于路面结构的基层或底基层。目前，我国的水泥混凝土路面或沥青混合料路面 95% 以上采用无机结合稳定材料作为基层或底基层。

无机结合料稳定材料的组成材料有土、石灰、水泥、工业废渣、碎石和水等。不同功能的无机结合料稳定材料对组成材料的要求不同。

无机结合料稳定材料的技术性质包括强度、密度、变形（干缩、温缩）、疲劳性、水稳定性和抗冻性等。其主要影响因素包括组成材料的性质和数量、含水率及密度等。

稳定类材料组成设计也称混合料设计，即根据对某种稳定材料规定的技术要求，选择合理的原材料、掺配材料（需要时）、确定结合料的种类及剂量及混合料的最佳含水率。稳定类材料组成设计是路面结构设计的重要组成部分。

# 能力训练题

1.什么叫稳定土？它具有什么特点？

2.对组成稳定土的材料有什么要求？

3.简述稳定土的强度形成原理。

# 学习情境 五 沥青材料的检测与选用

## 教学目标

1. 熟悉石油沥青的化学组成和胶体结构。
2. 掌握石油沥青的主要技术性质、性能特点和评价方法。
3. 了解其他各类沥青的组成和性质。

## 能力目标

1. 能检测石油沥青的主要技术性质。
2. 能根据工程需要，正确选用沥青。

# 任务一 石油沥青技术性质的测定

### 任务描述

测定石油沥青材料针入度、延度、软化点等技术性质，评定石油沥青的质量。

### 任务分析

评定沥青质量，首先要熟悉沥青的主要技术性质及技术标准，掌握沥青技术性质的检测方法，再根据 JTG E20—2011《公路工程沥青及沥青混合料试验规程》规定，测定石油沥青材料针入度、延度、软化点等技术性质。通过对沥青样品的各个技术性质的检测，使学生熟悉石油沥青的化学组成和胶体结构，掌握石油沥青的主要技术性质及检测石油沥青主要技术性质的技能。

### 知识链接

沥青是一种有机胶凝材料，在常温下呈固体、半固体或黏稠液体，颜色为黑色或黑褐色。沥青与矿物材料有较强的黏结力，能紧密黏附于矿物材料表面，是道路工程重要的筑路材料。沥青属于憎水性材料，结构致密，几乎不溶于水和不吸水，同时还具有一定的塑性，能适应材料或构件的变形，因此广泛用作建筑、水利工程的防潮、防水和防渗工程。

沥青的种类很多，按其在自然界中获得的方式，可分为地沥青和焦油沥青两大类。

地沥青是天然存在的或由石油精制加工得到的沥青材料，按其产源又可分为天然沥青和石油沥青。天然沥青是石油在自然条件下，经地球物理因素的长期作用、轻质组分挥发和缩聚而成的沥青类物质，我国新疆克拉玛依等地有天然沥青。石油沥青是石油原油经蒸馏提炼出各种轻质油（如汽油、煤油、柴油等）及润滑油以后的残留物，或将残留物经吹氧、调和等工艺进一步加工得到的产品。

焦油沥青是利用各种有机物（煤、泥炭、木材等）干馏加工得到的焦油，经再加工得到的沥青类物质。焦油沥青按其加工的有机物名称来命名，如由煤干馏所得的煤焦油，经再加工得到的沥青，即称煤沥青（俗称柏油）。页岩沥青的技术性质接近石油沥青，而按其生产工艺则接近焦油沥青。

工程上主要应用石油沥青，另外还使用少量的煤沥青。

## 一、石油的组分与结构

### (一)石油沥青的组分

石油沥青是由多种高分子碳氢化合物及其非金属（氧、氮、硫）衍生物所组成的极其复杂的混合物，它的元素组成主要是碳（80％～87％ ）和氢（10％～15％ ），其次是非金属元素，如氧、硫、氮等（质量分数＜3％）。此外，还含有些极微量的金属元素，如镍、钒、铁、锰、钙等。但含量都很少，为几个至几十个 ppm（$10^{-6}$）。

由于石油沥青化学组成极为复杂，许多元素分析结果非常近似的石油沥青，它们的性质却相差很大。主要是因为沥青中所含烃类基属的化学结构不同。

### (二)石油沥青的化学组分

目前的分析技术尚难将沥青分离为纯粹的化合物单体。为了研究石油沥青化学组成与使用性能之间的联系，常将沥青所含烃类化合物中化学性质相近的成分归类分析，从而划分为若干"组"，称为"沥青化学组分"，简称为"组分"。

将沥青分为不同组分的化学分析方法称为组分分析法，这种方法是利用沥青在不同有机溶剂中的选择性溶解或在不同吸附剂上的选择性吸附等性质，将沥青分离为化学性质相近而且与其路用性质有一定联系的几个组。早年丁·马尔库松（德国）就提出将石油沥青分离为沥青酸、沥青酸酐、油分、树脂、沥青质、沥青碳和似碳物等组分的方法。后来经过许多研究者的改进，美国的 L.R.哈巴尔德和 K.E.斯坦费尔德将其完善为三组分分析法，再后来 L.W.科尔贝特（美国）又提出四组分分析法。

#### 1.三组分分析法

石油沥青的三组分分析法是将石油沥青划分为油分、树脂和沥青质三个组分。因我国富产石蜡基或中间基沥青，在油分中往往含有蜡，故在分析时还应将油蜡分离。这种分析方法称为溶解-吸附法，按三组分分析法所得各组的性状如表 5-1。

表 5-1　石油沥青三组分分析法的各组分性状

| 性状<br>组分 | 外观特征 | 平均相对分子质量<br>$M_W$ | 碳氢比<br>C/H | 物化特征 |
|---|---|---|---|---|
| 油分 | 淡黄色透明液体 | 200～700 | 0.5～0.7 | 几乎可溶于大部分有机溶剂,具有光学活性,常发现荧光,相对密度 0.910～0.925 |
| 树脂 | 红褐色黏稠半固体 | 800～3000 | 0.7～0.8 | 温度敏感性高,溶点低于 100℃,相对密度大于 1.000 |
| 沥青质 | 深褐色固体末状微粒 | 1000～5000 | 0.8～1.0 | 加热不熔化,分解为硬焦炭,使沥青呈黑色 |

#### 2.四组分分析法

该法可将沥青分离为如下 4 种成分。

(1) 沥青质　沥青中不溶于正庚烷而溶于甲苯中的物质。

(2) 饱和分　亦称饱和烃，沥青中溶于正庚烷，吸附于是 $Al_2O_3$ 谱柱下，能为正庚烷或石油醚溶解脱附的物质。

(3) 芳香分　亦称芳香烃，沥青经上一步骤处理后，为甲苯所溶解脱附的物质。

(4) 胶质　沥青经上一步骤处理后能为苯-乙醇或苯-甲醇所溶解脱附的物质。

对于多蜡沥青，还可将饱和分和芳香分用于丁酮-苯混合溶液冷冻分离出蜡。

沥青的化学组分与沥青的物理力学性质有着密切的关系，这主要表现为沥青组分及其含量的不同将引起沥青性质趋向性的变化。一般认为，油分使沥青具有流动性；树脂使沥青具有塑性，树脂中含有少量的酸性树脂（即地沥青酸和地沥青酸酐），是一种表面活性物质，能增强沥青与矿质材料表面的黏附性；沥青质能提高沥青的黏结性和热稳定性。

**3.沥青的含蜡量**

蜡组分的存在对沥青性能的影响，是沥青性能研究的一个重要课题。特别是在我国富产石蜡基原油的情况下，更是众所关注。现有研究认为：蜡对沥青路用性能的影响，主要是由于沥青中蜡的存在，在高温时会使沥青容易发软，导致沥青路面的高温稳定性降低，出现车辙。同样，在低温时会使沥青变得脆硬，导致路面低温抗裂性降低，出现裂缝。此外，蜡会使沥青与石料黏附性降低，在水分的作用下，会使路面石子与沥青产生剥落现象，造成路面破坏；更严重的是，含蜡沥青会使沥青路面的抗滑性降低，影响路面的行车安全性。对于沥青含蜡量的限制，由于世界各国测定方法不同，所以限值也不一致，我国现行规范《公路沥青路面施工技术规范》（JTG F40—2004）对沥青含蜡有明确规定。

**（三）石油沥青的结构**

**1.胶体理论**

现代胶体学说认为，沥青中沥青质是分散相，饱和分和芳香分是分散介质，但沥青质不能直接分散在饱和分和芳香分中。而胶质作为一种"胶溶剂"，沥青吸附了胶质分形成胶团而后分散于芳香分和饱和分中。所以沥青的胶体结构是以沥青质为胶核，胶质分被吸附其表面，并逐渐向外扩散形成胶团，胶团再分散于芳香分和饱和分中。

**2.胶体的结构类型**

根据沥青中各组分的化学组成和相对含量的不同，可以形成不同的胶体结构。沥青的胶体结构，可分为下列3种类型。

（1）溶胶结构　沥青质含量较少，饱和分和芳香分、胶质足够多时，则沥青质形成的胶团全部分散，胶团能在分散介质中运动自如，如图5-1（a）所示。这种结构沥青黏滞性小、流动性大，塑性好，温度稳定性较差，如直馏沥青。

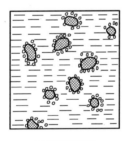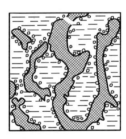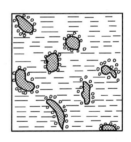

(a) 溶胶型结构　　　　(b) 凝胶结构　　　　(c) 溶-凝胶结构

图 5-1　沥青的胶体结构示意图

（2）凝胶结构　沥青质含量较多，并有相应数量的胶质来形成胶团，胶团吸引力增大，相互移动较困难。如图5-1（c）所示。这种结构的特点是弹性和黏性较高，温度敏感性较小，流动性、塑性较低，如氧化沥青。

（3）溶-凝胶结构　沥青质含量适当，有较多的胶质存在，胶团之间有一定的吸引力，如图5-1（b）所示。在常温下，这种结构的沥青性质介于上述两者之间。这种结构的特征是高温时具有较低的感温性；低温时又具有较好的变形能力。优质道路沥青多为溶-凝胶结构。

沥青的胶体结构与其路用性能有密切的关系。为工程使用方便，通常采用针入度指数（PI）法等来评价胶体结构类型及其稳定性。

## 二、石油沥青的技术性质

用于现代沥青路面的沥青材料，应具备下列主要技术性质。

**（一）黏滞性**（黏性）

黏滞性是指沥青在外力作用下抵抗变形的能力。沥青受到外用作用后表现的变形，是由于沥青中组分胶团发生形变或胶团之间产生相互位移而产生的。

各种石油沥青在黏滞性的变化范围很大，黏滞性的大小和组分及温度有关。当沥青质含量较高，又含适量的树脂和少量的油分时，则黏滞性较大。在一定温度范围内，当温度升高时，黏滞性随之降低，反之则增大。

黏滞性是与沥青路面力学性质联系最密切的一种性质。在现代交通条件下，为防止路面出现车辙，沥青的黏度的选择是首要考虑的参数，沥青的黏滞性通常用黏度表示。绝对黏度测定较为复杂，在实际应用上多测定沥青相对黏度。

测定沥青相对黏度的主要方法有针入度法和标准黏度计法。

1.针入度

黏稠石油沥青的相对黏度用针入度仪测定的针入度来表示，如图5-2所示。

沥青的针入度是在规定温度和时间内，附加一定质量的标准针垂直贯入试样的深度，以0.1mm表示。试验条件以 $P_{(T,m,t)}$ 表示，其中 $P$ 为针入度，$T$ 为试验温度，$m$ 为荷重，$t$ 为贯入时间。针入度值越小，表示黏度越大。

我国现行试验方法《公路工程沥青及沥青混合料试验规程》（JTJ 052—2000）规定：标准针和针连杆组合件总质量为 50g±0.05g，另加 50g±0.05g 砝码一只，试验时总质量为 100g±0.05g，试验温度为 25℃，标准针贯入时间为 5s。例如某沥青在上述条件时测得针入度为 65（0.1mm），可表示为：

$$P_{(25℃,100g,5s)}=65(0.1mm) \tag{5-1}$$

我国现行使用的道路石油沥青技术标准中，针入度是划分沥青技术等级的主要指标。在相同试验条件下，针入度值越大，表示沥青越软（黏度越小）。

2.标准黏度法

液体石油沥青（包括液体石油沥青和软煤沥青）的相对黏度用标准黏度计测定的标准黏度来表示，如图5-3所示。

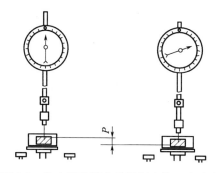

图5-2　针入度法测定黏稠沥青针入度示意

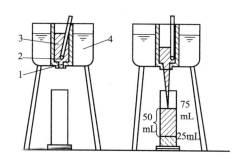

图5-3　标准黏度计测定液体沥青黏度示意
1—流孔；2—活动球杆；3—沥青试样；4—水

标准黏度又称黏滞度，是测定液体沥青黏滞性的常用技术指标。

我国现行试验法《公路工程沥青及沥青混合料试验规程》（JTG E 20—2011）规定：液体状态的沥青材料，在标准黏度计中，于规定的温度条件下（20℃、25℃、30℃或60℃），通过规定的流孔直径（3mm，4mm，5mm 及 10mm），流出 50mL 体积所需时间（s），以 $C_{T,d}$ 表示。其中 $C$ 为黏度，$T$ 为试验温度，$d$ 为流孔直径。例如沥青在 60℃时，自 5mm 孔径流出 50mL 沥青所需时间为 100s，表示为 $C_{60,5}=100s$。在相同温度和相同流孔条件下，流出时间越长，表示沥青黏度越大。

我国液体沥青是采用标准黏度来划分技术等级的。

**(二) 塑性**

塑性是指石油沥青在受外力作用下产生变形而不破坏，除去外力后仍能保持原形状不变的性质。影响塑性大小的因素与沥青的组分及温度有关。沥青中树脂含量多，油分及沥青质含量适当，则塑性较大。当温度升高，塑性增大，沥青膜层越厚，则塑性越高。反之，塑性越差。在常温下，塑性好的沥青不易产生裂缝，并可减少摩擦时的噪声。同时它对于沥青在温度降低时抵抗开裂的性能有重要影响。

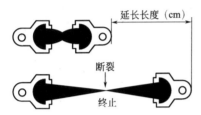

图 5-4　延度仪测定示意

我国现行试验法《公路工程沥青及沥青混合料试验规程》（JTG E 20—2011）规定：沥青的塑性用延度表示，用延度仪测定（图 5-4）。沥青延度是将沥青试样制成 ∞ 字形标准试模（中间最小截面积为 $1cm^2$）在规定速度 $(5\pm0.25)cm/min$ 和规定温度 15℃（或 25℃）下拉断时的长度。以厘米表示。

沥青的延度越大，塑性越好，柔性和抗断裂性越好。

**(三) 温度稳定性**（感温性）

温度稳定性是指沥青的黏结性和塑性随温度升降而变化的性能。当温度升高时，沥青由固态或半固态逐渐软化为黏流状态，当温度降低时，由黏流态转变为固态至变脆。在工程上使用的沥青，要求有较好的温度稳定性。

**1. 高温稳定性**

沥青的高温感敏性用软化点表示。软化点是沥青材料由固态转变为具有一定流动性的膏体时的温度。是沥青材料由固化点到滴落点的温度间隔的 87.21% 为软化点。

我国现行试验法《公路工程沥青及沥青混合料试验规程》（JTG E 20—2011）规定：沥青软化点一般采用环与球法软化点仪（图 5-5）测定，即是将沥青试样装入规定尺寸的铜环内（内径 18.9mm），试样上放置标准钢球（质量 3.5g）浸入水或甘油中，以规定的升温速度（5℃/min）加热，使沥青软化下垂至规定距离时的温度（以℃表示）即为软化点。软化点越高，表明沥青的耐热性越好，即温度稳定性越好。

针入度是在规定温度下沥青的条件黏度，而软化点则是沥青达到规定条件黏度时的温度。软化点既是反映沥青材料感温性的一个指标，也是沥青黏度的一种量度。

以上所论及的针入度、延度、软化点是评价黏稠石油沥青路性能最常用的经验指标，所以通称"三大指标"。

**2. 低温抗裂性**

低温抗裂性用脆点表示。脆点是指沥青材料由黏塑状态转变为固体状态达到条件脆裂时的温度。

《公路工程沥青及沥青混合料试验规程》（JTG E 20—2011）规定，采用弗拉斯法测定沥青脆点。脆点试验是将沥青试样涂在金属片上，置于有冷却设备的脆点仪内摇动脆点仪的曲柄，使涂有沥青的金属片产生弯曲，随制冷剂温度降低，沥青薄膜温度逐渐降低，沥青薄膜在规定弯曲条件下，产生断裂时的温度，即为脆点（图 5-6、图 5-7）。

在工程实际应用中，要求沥青具有较高的软化点和较低的脆点，否则容易发生沥青材料夏季流淌或冬季变脆甚至开裂等现象。

**(四) 加热稳定性**

沥青在过热或过长时间加热过程中，会发生轻质馏分挥发、氧化、裂化、聚合等一系列物理及化学变化，使沥青的化学组成及性质相应地发生变化，这种性质称为沥青加热稳定性。

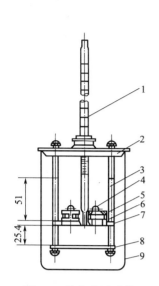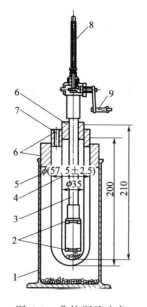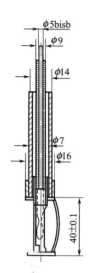

图 5-5　软化点试验仪

1—温度计；2—上盖板；3—立杆；4—钢球；
5—钢球定位环；6—金属环；7—中层板；
8—下底板；9—烧杯

图 5-6　弗拉斯脆点仪

1—外筒；2—夹钳；3—硬塑料管；4—真空
玻璃管，5—试样管；6—橡胶管；7—通冷
却液管道；8—温度计；9—摇把

图 5-7　弯曲器

为了了解沥青在路面施工及使用过程的耐久性，《公路工程沥青及沥青混合料试验规程》（JTG E 20—2011）规定要进行沥青的加热质量损失和加热后残渣性质的试验。对于道路石油沥青采用沥青薄膜加热试验，对于液体石油沥青，采用沥青的蒸馏试验。

1.沥青薄膜加热试验（简称 TFOT）

一定厚度的试样在规定温度条件下，经规定时间加热，测定试验前后沥青质量和性质变化的试验。

该法是将一定质量的沥青试样装入盛样皿（内径 140mm±1mm，深 9.5～10mm）内，使沥青成为厚约 3.2mm 的薄膜，沥青薄膜在 163℃的标准薄膜加热烘箱中（图 5-8）加热5h 后，取出冷却，测定其质量损失，并按规定的方法测定残留物的针入度、延度等技术指标。

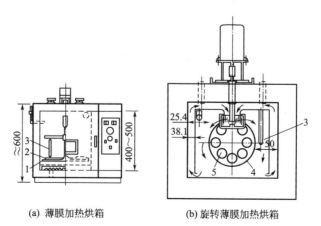

(a) 薄膜加热烘箱　　　(b) 旋转薄膜加热烘箱

图 5-8　沥青薄膜加热烘箱（单位：mm）

1—转盘；2—试样；3—温度计；4—垂直转盘；5—盛样瓶插孔

沥青薄膜加热试验（简称 TFOT）可与沥青旋转薄膜加热试验（简称 RTFOT）互相代替。

2. 液体石油沥青蒸馏试验

该法是测定试样受热时，在规定温度范围内蒸出的馏分含量，以占试样体积百分率表示。除非特殊需要，各馏分蒸馏的标准切换温度为 225℃、316℃、360℃。通过此试验可了解液体沥青含各温度范围内轻质挥发油的数量，并可根据残留物的性质测定预估液体沥青在道路路面中的性质。

### (五) 安全性

沥青材料在使用时必须加热，当加热至一定温度时，沥青材料中挥发的油分蒸气与周围空气组成混合气体，此混合气体遇火焰则发生闪火。若继续加热，油分蒸气的饱和度增加，由于此种蒸气与空气组成的混合气体遇火极易燃烧，而引起熔油车间发生火灾或导致沥青烧坏，为此必须测定沥青的闪点和燃点。

闪点（闪火点）是指加热沥青挥发出可燃气体与空气组成混合气体在规定条件下与火接触，产生闪光时的沥青温度（℃）。燃点（着火点）指沥青加热产生的混合气体与火接触能持续燃烧 5s 以上时的沥青温度。闪点与燃点温度相差 10℃左右。

《公路工程沥青及沥青混合料试验规程》（JTG E 20—2011）常用克利夫兰开口杯式闪点仪测定（图 5-9）。

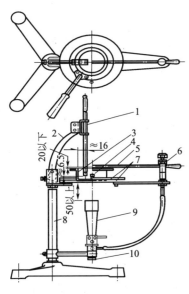

图 5-9　克利夫兰开口杯式
闪点仪（单位：mm）

1—温度计；2—温度计支架；3—金属试验杯；4—试验标准球；5—试验火焰喷嘴；6—试验火焰调节开关；7—加热板；8—加热板支架；9—加热器具；10—加热器调节钮

### (六) 溶解度

沥青的溶解度是指石油沥青在三氯乙烯中溶解的百分率（即有效物质含量）。那些不溶解的物质为有害物质（沥青碳、似碳物），会降低沥青的性能，应加以限制。

### (七) 含水率

沥青中含有水分，施工中挥发太慢，影响施工速度，所以要求沥青中含水量不宜过多。在加热过程中，如水分过多，易产生"溢锅"现象，引起火灾，使材料受到损失。所以在熔化沥青时应加快搅拌速度，促进水分蒸发，控制加热温度。

### (八) 非常规的其他性能指标

1. 针入度指数（PI）

针入度指数（PI）是应用经验的针入度和软化点试验结果，提出一种能表征沥青的感温性和胶体结构的指标，同时也可采用针入度指数（PI）值来判别沥青的胶体结构状态。

（1）针入度-温度感应性系数 A　由费普等经过大量试验发现，沥青在不同温度下的针入度值，若以对数为纵坐标表示针入度、以横坐标表示温度，可得如图 5-10 的直线关系，以式(5-2) 表示。

$$\lg P = AT + K \tag{5-2}$$

式中　$P$——沥青针入度，0.1mm；

　　　$A$——针入度温度感应性系数，由针入度和软化点确定；

$K$——回归系数。

据试验研究认为，沥青达到软化点时，此时的针入度在 $600\sim1000$ 之间，假定为 $800$ $(0.1\text{mm})$，由此针入度—温度感应性系数 $A$ 可由式(5-3) 表示：

$$A = \frac{\lg800 - \lg P_{(25℃,100g,5s)}}{T_软 - 25} \qquad (5-3)$$

式中　$P_{(25℃,100g,5s)}$——在 25℃，100g，5s 条件下的针入度值，0.1mm；

　　　　　$T_软$——环球法测定的软化点，℃。

由于软化点温度时的针入度常与 800 相距甚大，因此斜率 $A$ 应根据不同温度的针入度值确定，采用软化点温度计算时仅仅简化或近似。

测定针入度指数（PI）时，试验温度在 15℃、25℃、30℃ （或 5℃） 3 个或 3 个以上（必要时增加 10℃、20℃ 等）温度的条件下分别测定沥青的针入度，但用于仲裁试验的温度条件应为 5 个。

（2）针入度指数（PI）的确定

① 实用公式。按式(5-3) 计算的 $A$ 值均为小数，为使用方便，费普等做了一些处理，推导出针入度指数（PI）的计算公式如式(5-4)：

$$PI = \frac{30}{1 + 50A} - 10 \qquad (5-4)$$

② 针入度指数亦可根据针入度指数诺模图（图 5-11）求得。

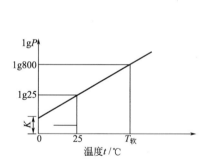

图 5-10　针入度-温度关系图

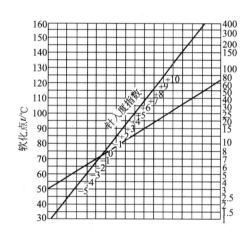

图 5-11　确定沥青针入度指数诺模图

③ 按针入度指数（PI）值可将沥青划分为 3 种胶体结构类型，具体见表 5-2。

表 5-2　沥青的针入度指数和胶体结构类型

| 沥青的针入度指数(PI) | 沥青胶体结构类型 | 沥青的针入度指数(PI) | 沥青胶体结构类型 | 沥青的针入度指数(PI) | 沥青胶体结构类型 |
| --- | --- | --- | --- | --- | --- |
| <−2 | 溶胶 | −2～+2 | 溶凝胶 | >+2 | 凝胶 |

2.劲度模量

劲度模量是表示沥青的黏性和弹性联合效应的指标。大多数沥青在变形时呈现黏-弹性。当低温（高黏度）及瞬时荷载作用下，以弹性形变为主；反之，高温（低黏度）及长时间荷载作用下以黏性形变为主。

范·德·波尔在论述黏-弹性材料（沥青）的抗变形能力时，以荷载作用时间（$t$）和温度（$T$）作为应力（$\sigma$）与应变（$\varepsilon$）之比的函数，即在一定荷载作用时间和温度条件下，应力与应变的比值称为劲度模量（简称劲度）（$S_b$），故劲度模量可表示为：

$$S_b = \left(\frac{\sigma}{\varepsilon}\right)_{t,T} \tag{5-5}$$

沥青的劲度（$S_b$）与温度（$T$）、荷载作用时间（$t$）和沥青流变类型（针入度指数 PI）等参数有关，如式(5-6)：

$$S_b = f(T \cdot t \cdot \text{PI}) \tag{5-6}$$

式中　$T$——欲求劲度时的路面温度与沥青软化点之差值，℃；

$t$——荷载作用时间，s；

PI——针入度指数。

按上述关系，范·德·波尔绘制成可以应用于实际工程的劲度模量诺模图，如图 5-12，利用此诺模图标算沥青的劲度模量时，需要 3 个参数。

① 荷重作用时间或频率。

② 温度差（即路面实际温度与环球软化点之间的温差）。

③ 针入度指数（PI）值。

根据上述参数求其劲度模量，可作为实际工程中的参考数值。

【例 5-1】　已知沥青软化点为 70℃，针入度指数为 2，路面温度 $T$ 为 −10℃，荷载作用时间为 $10^{-1}$s，求沥青的劲度模量（图 5-12）。

解　（1）在 $A$ 线上找到加载时间为为 $10^{-1}$s 的点 $a$。

（2）已知路面温度与软化点之间的温差为 80℃，在 $B$ 线上找到 80℃ 之点为 $b$。

（3）在针入度指数的标尺上找到 +2 的水平线相交点的劲度曲线顺至顶端，即为劲度模量，即 $S_b = 2 \times 10^8 \text{N/m}^2 = 200 \text{MPa}$。

**3. 黏附性**

黏附性是路用沥青重要性能之一，其直接影响沥青路面的使用质量和耐久性。沥青裹覆岩石后的抗水性（即抗剥性）不仅与沥青的性质有密切关系，而且亦与集料性质有关。当采用一种固定的沥青时，不同矿物成分的岩石的剥落度也有所不同。从碱性、中性直至酸性岩石，随着 $SiO_2$ 含量的增加，剥落度亦随之增加。为保证沥青混合料的强度，在选择岩石时应优先考虑利用碱性岩石，当地缺乏碱性必须采用酸性岩石时，可掺加各种抗剥剂以提高沥青与岩石的黏附性。

对沥青与岩石的黏附性的试验方法，我国规范《公路工程沥青及沥青混合料试验规程》（JTG E 20—2011）规定：采用水煮法和水浸法，具体内容在本书第二篇试验部分详细阐述。

**4. 老化**

沥青在自然因素（热、氧化、光和水）的作用下，产生"不可逆"的化学变化，导致路用性能劣化，通常称为"老化"。

沥青老化后，在物理、力学方面，表现为针入度减小，延度降低，软化点升高，绝对黏度提高，脆点降低等。在化学组分含量方面，表现为饱和分变化甚少，芳香分明显转变为胶质（速度较慢），而胶质又转变为沥青质（速度较快），由于芳香转变为胶质，不足以补偿胶质转变为沥青质，所以最终是胶质显著减少，而沥青质显着增加。

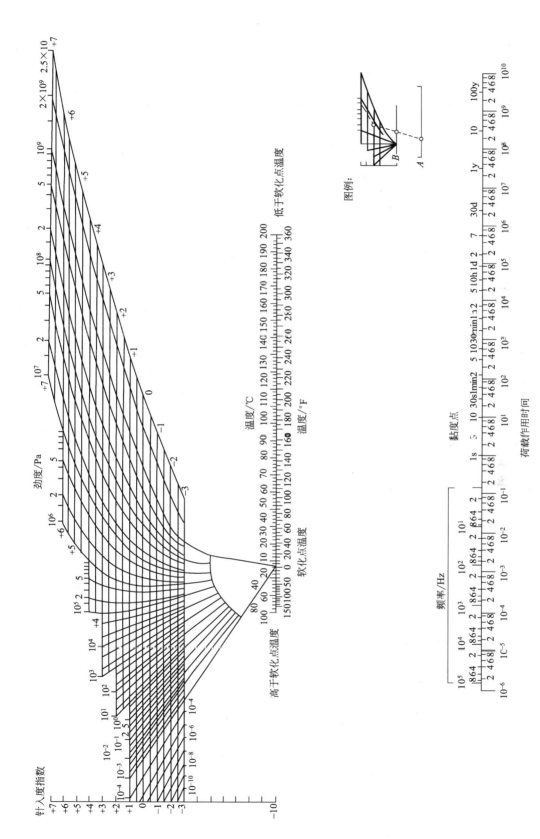

图5-12　沥青劲度模量诺模图

### 三、石油沥青的技术标准

#### (一)道路石油沥青的技术标准

1.道路石油沥青分级

道路石油沥青分为 A 级、B 级、C 级三个等级，各自的适用范围应符合表 5-3 的规定。

表 5-3　道路石油沥青的适用范围

| 沥青等级 | 适用范围 |
| --- | --- |
| A 级沥青 | 各个等级的公路,适用于任何场合和层次 |
| B 级沥青 | 1.高速公路和一级公路沥青下面层及以下的层次,二级和二级以下公路的各个层次;<br>2.用做改性沥青、乳化沥青、改性乳化沥青、稀释沥青的基质沥青 |
| C 级沥青 | 三级及三级以下公路的各个层次 |

2.道路石油沥青标号

道路石油沥青按针入度划分为 160 号、130 号、110 号、90 号、70 号、50 号、30 号 7 个标号，同时对各标号沥青的延度、软化点、闪点、含蜡量、薄膜加热试验等技术指标也提出相应的要求。具体要求如表 5-4（其中气候分区见附录 A）。

#### (二)道路用液体石油沥青用于透层、黏层及拌制冷拌沥青混合料

按其凝结速度而分为快凝、中凝、慢凝三个等级，除黏度外，对蒸馏的馏分及残留物质，闪点和水分等亦提出相应的要求。技术要求如表 5-5。

### 四、石油沥青的掺配

在选用沥青时，因生产和供应的限制，如现有沥青不能满足要求时，可按使用要求，对沥青进行掺配，得到满足技术要求的沥青。掺配量可按式(5-7) 和式(5-8) 计算。

$$Q_1 = \frac{T_2 - T}{T_2 - T_1} \times 100\%　　　　(5\text{-}7)$$

$$Q_2 = 100 - Q_1　　　　(5\text{-}8)$$

式中　$Q_1$——较软石油沥青用量，%；

　　　$Q_2$——较硬石油沥青用量，%；

　　　$T$——掺配后的石油沥青软化点，℃；

　　　$T_1$——较软石油沥青软化点，℃；

　　　$T_2$——较硬石油沥青软化点，℃。

在实际掺配中，按上式得到的掺配沥青，其软化点总是低于计算的软化点，这是因为掺配后的沥青破坏了原来两种沥青的胶体结构。两种沥青的加入量并非简单的线性关系。一般来说，以调高软化点的掺配沥青，如两种沥青计算值各占 50%，则在试配时其高软化点的沥青应增加 10% 左右。

如用 3 种沥青时，可先求出两种沥青的配合比，然后再与第三种沥青进行配合比计算。

按确定的配比进行试配，测定掺配后沥青的软化点，最终掺量以试配结果（掺量-软化点曲线）来确定符合要求软化点的配比。

**表5-4　道路石油沥青技术要求**

| 指标 | 单位 | 等级 | 160号④ | 130号④ | 110号 | 90号② | 70号③ | 50号③ | 30号④ | 试验方法① |
|---|---|---|---|---|---|---|---|---|---|---|
| 针入度(25℃,5s,100g)② | 0.1mm | | 140~200 | 120~140 | 100~120 | 80~100 | 60~80 | 40~60 | 20~40 | T0604 |
| 适用的气候分区⑥ | | A | 注④ | 注④ | 2-1 | 1-1 1-2 1-3 | 1-3 1-4 2-2 2-3 2-4 | 1-4 | 注④ | 附录A⑥ |
| | | B | | | 2-2 3-2 | 2-2 2-3 | 2-2 2-3 2-4 | | | |
| 针入度指数 P② | | A | -1.5~+1.0 | -1.5~+1.0 | -1.5~+1.0 | -1.5~+1.0 | -1.5~+1.0 | -1.5~+1.0 | -1.5~+1.0 | T0604 |
| | ≥ | B | -1.3~+1.0 | -1.3~+1.0 | -1.3~+1.0 | -1.3~+1.0 | -1.3~+1.0 | -1.3~+1.0 | -1.3~+1.0 | |
| 软化点(T&B) | ℃ | A | 38 | 40 | 43 | 45 | 46 | 49 | 55 | T0606 |
| ≥ | | B | 36 | 39 | 42 | 43 | 44 | 46 | 53 | |
| | | C | 35 | 37 | 41 | 42 | 43 | 45 | 50 | |
| 60℃动力粘度② | Pa·s | A | — | 60 | 120 | 160 | 180/160/140 | 200 | 260 | T0620 |
| ≥ | | | | | | | | | | |
| 10℃延度② | cm | A | 50 | 50 | 40 | 45/30 | 25/20/15 | 15 | 10 | T0605 |
| ≥ | | B | 30 | 30 | 30 | 30/20 | 20/15/10 | 10 | 8 | |
| 15℃延度 | cm | A,B | 80 | 80 | 60 | 100 | 100 | 80 | 50 | T0605 |
| ≥ | | | | | | | | | | |
| 蜡含量(蒸馏法) | % | A | 2.2 | 2.2 | 2.2 | 2.2 | 2.2 | 2.2 | 2.2 | T0615 |
| ≤ | | B | 3.0 | 3.0 | 3.0 | 3.0 | 3.0 | 3.0 | 3.0 | |
| | | C | 4.5 | 4.5 | 4.5 | 4.5 | 4.5 | 4.5 | 4.5 | |
| 闪点 ≥ | ℃ | | 230 | 230 | 245 | 245 | 260 | 260 | 260 | T0611 |
| 溶解度 ≥ | % | | 99.5 | 99.5 | 99.5 | 99.5 | 99.5 | 99.5 | 99.5 | T0607 |
| 密度(15℃) | g/cm³ | | 实测记录 | 实测记录 | 实测记录 | 实测记录 | 实测记录 | 实测记录 | 实测记录 | T0603 |
| **TFOT(或RTFOT)后⑤** | | | | | | | | | | |
| 质量变化 ≤ | % | | ±0.8 | ±0.8 | ±0.8 | ±0.8 | ±0.8 | ±0.8 | ±0.8 | T0610或T0609 |
| 残留针入度比 | % | A | 48 | 54 | 55 | 57 | 61 | 63 | 65 | T0604 |
| ≥ | | B | 45 | 50 | 52 | 54 | 58 | 60 | 62 | |
| | | C | 40 | 45 | 48 | 50 | 54 | 58 | 60 | |
| 残留延度(10℃) | cm | A | 12 | 12 | 10 | 8 | 6 | 4 | — | T0605 |
| ≥ | | B | 10 | 10 | 8 | 6 | 4 | 2 | — | |
| 残留延度(15℃) ≥ | cm | C | 40 | 35 | 30 | 20 | 15 | 10 | — | T0605 |

① 试验方法按照现行《公路工程沥青及沥青混合料试验规程》(JTG E20—2011)规定的方法执行。用于仲裁试验求取PI时的5个温度的针入度关系的相关系数不得小于0.997。

② 经建设单位同意,表中PI值、60℃动力粘度、10℃延度可作为选择性指标,也可不作为施工质量检验指标。

③ 70号沥青可根据需要求供应针入度范围为60~70或70~80的沥青,50号沥青可供应针入度范围为40~50或50~60的沥青。

④ 30号沥青仅适用于沥青稳定基层。130号和160号沥青除寒冷地区可直接在中低级公路上直接应用外,通常用作乳化沥青、稀释沥青、改性沥青的基质沥青。

⑤ 老化试验以TFOT为准,也可以RTFOT代替。

⑥ 气候分区见附录。

表 5-5　道路用液体石油沥青技术要求

| 序号 | 项目 | | 快凝 AL(R)-1 | AL(R)-2 | 中凝 AL(M)-1 | AL(M)-2 | AL(M)-3 | AL(M)-4 | AL(M)-5 | AL(M)-6 | 慢凝 AL(S)-1 | AL(S)-2 | AL(S)-3 | AL(S)-4 | AL(S)-5 | AL(S)-6 | 试验方法 JTJ052—2000 |
|---|---|---|---|---|---|---|---|---|---|---|---|---|---|---|---|---|---|
| 1 | 黏度/s | $C_{25,5}$ | <20 | — | <20 | — | — | — | — | — | <20 | — | — | — | — | — | T0621 |
| | | $C_{60,5}$ | — | 5~15 | — | 5~15 | 16~25 | 26~40 | 41~100 | 101~200 | — | 5~15 | 16~25 | 26~40 | 41~100 | 101~180 | T0621 |
| 2 | 蒸馏体积/% | 225℃前 | >20 | >15 | <10 | <7 | <3 | <2 | 0 | 0 | — | — | — | — | — | — | T0632 |
| | | 315℃前 | >35 | >30 | <35 | <25 | <17 | <14 | <8 | <5 | — | — | — | — | — | — | |
| | | 360℃前 | >45 | >35 | <50 | <35 | <30 | <25 | <20 | <15 | <40 | <35 | <25 | <20 | <15 | <5 | |
| 3 | 蒸馏后残留物性质 | 针入度(0.1mm) | 60~200 | 60~200 | 100~300 | 100~300 | 100~300 | 100~300 | 100~300 | 100~300 | — | — | — | — | — | — | T0604 |
| | | 延度(25℃)/cm | >60 | >60 | >60 | >60 | >60 | >60 | >60 | >60 | — | — | — | — | — | — | T0605 |
| | | 浮漂度(50℃) | — | — | — | — | — | — | — | — | <50 | >20 | >30 | >40 | >45 | >45 | T0631 |
| 4 | 闪点(TOC)/℃ ≥ | | 30 | 30 | 65 | 65 | 65 | 65 | 65 | 65 | 70 | 70 | 100 | 100 | 120 | 120 | T0633 |
| 5 | 含水量/% ≤ | | 0.2 | 0.2 | 0.2 | 0.2 | 0.2 | 0.2 | 0.2 | 0.2 | 0.2 | 0.2 | 0.2 | 0.2 | 0.2 | 0.2 | T0612 |

注：1. 本表引自中华人民共和国交通行业标准（JTJ 052—2000）。

2. 黏度使用道路沥青黏度计测定，$C_{T,d}$ 的脚标第一个数字代表温度（℃），第二个数字代表孔径（mm）。

3. 闪点（TOC）为泰格开口杯（Tag Open Cup）法。

### 任务实施

#### 一、沥青的针入度测定

**1.目的与适用范围**

本方法适用于测定针入度小于 350 的石油沥青。石油沥青的针入度以标准针在一定的荷重、试件及温度条件下垂直穿入沥青试样的深度来表示，单位为 0.1mm。如未另进行规定，标准针、针连杆与附加砝码的合计质量为 100g±0.1g，温度为 25℃，时间为 5s。

**2.仪器设备**

（1）针入度仪。其构造如图 5-13 所示。其中主柱上有两个悬臂，上臂装有分度为360°的刻度盘及活动齿杆，其上下运动的同时，使指针转动；下臂装有可滑动的针连杆（其下端安装标准针），总质量为 50g±0.05g，针入度仪附带有 50g±0.5g 和 100g±0.5g砝码各一个。设有控制针连杆运动的制动按钮，基座上设有防止玻璃皿的可旋转平台及观察镜。

（2）标准针。由硬化回火的不锈钢制成，其尺寸形状如图 5-13 所示。

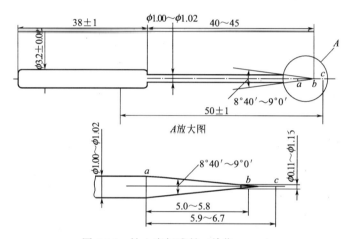

图 5-13　针入度标准针（单位：mm）

（3）试样皿。金属圆柱形平底容器。针入度小于 200 时，试样皿内径 55mm，内部深度35mm；针入度在 200～350 时，试样皿内径 70mm，内部深度为 45mm。

（4）恒温水浴。容量不小于 10L，能保持温度在试验温度的 ±0.1℃ 范围内。

（5）其他仪器。平底玻璃皿（容量不小于 0.5L，深度不小于 80mm）、秒表、温度计、金属皿或瓷柄皿、孔径为 0.3～0.5mm 的筛子，砂缸或可控制温度的密闭电炉等。

**3.检测准备**

（1）将预先除去水分的试样在砂浴或密闭电炉上加热，并搅拌。加热温度不得超过估计软化点 100℃，加热时间不得超过 30min。用筛过滤，除去杂质。

（2）将试样倒入预先选好的试样皿中，试样深度应大于预计穿入深度 10mm。

（3）试样皿在 15～30℃ 的空气中冷却 1～1.5h（小试样皿）或 1.5～2h（大试样皿），防止灰尘落入试样皿。然后将试样皿移入实验温度的恒温水浴中。小试样皿恒温 1～1.5h，大试样皿恒温 1.5～2h。

**4.检测步骤**

（1）调整针入度基座螺钉使成水平。检查活动齿杆自由活动情况，并将已擦净的标准针固定在连杆上，按试验要求条件放上砝码。

（2）将恒温 1h 的盛样皿自槽取出，置于水温严格控制为 25℃ 的平底保温玻璃皿中，沥青试样表面以上水层高度不小于 10mm，再将保温玻璃皿置于针入度仪的旋转圆形平台上。

（3）调节标准针使针尖与试样表面恰好接触，不得刺入试样。移动活动齿杆使与标准针连杆顶端接触，并将刻度盘指针调整至"0"。

（4）用手紧压按钮，同时开动秒表，使标准针自由地针入沥青试样，到规定时间放开按钮，使针停止针入。

（5）再拉下活动齿杆使与标准针连杆顶端相接触。这时，指针也随之转动，刻度盘指针读数即为试样的针入度。在试样的不同点（各测点间及测点与金属皿边缘的距离不小于 10mm）重复试验三次，每次试验后，将针取下，用浸有溶剂（煤油、苯、或汽油）的棉花将针端附着的沥青擦净。

（6）测定针入度大于 200 的沥青试样时，至少用 3 根针，每次测定后将针留在试样中，直至 3 次测定完成后，才能把针从试样中取出。

5. 结果评定

取三次测定针入度的平均值，取至整数，作为试验结果。3 次测定的针入度值相差不应大于表 5-6 中的数值。若差值超过表中数值，应重做试验。

表 5-6　针入度测定允许最大值

| 项目 | 指　标 | | | |
|---|---|---|---|---|
| 针入度/0.1mm | 0～49 | 50～139 | 150～249 | 250～350 |
| 最大差值/0.1mm | 2 | 4 | 6 | 10 |

## 二、沥青延度的测定

1. 目的与适用范围

（1）本方法适用于测定道路石油沥青、液体沥青蒸馏残留物和乳化沥青蒸发残留物等材料的延度。

（2）沥青延度的检测温度与拉伸速率可根据要求采用。通常采用的温度为 25℃ ± 0.5℃，拉伸速度为 (5±0.25)cm/min。

2. 仪器设备

（1）延度仪及试模（如图 5-14、图 5-15 所示）。

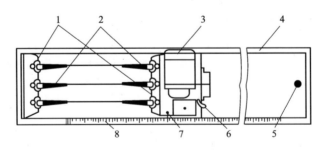

图 5-14　沥青延度仪示意

1—试模；2—试样；3—电机；4—水槽；5—泄水孔；

6—开关柄；7—指针；8—标尺

（2）试模底板。玻璃板或磨光的铜板、不锈钢板（表面粗糙度 $R_a 0.2\mu m$）。

（3）恒温水槽。容量不小于 10L，能保持温度在试验温度的 ±0.1℃ 范围内。

（4）温度计。0~50℃，分度0.1℃。

（5）其他。孔径0.3~0.5mm筛、平刮刀、金属板、砂浴、甘油滑石粉隔离剂、酒精、食盐等。

3. 检测准备

（1）用甘油滑石粉隔离剂涂于磨光的金属板上及模具侧模的内表面。将模具置于金属板上。

（2）将预先除去水分的沥青试样放入金属皿，在砂浴上加热熔化、搅拌。加热温度不得

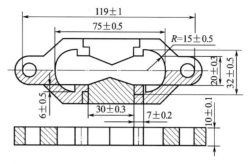

图5-15　沥青延度试模尺寸（单位：mm）

比试样软化点高100℃，用筛过滤，并充分搅拌至气泡完全消除。

（3）将熔化沥青试样缓缓注入模具中（自模具的一端至另一端往返多次），并略高出模具。试件在15~30℃的空气中冷却30min后，放入25℃±0.1℃的水浴中，保持30min后取出，将高出模具的沥青刮去，使沥青面与模面齐平。沥青的刮法应自模具的中间刮向两边，表面应刮得十分光滑。将试件连同金属板再浸入25℃±0.1℃的水浴中保持80~95min。

（4）检查延度仪滑板的移动速度是否符合要求，然后移动滑板使指针正对标尺的零点。

4. 检测步骤

（1）将试件移至延度仪水槽中，将模具两端的孔分别套在滑板及槽端的金属柱上，水面距试件表面应不小于25mm，然后去掉侧模。

（2）测得水槽中水温为25℃±0.5℃时，开动延度仪，观察沥青的拉伸情况。在测定时，如发现沥青细丝浮于水面或沉入槽底时，则应在水中加入酒精或食盐水，调整水的密度至与试样的密度相近后，再进行测定。

（3）试件拉断时指针所指标尺上的读数，即为试样的延度，以cm表示。在正常情况下，试件应拉伸成锥尖状，在断裂时实际横断面接近于零。如不能得到上述结果，则应报告在此条件下无测定结果。

5. 结果评定

取3个平行测定值的平均值作为测定结果。若3次测定值不在其平均值的5%以内，但其中两个较高值在平均值的5%之内，则弃去最低测定值，取两个较高值的平均值作为测定结果，否则重新测定。

## 三、沥青软化点的测定

1. 目的与适用范围

（1）本方法适用于测定道路石油沥青、煤沥青的软化点，也适用于测定液体石油沥青经蒸馏或乳化沥青破乳后残留物的软化点。

（2）软化点是反映沥青在温度作用下的温度稳定性，是在不同温度环境下选用沥青的最重要的指标之一。

2. 仪器设备

（1）软化点试验仪（如图5-16所示）。

（2）环夹（如图5-17所示）。

（3）恒温水槽。控温的精确度为0.5℃。

（4）其他。电炉或其他加热设备、金属板或玻璃板、刀、孔径0.3~0.5mm筛、温度计、瓷皿或金属皿（熔化沥青用）、砂浴。

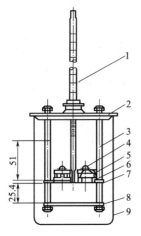

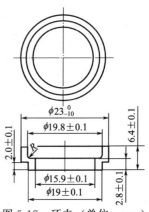

图 5-16　软化点试验仪（单位：mm）

1—温度计；2—上盖板；3—立杆；4—钢球；5—钢球固定环；

6—金属环；7—中层板；8—下底板；9—烧杯

图 5-17　环夹（单位：mm）

3. 检测准备

（1）将黄铜环置于涂上甘油滑石粉隔离剂的金属板或玻璃板上，将预先脱水的试样加热熔化，石油沥青加热温度不得比试样估计软化点高 100℃，搅拌并过筛后注入黄铜环内至略高出环面为止，如估计软化点在 120℃ 以上时，应将铜环与金属板预热至 80～100℃。

（2）试样在空气（15～30℃）中冷却 30min 后，用热刮刀刮去高出环面上的试样，使与环面齐平。

4. 检测步骤

（1）将盛有试样的黄铜环及板置于盛满水（估计软化点不高于 80℃ 的试样）或甘油（估计软化点高于 80℃ 的试样）的保温槽内，或将盛试样的环水平地安放在环架圆孔内，然后放在烧杯中，恒温 15min 水温保持 5℃±0.5℃；甘油温度保持 32℃±1℃。同时钢球也置于恒温的水或甘油中。

（2）烧杯内注入新煮沸并冷却至约 5℃±1℃ 的蒸馏水（估计软化点不高于 80℃ 的试样）或注入预加热至约 30℃±1℃ 的甘油（估计软化点高于 80℃ 的试样），使水面或甘油液面略低于连接杆的深度标记。

（3）从水或甘油保温槽中取出盛有试样的黄铜环放置在环架中承板的圆孔中，并套上钢球定位器把整个环架放入烧杯内，调整水面或甘油液面至深度标记，环架上任何部分均不得有气泡。将温度计由上承板中心孔垂直插入，使水银球底部与铜环下面齐平。

（4）将烧杯移放至有石棉网的三脚架上或电炉上，然后将钢球放在试样上（需使各环的平面在全部加热时间内完全处于水平状态）立即加热，使烧杯内水或甘油温度在 3min 后保持每分钟上升 5℃±0.5℃，在整个测定中如温度的上升速度超出此范围时，则试验应重做。

（5）试样受热软化下坠至与下承板面接触时的温度即为试样的软化点。

5. 结果评定

（1）取平行测定两个结果的算术平均值作为测定结果，精确至 0.5℃。

（2）当试样软化点小于 80℃ 时，重复性测定两个结果间的允许差为 1℃，复现性测定的允许差为 4℃。

（3）当试样软化点等于或大于 80℃ 时，重复性测定两个结果间的允许差为 2℃，复现性测定的允许差为 8℃。

# 任务二　煤沥青及改性沥青的应用

### 任务描述

根据道路工程需要，正确使用煤沥青或改性沥青。

### 任务分析

要合理使用煤沥青及改性沥青，首先要了解它们的组成、性能特点及应用范围；然后再根据工程特点和使用环境来合理地选择和使用。

### 知识链接

## 一、煤沥青

煤沥青（俗称柏油）是用煤干馏炼焦和制煤气的副产品煤焦油炼制而成。根据煤干馏的温度不同，而分为高温煤焦油（700℃以上）和低温煤焦油（450～700℃）两类。路用煤沥青主要是由炼焦或制造煤气得到的高温煤焦油加工而得。

### (一)煤沥青的化学组成和结构特点

1.煤沥青的化学组成

煤沥青的组成主要是芳香族碳氢化合物及其氧、硫和氮的衍生物的混合物。其元素组成主要为 C、H、O、S 和 N。煤沥青的化学结构极其复杂，有环结构上带有侧链，但侧链很短。

煤沥青化学组成的研究，与石油沥青的研究方法相同，也是采用选择性溶解等方法将煤沥青划分为几个化学性质相近、且与路用性能有一定联系的组。包括油分、软树脂、硬树脂和游离碳等 4 个组分（见表 5-7）。其分组如下。

表 5-7　煤沥青化学组分示例　　　　　　　　　　　　　　单位：%

| 煤沥青标号 | 化 学 组 分 | | | | | |
| --- | --- | --- | --- | --- | --- | --- |
| | 游离碳 | 硬树脂 | 软树脂 | 中性油 | 酚 | 萘 |
| 软煤沥青 T-9 | 13.32 | 11.78 | 38.14 | 33.71 | 2.41 | 0.64 |

（1）游离碳　又称自由碳，是高分子的有机化合物的固态碳质微粒，不溶于任何有机溶剂。在煤沥青中含有游离碳能增加沥青的黏度和提高其热稳定性。随着碳游离的增加，低温脆性亦随之增加。煤沥青中的游离碳相当于石油沥青中的沥青质。

（2）树脂　①硬树脂：固态晶体结构，在沥青中能增加其黏滞性，类似石油沥青质；②软树脂：赤褐色黏塑状物质，溶于氯仿能使煤沥青具有塑性，类似于石油沥青中的树脂。

（3）油分　主要由液体未饱和的芳香族碳氢化合物所组成，使煤沥青具有流动性。在油分中包含有萘油、蒽油和菲油等。萘在常温下易发挥。蒽油含量低于 15%～25% 时，降低煤沥青的黏结性，若超过此含量，温度低于 10℃ 时蒽油结晶，也使煤沥青黏度增加。

此外，煤沥青中含有少量碱性物质（吡啶、喹啉等）和酸性物质（酚），酚有毒且能溶于水。煤沥青中的酸碱物质都属表面活性物质，相当于石油沥青中的沥青酸与沥青酸酐，但其活性物质含量高于石油沥青。所以煤沥青表面活性比石油沥青高，与矿料的黏附力较好。

2.煤沥青的结构特点

煤沥青和石油沥青相类似，也是复杂的胶体分散系，游离碳和硬树脂组成的胶体微粒为分散相，油分为分散介质，而软树脂为保护介质，它吸附于固态分散胶粒周围，逐渐向外扩散，并溶解于油分中，使分散系形成稳定的胶体体系。

### (二)煤沥青的技术性质与技术标准

1.煤沥青的技术性质

煤沥青与石油沥青相比，在技术性质有下列差异。

(1)温度稳定性差　由于可溶性树脂含量较多，受热易软化，故温度稳定性差。

(2)大气稳定性差　由于煤沥青中含有较多含有较多不饱和碳氢化合物。在热、阳光、氧气等长期综合作用下，煤沥青的组分变化较大，易老化变脆。

(3)塑性较差　因含有较多的游离碳，所以在使用时易因受力变形而开裂。

(4)煤沥青与矿质材料表面黏附性能好：煤沥青组分中含有酸碱等表面活性物质，故与矿质材料表面黏结力较强。

(5)防腐性能强　由于煤沥青中含有酚、蒽、萘油等成分，所以防腐性好，故宜用于地下防水层及防腐材料等。

2.煤沥青的技术指标

(1)黏度　黏度表示煤沥青的黏结性。煤沥青组分中油分含量减少、固态树脂及游离碳量增加时，则煤沥青黏度增高。煤沥青的黏度测定方法与液体沥青相同，亦是用道路沥青标准黏度计测定。

(2)蒸馏试验的馏分含量及残渣性质　煤沥青中含有各沸点的油分，这些油分的蒸发将影响其性质。因而煤沥青的起始黏度并不能完全表达其在使用过程中黏结性的特征。为了预估煤沥青在路面使用过程的性质变化，在测定其起始黏度的同时，还必须测定煤沥青在各馏程中所含馏分及其蒸馏后残留物的性质。

煤沥青蒸馏试验是测定试样受热时，在规定温度范围内蒸出的馏分含量，以质量百分率表示。除非特殊需要，各馏分蒸馏的标准切换温度为170℃、270℃、300℃。

蒸馏含量的规定控制了煤沥青由于蒸发而老化的安全性，残渣性质试验保证了煤沥青残渣具有适宜的黏结性。

(3)煤沥青焦油酸含量　煤沥青的焦油酸（亦称酚）含量是通过测定试样总的蒸馏馏分与碱性溶液作用形成水溶性酚盐物质的含量求得，以体积百分率表示。

焦油酸溶解于水，易导致路面强度降低，同时它的水溶物有毒。因此对其在沥青中含量必须加以限制。

(4)蒸萘量　萘在煤沥青中低温时易结晶析出，使煤沥青产生假黏度而失去塑性，同时常温下易升华，并促使"老化"加速，同时萘也有毒，故应对其含量加以限制。煤沥青的萘含量是试样馏分中萘的含量，以质量百分率表示。

(5)甲苯不溶物　煤沥青的甲苯不溶物含量，是试样在规定的甲苯溶剂中不溶物（游离碳）的含量，用质量百分率表示。

(6)水分　与石油沥青一样，在煤沥青中含有过量的水分会使煤沥青在施工加热时发生许多困难，甚至导致材料质量的劣化或造成火灾。煤沥青含水量的测定方法与石油沥青相同。

3.道路用煤沥青

适用于透层，也可用于三级及三级以下的公路铺筑表面处理或贯入式沥青路面，但不能用于热拌热铺沥青混合料。

道路用煤沥青的质量应符合表5-8要求。

表 5-8　道路用煤沥青技术要求

| 实验项目 | | T-1 | T-2 | T-3 | T-4 | T-5 | T-6 | T-7 | T-8 | T-9 | 试验方法 |
|---|---|---|---|---|---|---|---|---|---|---|---|
| 黏度 | $C_{30,5}$ | 5~25 | 26~70 | | | | | | | | T0621 |
| | $C_{30,10}$ | | | 5~25 | | | | | | | |
| | $C_{50,10}$ | | | | 26~50 | 51~120 | 121~200 | 10~75 | 76~200 | | |
| | $C_{60,10}$ | | | | | | | | | 36~65 | |
| 蒸馏试验馏出量/% | 170℃前 | <3 | <3 | <3 | <2 | <1.5 | <1.5 | <1.0 | <1.0 | <1.0 | T0641 |
| | 270℃前 | <20 | <20 | <20 | <15 | <15 | <15 | <10 | <10 | <10 | |
| | 300℃前 | 15~35 | 15~35 | <30 | <30 | <25 | <25 | <20 | <20 | <15 | |
| 300℃蒸馏残渣软化点（环球法）/℃ | | 30~45 | 30~45 | 35~65 | 35~65 | 35~65 | 35~65 | 40~70 | 40~70 | 40~70 | T0606 |
| 水分/% ≤ | | 1.0 | 1.0 | 1.0 | 1.0 | 1.0 | 0.5 | 0.5 | 0.5 | 0.5 | T0612 |
| 甲苯不溶物/% ≤ | | 20 | 20 | 20 | 20 | 20 | 20 | 20 | 20 | 20 | T0646 |
| 含萘量/% ≤ | | 5 | 5 | 5 | 4 | 4 | 3.5 | 3 | 2 | 2 | T0645 |
| 焦油酸含量/% ≤ | | 4 | 4 | 3 | 3 | 2.5 | 2.5 | 1.5 | 1.5 | 1.5 | T0642 |

注：T 表示道路用煤沥青。

## 二、乳化沥青

乳化沥青是指石油沥青与水在乳化剂、稳定剂等的作用下经乳化加工制得的均匀沥青产品（亦称沥青乳液），其外观为茶褐色，在常温下具有较好的流动性。

### （一）乳化沥青特点

（1）可冷态施工。乳化沥青可以在常温下进行喷洒，贯入或拌和摊铺，现场无需加热，简化了施工程序，操作简单，节省了能源。

（2）与湿集料拌和，具有足够的黏结力。

（3）无毒、无嗅，保护环境，减少污染，施工安全。

（4）稳定性差，储存期不能超过半年，储存温度在 0℃以上。

（5）乳化沥青修筑路面，成型期较长。

基于以上特点，乳化沥青不仅适用于铺筑路面，而且在路堤的边坡保护、层面防水、金属材料表面防腐等工程中得到的广泛应用。

### （二）乳化沥青的组成材料

乳化沥青主要由沥青、乳化剂、稳定剂和水组成。

#### 1.沥青

沥青是乳化沥青组成的主要材料，占 55%～70%。在选择作为乳化沥青用的沥青时，首先要考虑它的易乳化性。一般来说，相同油源和工艺的沥青，针入度较大者易于形成乳液。但针入度的选择，应根据乳化沥青在路面工程中的用途来决定。另外，沥青中活性组分的含量对沥青乳化难易性有直接关系，通常认为沥青中沥青酸总量大于 1% 的沥青，易于形成乳化沥青。对高速公路和一级公路应满足道路石油沥青 A、B 级的要求，其他情况下可采用 C 级沥青。

#### 2.乳化剂

乳化剂是乳化沥青形成的关键材料。沥青乳化剂是表面活性剂的一种类型，从化学结构上看，分子的一部分具有亲水性，而另一部分具有憎水性质，这两个基团具有使互不相溶的沥青与水连接起来的特殊功能。在沥青、水分散体系中，沥青微粒被乳化剂分子的亲油基吸引，此时以沥青微粒为固体核，乳化剂包裹在沥青颗粒表面形成吸附层。乳化剂的另一端与水分子吸引，形成一层水膜，它可机械地阻隔颗粒的聚集。

乳化剂按亲水基在水中是否电离而分为离子型和非离子型两大类。其分类如下。

（1）阴离子型乳化剂　阴离子型沥青乳化剂是在溶于水时，能电离为离子或离子胶束，且与亲油基相连的亲水基团带有阴（或负）电荷的乳化剂。

阴离子沥青乳化剂最主要的亲水基团有羧酸盐（如—COONa）、硫酸酯盐（如—$OSO_3Na$）、磺酸盐（如—$SO_3Na$）等三种。

（2）阳离子型乳化液化剂　阳离子型沥青乳化剂是在溶于水中时，能电离为离子或离子胶束，且与亲油基相连接的亲水基团带有阳（或正）电荷的乳化剂。

阳离子型沥青乳化剂按其化学结构，主要有季铵盐类、烷基胺类、酰胺类、咪唑啉类、环氧乙烷类和胺化木质素类等。

（3）两性离子型乳化剂　两性离子型沥青乳化剂是在水中溶解时，电离成离子或离子胶团，且与亲油基相连接的亲水基团，既带有阴电荷又带有阳电荷的乳化剂。

两性离子型沥青乳化剂按其两性离子的亲水基团的结构和特征，主要分为氨基酸型、甜菜碱型和咪唑啉型等。

（4）非离子型乳化剂　非离子型沥青乳化剂是在水中溶解时，不能离解成离子或离子胶束，而是依赖分子所含端羟基（—OH）和醚链（—O—）等作为亲水基团的乳化剂。

非离子型沥青乳化剂根据亲水基团的结构可分为醚基类、酯基类、酰胺类和杂环类等，但应用最大的为环氧乙烷缩合物和一元醇或多元醇的缩合物。

3.稳定剂

为使乳液具有良好的贮存稳定性，以及在施工中喷洒或拌和机械作用下的稳定性，必要时加入适量的稳定剂。稳定剂可分为两类。

（1）有机稳定剂　常用的有聚乙烯醇、聚丙烯酰胺、甲基纤维素、糊精、MP废液等。这类稳定剂可提高乳液的贮存稳定性和施工稳定性。

（2）无机稳定性　常用的有氧化钙、氧化镁、氯化铵和氯化铬等。这类稳定剂可提高乳液的贮存稳定性。

稳定剂对乳化剂协同作用必须通过试验来确定，并且稳定剂的用量不宜过多，一般为沥青乳液的 0.1%～0.15% 为宜。

4.水

水是乳化沥青的主要组成部分。水在乳化沥青中起着润湿、溶解及化学反应的作用。一般要求水不应太硬。水中存在钙、镁等离子时，对于生产阳离子乳化沥青有利，但不利于生产阴离子乳化沥青；而碳酸离子和碳酸氢离子对两种乳化沥青的作用正好相反。水中的粒状物质通常带有负电荷，由于对阳离子乳化剂的吸附，对生产阳离子乳化沥青不利。因此，应根据乳化沥青的离子类型、选择符合水质要求的水源。水的用量一般为 30%～70%。

**(三)乳化沥青的形成机理**

根据乳化液理论，由于沥青与水着两种物质的表面张力相差较大，将沥青分散与水中，则会因表面张力的作用使已分散的沥青颗粒重新聚集结成团块。欲使已分散的沥青能稳定均匀地存在（实际上是悬浮）于水中，必须使用润滑剂。沥青能够均匀稳定地分散在乳化剂水溶液中的原因主要是以下几点。

1.乳化剂降低界面的作用

由于沥青与水的表面张力相差较大，在一般情况下是不能互溶的。当加入一定量的乳化剂后，乳化剂能规律地定向排列在沥青和水的界面上，由于乳化剂属表面活性物质，具有不对称的分子结构，分子一端是极性基因，是亲水的；另一端是非极性基因，是亲油的，所以当乳化剂加入沥青与水组成的溶液中，乳化剂分子吸附在沥青-水界面上，形成吸附层，从而降低了沥青和水之间的表面张力差。

## 2. 界面膜的保护作用

乳化剂的分子的亲油基吸附在沥青微粒的表面，在沥青-水界面上形成界面膜，此界面膜具有一定的强度，对沥青微粒起保护作用，使其在相互碰撞时不易聚结。

## 3. 界面电荷稳定作用

乳化剂溶于水后发生离解，当亲油基吸附沥青时，使沥青微粒带有电荷（阳离子乳化沥青带正电荷），此时在沥青-水界面上形成扩散双电层。由于每个沥青微粒都带相同电荷，且有扩散双电层的作用，故沥青-水体系成为稳定体系。

### (四) 乳化沥青的性质与技术要求

乳化沥青在使用中，与砂石集料拌和成型后，在空气中逐渐脱水，水膜变薄，使沥青微粒靠拢，将乳化剂薄膜挤裂而凝成连续的沥青黏结膜层。成膜后的乳化沥青具有一定的耐热性、黏结性、韧性及防水性。

乳化沥青的质量应符合表 5-9 的规定。在高温条件下宜采用黏度较大的乳化沥青，寒冷条件下宜使用黏度较小的乳化沥青。

表 5-9　道路用乳化沥青技术要求

| 项　目 | 单位 | 阳离子 | | | | 阴离子 | | | | 非离子 | | 试验方法 |
|---|---|---|---|---|---|---|---|---|---|---|---|---|
| | | 喷洒用 | | | 拌和用 | 喷洒用 | | | 拌和用 | 喷洒用 | 拌和用 | |
| | | PC-1 | PC-2 | PC-3 | BC-1 | PA-1 | PA-2 | PA-3 | BA-1 | PN-2 | BN-1 | |
| | | 快裂 | 慢裂 | 快裂或中裂 | 慢裂或中裂 | 快裂 | 慢裂 | 快裂或中裂 | 慢裂或中裂 | 慢裂 | 慢裂 | T0658 |
| | | 阳离子(＋) | | | | 阴离子(一) | | | | 非离子 | | T0653 |
| | % | 0.1 | | | | 0.1 | | | | 0.1 | | T0652 |
| 恩格拉黏度计 $E_{25}$ | | 2~10 | 1~6 | 1~6 | 2~30 | 2~10 | 1~6 | 1~6 | 2~30 | 1~6 | 2~30 | T0622 |
| 道路标准黏度计 $C_{25,3}$ | S | 10~25 | 8~20 | 8~20 | 10~60 | 10~25 | 8~20 | 8~20 | 10~60 | 8~20 | 10~60 | T0621 |
| 残留分含量 ≥ | % | 50 | 50 | 50 | 55 | 50 | 50 | 50 | 55 | 50 | 55 | T0651 |
| 溶解度 ≥ | % | 97.5 | | | | 97.5 | | | | 97.5 | | T0607 |
| 针入度(25℃) | 0.1mm | 50~200 | 50~300 | 45~150 | | 50~200 | 50~300 | 45~150 | | 50~300 | 60~300 | T0604 |
| 延度(15℃) ≥ | cm | 40 | | | | 40 | | | | 40 | | T0605 |
| 与粗集料的黏附性，裹附面积 | | 2/3 | | | — | 2/3 | | | — | 2/3 | | T0654 |
| 与粗、细粒式集料拌和试验 | | — | | | 均匀 | — | | | 均匀 | — | | T0659 |
| 水泥拌和试验的筛上剩余 ≥ | % | | | | | | | | | | 3 | T0657 |
| 常温贮存稳定性 1d ≤ 5d ≤ | % | 1 5 | | | | 1 5 | | | | 1 5 | | T0655 |

注：1. P 为喷洒型，B 为搅和型，C、A、N 分别表示阳离子、阴离子、非离子乳化沥青。

2. 黏度可选用恩格拉黏度计或沥青标准黏度计之一测定。

3. 表中的破乳速度与集料和黏附性、搅和试验要求、所使用的石料品种有关，质量检验时应采用工程上实际的石料进行试验，仅进行乳化沥青产品质量评定时可不要求此三项指标。

4. 贮存稳定性根据施工实际情况选用试验时间，通常采用 5d，乳液生产后能在当天使用时也可以用 1d 的稳定性。

5. 当乳化沥青需要在低温冰冻条件下贮存或使用时，尚需按 T0656 进行－5℃低温贮存稳定性试验，要求没有粗颗粒、不结块。

6. 如果乳化沥青是将高浓度产品运到现场经稀释后使用时，表中的蒸发残留物等各项指标指稀释前乳化沥青的要求。

### (五) 乳化沥青在集料表面分裂机理

分裂是指从乳液中裂出来的沥青微粒在集料表面聚结成一层连续的沥青薄膜，这一过程称为分裂（俗称破乳）。乳液产生分裂的外观特征是它的颜色由棕褐色变成黑色。

1. 乳液与集料表面的吸附作用

(1) 阴离子乳液（沥青微粒带负电荷）与带正电荷碱性集料（石灰岩、玄武岩等）有较好的黏结性。

(2) 阳离子乳液（沥青微粒带正电荷）与带负电荷的酸性集料（花岗岩、石英岩等）具有较好的黏结性。同时对碱性集料也有较好的亲和力。

2. 水分的蒸发作用

分布在路上的乳化沥青，水分蒸发速度的快慢与温度、湿度、风速等条件有关。在温度较高，有风的环境中，水分蒸发较快，反之较慢。通常当沥青乳液中水分蒸发到沥青乳液的80%~90%时乳化沥青即开始凝结。

### (六) 乳化沥青的应用

乳化沥青适用于沥青表面碎石路面、沥青贯入式路面、冷拌沥青混合材料路面，修补裂缝喷洒透层、黏层与封层等。乳化沥青的品种和适用范围宜符合表 5-10 的规定。

表 5-10 乳化沥青品种及适用范围

| 分 类 | 品种及代号 | 适用范围 |
| --- | --- | --- |
| 阳离子乳化沥青 | PC-1 | 表处、贯入式路面及下封层使用 |
| | PC-2 | 透层及基层养生用 |
| | PC-3 | 黏层油用 |
| | BC-1 | 稀浆封层或冷拌沥青混合料用 |
| 阴离子乳化沥青 | PA-1 | 表处、贯入式路面及下封层使用 |
| | PA-2 | 透层及基层养生用 |
| | PA-3 | 黏层油用 |
| | BA-1 | 稀浆封层或冷拌沥青混合料用 |
| 非离子乳化沥青 | PN-1 | 透层油用 |
| | BN-1 | 与水泥稳定集料同时使用(基层路拌或再生) |

## 三、改性沥青

随着国民经济的高速发展，现代高等级沥青路面的特点是交通密度大、车辆轴载重、荷载作用间歇时间短以及高速和渠化。由于这些特点造成沥青路面高温出现车辙，低温产生裂缝，抗滑性很快衰降，使用年限不长，出现坑槽松散等水损坏以及局部龟裂等。为提高沥青混合料的路用性能，必须对沥青加以改性，亦即改善沥青的流变性能，改善沥青与集料的黏附性，改善沥青的耐久性。

### (一) 改性沥青的分类及特性

改性沥青是指掺加橡胶、树脂、高分子聚合物，磨细的橡胶粉或其他填料等外掺剂（改性剂），或采取沥青轻度氧化加工等措施，使沥青的性能得以改善而制成的沥青结合料。

改性剂是指在沥青中加入的天然的或人工的有机或无机材料，可溶融分散在沥青中，改善或提高沥青路面性能（与沥青发生反应或裹覆在集料表面上）的材料。

从狭义来说，现在所指的道路改性沥青一般是指聚合物改性沥青。按照改性剂的不同，一般分为以下几类。

**1. 热塑性橡胶类改性沥青**

改性剂主要是苯乙烯前段共聚物，如苯乙烯-丁二烯-苯乙烯（SBS）、苯乙烯-异戊二烯-苯乙烯（SIS）和苯乙烯-聚乙烯/丁基-聚乙烯（SE/BS）。其中 SBS 常用于路面沥青混合料；SIS 主要用于热熔黏结料；SE/BS 则应用于抗氧化、抗高温变形要求高的道路。目前世界各国用于道路沥青改性使用最多的是 SBS 改性沥青。例如首都机场高速公路及八达岭高速公路用的就是 SBS 改性沥青。

SBS 类改性沥青最大特点是高温稳定性和低温抗裂性能都好，且有良好的弹性恢复性能，抗老化性能良好。SBS 使沥青软化点提高，使低温（5℃）时延度大幅度增大，且薄膜加热后的针入度比保留 90% 以上。

**2. 橡胶类改性沥青**

通常称为橡胶沥青，其中使用最多的是丁苯橡胶（SBR）和氯丁橡胶（CR）。它不仅是世界上最早出现并广泛应用的改性沥青品种，也是在我国较早得到研究和推广的品种。其中 SBR 是世界上应用最广泛的改性剂之一，尤其是它胶乳形式的使用越来越广泛。CR 具有极性，常掺入煤沥青中使用，已成为煤沥青的改性剂。

SBR 改性沥青最大特点是低温性能能得到改善，所以主要适宜在寒冷气候条件下使用。例如青藏公路上就铺筑了橡胶沥青路面。

**3. 热塑性树脂类改性沥青**

聚乙烯（PE）、聚丙烯、聚苯乙烯-乙酸乙烯共聚物（EVA）等在道路沥青的改性并被使用，这一类热塑性树脂的共同特点是加热后软化，冷却时硬化变硬。此类改性剂的最大特点是使用使沥青结合料在常温下黏度增大，从而使高温稳定性增加，遗憾的是并不能使沥青混合料的弹性增加，且加热后易离析，再次冷却时产生众多的弥散体。不过这些局限性一定程度上已被接受。例如浙江杭州钱江二桥就使用了 ESSO 公司的 EVA 改性沥青铺筑桥面铺装。

**4. 掺加天然沥青的改性沥青**

在沥青中通常可掺加天然沥青进行改性，如湖沥青（如特立尼达湖沥青 TLA）、岩石沥青如（美国的 Gilsonite）和海底沥青（如 BMA）等。

掺加 TLA 的混合沥青有良好的高温稳定性及低温抗裂性能，耐久性好；掺加岩石沥青的沥青有抗剥离、耐久性、高温抗车辙、抗老化特点；BMA 适用于重交通道路、飞机场跑龙道、抗磨耗层等，最小铺筑厚度可减薄到 2cm 由此降低工程造价。

**5. 其他改性沥青**

（1）掺多价金属皂化物的改性沥青　多价金属与一元羧酯所形成的盐类称为金属皂。将一定的金属皂溶解在沥青中，可使延度增加，脆点降低，明显提高与集料的黏附性能，增加沥青混合料的强度，提高沥青路面的柔性和疲劳强度。

（2）掺炭黑的改性沥青　炭黑是由石油气等碳氢化合物经高温不完全燃烧而生成的高含碳量粉状物质，在改性良好的 SBS 改性沥青中混入炭黑综合改性，可使改性沥青的黏度增大，回弹性能提高。

（3）加玻纤格栅的改性沥青　将一种自黏结型的玻璃纤维格栅，用一种专门的摊铺机铺设，铺在沥青混合料层中，耐热、黏结性好。以提高高温抗车辙能力及低温抗裂性能都有良好效果，同时还可防治沥青路面的反射性裂缝。

**(二) 改性沥青的技术要求**

道路改性沥青一般是指聚合物改性沥青，其技术要求如表 5-11 所示。

表 5-11　聚合物改性沥青的技术要求

| 指标 | 单位 | SBS类（Ⅰ类） | | | | SBR类（Ⅱ类） | | | EVA、PE类（Ⅲ类） | | | | 试验方法 |
|---|---|---|---|---|---|---|---|---|---|---|---|---|---|
| | | Ⅰ-A | Ⅰ-B | Ⅰ-C | Ⅰ-D | Ⅱ-A | Ⅱ-B | Ⅱ-C | Ⅲ-A | Ⅲ-B | Ⅲ-C | Ⅲ-D | |
| 针入度 25℃,100g,5s | 0.1mm | >100 | 80~100 | 60~80 | 30~60 | >100 | 80~100 | 60~80 | >80 | 60~80 | 40~60 | 30~40 | T0604 |
| 针入度指数 PI ≥ | | −1.2 | −0.8 | −0.4 | 0 | −1.0 | −0.8 | −0.6 | −1.0 | −0.8 | −0.6 | −0.4 | T0604 |
| 延度 5℃,5cm/min ≥ | cm | 50 | 40 | 30 | 20 | 60 | 50 | 40 | — | | | | T0605 |
| 软化点 T ≥ | ℃ | 45 | 50 | 55 | 60 | 45 | 48 | 50 | 48 | 52 | 56 | 60 | T0606 |
| 运动黏度 135℃ ≤ | Pa·s | 3 | | | | | | | | | | | T0625 T0619 |
| 闪点 ≥ | ℃ | 230 | | | | 230 | | | 230 | | | | T0611 |
| 溶解度 ≥ | % | 99 | | | | 99 | | | — | | | | T0607 |
| 弹性恢复 25℃ ≥ | % | 55 | 60 | 65 | 75 | | | | | | | | T0662 |
| 黏韧性 ≥ | N·m | — | | | | 5 | | | | | | | T0624 |
| 韧性 ≥ | N·m | — | | | | 2.5 | | | | | | | T0624 |
| 贮存稳定性离析,48h 软化点差 ≤ | ℃ | 2.5 | | | | — | | | 无改性剂明显析出、凝聚 | | | | T0661 |
| TFOT（或 RTFOT）后残余物 | | | | | | | | | | | | | |
| 质量分数变化 ≤ | % | ±1.0 | | | | | | | | | | | T0610 或 T0609 |
| 针入度比 25℃ ≥ | % | 50 | 55 | 60 | 65 | 50 | 55 | 60 | 50 | 55 | 58 | 60 | T0604 |
| 延度 5℃ ≥ | cm | 30 | 25 | 20 | 15 | 30 | 20 | 10 | — | | | | T0605 |

**任务实施**

广州珠江黄埔大桥及引线工程是广东的重点工程之一，年平均气温为 28.2℃，最高气温极值 38.7℃，最低气温极值 17.7℃，年平均总雨量 1727.8mm，广州附近山多，气温和雨量分布也不均衡，一般在 1500~1800mm 之间。如黄埔、扶胥港一带，由于北面受白云山遮挡南下寒潮，成为"雨影区"，南面又有市桥台地挡住南风，故成为 1550mm 以下少雨区，有利港湾建设。白云山地势高，南北气流遇山上升，凝结成雨，雨量在 1800mm 以上。广州地势开朗，气流畅通，也成为 1710mm 以上雨区。暴雨强度较大。据广州高速公路交通量调查显示，从广州经济技术开发区、黄埔区、番禺区和南沙经济技术开发区之间的交通运输流量来看，广州南部到北部的大吨位车辆占相当大的比重。试依据规范要求，并考察周边已建成的高速公路沥青混凝土路面的使用情况，以及地产集料、沥青品质等各方面选择合适的沥青类型。

## 小　结

石油沥青可分离为油分、树脂和沥青质等三个组分，各组分具有特定的性能，它们的化学组成和相对含量不同，得到的沥青的性能也不相同，可使沥青构成溶胶、溶凝胶和凝胶三种胶体结构。石油沥青中蜡的含量对沥青的高温稳定性、低温抗裂性及集料的黏附性有较大的影响，与沥青路面抗滑性也密切相关。

沥青的主要技术性质及指标可用来评价沥青的质量。经典的 3 大指标是针入度、延度和软化点。

　　煤沥青作为沥青家族的一个品种，与石油沥青相比，在性能上有其独特地方。

　　乳化沥青的组成和制备过程使得其在施工、节约能源、保护环境等方面有着诸多优越性。

　　改性沥青是目前研究较为热门的领域，其应用前景较广。

## 能力训练题

　　1.试说明石油沥青的主要组分与其技术性质之间有什么关系。

　　2.按流变学观点，石油沥青可分为哪几种胶体结构？如何划分？各种胶体结构的石油沥青有什么特点？

　　3.石油沥青的主要技术性质有哪些？技术指标是什么？3大指标的试验条件是什么？

　　4.煤沥青与石油沥青相比有哪些性能差异？

　　5.什么是乳化沥青？其优点有哪些？

　　6.改性沥青的改性剂有哪些？各有什么优点？

# 学习情境 六 沥青混合料的检测与配制

1. 了解沥青混合料的结构类型和强度形成原理。
2. 掌握沥青混合料的技术性质和技术标准。
3. 理解沥青混合料的组成设计方法。
4. 了解其他各类沥青混合料。

1. 能检测沥青混合料的技术性质。
2. 能按现行方法进行沥青混合料的组成设计。

## 任务一　沥青混合料的技术性质检测

**任务描述**

制作沥青混合料试件，并测定其密度、沥青含量、稳定度、马歇尔模数及高温抗车辙能力，评定沥青混合料的质量。

**任务分析**

评定沥青混合料质量，首先要熟悉沥青混合料的主要技术性质及技术标准，掌握沥青混合料技术性质的检测方法。通过对沥青混合料样品的各个技术性质的检测，根据所测定的结果对照沥青混合料技术性质的国家标准，评定沥青混合料的质量。

**知识链接**

沥青混合料是经人工合理选择级配组成的矿质混合料（如碎石、石屑、砂等），与适量沥青材料拌和而成的混合料的总称。

### 一、沥青混合料的分类与特点

1. 沥青混合料的分类

（1）按胶凝材料分类　按胶凝材料的种类不同，可分为石油沥青混合料和煤沥青混合料。

（2）按公称最大粒径分类　根据《公路工程集料实验规程》（JTG E42—2005）的定义：集料的最大粒径是指通过百分率 100% 的最小标准筛筛孔尺寸，集料的公称最大粒径是指全部通过或允许少量不通过（一般允许筛余不超过 10%）的最小标准筛筛孔尺寸。通常公称最大粒径比最大粒径小一粒级。例如：某集料在 16mm 筛孔的通过率为 100%，在 13.2mm 筛孔上的筛余量小于 10%，则此级料的最大粒径为 16mm，而公称最大粒径为 13.2mm。按公称最大粒径可分为以下几种。

① 特粗式沥青混合料　公称最大粒径等于或大于 31.5mm 的沥青混合料。

② 粗粒式沥青混合料　公称最大粒径等于或大于 26.5mm 的沥青混合料。

③ 中粒式沥青混合料　公称最大粒径为 16mm 或 19mm 的沥青混合料。

④ 细粒式沥青混合料　公称最大粒径为 9.5mm 或 13.2mm 的沥青混合料。

⑤ 砂粒式沥青混合料 公称最大粒径小于 4.75mm 的沥青混合料。

（3）按矿质材料的级配类型分类 分为连续级配沥青混合料和间断级配沥青混合料。

（4）按混合料密实度分类

① 密级配沥青混合料 按密实级配原理设计组成的各种粒径颗粒的矿料与沥青拌和而成，设计孔隙率较小（对不同交通及气候情况、层位可做适当调整）的密实式沥青混凝土混合料（以 AC 表示）和密实式沥青稳定碎石混合料（以 ATB 表示）。按关键性筛孔通过率的不同又可分为粗型（C 型）或细型（F 型）密级配沥青混合料等，具体见表 6-1。

表 6-1 粗型和细型密级配沥青混凝土的关键筛孔通过率

| 混合料类型 | 公称最大粒径/mm | 用以分类的关键性筛孔/mm | 粗型密级配 | | 细型密级配 | |
|---|---|---|---|---|---|---|
| | | | 名称 | 关键性筛孔通过率/% | 名称 | 关键性筛孔通过率/% |
| AC-25 | 26.5 | 4.75 | AC-25C | <40 | AC-25F | >40 |
| AC-20 | 19 | 4.75 | AC-20C | <45 | AC-20F | >45 |
| AC-16 | 16 | 2.36 | AC-16C | <38 | AC-16F | >38 |
| AC-13 | 13.2 | 2.36 | AC-13C | <40 | AC-13F | >40 |
| AC-10 | 9.5 | 2.36 | AC-10C | <45 | AC-10F | >45 |

② 半开级配沥青碎石混合料 由适当比例的粗集料、细集料及少量填料（或不加填料）与沥青结合料拌和而成，经马歇尔标准击实成型试件的剩余空隙率在 6%～12% 的半开式沥青碎石混合料（以 AM 表示）。

③ 开级配沥青混合料 矿料级配主要由粗集料嵌挤组成，细集料及填充料较少，设计空隙率为 18% 的混合料。

（5）按沥青混合料制造工艺分类 分为沥青混合料、冷拌沥青混合料和再生沥青混合料等。

2.沥青混合料的特点

沥青混合料作为高等级公路最主要的路面材料，是因为它具有许多其他建筑材料无法比拟的优越性，具体表现如下。

（1）沥青混合料是一种弹塑性黏性材料，应而它具有一定的高温稳定性和低温抗裂性。它不需设置施工缝和伸缩缝，路面平整且有弹性，行车比较舒适。

（2）沥青混合料路面有一定的粗糙度，雨天具有良好的抗滑性。路面又能保证一定的平整度，如高速公路路面，其平整度可达 1.0mm 以下，而且沥青混合料路面为黑色，无强烈反光，行车比较安全。

（3）施工方便，速度快，养护期短，能及时开放交通。

（4）沥青混合料路面可分期改造和再生利用。随着道路交通量的增大，可以对原有的路面拓宽和加厚。对旧有的沥青混合料，可以运用现代技术，再生利用，以节约原材料。

当然，沥青混合料也存在一些问题，如夏季高温时易软化，路面产生车辙、波浪等现象。冬季低温时易脆裂，在车辆重复荷载作用下易产生裂缝。因老化现象会使路面表层产生松散开裂，引起路面破坏。

目前公路工程中最常用的是热拌沥青混合料，本章重点介绍的是热拌沥青混合料，其他沥青混合料只作简单介绍。

## 二、热拌沥青混合料的组成结构和强度理论

热拌沥青混合料是经人工组配的矿质混合料与沥青在专门设备中加热拌和而成，在热态下进行摊铺和压实的混合料。

热拌沥青混合料是沥青混合料中最典型的品种，其他各种沥青混合料均为由其发展而来的品种。

### (一) 沥青混合料的组成结构

1. 组成结构理论

热拌沥青混合料是由级配良好的矿质集料和适宜用量的沥青胶结物及外掺材料所构成的，具有空间网络结构的一种多相分散体系。

目前沥青混合料组成结构理论有两种。

(1) 表面理论　沥青混合料是由粗集料、细集料和填料组成密实的矿质骨架，利用沥青胶结料的黏聚力，在加热状态下，与矿质材集料进行拌和，经压实后成为具有一定强度的整体形材料。

(2) 胶浆理论　沥青混合料是多级空间网络状结构的多级分散系。主要分为三个分散系。

① 粗分散系　以粗集料为分散相，分散在沥青砂浆的介质中。

② 细分散系　以细集料为分散相，分散在沥青胶浆的介质中。

③ 微分散系　以填料为分散相，分散在高稠度的沥青介质中。

这三级分散系以沥青胶浆最为重要，它的组成结构决定沥青混合料的高温稳定性和低温变形能力。

在这两种理论中，前一种强调的是矿质集料的骨架作用，起主导作用的是矿料的强度及其级配的密实度；后一种强调沥青胶结物在混合料中的作用，起主导作用的是沥青与填料之间的关系。

2. 沥青混合料组成结构类型

沥青混合料组成结构可分为 3 种类型。

(1) 悬浮-密实结构　是指矿质集料由大到小组成连续型密级配的混合料结构。混合料中粗集料数量较少，不能形成骨架，其结构组成示意如图 6-1(a) 所示。这种沥青混合料黏聚力较大，内摩阻角较小，因而高温稳定性差。按照连续密级配原理设计的 AC 型沥青混合料是典型的悬浮-密实结构。

(2) 骨架-空隙结构　是指矿质集料属于连续型开级配的混合料结构。矿质集料中粗集料较多，可形成矿质骨架，细集料较少，不足以填满空隙，其结构组成示意如图 6-1(b) 所示。所以此结构沥青混合料孔隙率大，耐久性差，沥青与矿料的黏聚力差，热稳定性较好，这种结构沥青混合料的强度主要取决于内摩阻角。沥青碎石混合料 AM 和开级配磨耗层沥青混合料 OGFC 是典型的骨架-空隙结构。

(3) 骨架-密实结构　是指此结构具有较多数量的粗集料形成空间骨架，同时又有足够的细集料填满骨架的空隙，其结构组成示意如图 6-1(c) 所示。这种结构表面为密实度大，具有较高的黏聚力和内摩阻角，是沥青混合料中是最理想的一种结构类型。沥青玛琋脂碎石混合料 SMA 是典型的骨架-密实结构。

### (二) 沥青混合料的强度理论

沥青混合料的强度理论，主要是要求沥青混合料在高温时，必须具备抗剪强度和抵抗变形的能力，称为高温强度和稳定性。沥青路面结构破坏的原因，主要是高温时抗剪强度降低塑性变形增大而产生推挤波浪、拥包等现象。低温时，塑性能力变差，使沥青路面易产生裂缝现象。

目前对于沥青混合料强度的研究，一般采用库伦内摩擦理论进行分析。通过三轴剪切强度研究得出结论：沥青混合料的抗剪强度 ($\tau$) 主要取决于沥青与矿质集料物理、化学交互作用而产生的黏聚力 ($c$)，以及矿质集料在沥青混合料中分散度不同而产生的内摩阻角

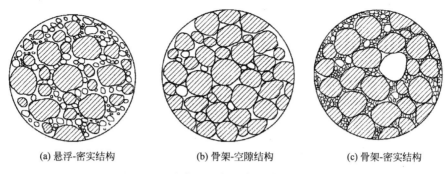

(a) 悬浮-密实结构　　　　　(b) 骨架-空隙结构　　　　　(c) 骨架-密实结构

图 6-1　三种典型沥青混合料结构组成示意

($\varphi$)，即：

$$\tau = c + \sigma\tan\varphi$$

### (三) 影响沥青混合料抗剪强度的因素

沥青混合料抗剪强度的影响因素，主要是材料的组成、材料的技术性质，以及外界因素，如车辆荷载、温度、环境条件等。

1. 沥青的黏度对沥青混合料抗剪强度的影响

沥青混合料中的矿质集料是分散在沥青中的分散系，因此它的抗剪强度与分散相的浓度和分散介质黏度有着密切的关系，在其他因素固定的条件下沥青混合料的黏聚力是随着沥青黏度的提高而增加；同时内摩阻角随着沥青黏度的提高稍有提高。这是因为沥青黏度大，表示沥青内部胶团相互位移时，分散介质抵抗剪切作用力大，使沥青混合料的黏滞阻力增大，因而具有较高抗剪强度。

2. 沥青与矿料在界面上的交互作用

沥青混合料黏结力除了与沥青材料自身的内聚力有关，还取决于沥青与矿料的交互作用。矿质集料颗粒对于包裹在表面的沥青分子具有一定的化学吸附作用，这种化学吸附比矿料与沥青间的分子力吸附（即物理吸附）要强得多，并使矿料表面吸附沥青组分重新分布，形成一层吸附溶化膜，即"结构沥青"。结构沥青膜层较薄，黏度较高，与矿料之间有着较强的黏结力。在"结构沥青"层之外未与矿料发生交互作用的是"自由沥青"，保持着沥青的初始内聚力。如图 6-2 所示。

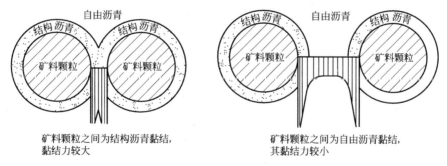

图 6-2　沥青与矿料交互作用

由于矿料颗粒表面对沥青的化学吸附是有选择性的，所以沥青与矿料表面交互作用程度还取决于矿料的岩石特性。实验结果表明，沥青在不同矿物组成的矿料颗粒表面形成不同成分和不同厚度的吸附溶化膜，碱性岩石（如石灰岩等）对石油沥青的吸附性强，而酸性岩石（如石英岩等）对石油沥青的吸附性弱。

3.沥青与矿料的用量比例

沥青用量过少，沥青不足以形成薄膜黏结矿料颗粒表面，随着沥青用量的增加，能完全地包裹在矿料表面，逐步形成结构沥青，使沥青与矿料间的黏结力随沥青用量的增加而增加。当沥青用量最适宜时，沥青胶结物具有最优的黏结力。随后如沥青用量继续增加，则由于沥青用量过多，逐渐将矿料颗粒推开，在颗粒间形成未与矿粉相互作用的"自由沥青"，则沥青胶结物的黏结力随着自由沥青的增加而降低，当沥青用量增加至某一用量后，沥青混合料的黏结力主要取决于自由沥青，所以抗剪强度几乎不变。随着沥青用量的增加，此时，沥青不仅是黏结剂，而且起着润滑剂的作用，降低了粗集料的相互密挤结构，因而降低了沥青混合料的内摩阻力。

在沥青用量固定的情况下，矿粉的用量多少也直接影响着沥青混合料的密实程度及黏结力。单矿粉用量不能过多，尤其是小于 0.075mm 的含量不宜过多，否则使沥青混合料结团成块，不易施工。

4.矿料的级配类型及表面性质对沥青混合料抗剪强度的影响

沥青混合料的抗剪强度与矿质集料在沥青混合料中的分布情况有密切关系。沥青混合料有密级配、开级配和间断级配等不同组成结构类型，矿料级配类型是影响沥青混合料抗剪强度的因素之一。

此外，在沥青混合料中，矿质集料的粗度、形状对沥青混合料的抗剪强度也有明显的影响。通常集料颗粒具有棱角，近似正立方体，表面有明显的粗糙度，铺筑路面具有很大的内摩阻角，提高了混合料的抗剪强度。所以沥青混合料中，矿质集料越粗，配制成的沥青混合料的内摩阻角就越高。

5.温度及形变速率对沥青混合料抗剪强度的影响

随温度升高，沥青的黏聚力（$c$）值减小，而变形能力增强。当温度降低，可使混合料黏聚力提高，强度增加，变形能力降低。但温度过低会使沥青混合料路面开裂。由于加荷频率高，可使沥青混合料产生过大的应力和塑性变形，弹性恢复很慢，产生不可恢复的永久变形。

同时，沥青混合料的抗剪强度与形变速率也有关。在其他条件相同的情况下，黏聚力（$c$）值随形变速率的增加而显著提高，而内摩阻角随形变速率的变化很小。

## 三、热拌沥青混合料的技术性质和技术标准

### (一)沥青路面使用性能的气候分区

沥青混合料的技术性质与使用环境，如气温和湿度关系密切。因此，在选择沥青材料的等级、进行沥青混合料配合比设计、检查沥青混合料的使用性能时，应考虑沥青路面工程的环境因素，尤其是温度和湿度条件。所以，应按照不同的气候分区的特点对沥青混合料的技术性能提出相应要求。

沥青路面使用性能气候分区由一、二、三级区划组合而成，以综合反映该地区的气候特征，见表 6-2。每个气候分区用 3 个数字表示：第一个数字代表高温分区，第二个数字代表低温分区，第三个数字代表雨量分区。数字越小，表示气候因素对沥青路面的影响越严重。如我国上海市属 1-3-1 气候分区，为夏炎热冬冷潮湿区，对沥青混合料的高温稳定性和水稳定性要求较高。

### (二)沥青混合料的技术性质

1.高温稳定性

沥青混合料的高温稳定性是指混合料在高温（通常为 60℃）的条件下，经车辆荷载长期重复作用后，不产生车辙和波浪等病害的性能。

表 6-2　沥青路面使用性能气候分区

| 气候分区指标 | | 气候分区 | | | |
|---|---|---|---|---|---|
| 按照高温指标 | 高温气候区 | 1 | 2 | 3 | |
| | 气候区名称 | 夏炎热区 | 夏热区 | 夏凉区 | |
| | 七月平均最高温度/℃ | ＞30 | 20～30 | ＜20 | |
| 按照低温指标 | 低温气候区 | 1 | 2 | 3 | 4 |
| | 气候区名称 | 冬严寒区 | 冬寒区 | 冬冷区 | 冬温区 |
| | 极端最低气温/℃ | ＜−30 | −37.5～−21.5 | −21.5～−9.0 | ＞−9.0 |
| 按照雨量指标 | 雨量气候区 | 1 | 2 | 3 | 4 |
| | 气候区名称 | 潮湿区 | 湿润区 | 半干区 | 干旱区 |
| | 年降水量/mm | ＞1000 | 1000～500 | 500～250 | ＜250 |

我国现行标准《公路沥青路面施工技术规范》(JTG F 40—2004)规定,采用马歇尔稳定度试验(包括稳定度、流值)来评价沥青混合料高温稳定性;对于高速公路、一级公路、城市快速路、主干路用沥青混合料,还应通过车辙试验检验其抗车辙能力。

(1)马歇尔稳定度　马歇尔稳定度的试验方法自 B.马歇尔提出,迄今已半个多世纪,经过许多研究者的改进,目前普遍是测定马歇尔稳定度(MS)、流值(FL)两项指标。

稳定度是指标准尺寸试件在规定温度和加荷速度下,在马歇尔仪中最大的破坏的荷载(kN);流值是达到最大破坏荷载时试件的垂直变形(以 0.1mm 计)。

(2)车辙试验　车辙试验的方法,首先由英国道路研究所提出,后来经过了许多国家道路工作者的研究改进。我国的试验方法是用标准成型方法,制成 300mm×300mm×50mm 的沥青混合料试件,在 60℃的温度条件下,以一定荷载的轮子在同一轨迹上作一定时间的反复行走,形成一定的车辙深度,然后计算试件产生 1mm 变形所需试验车轮行车次数,即为动稳定度 DS。

我国现行行业标准《公路沥青路面施工技术规范》(JTG F 40—2004)规定:对于高速公路和一级公路的公称最大粒径等于或小于 19mm 的密级配沥青混合料(AC),及 SMA、OGFC 混合料,必须在规定的试验条件下进行车辙试验,并符合表 6-3 的要求。

表 6-3　沥青混合料车辙试验动稳定度技术要求

| 气候条件与技术指标 | | | 相应下列气候分区所要求的等稳定度/(次/mm) | | | | |
|---|---|---|---|---|---|---|---|
| 七月平均最高气温/℃ 及气候分区 | | | 30 | | 20～30 | | 20 |
| | | | 1 | | 2 | | 3 |
| | | | 1-1、2-2 | 1-3、1-4 | 2-1、 | 2-2、2-3、2-4 | 3-2 |
| 普通沥青混合料 | | ≥ | 800 | 1000 | 600 | 800 | 600 |
| SMA 混合料 | 非改性 | ≥ | 1500 | | | | |
| | 改性 | ≥ | 3000 | | | | |
| OGFC 混合料 | | | 1500(一般交通路段)、3000(重交通量路段) | | | | |

影响沥青混合料高温稳定性的主要因素有沥青的用量、沥青的黏度、矿料的级配、矿料的尺寸、形状等。提高路面的高温稳定性,可采用提高沥青混合料的黏结力和内摩阻力的方法。增加粗集料含量可以提高沥青混合料的内摩阻力;适当提高沥青材料的黏度,控制沥青与矿料比值,严格控制沥青用量,均能改善沥青混合料的黏结力。这样就可以增强沥青混合

料的高温稳定性。

**2. 低温抗裂性**

沥青混合料随着温度的降低，变形能力下降。路面由于低温而收缩及行车荷载的作用，在薄弱部位产生裂缝，从而影响道路的正常使用。因此，要求沥青混合料具有一定的低温抗裂性。

沥青混合料的低温裂缝是由混合料的低温脆化、低温缩裂和温度疲劳引起的。混合料的低温脆化是指其在低温条件下，变形能力降低；低温缩裂通常是由于材料本身的抗拉强度不足而造成的；对于温度疲劳，可以模拟温度循环进行疲劳破坏。因此在沥青混合料组成设计中，应选用程度较低、温度敏感性低、抗老化能力强的沥青。评价沥青混合料低温变形能力的常用方法之一是低温弯曲试验。

**3. 耐久性**

沥青混合料的耐久性，是指其在长期的荷载作用和自然因素影响下，保持正常使用状态而不出现剥落和松散等损坏的能力。

影响沥青混合物耐久性的因素有：沥青的化学性质、矿料的矿物成分、沥青混合料的组成结构（残留空隙率、沥青饱和度）等。其中空隙率越小，可以越有效地防止水分渗入和日光紫外线对沥青的老化作用等，但一般沥青混合料中均应残留一定的空隙，以备夏季沥青材料膨胀。

沥青路面的使用寿命与沥青含量有很大关系。当沥青用量低于要求用量时，将降低沥青的变形能力，是沥青混合料的残留空隙率增大。

我国现行规范采用空隙率、沥青饱和度和残留稳定度等指标来表征沥青混合料的耐久性。

**4. 抗滑性**

用于高等级公路沥青路面的沥青混合料，其表面应具有一定的抗滑性，才能保证汽车高速行驶的安全性。

沥青混合料路面的抗滑性与矿质集料的表面性质、混合料的级配组成以及沥青用量等因素有关。为提高路面抗滑性，配料时应特别注意矿料的耐磨光性，应选择硬质有棱角的矿料。我国现行行业标准《公路沥青路面施工技术规范》指明：沥青用量对抗滑性影响也非常敏感，沥青用量超过最佳用量的 $0.5\%$，即可使摩阻系数明显降低。

另外，含蜡量对沥青混合料抗滑性有明显影响，应选用含蜡量低的沥青，以免沥青表层出现滑溜现象。我国现行行业标准《公路沥青路面施工技术规范》的道路石油沥青技术要求中对沥青含蜡量规定，A 级沥青含蜡量应不大于 $2.2\%$，B 级沥青含蜡量应不大于 $3.2\%$，C 级沥青含蜡量应不大于 $4.5\%$。

**5. 施工和易性**

沥青混合料的施工和易性，是指沥青混合料在施工过程中是否容易拌和、摊铺和压实的性能。它主要决定于矿料的级配、沥青的品种及用量，以及施工环境条件等。

单纯从混合材料性质而言，影响施工和易性的首先是混合料的级配情况。如粗细粒料的颗粒大小相距过大，缺乏中间尺寸，混合料容易分层层积（粗颗粒集中表面，细颗粒集中底部）；如细颗粒太小，沥青层就不容易均匀的留在粗颗粒表面；如细颗粒材料过多，则使拌和困难。此外，当沥青用量过少，或矿粉用量过多时，混合料容易产生疏松，不易压实；反之，如沥青用量过多，或矿粉质量不好，则容易使混合料黏结成块，不易摊铺。间断级配混合料的施工和易性比较差。

**(三) 热拌沥青混合料的技术标准**

我国的现行国标《公路沥青路面施工技术规范》对热拌沥青混合料的技术要求列表 6-4、表 6-5。

**表 6-4　密级配热拌沥青混凝土混合料马歇尔试验技术标准**

| 试 验 指 标 | | 高速公路、一级公路 | | | | 其他等级公路 | 行人道路 |
| --- | --- | --- | --- | --- | --- | --- | --- |
| | | 夏炎热区 | | 夏热区及夏凉区 | | | |
| | | 中轻交通 | 重载交通 | 中轻交通 | 重载交通 | | |
| 击实次数(双面)/次 | | 75 | | | | 50 | 50 |
| 试件尺寸 | | $\phi101.6mm\times63.5mm$ | | | | | |
| 空隙率 VV | 深约90mm以内/% | 3~5 | 4~6 | 2~4 | 3~5 | 3~6 | 2~4 |
| | 深约90mm以下/% | 3~6 | | 2~4 | 3~6 | 3~6 | — |
| 90007/kN　　　　≥ | | 8 | | | | 5 | 3 |
| 流值 FL/mm | | 2~4 | 1.5~4 | 2~4.5 | 2~4 | 2~4.5 | 2~5 |
| 矿料间隙率 VMA/%　≥ | 设计空隙率/% | 相应于一下公称最大粒径/mm 的最小 VMA 及 VFA 技术要求 | | | | | |
| | | 26.5 | 19 | 16 | 13.2 | 9.5 | 4.75 |
| | 2 | 10 | 11 | 11.5 | 12 | 13 | 15 |
| | 3 | 11 | 12 | 12.5 | 13 | 14 | 16 |
| | 4 | 12 | 13 | 13.5 | 14 | 15 | 17 |
| | 5 | 13 | 14 | 14.5 | 15 | 16 | 18 |
| | 6 | 14 | 15 | 15.5 | 16 | 17 | 19 |
| 沥青饱和度 VFA/% | | 55~70 | | 65~75 | | 70~85 | |

注：1. 对空隙率大于5%的夏炎热区重载交通路段，施工时应提供压实度1%。

2. 当设计的空隙率不是整数时，由内插确定要求的 VMA 最小值。

3. 对改性沥青混合料，马歇尔试验的流值可适当放宽。

4. 气候分区参考附录 A。

**表 6-5　沥青稳定碎石混合料马歇尔试验配合比设计标准表**

| 试 验 指 标 | 密级配基层(ATB) | | 半开级配面层(AM) | 排水式开级配磨耗层(OGFC) | 排水式开级配基层(ATPB) |
| --- | --- | --- | --- | --- | --- |
| 公称最大粒径/mm | 26.5mm | ≥31.5mm | ≤26.5mm | ≤26.5mm | 所有尺寸 |
| 马歇尔试件尺寸 | $\phi101.6mm\times63.5mm$ | $\phi152.4mm\times95.3mm$ | $\phi101.6mm\times63.5mm$ | $\phi101.6mm\times63.5mm$ | $\phi152.4mm\times95.3mm$ |
| 击实次数(双面)/次 | 75 | 112 | 50 | 50 | 75 |
| 空隙率 VV/% | 3~6 | | 6~10 | ≥18 | ≥18 |
| 稳定度/kN　　　≥ | 7.5 | 15 | 3.5 | 3.5 | — |
| 流值/mm | 1.5~4 | 实测 | — | — | — |
| 沥青饱和度 VFA/% | 55~70 | | 40~70 | — | — |
| 密级配基层 ATB 的矿料间隙率 VFA/%　≥ | 设计空隙率/% | | ATB-40 | ATB-30 | ATB-25 |
| | 4 | | 11 | 11.5 | 12 |
| | 5 | | 12 | 12.5 | 13 |
| | 6 | | 13 | 13.5 | 14 |

注：在干旱地区，可将密级配沥青稳定碎石基层的空隙率适当放宽到8%。

### 任务实施

#### 一、沥青混合料试件制作（击实法）

1.目的与适用范围

（1）本方法规定了用标准击实法或大型击实法制作沥青混合料试件的方法，以供试验室进行沥青混合料物理力学性质试验使用。根据沥青混合料的力学指标（稳定度和流值）以及物理指标（表观密度、空隙率、沥青饱和度、矿料间隙率等），可以确定沥青混合料的配合组成（即沥青最佳用量）。

（2）标准击实法适用于马歇尔试验、间接抗拉试验（劈裂法）等使用的 $\phi101.6mm \times 63.5mm$ 圆柱体试件的成型。大型击实法适用于 $\phi152.4mm \times 95.3mm$ 大型圆柱试件的成型。

2.仪器设备

（1）击实仪

① 标准击实仪由击实锤、$\phi98.5mm$ 平圆形压实头及带手柄的导向棒组成。用人工或机械将击实锤举起，从 $457.2mm \pm 1.5mm$ 高度沿导向棒自由落下击实，标准击实锤质量为 $4536g \pm 9g$。

② 大型击实仪由击实锤、$\phi149.5mm$ 平圆形压实头及带手柄的导向棒（直径 15.9mm）组成。用机械将击实锤举起，从 $457.2mm \pm 2.5mm$ 高度沿导向棒自由落下击实，大型击实锤质量为 $10210g \pm 10g$。

（2）标准击实台 标准击实台用以固定试模，在 200mm×200mm×457mm 的硬木墩上面有 1 块 305mm×305mm×25mm 的钢板，木墩用 4 根型钢固定在下面的水泥混凝土板上。人工击实或机械击实必须有标准击实台。

（3）试验室用沥青混合料拌和机 能保证拌和温度并充分拌和均匀，可控制拌和时间，容易不少于 10L，搅拌叶片自转速度 70～80r/min，公转速度 40～50r/min。

（4）脱模器 电动或手动，可无破损地推出圆柱体试件，备有标准圆柱体试件及大型圆柱体试件尺寸的推出环。

（5）试模 由高碳钢或工具钢制成，每组包括内径 101.6mm±0.2mm、高 87mm 的圆柱形金属筒，底座（直径约 120.6mm）和套筒（内径 101.6mm、高 70mm）各 1 个。

（6）烘箱 大、中型烘箱各 1 台，装有温度调节器。

（7）天平或电子秤 用于称量矿料的感量不大于 0.5g；用于称量沥青的感量不大于 0.1g。

（8）沥青运动黏度测定设备 毛细管黏度计或赛波特重油黏度计。

（9）插刀或螺钉旋具

（10）温度计 量程 0～300℃，分度为 1℃。

（11）其他 电炉或煤气炉、沥青熔化锅、拌和铲、试验筛、滤纸（或普通纸）、胶布、卡尺、秒表、粉笔、棉纱等。

3.试验准备

（1）确定制作沥青混合料试件的拌和与压实温度。

① 用毛细管黏度计测定沥青的黏度，绘制黏度曲线。当使用石油沥青时，以运动黏度为 $(170 \pm 20)mm^2/s$ 时的温度为拌和温度、$(280 \pm 30)mm^2/s$ 时的温度为压实温度。亦可用赛氏黏度计测定赛波特黏度，以 $85s \pm 10s$ 时的温度为压实温度。

② 当缺乏运动黏度测定条件时，试件的拌和与压实温度可按表 6-6 选用，并根据沥青

品种和标号作适当调整。针入度小、稠度大的沥青取高限；针入度大、稠度小的沥青取低限；一般取中值。

表 6-6 试件的拌和与压实温度

| 沥青种类 | 拌和温度 | 压实温度 | 沥青种类 | 拌和温度 | 压实温度 |
| --- | --- | --- | --- | --- | --- |
| 石油沥青 | 130～160 | 110～130 | 煤沥青 | 90～120 | 80～110 |

③ 常温沥青混合料的拌和及压实在常温下进行。

（2）将各种规格的矿料置于 105℃±5℃ 的烘箱中烘干至恒量（一般不少于 4～6h）。根据需要，粗集料可先用水冲洗干净后烘干；也可将粗细集料过筛后，用水冲洗再烘干备用。

（3）按规定试验方法分别测定不同粒径规格粗、细集料及填料（矿粉）的各种密度，并测定沥青的密度。

（4）将烘干分级的粗细集料，按每个试件设计级配要求称其质量，在一金属盘中混合均匀，矿粉单独加热，置烘箱中预热至沥青拌和温度以上约 15℃（石油沥青通常为 163℃；改性沥青常为 180℃）备用。一般按一组试件（每组 4～6 个）备料，但进行配合比设计时宜对每个试件分别备料。当采用替代法时，对粗集料中粒径大于 26.5mm 的部分，以 13.2～26.5mm 粗集料等量代替。常温沥青混合料的矿料不应加热。

（5）将沥青用电热套或恒温烘箱熔化加热至规定的沥青混合料拌和温度备用，但不得超过 175℃。当不得已采用燃气炉或电炉直接加热进行脱水时，必须使用石棉垫隔开。

（6）用沾有少许黄油的棉纱擦净试模、套筒及击座等，置于 100℃ 左右烘箱中加热 1h 备用。常温沥青混合料的试模不加热。

4. 制作步骤

（1）混合料拌制

① 将沥青混合料拌和机预热至拌和温度以上 10℃ 左右备用。

② 将每个试件预热的粗细集料置于拌和机中，用小铲适当混合，然后再加入需要数量的已加热至拌和温度的沥青，开动拌和机一边搅拌一边将拌和叶片插入混合料中拌和 1～1.5min，然后暂停拌和，加入单独加热的矿粉，继续拌和至均匀为上，并使沥青混合料保持在要求的拌和温度范围内，标准的总拌和时间为 3min。

（2）试件成型

① 将拌好的沥青混合料，均匀称取一个试件所需的用量（标准试件约 1200g，大型试件约 4050g）。当一次拌和几个试件时，宜将其倒入经预热的金属盘中，用小铲拌和均匀，分成几份，分别取用。试件制作过程中，为防止混合料温度下降，应连盘放入烘箱中保温。

② 从烘箱中取出预热的试模及套筒，用沾有少许黄油的棉纱擦拭套筒、底座及击锤底面，将试模装在底座上（也可垫一张圆形的吸油性小的级）。按四分法从四个方向用小铲将混合料铲入试模中，用插刀或螺钉具沿周边插捣 15 次，中间 10 次。插捣后将沥青混合料表面整平成凸圆弧面。对大型马歇尔试件，混合料分两次加入，每次插捣次数同上。

③ 插入温度计，至混合料中心附近，检查混合料温度。

④ 待混合料温度符合要求的压实温度后，将试模连同底座一起放在击石台上固定（也可在装好混合料上垫一张吸油性小的圆纸），再将装有击实锤及导向锤的压实头插入试模中，开启电动机（或人工）将击实锤从 457mm 的高度自由落下击实规定的次数（75 次、50 次或 35 次）。对大型马歇尔试件，击实次数为 75 次（相应于标准击实 50 次的情况）或 112 次（相应于标准击实 75 次的情况）。

⑤ 试件击实一面后，取下套筒，将试模掉头，装上套筒，然后以同样的方式和次数击

实另一面。

⑥ 试件击实结束后，如上下面垫有圆纸，应立即用镊子取掉，用卡尺量取试件离试模上口的高度并由此计算试件高度。如高度不符合要求时，试件应作废，并按式（6-1）调整试件的混合料数量。使高度符合 63.56mm±1.3mm（标准试件）或 95.3mm±2.5mm（大型试件）的要求。

$$q = q_0 \frac{63.5}{h_0} \tag{6-1}$$

式中　$q$——调整后沥青混合料用量，g；

　　　$q_0$——制备试件的沥青混合料实际用量，g；

　　　$h_0$——制备试件的实际高度，mm。

⑦ 卸去套筒的底座，将装有试件的试模横向放置冷却至室温后（不少于 12h），置脱模机上脱出试件。将试件仔细置于干燥洁净的平面上，供试验用。

## 二、压实沥青混合料密度测定（表干法）

1. 目的与适用范围

（1）本方法适用于测定吸水率不大于 2% 的各种沥青混合料试件。

（2）本方法测定的密度适用于计算沥青混合料试件的空隙率、矿料间隙率等各项指标。

2. 仪器设备

（1）浸水天平或电子秤。当最大称量在 3kg 以下时，感量不大于 0.1g；最大称量在 3kg 以上时，感量不大于 0.5g；最大称量在 10kg 以上时，感量不大于 5g。应有测量水中质量的挂钩。

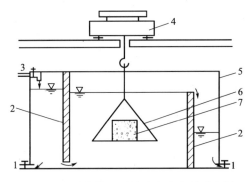

图 6-3　溢流水箱及下挂法水中称量示意图
1—放水阀门；2—水位搁板；3—注水口；4—浸水天平或电子秤；5—溢流水箱；6—网篮；7—试件

（2）网篮。

（3）溢流水箱（图 6-3）。使用洁净水，有水位溢流装置，保持试件和网篮浸入水中后的水位一定。试验时的水温应在 15~25℃ 范围内，并与测定集料密度时的水温相同。

（4）试件悬吊装置。天平下方悬吊网篮及试件的装置，吊线应采用不吸水的细尼龙绳，并有足够的长度。对轮碾成型机成型的板块状试件可用铁丝悬挂。

（5）秒表、电风扇或烘箱、毛巾。

3. 检测步骤

（1）选择适宜的浸水天平或电子秤，最大称量应不小于试件质量的 1.25 倍，且不大于试件质量的 5 倍。

（2）除去试件表面的浮粒，称取干燥试件在空气中的质量 $m_a$，根据选择的天平的感量读数，精确至 0.1g、0.5g 或 5g。

（3）挂上网篮。浸入溢流水箱中，调节水位，将天平调平或复零，把试件置于网篮中（注意不要使水晃动）浸水 3~5min，称取水中质量 $m_w$。若天平读数持续变化，不能很快达到稳定，说明试件吸水严重，不适用于此法测定，应改用蜡封法测定。

（4）从水中取出试件，用洁净柔软的拧干湿毛巾轻轻擦去试件的表面水（不得吸走空隙内的水），称取试件的表干质量 $m_f$。

（5）对从路上钻取的非干燥试件，可先称取水中质量 $m_w$，然后用电风扇吹干至恒量

（一般不少于 12h，当不需进行其他试验时，也可用 60℃±5℃ 的烘箱烘干至恒量），再称取其在空气中的质量 $m_a$。

4.结果评定

（1）毛体积相对密度　试件的毛体积相对密度按式（6-2）计算，取 3 位小数。

$$r_f = \frac{m_a}{m_f - m_w} \qquad (6\text{-}2)$$

式中　$r_f$——试件的毛体积相对密度；

$m_a$——干燥试件的空气中质量，g；

$m_f$——试件的表干质量，g；

$m_w$——试件的水中质量，g。

（2）最大理论相对密度

① 当试件沥青按油石比 $P_{ai}$ 计时，试件的最大理论相结密度 $r_{ti}$ 按式（6-3）计算，取三位小数。

$$r = \frac{100 + P_{ai}}{\dfrac{100}{r_{se}} + \dfrac{P_{ai}}{r_b}} \qquad (6\text{-}3)$$

② 当试件沥青按沥青含量 $P_{bi}$ 计时，试件的最大理论相对密度 $r_{ti}$ 按式（6-4a）计算，取 3 位小数。

$$r_{ti} = \frac{100}{\dfrac{P_{si}}{r_{se}} + \dfrac{P_{bi}}{r_b}} \qquad (6\text{-}4a)$$

式中　$r_{ti}$——相对于计算沥青用量 $P_{bi}$ 时沥青混合料的最大理论相对密度；

$P_{ai}$——所计算的沥青混合料中的油石比，%；

$P_{bi}$——所计算的沥青混合料的沥青用量，%，$P_{bi} = P_{ai}/(1 + P_{ai})$；

$P_{si}$——所计算的沥青混合料的矿料含量，%，$P_{si} = 100 - P_{bi}$；

$r_b$——沥青的相对密度（25℃/25℃）；

$r_{se}$——矿料的有效相对密度，按式（6-4b）计算。

$$r_{se} = \frac{100 - P_b}{\dfrac{100}{r_t} - \dfrac{P_b}{r_b}} \qquad (6\text{-}4b)$$

式中　$P_b$——试验采用的沥青用量占混合料总量的百分数，%；

$r_t$——试验沥青用量条件下实测得到的最大相对密度。

（3）空隙率　试件的空隙率按式（6-5）计算，取 1 位小数。

$$W = \left(1 - \frac{r_f}{r_t}\right) \times 100\% \qquad (6\text{-}5)$$

式中　$W$——试件的空隙率；

$r_f$——试件的毛体积相对密度；

$r_t$——试件的最大理念经相对密度。

（4）矿料间隙率　试件的矿料间隙率按式（6-6）计算，取 1 位小数。

$$\text{VMA} = \left(1 - \frac{r_f}{r_{sb}} \times P_s\right) \times 100\% \qquad (6\text{-}6a)$$

式中　VMA——沥青混合料试件的矿料间隙率；

$r_{sb}$——矿料的合成毛体积相对密度，按式（6-6b）计算；

$P_s$——各种矿料占沥青混合料总质量的百分率之和，%，$P_s = 100 - P_b$。

$$r_{sb} = \frac{100}{\dfrac{P_1}{r_1} + \dfrac{P_2}{r_2} + \dfrac{P_n}{r_n}} \qquad (6\text{-}6b)$$

式中　$P_1$，$P_2$，…，$P_n$——各种矿料成分的配合比，其和为100；

$r_1$，$r_2$，…，$r_n$——各种矿料相应的毛体积相对密度。

（5）沥青饱和度　镀件的沥青饱和度按式(6-7)计算，取1位小数。

$$\text{VFA} = \frac{\text{VMA} - \text{VV}}{\text{VMA}} \times 100\% \qquad (6\text{-}7)$$

式中　VFA——沥青混合料试件的沥青饱和度。

### 三、沥青混合料马歇尔稳定度测定

1. 试验目的与适用范围

（1）本方法适用于马歇尔稳定度试验和浸水马歇尔稳定度试验，以进行沥青混合料的配合比设计或沥青路面施工质量检验。

（2）本方法适用于按本规程 T0702 成型的标准马歇尔试件圆柱体和大型马歇尔试件圆柱体。

2. 仪器设备

（1）沥青混合料马歇尔试验仪。符合国家标准 GB/T 11823《沥青混合料马歇尔试验仪》技术要求的产品。对用于高速公路和一级公路的沥青混合料宜采用自动马歇尔试验仪，用计算机或 X-Y 记录仪记录荷载-位移曲张，并具有自动测定荷载与试件垂直变形的传感器、位移计，能自动显示和打印试验结果。对标准的马歇尔试件，试验仪最大荷载不小于 25kN，测定精度 100N，加载速率应保持在 50mm/min±5mm/min。钢球直径 16mm，上下压头曲率半径为 50.8mm。当采用大型马歇尔试件时，试验仪最大荷载不得小于 50kN，读数精确度为 100N。上下压头曲率半径为 (152.4±0.2)mm/min，上下压头间距为 (19.05±0.1)mm/min。

（2）恒温水槽。控温精确度为 1℃，深度不少于 150mm。

（3）真空饱和水容器。由真空泵和真空干燥器组成。

（4）烘箱。

（5）天平。感量不大于 0.1g。

（6）温度计。分度为 1℃。

（7）卡尺、棉纱、黄油。

3. 检测步骤

（1）标准马歇尔试验方法

① 将测定密度后的试件置于 60℃±1℃（石油沥青）或 33.8℃±1℃（煤沥青）的恒温水槽中，保温时间，对标准的马歇尔试件需 30～40min，对大型的马歇尔试件需 45～60min。试件应架起，离水槽底部不小于 50mm。

② 将马歇尔试验仪的上下压头放水水槽或烘箱中达到同样的温度。将上下压头从水槽或烘箱中取出，擦拭干净内面。为使上下压头滑动自如，可在上下压头的导棒上涂上少量黄油。将试件置于下压头上，盖上上压头，然后装在加载设备上。

③ 在上压头的球座上放妥钢球，并对准荷载测定装置的压头。

④ 当采用自动马歇尔试验仪时，将自动马歇尔试验仪的压力传感器、位移传感器与计算机或 X-Y 记录仪正确连接，调整好适宜的放大比例。调整好计算机程序或将 X-Y 记录仪的记录笔对准原点。

⑤ 当采用压力环和流值计时，将流值计安装在导棒上，使导向套管轻轻地压住上压头，

同时将流值计计数调零。调整压力环中百分表，对零。

⑥ 启动加载设备，使试件承受荷载，加载速度为 50mm/min±5mm/min。计算机或 X-Y 记录仪自动记录传感器压力或试件变形曲线，并将数据自动存入计算机。

⑦ 当试验荷载达到最大值的瞬间，取下流值计，同时读取压力环中百分表或荷载传感计数及流值计的流值读数。

⑧ 从恒温水槽中聚取出试件至测出最大荷载的时间不应超过 30s。

（2）浸水马歇尔试验方法　浸水马歇尔试验方法是将沥青混合料试件在规定温度的恒温水槽中保温 48h，然后测定其稳定度，其余方法与标准马歇尔试验方法相同。

4.结果评定

（1）由荷载测定装置读取的最大值即试样的稳定度。当用压力环百分表测定时，根据压力环标定曲线，将压力环中百分表的计数换算为荷载值，即试件的稳定度 MS，以 kN 计，精确到 0.01kN。

（2）由流值计及位移传感器测定装置读取的试件垂直变形，即为试件的流值 FL，以 mm 计，精确到 0.1mm。

（3）根据试验所得结果与不同沥青用量（每隔 0.5%）绘制下列关系曲线。

① 毛体积密度与沥青用量。

② 稳定度与沥青用量。

③ 流值与沥青用量。

④ 空隙率与沥青用量。

⑤ 饱和度与沥青用量。

按上述关系曲线图，对照规范要求确定最佳沥青用量。

（4）试件的马歇尔模数按式（6-8）计算。

$$T = \frac{MS}{FL} \tag{6-8}$$

式中　$T$——试件的马歇尔模数，kN/min；

　　　$MS$——试件的稳定度，kN；

　　　$FL$——试件的流值，mm。

（5）根据试件的浸水马歇尔稳定度和标准马歇尔稳定度，按式（6-9）计算试件浸水残留稳定度。

$$MS_0 = \frac{MS_1}{MS} \times 100\% \tag{6-9}$$

式中　$MS_0$——试件的浸水残留稳定度；

　　　$MS_1$——试件的浸水 48h 后的稳定度，kN；

　　　$MS$——试件按标准试验方法的稳定度，kN。

根据浸水马歇尔试验结果，检验其残留稳定度是否合格的，以确定沥青混合料的沥青最佳用量。

## 四、沥青混合料抗车辙能力测定

1.试验目的与适用范围

（1）本方法适用于测定沥青混合料的高温抗车辙能力，供沥青混合料配合比设计的高温稳定性检验使用。

（2）车辙试验的试验温度：未注明时为 60℃，在寒冷地区也可采用 45℃，在高温条件下可采用 70℃，但应在报告中注明。计算动稳定度的时间，原则上为试验开始后 45～60min 之间。

（3）本方法适用于用轮碾成型机碾压成型的 300mm×300mm×50mm 的板块试件，也适用于现场切割制作的 300mm×150mm×50mm 的板块试件。根据需要，试件的厚度也可采用 40mm。

**2.仪器设备**

（1）车辙试验机。

（2）恒温室。车辙试验机安放在恒温室内，装有加热气、气流循环装置及自动温度控制设备，能保持恒温室温度为 60℃±1℃（试件内部温度 60℃±0.5℃），根据需要亦可调整为其他需要的温度，用于保温试件并进行检验。温度应能自动连续记录。

（3）台秤。称量 15kg，感量不大于 5g。

**3.检测准备**

（1）试验轮接地压强测定。测定在 60℃时进行，在试验台上放置一块 50mm 厚的钢板，其上铺一块毫米方格级，上铺一张新的复写纸，以规定的 700N 荷载后试验轮静压复写纸，即可在方格纸上得出轮压面积，并由此求得接地压强。当压强不符合 0.7MPa±0.05MPa 时，荷载应予以适当调整。

（2）用轮碾成型法制作 300mm×300mm×50mm 的板块试件，也可以从现场切割制作 300mm×150mm×50mm 的板块试件。

（3）如需要，将试件脱模测定密度及空隙率等各项物理指标。如经水浸，应用电扇将其吹干，然后放回试模中。

（4）试件成型后，连同试模一起在常温条件下放置的时间不少于 12h。聚合物改性沥青混合料放置时间约 48h，室温放置时间不得长于 1 周。

**4.检测步骤**

（1）将试件连同试模一起，置于达到试验温度 60℃±1℃的恒温室中，保温不少于 5h，也不得大于 24h。在试件的试验轮不行走的部位上，粘贴一个热电偶温度计，控制试件温度稳定在 60℃±0.5℃。

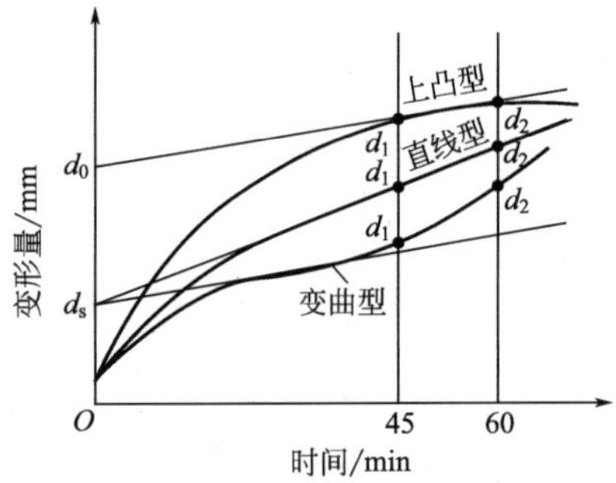

图 6-4　车辙试验变形曲线

（2）将试件连同模置于车辙试验机的试验台上，试验轮在试件的中央部位，其行走方向须与计划体制碾压方向一致。开动车辙变形自动记录仪，启动试验机，使试验轮往返行走，时间约 1h，或最大变形达到 25mm 为上。试验时，记录仪自动记录变形曲线（图 6-4）及试件温度。

**5.结果评定**

（1）从图 6-4 读取 45min（$t_1$）及 60min（$t_2$）时的车辙变形 $d_1$ 及 $d_2$，精确至 0.01min。如果变形过大，在未到 60min 变形已达到 25mm 时，则以达到 25min（$d_2$）时的时间为 $t_2$，其前 15min 为 $t_1$，此时的变形量为 $d_1$。

（2）沥青混合料试件的动稳定度按式（6-10）计算。

$$DS = \frac{42(t_2 - t_1)}{d_2 - d_1} \times C_1 \times C_2 \tag{6-10}$$

式中　DS——沥青混合料动稳定度，次/mm；

　　　$d_1$——时间 $t_1$（一般为 45min）的变形量，mm；

　　　$d_2$——时间 $t_2$（一般为 45min）的变形量，mm；

　　　42——试验轮每分钟行走次数；

　　　$C_1$——试验机类型修正系数，曲柄连杆驱动试件的变速行走方式为 1.0，链驱动试验轮的等速方式为 1.5；

$C_2$——试件系数，试验室制备的宽 300mm 的试件为 1.0，从路面切割的宽 150mm 的试件为 0.8。

（3）同一沥青混合料或同一路段的路面，至少平行试验 3 个试件。当 3 个试件动稳定度变异系数小于 20％时，取其平均值作为试验结果；变异系数大于 20％时应分析原因，并追加试验。如计算动稳定度值大于 6000 次/mm 时，记作：>6000 次/mm。

> 注：试验记录（报告）应注明试验温度、试验轮接地压强、试件密度、空隙率及试件制作方法等。重复性试验动稳定度变异系数的允许值为 20％。

### 五、沥青混合料中沥青含量测定（离心分离法）

1. 试验目的与适用范围

（1）本方法采用离心分离法测定粘稠石油沥青拌制的混合料中沥青含量（或石油比）。

（2）本方法适用于热拌热铺沥青混合料路面施工时的沥青用量检测，以评定拌和厂产品质量，也适用于旧路调查时检测沥青混合料的沥青用量。

2. 仪器设备

（1）离心抽提仪。由试样容器及转速不小于 3000r/min 的离心分离器组成，分离器备有滤液出口。容器盖与容器之间用耐油的圆环形滤纸密封。滤液通过滤纸排出后从出口流出收入回收瓶中，仪器必须安放稳固并有排风装置。

（2）圆环形滤纸。

（3）回收瓶。容量 1700mL 以上。

（4）压力过滤装置。

（5）天平。感量不大于 0.01g、1mg 的天平各 1 台。

（6）量筒。最小分度 1mL。

（7）装有温度自动器电烘箱。

（8）工业用三氯乙烯。

（9）碳酸铵饱和溶液。供燃烧法测定滤纸中的矿粉含量用。

（10）小铲子、金属盘、大烧杯等。

3. 检测准备

（1）在拌和厂从运料卡车采取沥青混合料试样，放在金属盘中适当拌和，待温度稍下降至 100℃以下时，用大烧杯取混合料试样质量 $m$ 为 1000～1500g（粗粒式沥青混合料用高限，细粒式用低限，中粒式用中限），精确至 0.1g。

（2）若试样是路上用钻机法或切割法取得的，应用电风扇吹干使其完全干燥，置微波炉或烘箱中适当加热的后成松散状态取样，但不得用锤击，以防集料破碎。

4. 检测步骤

（1）向装有试样的烧杯中注入三氯乙烯溶剂，将其浸没，浸泡 30min，用玻璃棒适当搅动混合料，使沥青充分溶解（也可直接在离心分离器中浸泡）。

（2）将混合料及溶液倒入离心分离器，用少量溶剂将烧杯及玻璃棒上的黏附物全部洗入分离容器中。

（3）称取洁净的圆环形滤纸质量，精确到 0.01g。注意，滤纸不宜多次反复使用，有破损者不能使用，有石料黏附时应用毛刷清除干净。

（4）将滤纸垫在分离器边缘上，加盖紧固，在分离器出口处放上回收瓶，上口应注意密封，防止流出液成雾状散失。

（5）开动离心机，转速逐渐增至 3000r/min，沥青溶液通过排出口注入回收瓶中，待流出停止后停机。

（6）从上盖的孔中加入新溶剂，数量大体相同，稍停 3～5min 后，重复上述操作，如此数次直至流出的抽提液成清彻的淡黄色为止。

（7）卸下上盖，取下圆环形滤纸，在通风橱或室内空气中蒸发干燥，然后放入 105℃±5℃ 的烘箱中干燥，称取质量，其增重部分 $m_2$ 为矿粉的一部分。

（8）将容器中的集料仔细取出，在通风橱或室内空气中蒸发干燥，然后放入 105℃±5℃ 的烘箱中烘干（一般需 4h），然后放入大干燥器中冷却至室温，称取集料质量 $m_1$。

（9）用压力过滤器回收瓶中的沥青溶液，由滤纸的增重 $m_3$ 得出泄漏入滤液中的矿粉。当无压力过滤器时，也可用燃烧法测定。

（10）用燃烧法测定抽提液中矿粉质量的步骤如下。

① 将回收瓶中的抽提液倒入量筒中，精确定量至 mL（$V_a$）。

② 充分搅匀抽提液，取出 10mL（$V_b$）放入坩埚中，在热浴上适当加热使溶液试样变成暗黑色后，置高温炉（500～600℃）中烧成残渣，取出坩埚冷却。

③ 向坩埚中按每 1g 残渣 5mL 的用量比例，注入碳酸铵饱和溶液，静置 1h，放入 105℃±5℃ 的烘箱中烘干。

④ 从烘箱中取出坩埚，放在干燥器中冷却，称取残渣质量（$m_4$），精确到 1mg。

5.结果评定

（1）沥青混合料中矿料的总质量按式(6-11) 计算。

$$m_a = m_1 + m_2 + m_3 \tag{6-11}$$

式中　$m_a$——沥青混合料中矿粉的总质量，g；

$\quad\quad m_1$——容器中留下的集料干燥质量，g；

$\quad\quad m_2$——圆环形滤纸在试验前后的增重，g；

$\quad\quad m_3$——泄漏入抽提液中的矿粉质量，g，用燃烧法时可按式(6-12) 计算。

$$m_3 = m_4 \frac{V_a}{V_b} \tag{6-12}$$

式中　$V_a$——抽提液的总量，mL；

$\quad\quad V_b$——取出的燃烧干燥的抽提液数量，mL；

$\quad\quad m_4$——坩埚中燃烧干燥的残渣质量，g。

（2）沥青混合料中的沥青含量 $P_b$ 按式(6-13) 计算，油石比 $P_a$ 按式(6-14) 计算。

$$P_b = \frac{m - m_a}{m} \tag{6-13}$$

$$P_a = \frac{m - m_a}{m_a} \tag{6-14}$$

（3）同一沥青混合料试样至少平行试验 2 次，取平均值作来试验结果。2 次试验结果的差值应小于 0.3%，当大于 0.3% 小于 0.5% 时，应补充平行试验 1 次，以 3 次试验的平均值作为试验结果，3 次试验的最大值与最小值之差不得大于 0.5%。

# 任务二　沥青混合料的配制

### 📋 任务描述

根据相关资料以及道路等级、路面类型和层位要求，配制密级配沥青混合料，使之既能满足沥青混合料的技术要求又符合经济型的原则。

## 任务分析

配制沥青混合料，就是确定出沥青混合料中粗集料、细集料、矿粉和沥青材料相互配合的最佳组成比例，即沥青混合料的配合比设计。通过完成沥青混合料的配置，熟悉沥青混合料的配合比组成设计方法和步骤。

## 知识链接

沥青混合料配合比设计是采用马歇尔试验进行配合比设计的方法，适用于密级配沥青混合凝土及沥青稳定碎石混合料。沥青混合料配合比设计包括：目标配合比设计、生产配合比设计和生产配合比验证三个阶段。本节主要介绍目标配合比设计。目标配合比设计可分为矿质混合料组合成设计和最佳沥青用量确定两部分内容。

### 一、沥青混合料组成材料的技术要求

为了保证沥青混合料的技术性质，首先要选择满足质量要求的各组成材料。

1.沥青材料

沥青是沥青混合料的重要组成材料，在选择沥青标号时，宜按照公路等级、气候条件、交通条件、路面类型及在结构层中的层位及受力特点、施工方法等，结合当地的使用经验，经技术论证后确定。

对高速公路、一级公路，夏季温度高、高温持续时间长、重载交通、山区及丘陵区上坡路段、服务区、停车场等行车速度慢的路段，尤其是汽车荷载剪应力大的层次，宜采用稠度大、60℃黏度大的沥青，也可提高高温气候分区的温度水平选用沥青等级；对于冬季寒冷的地区或交通量小的公路、旅游公路宜选用稠度小、低温延度大的沥青；对温度日温差、年温差大的地区宜注意选用针入度指数大的沥青。当高温要求与低温要求发生矛盾是应优先考虑满足高温性能的要求。

当缺乏所需标号的沥青时，可采用不同标号掺配的调和沥青，其掺配比例由试验决定。掺配后的沥青质量应符合表5-4的要求。

2.粗集料

沥青混合料的粗集料要求洁净、干燥、无风化、无杂质，并且具有足够的强度和耐磨性，形状要接近正立方体，针片状颗粒的含量应符合表6-7的要求，且要求表面粗糙，有一定的棱角。

表 6-7　沥青混合料用粗集料质量技术要求

| 指　标 | | 高速公路及一级公路 | | 其他等级公路 | 试验方法 |
|---|---|---|---|---|---|
| | | 表面层 | 其他层次 | | |
| 石料压碎值 | ≤ | 26% | 28% | 30% | T0316 |
| 洛杉矶磨耗损失/% | ≤ | 28 | 30 | 35 | T0317 |
| 表观相对密度 | ≥ | 2.60 | 2.50 | 2.45 | T0304 |
| 吸水率/% | ≤ | 2.0 | 3.0 | 3.0 | T0304 |
| 坚固性 | ≤ | 12 | 12 | — | T0314 |
| 针片状颗粒含量(混合料)/% | ≤ | 15 | 18 | 20 | T0312 |
| 其中大于9.5mm颗粒含量/% | ≤ | 12 | 15 | — | |
| 其中小于9.5mm颗粒含量/% | ≤ | 18 | 20 | — | |

| 指　　标 | 高速公路及一级公路 | | 其他等级公路 | 试验方法 |
|---|---|---|---|---|
| | 表面层 | 其他层次 | | |
| 水洗法小于 0.075mm 颗粒含量/% ≤ | 1 | 1 | 1 | T0310 |
| 软式含量/% ≤ | 3 | 5 | 5 | T0320 |

注：1. 坚固性试验根据需要进行。

2. 用于高速公路、一级公路时，多空玄武岩的视密度限度可放宽至 2.45t/m³，吸水率可放宽至 3%，但必须得到建设单位的批准，且不得用于 SMA 路面。

3. 对 S14 即 3～5mm 规格的粗集料，针片状颗粒含量可不予要求，小于 0.075mm 粒径含量可放宽到 3%。

选用岩石应尽量选用碱性岩石。由于碱性岩石与沥青具用较强的黏附力，组成沥青混合料可得到较高的力学强度。在缺少碱性岩石的情况下，也可采用酸性岩石代替，但必须对沥青或粗集料进行适当的处理，以增加混合料的黏聚力。

3. 细集料

热拌沥青混合料的细集料一般采用天然砂、机制砂和石屑，天然砂可采用河砂或海砂。通常采用粗砂、中砂，其规格符合表 6-8～表 6-10 要求，在热拌密集配沥青混合料中天然砂的用量，不宜超过集料总量的 20%。细集料与粗集料和填料配制成矿质混合料，其级配应符合要求。当一种细集料不能满足级配要求时，可采用两种或两种以上的细集料掺合使用。

**表 6-8　沥青混合料用细集料质量要求**

| 项　　目 | 高速公路、一级公路 | 其他等级公路 | 试验方法 |
|---|---|---|---|
| 表观相对密度　　　　　≥ | 2.50 | 2.45 | T0328 |
| 坚固性(%)，>0.3mm 部分　　　≥ | 12 | — | T0340 |
| 含泥量(小于 0.075mm 的含量)/% ≤ | 3 | 5 | T0333 |
| 砂当量/% ≥ | 60% | 50% | T0334 |
| 亚甲蓝值/(g/kg) ≤ | 25 | — | T0346 |
| 棱角性(流动时间)/s ≥ | 30 | — | T0345 |

**表 6-9　沥青混合料用天然砂规格**

| 筛孔尺寸/mm | 通过各筛孔的质量百分率/% | | | 筛孔尺寸/mm | 通过各筛孔的质量百分率/% | | |
|---|---|---|---|---|---|---|---|
| | 粗砂 | 中砂 | 细砂 | | 粗砂 | 中砂 | 细砂 |
| 9.5 | 100 | 100 | 100 | 0.6 | 15～30 | 30～60 | 60～84 |
| 4.75 | 90～100 | 90～100 | 90～100 | 0.3 | 5～20 | 8～30 | 15～45 |
| 2.36 | 65～95 | 75～90 | 85～100 | 0.15 | 0～10 | 0～10 | 0～10 |
| 1.18 | 35～65 | 50～90 | 75～100 | 0.075 | 0～5 | 0～5 | 0～5 |

**表 6-10　沥青混合料用机制砂或石屑规格**

| 规格 | 公称粒径/mm | 水洗法通过各筛孔(方孔筛)的质量百分率/% | | | | | | | |
|---|---|---|---|---|---|---|---|---|---|
| | | 9.5 | 4.75 | 2.36 | 1.18 | 0.6 | 0.3 | 0.15 | 0.075 |
| S15 | 0～5 | 100 | 90～100 | 60～90 | 40～75 | 20～55 | 7～40 | 2～20 | 0～10 |
| S16 | 0～3 | | 100 | 85～100 | 50～80 | 25～60 | 8～45 | 0～25 | 0～15 |

4. 填料

沥青混合料的填料多为矿粉，是采用石灰岩或岩浆岩中的碱性岩石磨细制得的。矿粉应干燥、洁净，其质量应符合表 6-11 的要求。若使用粉煤灰作为填料时，其用量不得超过填料总量的 50％，烧失量应小于 12％，与矿粉混合后塑性指数小于 4％，其余质量要求与矿粉相同，高速公路，一级公路沥青面层不宜采用粉煤灰作填料。

表 6-11　沥青混合料用矿粉质量技术要求

| 指　标 | | 高速公路、一级公路、城市快速路、主干路 | 其他公路与城市道路 |
|---|---|---|---|
| 表观密度/(t/m³) | ≥ | 2.0 | 2.45 |
| 含水率/％ | ≤ | 1 | 1 |
| 粒度范围 | <0.6mm | 100％ | 100％ |
| | <0.15mm | 90％～100％ | 90％～100％ |
| | <0.075 | 75％～100％ | 70％～100％ |
| 外观 | | 无团粒结块 | |

## 二、矿质混合料的配合组成设计

矿质混合料配合组成设计的目的，是选配一个具用足够密实度，并目有较高的内摩阻力的矿质混合料。可以根据级配理论，计算出需要的矿质混合料的级配范围，但是为了应用已有的研究成果和实践经验，通常是采用规范推荐的矿质混合料级配范围来确定。按现行《公路沥青路面的施工技术规范》（JTG F40—2004）的规定，按下列步骤进行。

### (一)确定沥青混合料类型

热拌沥青混合料适用于各种等级公路的沥青路面。沥青混合料的类型，根据道路等级、路面类型、所处的结构层位，按表 6-12 选定。

表 6-12　沥青混合料类型

| 结构层次 | 高速公路、一级公路城市快速路、主干路 | | 其他等级公路 | | 一般城市道路及其他道路工程 | |
|---|---|---|---|---|---|---|
| | 三层式沥青混凝土路面 | 面层式沥青混凝土路面 | 沥青混凝土路面 | 沥青碎石路面 | 沥青混凝土路面 | 沥青碎石路面 |
| 上面层 | AC-13 AC-16 | AC-13 AC-16 | AC-13 AC-16 | AC-13 | AC-5 AC-10 AC-13 | AM-5 AM-10 |
| 中面层 | AC-20 AC-25 | — | — | — | — | — |
| 下面层 | AC-25 AC-30 | AC-20 AC-30 | AC-20 AC-25 AC-35 | AM-25 AM-30 | AC-20 AC-25 | AC-25 AC-30 AC-40 |

**(二)根据已确定的沥青混合料型，查阅规范推荐的矿质混合料级配范围**（表 6-13），**即可确定所需的级配的范围。**

### (三)矿质混合料配合比设计

1.矿质混合料配合比设计步骤

（1）组成材料的原始数据测定　根据现场取样，对粗集料、细集料和矿粉进行筛分试验，按筛分结果分别绘出各组成材料的筛分曲线。同时并测出各组成材料的相对密度，以供计算物理常数备用。

**表 6-13　沥青混合料矿料及沥青用量范围表**

| 级配类型 | | | 通过下列筛孔(方孔筛)的质量百分率/% | | | | | | | | | | | | | 沥青用量/% |
|---|---|---|---|---|---|---|---|---|---|---|---|---|---|---|---|---|
| | | | 31.5mm | 26.5mm | 19.0mm | 16.0mm | 13.2mm | 9.5mm | 4.75mm | 2.36mm | 1.18mm | 0.6mm | 0.3mm | 0.15mm | 0.075mm | |
| 密级配沥青混凝土 | 粗粒 | AC-25 | 100 | 90~100 | 75~90 | 65~83 | 57~76 | 45~65 | 24~52 | 16~42 | 12~33 | 8~24 | 5~17 | 4~13 | 3~7 | 3.0~5.0 |
| | 中粒 | AC-20 | | 100 | 90~100 | 78~90 | 62~80 | 50~72 | 26~56 | 16~44 | 12~33 | 8~24 | 5~17 | 4~13 | 3~7 | 3.5~5.5 |
| | 中粒 | AC-16 | | | 100 | 90~100 | 76~92 | 60~80 | 34~62 | 20~48 | 13~36 | 9~26 | 7~18 | 5~14 | 4~8 | 3.5~5.5 |
| | 细粒 | AC-13 | | | | 100 | 90~100 | 68~85 | 38~68 | 24~50 | 15~38 | 10~28 | 7~20 | 5~15 | 4~8 | 4.5~6.5 |
| | 细粒 | AC-10 | | | | | 100 | 90~100 | 45~75 | 30~58 | 20~44 | 13~32 | 9~23 | 6~16 | 4~8 | 5.0~7.0 |
| | 砂粒 | AC-5 | | | | | | 100 | 90~100 | 55~75 | 35~55 | 20~40 | 12~28 | 7~18 | 5~10 | 6.0~8.0 |
| 半开级配沥青碎石 | 中粒 | AM-20 | | 100 | 90~100 | 60~85 | 50~75 | 40~65 | 15~40 | 5~22 | 2~16 | 1~12 | 0~10 | 0~8 | 0~5 | 3.0~4.5 |
| | 中粒 | AM-16 | | | 100 | 90~100 | 60~85 | 45~68 | 18~40 | 6~25 | 3~18 | 1~14 | 0~10 | 0~8 | 0~5 | 3.0~4.5 |
| | 细粒 | AM-13 | | | | 100 | 90~100 | 50~80 | 20~45 | 8~28 | 4~20 | 2~16 | 0~10 | 0~8 | 0~6 | 3.0~4.5 |
| | 细粒 | AM-10 | | | | | 100 | 90~100 | 35~65 | 10~35 | 5~22 | 2~16 | 0~12 | 0~9 | 0~6 | 3.0~4.5 |
| 沥青玛蹄脂碎石混合料 | 中粒式 | SMA-20 | | 100 | 90~100 | 72~92 | 62~82 | 40~55 | 18~30 | 13~22 | 12~20 | 10~16 | 9~14 | 8~13 | 8~12 | |
| | 中粒式 | SMA-16 | | | 100 | 90~100 | 65~85 | 45~65 | 20~32 | 15~24 | 14~22 | 12~18 | 10~15 | 9~14 | 8~12 | |
| | 细粒式 | SMA-13 | | | | 100 | 90~100 | 50~75 | 20~34 | 15~26 | 14~24 | 12~20 | 10~16 | 9~15 | 8~12 | |
| | 细粒式 | SMA-10 | | | | | 100 | 90~100 | 28~60 | 20~32 | 14~26 | 12~22 | 10~18 | 9~16 | 8~13 | |

(2) 计算组成材料的配合比　根据各组成材料的筛分试验资料，采用图解法或试算法(也可借用电子计算机的电子表格用试配法进行)，确定符合级配范围的各组成材料用量比例。

(3) 调整配合比　计算得的合成级配应根据下列要求做必要的配合比调整。

① 通常情况下，合成级配曲线宜尽量接近设计级配中限，尤其应使 0.075mm、2.36mm 和 4.75mm 筛孔的通过量尽量接近设计级配范围的中限。

② 对高速公路、一级公路、城市快速路、主干路等交通量大、载重大的道路，宜偏向级配范围的下(粗)限。对一般道路中小交通量或人行道路等宜偏向级配范围的上(细)限。

③ 合成级配曲线应接近连续的或合理的间断级配，但不应过多的锯齿形交错。当经过再三调整，仍有两个以上的筛孔超出级配范围时，必须对原材料进行调整或更换原材料重新试验。

2.矿质混合料的组成设计方法

天然或人工轧制的一种集料的级配往往很难完全符合某一级配范围的要求，因此必须采用两种或两种以上的集料配合起来才能符合级配范围的要求。矿质混合料组成设计的任务就是确定组成混合料各集料的比例。确定混合料配合比的方法很多，但是归纳起来主要有试算法与图解法两种。

（1）试算法

① 基本原理　试算法的基本原理是：设有几种矿质集料，欲配制某种一定级配要求的混合料。在决定各组成集料在混合料中的比例时，先假定混合料中某种粒径的颗粒是由某一种对该粒径占优势的集料所组成，而其他各种集料不含这种粒径。如此，根据各个主要粒径去试算各种集料在混合料中的大致比例。如果比例不合适，则稍加调整，这样逐步渐进，最终达到符合混合料级配要求的各集料配合比例。

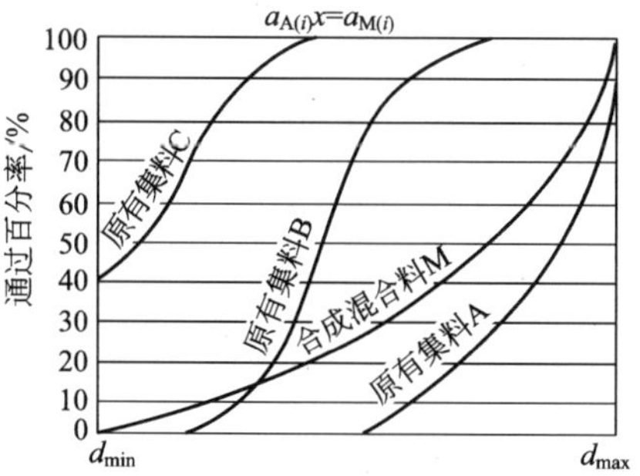

设有 A、B、C 三种集料，欲配置成组配为 M 的矿质混合料（图 6-5），求出 A、B、C 集料在混合料中的比例，即为配合比。

图 6-5　原有集料与合成
混合料的级配曲线

按上述表达作出下列两点假设。

a. 设 Λ、B、C 三种集料在混合料 M 中的用量比例为 $x$、$y$、$z$，则
$$x + y + z = 100 \tag{6-15}$$

b. 又设混合料 M 中某一粒径要求的含量为 $a_{M(i)}$，A、B、C 三种集料在该粒径的含量为 $a_{A(i)}$、$a_{B(i)}$、$a_{C(i)}$，则
$$a_{A(i)}x + a_{B(i)}y + a_{C(i)}z = 100a_{M(i)} \tag{6-16}$$

② 计算步骤　在上述两点假设的前提下，按下列步骤 A、B、C 三种集料在混合料中的用量。

a. 计算 A 料在矿质混合料中的用量　在计算 A 料在混合料中的用量时，按 A 料占优势含量的某一粒径计算（即混合料 M 中某一级粒径主要由 A 集料所提供，A 料占优势），而忽略其他集料在此粒径中的含量。

设 A 料占优势粒径的粒径尺寸 $i$，则 B 料和 C 料在该粒径的含量 $a_{B(i)}$ 和 $a_{C(i)}$ 均认为等于零（图 6-5）。由式(6-16)可得
$$a_{A(i)}x = 100a_{M(i)} \tag{6-17}$$
即 A 料在混合料中的用量为
$$x = \frac{a_{M(i)}}{a_{A(i)}} \times 100$$

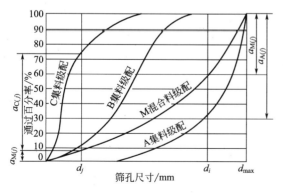

图 6-6　某一粒径的原有集料和
合成混合料的分计筛余

b. 计算 C 料在矿质混合料中的用量　同前理，在计算 C 料在混合料中的用量时，按 C 料占优势的某一粒径计算，而忽略其他集料在此粒径级的含量。

设按 C 料粒径尺寸为 $j$ 的粒径来进行计算，则 A 料和 B 料在该粒径的含量 $a_{A(j)}$ 和 $a_{B(j)}$ 均等于零（图 6-6）。由式(6-16)可得：
$$a_{C(j)}z = 100a_{M(j)} \tag{6-18}$$
即 C 料在混合料中的用量为：
$$z = \frac{a_{M(j)}}{a_{C(j)}} \times 100\% \tag{6-19}$$

c. 计算 B 料在矿质混合料中的用量　由式 (6-18) 和式 (6-19) 求得 A 料和 C 料在混合料中的含量 $x$ 和 $z$ 后, 由式 (6-15) 即可得:

$$y = 100 - (x + z) \qquad (6\text{-}20)$$

如为四种集料配合时, C 料和 D 料仍可按其占优势粒级用试算法确定。

d. 校核调整　按以上计算的配合比, 经校核如不在要求的级配范围内, 应调整配合比重新计算和复核, 经几次调整, 逐步渐进, 直至符合要求为止。如经计算确不能满足级配要求时, 可掺加某些单粒级集料, 或调换其他原始集料。

(2) 图解法　用图解法来确定矿质混合料的组成时, 常采用 "平衡面积法"。该法是采用一条直线来代替集料的级配曲线, 这条直线使曲线左右两边的面积平衡 (即相等), 这样就简化了曲线的复杂性。由于这种方法经过许多研究者的修正, 故称现行的图解方法为 "修正平衡面积法" (以下简称图解法)。

① 基本原理

a. 级配曲线的坐标图绘制方法　通常级配曲线图采用半对数坐标图, 因此, 按 $P = 100 \times (d/D)^n$ 所绘现的要求级配中值呈一直线, 因此纵坐标的通过量 $P$ 仍采用算术坐标, 而横坐标的粒径采用 $(d/D)^n$ 表示, 则级配曲线中值呈直线 (图 6-7)。

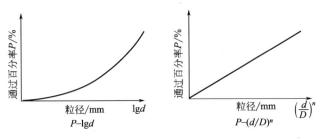

图 6-7　图解法级配曲线坐标图

b. 各种集料用量的确定方法　将各种集料级配曲线绘于坐标图上。为简化起见, 作下列假设。

ⓐ 各集料为单一粒径, 即各种集料的级配曲线均为直线。

ⓑ 相邻两曲线相接, 即在同一筛孔上, 前一集料的通过量为 0 时, 后一集料的通过量为 100%。

将各集料级配曲线和设计混合料级配中值绘出, 如图 6-8 所示。

将 A、B、C 和 D 各集料级配曲线首尾相连, 即作出垂线 $AA'$、$BB'$ 和 $CC'$。各垂线与级配中值 $OO'$ 相交于 M、N 和 R, 由 M、N 和 R 作出水平线与纵坐标交于 P、Q 和 S, 则 $OP$、$PQ$、$QS$ 和 $ST$ 即为 A、B、C 和 D 四种集料在混合料的配合比 $x : y : z : w$。

② 图解法设计步骤

a. 绘制级配曲线坐标图　在设计说明书上按规定尺寸绘一方形图框, 通常纵坐标通过量取 10cm, 横坐标筛孔尺寸 (或粒径) 取 15cm; 连对角线 $OO'$ (图 6-9) 作为要求级配曲线中值; 纵坐标按算术标尺, 标出通过量百分率 (0~100%); 将根据要求级配中值 (参见图 6-9) 的各筛孔通过百分率标于纵坐标上, 从纵坐标引水平线与对角线相交, 再

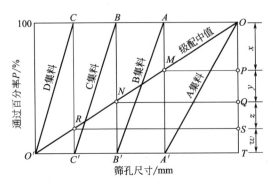

图 6-8　确定各集料配合比原理

从交点作出垂线与横坐标相交，其交点即为各相应筛孔尺寸的位置。表 6-14 为细粒式沥青混合料用矿料级配范围。

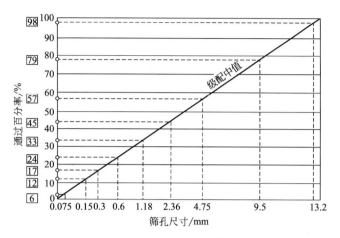

图 6-9 图解法用级配曲线坐标

**表 6-14 细粒式沥青混合料用矿料级配范围**

| 项目 | 指　标 | | | | | | | | | |
|---|---|---|---|---|---|---|---|---|---|---|
| 筛孔尺寸/mm | 16.0 | 13.2 | 9.5 | 4.75 | 2.36 | 1.18 | 0.6 | 0.3 | 0.15 | 0.075 |
| 级配范围/mm | 100 | 95～100 | 70～88 | 48～68 | 36～53 | 24～41 | 18～30 | 12～22 | 8～16 | 4～8 |
| 级配中值 | 100 | 98 | 79 | 57 | 45 | 33 | 24 | 17 | 12 | 6 |

b. 确定各种集料用量　将各种集料的通过量绘于级配曲线坐标图上（图 6-10）。因为实际集料的相邻级配曲线并不像计算原理所述那样，均为首尾相接，可能有重叠、相接、相离三种情况（图 6-10）。根据各种集料之间的关系，按下述方法即可确定各种集料用量。

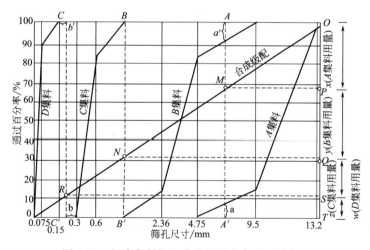

图 6-10 组成集料级配曲线和要求合成级配曲线

ⓐ 两相邻级配曲线重叠（如集料 A 级配曲线的下部与集料 B 级配曲线上部搭接）时，在两级配曲线之间引一根垂直于横坐标的直线（即 $a=a'$）线 $AA'$，与对角线 $OO'$ 交于点 $M$，通过点 $M$ 作出一条水平线与纵坐标交于 $P$ 点。$OP$ 即为集料 A 的用量。

ⓑ 两相邻级配曲线相接。（如集料 $B$ 的级配曲线末端与集料 $C$ 的级配曲线首端，正好在一垂直线上）时，将前一集料曲线末端与后一集料曲线首端作出垂线相连，垂线 $BB'$ 与对角线 $OO'$ 相交于点 $N$。通过点 $N$ 作出一水平线与纵坐标交于 $Q$ 点。$PQ$ 即为集料 $B$ 的用量。

ⓒ 两相邻级配曲线相离（如集料 $C$ 的集配曲线末端与集料 $D$ 的级配曲线首端在水平方向彼此离开一段距离）时，作出一垂直平分相离开的距离（即 $b=b'$），垂线 $CC'$ 与对角线 $OO'$ 相交于点 $R$，通过点 $R$ 作出一水平线与纵坐标交于点 $S$，$QS$ 即为 $C$ 集料的用量。剩余 $ST$ 即为集料 $D$ 的用量。

c.校核　按图解所得的各种集料用量，校核计算所得合成级配是否符合要求。如不能符合要求（超出要求的级配范围），应调整各集料的用量。

**【例 6-1】** 矿质混合料组成配合比计算（试算法）　试计算某大桥桥面铺装用细粒式沥青混凝土矿质混合料配合比。

原始资料

① 现有碎石、石屑和矿粉三种矿质材料，筛分结果按分计筛余列于表中。

② 细粒式混凝土的要求级配范围列于表 6-15 中。

计算要求

① 按试算法确定碎石、石屑和矿粉在混合料中所占的比例。

② 按规范要求校核矿物质混合料计算结果，确定其是否符合级配范围。

计算步骤

矿质混合料中各种集料用量配合组成可按下述步骤计算。

（1）计算各筛孔分计筛余　先将表中矿质混合料的要求级配范围的通过百分率换算为累计筛余百分率，然后再换算为各筛号的分筛余百分率。计算结果列于表 6-16 中。

**表 6-15　原有集料的分计筛余和混合料要求级配范围**

| 筛孔尺寸 $d_i$/mm | 碎石分计筛余 $a_{A(i)}$/% | 石屑分计筛余 $a_{A(i)}$/% | 矿粉分计筛余 $a_{C(i)}$/% | 矿质混合料要求级配范围通过百分率 $P_{(n_1-n_2)}$/% | 筛孔尺寸 $d_i$/mm | 碎石分计筛余 $a_{A(i)}$/% | 石屑分计筛余 $a_{A(i)}$/% | 矿粉分计筛余 $a_{C(i)}$/% | 矿质混合料要求级配范围通过百分率 $P_{(n_1-n_2)}$/% |
|---|---|---|---|---|---|---|---|---|---|
| 16.0 | — | — | — | 100 | 1.18 | | 22.5 | — | 24～41 |
| 13.2 | 5.2 | — | | 95～100 | 0.6 | | 16.0 | | 18～30 |
| 9.5 | 41.7 | — | | 70～88 | 0.3 | | 12.4 | | 12～22 |
| 4.75 | 50.5 | 1.6 | | 48～68 | 0.15 | | 11.5 | | 8～16 |
| 2.36 | 2.6 | 24.0 | — | 36～53 | 0.075 | | 10.8 | 13.2 | 4～8 |

**表 6-16　原有集料的分计筛余和混合料通过量要求级配范围**

| 筛孔尺寸 $d_i$/mm | 碎石分计筛余 $a_{A(i)}$/% | 石屑分计筛余 $a_{A(i)}$/% | 矿粉分计筛余 $a_{C(i)}$/% | 按累计筛余计级配范围 A | 按累计筛余计级配范围中值 $A_{M(i)}$ | 按分计筛余计级配范围中值 $a_{M(i)}$ |
|---|---|---|---|---|---|---|
| 16.0 | — | — | — | 0 | 0 | 0 |
| 13.2 | 5.2 | — | — | 0～5 | 2.5 | 2.5 |
| 9.5 | 41.7 | — | — | 12～30 | 21.0 | 18.5 |
| 4.75 | 50.5 | 1.6 | — | 32～52 | 42.0 | 21.0 |
| 2.36 | 2.6 | 24.0 | — | 47～64 | 55.5 | 13.5 |
| 1.18 | — | 22.5 | — | 59～76 | 67.5 | 12.0 |

| 筛孔尺寸 $d_i$/mm | 碎石分计筛余 $a_{A(i)}$ /% | 石屑分计筛余 $a_{A(i)}$ /% | 矿粉分计筛余 $a_{C(i)}$ /% | 按累计筛余计级配范围 $A$ | 按累计筛余计级配范围中值 $A_{M(i)}$ | 按分计筛余计级配范围中值 $a_{M(i)}$ |
|---|---|---|---|---|---|---|
| 0.6 | — | 16.0 | — | 70～82 | 76.0 | 8.5 |
| 0.3 | — | 12.4 | — | 78～88 | 83.0 | 7.0 |
| 0.15 | — | 11.5 | — | 84～92 | 88.0 | 5.0 |
| 0.075 | — | 10.8 | 13.2 | 92～96 | 94.0 | 6.0 |
| <0.075 | — | 1.2 | 86.8 | — | 100 | 6.0 |
| 合计 | $\Sigma=100$ | $\Sigma=100$ | $\Sigma=100$ | — | — | $\Sigma=100$ |

注：如不符合级配范围应调整配合比再进行试算，经过几次调整，逐步渐近，直到达到要求。如经计算确实不能符合级配要求，应调整或增加集料品种。

（2）计算碎石在矿质混合料中的用量　由表可知，碎石中 4.75mm 的粒径含量占优势，故计算碎石的配合组成时，假设混合料中 4.75mm 的粒径全部是由碎石所提供。$a_{B(4.75)}$ 和 $a_{C(4.75)}$ 均等于零。

$$a_{A(4.75)} x = a_{M(4.75)}$$

$$x = \frac{a_{M(4.75)}}{a_{A(4.75)}} \times 100\%$$

由表可知 $u_{M(4.75)} - 21\%$，$u_{A(4.75)} \iota - 50.5\%$，代入上式得：

$$x = \frac{21.0}{50.5} \times 100\% = 41.6\%$$

（3）计算矿粉在矿质混合料中的用量　同理，计算矿粉在混合料中的配合比时，按矿粉占优势的小于 0.075mm 粒径计算，忽略碎石和砂中此粒径颗粒的含量，即假设 $a_{A(<0.075)}$ 和 $a_{B(<0.075)}$ 均为零。

$$a_{C(<0.075)} z = a_{M(<0.075)}$$

$$z = \frac{a_{M(<0.75)}}{a_{C(<0.075)}} \times 100\%$$

由表可知，$a_{M(<0.075)} = 6.0\%$，$a_{C(<0.075)} z = 86.6\%$，代入上式得

$$z = \frac{6.0}{86.6} \times 100\% = 6.9\%$$

（4）计算石屑在混合料中用量

$$y = 100\% - (x + z)$$

已求得 $x = 41.6\%$，$z = 6.9\%$，故

$$y = 100\% - (41.6\% + 6.9\%) = 51.5\%$$

（5）校核　根据以上计算，得到矿质混合料的组成配合比为

碎石　　　　　　　　$x = 41.6\%$

石屑　　　　　　　　$y = 51.5\%$

矿粉　　　　　　　　$z = 6.9\%$

按表进行计算并校核。校核结果按上列配合比，符合规范要求（表 6-17）的级配范围。

表 6-17　矿质混合料组成计算和校核

| 筛孔尺寸 $d_i$/mm | 粗集料(碎石) | | | 细集料(碎石) | | | 填料(矿粉) | | | 矿质混合料的合成级配 | | | 规范要求级配范围通过量 $p$/% |
|---|---|---|---|---|---|---|---|---|---|---|---|---|---|
| | 原来级配分计筛余 $a_{A(i)}$/% | 采用百分率 $x$/% | 占混合料百分率 $a_{AM(i)}$/% | 原来级配分计筛余 $a_{b(i)}$/% | 采用百分率 $y$/% | 占混合料百分率 $a_{BM(i)}$/% | 原来级配分计筛余 $a_{C(i)}$/% | 采用百分率 $z$/% | 占混合料百分率 $a_{BM(i)}$/% | 分计筛余 $a_{M(i)}$/% | 累计筛余 $a_{M(i)}$/% | 通过百分率 $P_{M(i)}$/% | |
| ① | ② | ③ | ④=②×③ | ⑤ | ⑥ | ⑦=⑤×⑥ | ⑧ | ⑨ | ⑩=⑧×⑨ | | | | |
| 16.0 | | | | | | | | | | | | 100 | 100 |
| 13.2 | 5.2 | | 2.2 | | | | | | | 2.2 | 2.2 | 97.8 | 95～100 |
| 9.5 | 41.7 | | 17.4 | | | | | | | 17.4 | 19.6 | 80.4 | 70～88 |
| 4.75 | 50.5 | | 21.0 | 1.6 | | 0.8 | | | | 21.8 | 41.4 | 58.6 | 48～68 |
| 2.30 | 2.6 | | 1.0 | 24.0 | | 12.4 | | | | 13.4 | 54.8 | 45.2 | 36～53 |
| 1.18 | | 41.6 | | 22.5 | 51.5 | 11.6 | | 6.9 | | 11.6 | 66.4 | 33.6 | 24～41 |
| 0.6 | | | | 16.0 | | 8.0 | | | | 8.2 | 74.6 | 25.4 | 18～30 |
| 0.3 | | | | 12.4 | | 6.4 | | | | 6.4 | 81.0 | 19.0 | 12～22 |
| 0.15 | | | | 11.5 | | 5.9 | | | | 5.9 | 86.9 | 13.1 | 8～19 |
| 0.075 | | | | 10.8 | | 5.6 | 13.2 | | 0.9 | 6.5 | 93.4 | 6.6 | 4～8 |
| <0.075 | | | | 1.2 | | 0.6 | 86.8 | | 6.0 | 6.6 | 100 | — | — |
| 校核 | Σ=100 | | Σ=41.6 | Σ=100 | | Σ=51.5 | Σ=100 | | Σ=6.9 | Σ=100 | | | |

【例 6-2】　矿质混合料配合比组成计算（图解法）　试用图解法设计某高速公路用细粒式沥青混凝土矿质混合料的配合比。

原始资料如下。

① 现有碎石、石屑、砂和矿粉四种矿料，筛析试验得到各粒径通过百分率列于表 6-18 中。

表 6-18　原有矿质集料级配表

| 材料名称 | 筛孔尺寸(方孔筛)/mm | | | | | | | | | |
|---|---|---|---|---|---|---|---|---|---|---|
| | 16.00 | 13.2 | 9.5 | 4.75 | 2.36 | 1.18 | 0.6 | 0.3 | 0.15 | 0.075 |
| | 通过百分率/% | | | | | | | | | |
| 碎石 | 100 | 93 | 17 | 0 | | | | | | |
| 石屑 | 100 | 100 | 100 | 84 | 14 | 8 | 4 | 0 | | |
| 砂 | 100 | 100 | 100 | 100 | 92 | 82 | 42 | 21 | 11 | 4 |
| 矿粉 | 100 | 100 | 100 | 100 | 100 | 100 | 100 | 100 | 96 | 87 |

② 设计级配范围按规范要求。要求级配范围和中值列于表 6-19 中。

**表 6-19　矿质混合料要求级配范围和中值表**

| 级配名称 | | 筛孔尺寸(方孔筛)/mm | | | | | | | | | |
|---|---|---|---|---|---|---|---|---|---|---|---|
| | | 16.00 | 13.2 | 9.5 | 4.75 | 2.36 | 1.18 | 0.6 | 0.3 | 0.15 | 0.075 |
| | | 通过百分率/% | | | | | | | | | |
| 上面层 细粒式 | 级配范围 | 100 | 95~100 | 70~88 | 48~68 | 36~53 | 24~41 | 18~30 | 12~22 | 8~16 | 4~8 |
| | 级配中值 | 100 | 98 | 79 | 58 | 45 | 33 | 24 | 17 | 12 | 6 |

计算要求如下。

① 用规范要求的级配中值（表）绘出各粒径在横坐标上的位置。

② 根据各原有矿质材料筛析结果（表）在图上绘出级配曲线，按图解法求出各种材料在混合料中的用量。

③ 按图解法求得的各种材料用量计算合成级配，并校核合成级配是否符合技术规范的要求，如不符合，调整级配重新计算。

计算步骤如下。

① 绘制级配曲线图（图 1.16），在纵坐标上按算术坐标绘出通过量百分率。

② 连对角线 $OO'$，表示规范要求的级配中值。在纵坐标上标出规范规定的该种细粒式混合料在各筛孔的要求通过百分率（级配中值），作水平线与对角线 $OO'$ 相交，再从各交点作垂线交于横坐标上，确定筛孔在横坐标上的位置。

③ 将碎石、石屑、砂和矿粉的级配曲线（用折线表示）绘于图 6-11 上。

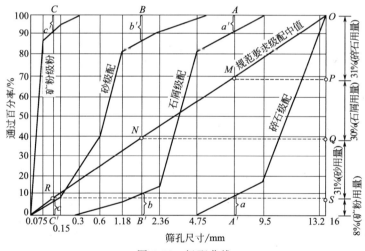

图 6-11　级配曲线

④ 在碎石和石屑级配曲线相重叠部分作一垂线 $AA'$，使垂线截取两条级配曲线的纵坐标值相等（即 $a=a'$）。自垂线与对角线 $AA'$ 交点 $M$ 引一水平线，与纵坐标交于 $P$ 点，$OP$ 的长度 $x=31\%$，即为碎石的用量，同理，求出石屑的用量 $y=30\%$，砂的用量 $z=31\%$，则矿粉用量 $w=8\%$。

⑤ 根据图解法求得的各集料用量百分率，列表（表 6-20）进行校核计算。

从表可以看出，按碎石∶石屑∶砂∶矿粉＝31%∶30%∶31%∶8%的计算结果，合成级配中筛孔 1.18mm 和 2.36mm 的通过量偏低，筛孔 0.075mm 的通过量偏高，且曲线呈锯齿状。

⑥ 由于图解法的各种材料用量比例是根据部分筛孔确定的，所以不能控制所有筛孔。通常需要调整修正，才能达到满意的结果。

　　通过估算现采用减少石屑的用量、增加砂的用量和减少矿粉用量的方法来调整配合比。经调整后的配合比为碎石的用量 $x=31\%$、石屑的用量 $y=26\%$，砂的用量 $z=37\%$，则矿粉用量 $w=6\%$。按此配比计算（见表 6-20 中括号内数值）。

　　⑦ 将表计算得到的合成级配通过百分率绘于规范要求级配曲线中，如图 6-12 所示。从图中可以看出，合成级配曲线完全在规范要求的级配范围之内，并且接近中值。确定矿质混合料配合比为碎石 : 石屑 : 砂 : 矿粉 = 31 : 26 : 37 : 6。

表 6-20　矿质混合料组成计算表

| 材料名称 | | 筛孔尺寸（方孔筛）/mm | | | | | | | | | |
|---|---|---|---|---|---|---|---|---|---|---|---|
| | | 16.00 | 13.2 | 9.5 | 4.75 | 2.36 | 1.18 | 0.6 | 0.3 | 0.15 | 0.075 |
| | | 通过百分率/% | | | | | | | | | |
| 原材料级配 | 碎石 100% | 100 | 93 | 17 | 0 | | | | | | |
| | 石屑 100% | 100 | 100 | 100 | 84 | 14 | 8 | 4 | 0 | | |
| | 砂 100% | 100 | 100 | 100 | 100 | 92 | 82 | 42 | 21 | 11 | 4 |
| | 矿粉 100% | 100 | 100 | 100 | 100 | 100 | 100 | 100 | 100 | 96 | 87 |
| 各种矿料在混合料中的级配 | 碎石 31%<br>(31%) | 31.0<br>(31.0) | 28.8<br>(28.8) | 5.3<br>(5.3) | | | | | | | |
| | 石屑 30%<br>(26%) | 30.0<br>(26.0) | 30.0<br>(26.0) | 30.0<br>(26.0) | 25.2<br>(21.8) | 4.2<br>(3.6) | 2.4<br>(2.1) | 1.2<br>(1.1) | 0<br>(0) | | |
| | 砂 31%<br>(37%) | 31.0<br>(37.0) | 31.0<br>(37.0) | 31.0<br>(37.0) | 31.0<br>(31.0) | 28.5<br>(34.0) | 25.4<br>(30.3) | 13.0<br>(15.5) | 6.5<br>(7.8) | 3.4<br>(4.1) | 1.2<br>(1.5) |
| | 矿粉 8%<br>(6%) | 8.0<br>(6.0) | 8.0<br>(6.0) | 8.0<br>(6.0) | 8.0<br>(6.0) | 8.0<br>(6.0) | 8.0<br>(6.0) | 8.0<br>(6.0) | 8.0<br>(6.0) | 7.9<br>(5.8) | 7.0<br>(5.2) |
| 合成级配 | | 100<br>(100) | 97.8<br>(97.8) | 74.3<br>(74.3) | 58.8<br>(64.20) | 40.7<br>(43.60) | 35.8<br>(38.4) | 22.2<br>(22.6) | 14.5<br>(13.8) | 11.3<br>(9.9) | 8.2<br>(6.7) |
| 规范要求的级配范围 | | 100 | 95~100 | 70~88 | 48~68 | 36~53 | 24~41 | 18~30 | 12~22 | 3~16 | 4~8 |

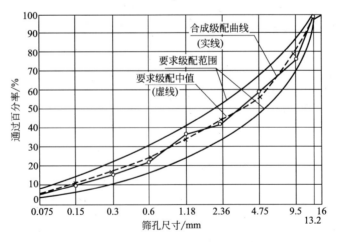

图 6-12　要求级配曲线和合成级配曲线

### 三、确定沥青混合料的最佳沥青用量

沥青混合料的最佳沥青用量（简称 OAC）可以通过理论计算方法求得。但是由于实际材料性质的差异，按理论公式计算得到的最佳沥青用量，仍然要通过试验方法修正。

我国现行国标《公路沥青路面施工技术规范》（JTG F40—2004）规定的方法是采用马歇尔试验法确定最佳沥青用量。具体步骤如下。

1.制备试样

（1）按确定的矿质混合料配合比，计算各种矿质材料的用量。

（2）以预计的油石比为中值，按一定间隔（对密级配沥青混合料通常为 0.5%，对沥青碎石混合料可适当缩小间隔为 0.3%～0.4%），取 5 个或 5 个以上不同的油石比分别成型马歇尔试件。

2.测定物理指标

按规定的试验方法测定试件的毛体积相对密度等，并计算空隙率、沥青饱和度及矿料间隙率等。

3.测定力学指标

为确定沥青混合料的最佳沥青用量，应用马歇尔稳定度仪测定沥青混合料的力学指标，如马歇尔稳定度、流值。

4.确定最佳沥青用量

（1）绘制沥青用量与物理-力学指标关系图。以油石比或沥青用量为横坐标，以马歇尔试验的各项指标为纵坐标，将试验结果点入图中，连成圆滑的曲线。确定均符合规范规定的沥青混合料技术标准的沥青用量范围 $OAC_{min}$～$OAC_{max}$（选择的沥青用量范围必须涵盖设计空隙率全部范围，并尽可能涵盖沥青饱和度的要求范围，并使密度及稳定度曲线出现峰值。）

> 注：绘制曲线时含 VMA 指标，且应为下凹型曲线，但确定 $OAC_{min}$～$OAC_{max}$ 时不包括 VMA。

（2）根据试验曲线的走势，按下列方法确定沥青混合料的最佳沥青用量 OAC。

① 曲线图 6-5 上求取相应于密度最大值、稳定度最大值、目标空隙率（或中值）、沥青饱和度范围的中值的沥青用量 $a_1$、$a_2$、$a_3$、$a_4$，取平均值作为 $OAC_1$：

$$OAC_1 = (a_1 + a_2 + a_3 + a_4)/4 \tag{6-21}$$

② 如果在所选择的沥青用量范围未能涵盖沥青饱和度的要求范围，按式（6-16）求取三者的平均值作为 $OAC_1$：

$$OAC_1 = (a_1 + a_2 + a_3)/3 \tag{6-22}$$

③ 对所选择试验的沥青用量范围，密度或稳定度没有出现峰值（最大值经常在曲线的两端）时，可直接以目标空隙率所对应的沥青用量 $a_3$ 作为 $OAC_1$，但 $OAC_1$ 必须介于 $OAC_{min}$～$OAC_{max}$ 的范围内，否则应重新进行配合比设计。

④ 以各项指标均符合技术标准（不含 VMA）的沥青用量范围 $OAC_{min}$～$OAC_{max}$ 的中值作为 $OAC_2$。

$$OAC_2 = (OAC_{min} + OAC_{max})/2 \tag{6-23}$$

⑤ 通常情况下取 $OAC_1$ 及 $OAC_2$ 的中值作为计算的最佳沥青用量 OAC。

$$OAC = (OAC_1 + OAC_2)/2 \tag{6-24}$$

（3）按式（6-18）计算的最佳油石比 OAC，从图 6-5 中得出所对应的空隙率和 VMA 值，检验是否能满足表 6-4 关于最小 VMA 值的要求（OAC 宜位于 VMA 凹形曲线最小值的贫由一侧。当空隙率不是整数时，最小 VMA 按内插法确定，并将其画入图 6-13 中）。

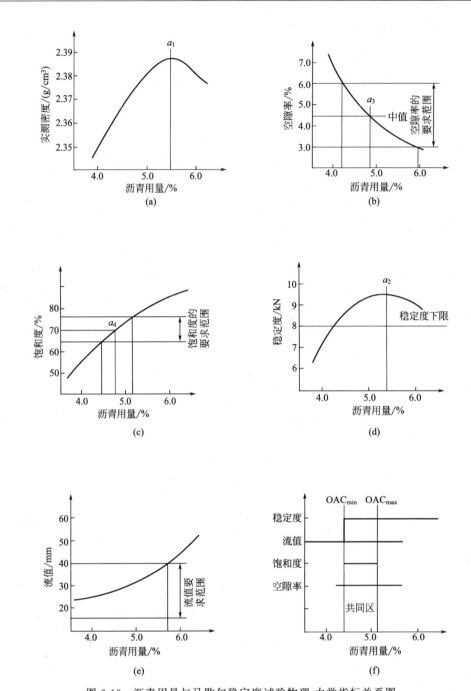

图 6-13  沥青用量与马歇尔稳定度试验物理-力学指标关系图

(a) 沥青用量与密度关系曲线；(b) 沥青用量与空隙率关系曲线；(c) 沥青用量与饱和度关系曲线；
(d) 沥青用量与稳定度关系曲线；(e) 沥青用量与流值关系曲线；(f) 沥青用量范围确定

（4）检查图 6-5 中相应于此 OAC 的各项指标是否符合马歇尔试验技术标准。

（5）根据实践经验和公路等级、气候条件、交通情况，调整确定最佳沥青用量 OAC。

① 调节当地各项条件相近的工程的沥青用量及使用效果，论证适宜的最佳沥青用量。

② 对炎热地区公路以及高速公路、一级公路的重载交通路段，山区公路的长达坡度路段，预计有可能产生较大车辙时，宜在空隙符合要求的范围内将计算沥青用量减少 0.1％～0.5％作为设计沥青用量。

③ 对寒区公路、旅游公路、交通量很少的公路，最佳沥青用量可以在 OAC 的基础上增加 0.1％～0.3％，以适当减少设计空隙率，但不得降低压实度要求。

（6）按相应的公式计算沥青被集料吸收的比例及有效沥青含量。

（7）检验最佳沥青用量的粉胶比和有效沥青膜（计算沥青混合料的粉胶比，宜符合0.6～1.6 的要求。对常用的公称最大粒径为 13.2～19mm 的密级配沥青混合料，粉胶比宜控制在 0.8～1.2 范围内）。

5.配合比设计检验

（1）对用于高速公路和一级公路的密级配沥青混合料，需在配合比设计的基础上按要求进行各种使用性能的检验，不符合要求的沥青混合料，必须更换材料或重新进行配合比设计。

（2）高温稳定性检验。对公称最大粒径等于或小于 19mm 的混合料，必选最佳沥青用量 OAC 制作车辙试件进行车辙试验，动稳定应符合表 6-15 的要求。

（3）水稳定性检验。按最佳沥青用量 OAC 制作试件，必须进行马歇尔试验和冻融劈裂试验，残留稳定度及残留强度比均符合表 6-21 的规定。

表 6-21　沥青混合料水稳定性检验技术要求

| 气候条件与技术指标 | 相应下列气候分区的技术要求 | | | |
|---|---|---|---|---|
| 年降水量(mm)及气候分区 | ＞1000 | 500～1000 | 250～500 | ＜250 |
| | 1. 潮湿区 | 2. 湿润区 | 3. 半干区 | 4. 干旱区 |
| 浸水马歇尔试验残留稳定度(％)≥ | | | | |
| 普通沥青混合料 | 80 | | 75 | |
| SAM 混合料　普通沥青 | 75 | | | |
| SAM 混合料　改性沥青 | 80 | | | |
| 冻融劈裂试验残留强度比(％)≥ | | | | |
| 普通沥青混合料 | 80 | | 75 | |
| SAM 混合料　普通沥青 | 75 | | | |
| SAM 混合料　改性沥青 | 80 | | | |

（4）低温抗裂性能检验。对工程最大粒径等于或小于 19mm 的混合料，可以按规定方法进行低温弯曲试验。

（5）渗水系数试验。可以利用轮碾机成型的车辙试件进行渗水试验。

【例 6-3】　试设计某高速公路沥青混凝土路面用沥青混合料的配合组成。

原始资料如下。

① 该公路沥青路面为三层式结构的上面层。

② 气候条件：最高月平均气温为 31℃，最低月平均气温为 −8℃，年降水量为 1500mm。

③ 材料性能

a. 沥青材料　可供应 50 号，70 号和 90 号的道路石油沥青，经检验技术性能均符合要求。

b. 矿质材料　碎石和石屑，石灰石轧制碎石，饱水抗压强度 120MPa，洛杉矶磨耗机 12% 黏附性（水煮法）5 级，视密度 2.70g/cm³。砂：洁净海砂，细度模数属中砂，含泥量及泥块量均 <1%，视密度 2.65g/cm³。矿粉：石灰石磨细石粉，粒度范围符合技术要求，无团粒结块，视密度 2.58kg/m³。

设计要求如下。

① 根据道路等级、路面类型和结构层位确定沥青混凝土的矿物质混合材料的级配范围。根据现有各种矿质材料的筛析结果，用图解法确定各种矿质材料的配合比。

② 根据选定的矿质混合料类型相应的沥青用量范围。通过马歇尔实验，确定最佳沥青用量。

③ 根据高速公路用沥青混合料要求，对矿质混合料的级配进行调整，沥青用量安水稳定性检验和抗车辙能力校核。

**解：**

1. 矿质混合料配合组成设计

（1）确定沥青混合料类型　由题给道路等级为高速公路，路面类型为沥青混凝土，路面结构为三层式沥青混凝土上面层，为使上面层具有较好的抗滑性，按表 6-14 选用细粒式密级配（AC-13）沥青混合料。

（2）确定矿质混合料级配与范围　细粒式密级沥青混凝土的矿质混合料级配范围如表 6-22 所示。

表 6-22　矿质混合料要求级配范围

| 级配类型 | 筛孔尺寸(方孔筛)/mm | | | | | | | | | |
|---|---|---|---|---|---|---|---|---|---|---|
| | 16.0 | 13.2 | 9.5 | 4.75 | 2.36 | 1.18 | 0.6 | 0.3 | 0.15 | 0.075 |
| 细粒式沥青混凝土(AC-13) | 100 | 90~100 | 68~85 | 38~68 | 24~50 | 15~38 | 10~28 | 7~20 | 5~15 | 4~8 |

（3）矿质混合料配合比计算

① 组成材料筛析实验　根据现场采样，碎石、石屑、砂和矿粉等原材料筛析结构列于表 6-23 所示。

表 6-23　组成材料筛析试验结果

| 材料名称 | 筛孔尺寸(方孔筛)/mm | | | | | | | | | |
|---|---|---|---|---|---|---|---|---|---|---|
| | 16.0 | 13.2 | 9.5 | 4.75 | 2.36 | 1.18 | 0.6 | 0.3 | 0.15 | 0.075 |
| | 通过百分率/% | | | | | | | | | |
| 碎石 | 100 | 94 | 26 | 0 | 0 | 0 | 0 | 0 | 0 | 0 |
| 石屑 | 100 | 100 | 100 | 80 | 40 | 17 | 0 | 0 | 0 | 0 |
| 砂 | 100 | 100 | 100 | 100 | 94 | 90 | 76 | 38 | 17 | 0 |
| 矿粉 | 100 | 100 | 100 | 100 | 100 | 100 | 100 | 100 | 100 | 83 |

② 组成材料配合比计算 用图解法计算组成材料配合比，如图 6.6 由图解法确定各种材料用量为：碎石：石屑：砂：矿粉＝36％：37％：19％：8％。各种材料组成配合比计算入表 6-19，将表 6-19 计算得合成级配绘于矿质混合料级配范围（图 6-14）中。

从图 6-7 可以看出，计算的结果的合成级配曲线接近级配范围中值。

③ 调整配合比 由于高速公路交通量大，轴载重，为使沥青路面混合料具有较高的高温稳定性，合成曲线应偏向级配曲线范围的下限，为此应调整配合比。

经过组成配合比的调整，各种材料用量为：碎石：石屑：砂：矿粉＝41％：41％：12％：6％。此计算结果为表 6-24 中括号内数字。并将合成级配绘于图 6-15 中，由图中可以看出，调整后的粗、细集料的技术要求还要符合表 6-9、表 6-10 的规定。填料必须采用石灰石等碱性岩石磨细的矿粉。矿粉的质量应该满足普通热拌沥青混合料对矿粉的要求。粉煤灰不得作为 SAM 混合料的填料使用。回收粉尘的比例不得超过填料总量的 25％。

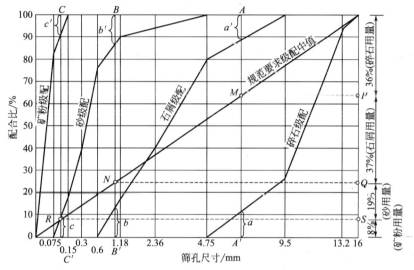

图 6-14 矿质混合料配合比计算图

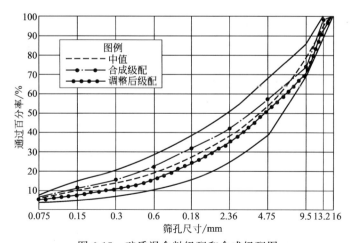

图 6-15 矿质混合料级配和合成级配图

表 6-24　矿质混合料组成配合比设计计算表

| 材料名称 | | 筛孔尺寸(方孔筛)/mm | | | | | | | | | |
|---|---|---|---|---|---|---|---|---|---|---|---|
| | | 16.0 | 13.2 | 9.5 | 4.75 | 2.36 | 1.18 | 0.6 | 0.3 | 0.15 | 0.075 |
| | | 通过百分率/% | | | | | | | | | |
| 原材料级配 | 碎石100% | 100 | 94 | 26 | 0 | 0 | 0 | 0 | 0 | 0 | 0 |
| | 石屑100% | 100 | 100 | 100 | 80 | 40 | 17 | 0 | 0 | 0 | 0 |
| | 砂100% | 100 | 100 | 100 | 100 | 94 | 90 | 76 | 38 | 17 | 0 |
| | 矿粉100% | 100 | 100 | 100 | 100 | 100 | 100 | 100 | 100 | 100 | 83 |
| 各矿质材料在混合料中的级配 | 碎石36%<br>(41%) | 36<br>(41) | 33.8<br>(38.5) | 9.4<br>(10.7) | 0<br>(0) | 0<br>(0) | 0<br>(0) | 0<br>(0) | 0<br>(0) | 0<br>(0) | 0<br>(0) |
| | 石屑37%<br>(41%) | 37<br>(41) | 37<br>(41) | 37<br>(41) | 29.6<br>(32.8) | 14.8<br>(16.4) | 6.3<br>(7.0) | 0<br>(0) | 0<br>(0) | 0<br>(0) | 0<br>(0) |
| | 砂19%<br>(12%) | 19<br>(12) | 19<br>(12) | 19<br>(12) | 19<br>(12) | 17.9<br>(11.3) | 17.1<br>(10.8) | 14.4<br>(9.1) | 7.2<br>(4.6) | 3.2<br>(2.0) | 0<br>(0) |
| | 矿粉8%<br>(6%) | 8<br>(6) | 8<br>(6) | 8<br>(6) | 8<br>(6) | 8<br>(6) | 8<br>(6) | 8<br>(6) | 8<br>(6) | 8<br>(6) | 8<br>(5) |
| 合成级配 | | 100<br>(100) | 97.8<br>(97.5) | 73.4<br>(69.7) | 56.6<br>(50.8) | 40.7<br>(33.7) | 31.4<br>(23.8) | 22.4<br>(15.1) | 15.2<br>(10.6) | 11.2<br>(8.0) | 6.6<br>(5.0) |
| 级配范围 | | 100 | 90~100 | 68~85 | 38~68 | 24~50 | 15~38 | 10~28 | 7~20 | 5~15 | 4~8 |
| 级配中值 | | 100 | 95 | 77 | 53 | 37 | 26 | 19 | 14 | 10 | 6 |

注：括号内数字为级配调整后的相应数值。

2.沥青最佳用量确定

(1)试件成型　根据当地气候条件，采用 A 级 70 号沥青。

按表 6-15 推荐的沥青用量范围，细粒式沥青混凝土（AC-13）的沥青用量为 4.5%~6.5%。采用 0.5% 间隔变化，与前计算的矿质混合料配合比制备 5 组试件，按表 6-4 规定每面各击实 75 次的方法成型。

(2)马歇尔试验

① 物理指标　按上述方法成型的试件，经 24h 后测定其毛体积相对密度、空隙率、矿料间隙率、沥青饱和度等物理指标。

② 力学指标测定　测定物理指标后的试件，在 60℃ 下测定其马歇尔稳定度和流值，并计算马歇尔模数。试验结果列于表 6-25 中。

表 6-25　马歇尔试验物理-力学指标测定结果汇总表

| 试件组号 | 沥青用量 | 技术性质 | | | | | | |
|---|---|---|---|---|---|---|---|---|
| | | 实测密度/(g/cm³) | 空隙率 VV/% | 矿料间隙率 VMA/% | 沥青饱和度 VFA/% | 稳定度 MS/kN | 流值 FL/mm | 马歇尔模数 T kN/mm |
| 1501 | 4.5 | 2.328 | 5.9 | 16.6 | 63.6 | 7.3 | 2.1 | 2.9 |
| 1502 | 5.0 | 2.346 | 4.7 | 16.0 | 70.5 | 8.7 | 2.3 | 2.6 |
| 1503 | 5.5 | 2.354 | 4.0 | 15.7 | 75.1 | 8.9 | 2.5 | 2.8 |
| 1504 | 6.0 | 2.353 | 3.4 | 15.5 | 78.3 | 8.4 | 2.8 | 3.3 |
| 1505 | 6.5 | 2.348 | 3.0 | 16.0 | 81.0 | 7.7 | 3.7 | 4.8 |
| 技术标准<br>(JTG F40—2004) | | — | 3~6 | ≥15 | 65~75 | ≥8 | 2.0~4.0 | — |

（3）马歇尔试验结果分析

① 绘制沥青用量与物理-力学指标关系图　根据表6-20马歇尔试验结果汇总表，绘制沥青用量与密度、空隙率、饱和度、稳定度、流值的关系图（图6-16）。

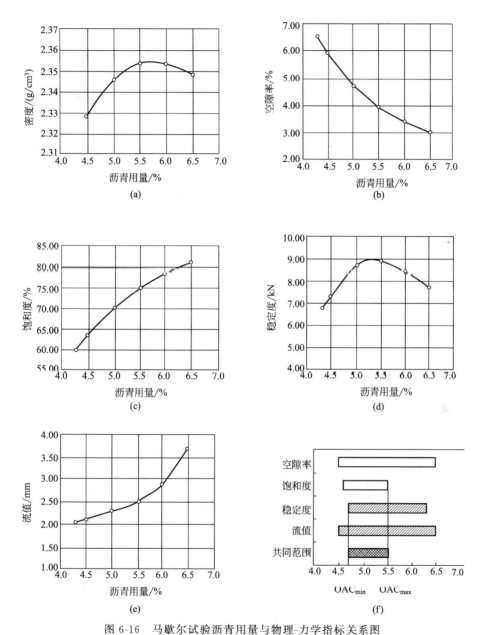

图 6-16　马歇尔试验沥青用量与物理-力学指标关系图

（a）沥青用量与密度关系曲线；（b）沥青用量与空隙率关系曲线；（c）沥青用量与系饱和度关系曲线；

（d）沥青用量与稳定度关系曲线；（e）沥青用量与流值关系曲线；（f）沥青用量范围确定

② 确定沥青用量初始值 $OAC_1$　从图6-8得出：相应于稳定度最大值的沥青用量 $a_1 = 5.5\%$，相应于密度最大值的沥青 $a_2 = 5.5\%$，相应于规定空隙率范围的中值的沥青用量 $a_3 = 5.3\%$，相应于规定沥青饱和度范围的中值的沥青用量 $a_4 = 5.2\%$。则

$$OAC_1 = （5.5\% + 5.5\% + 5.3\% + 5.2\%）/4 = 5.4\%$$

③ 确定沥青用量初始值 $OAC_2$　由图6-8得，各指标符合沥青混合料技术指标的沥青用量范

围为

$$OAC_{min} = 4.7\% \qquad\qquad OAC_{max} = 5.5\%$$
$$OAC_2 = (4.7\% + 5.5\%) / 2 = 5.1\%$$

④ 综合确定最佳沥青用量OAC 按沥青最佳用量初始值$OAC_1 = 5.4\%$检查各项指标均能符合要求，由$OAC_1$和$OAC_2$综合确定沥青最佳用量$OAC = 5.3\%$。

当地气候属于温区，并考虑高速公路渠化交通，预计可能出现车辙，再在中限值$OAC_2$与下限值$OAC_{min}$之间选取一个沥青用量$OAC' = 5.0\%$。

（4）水稳定性检验 采用沥青用量为5.3%和5.0%制备试件，在浸水48h后测定马歇尔稳定度，试验结果列于表6-26中。

表6-26　沥青混合料水稳定性试验结果

| 沥青用量/% | 马歇尔稳定度 SM/kN | 浸水马歇尔稳定度 $SM_1$/kN | 浸水残留稳定度 $SM_0$/% |
|---|---|---|---|
| OAC=5.3 | 8.9 | 8.2 | 92 |
| OAC'=5.0 | 8.7 | 7.4 | 85 |

从表6-26试验结果可知，$OAC = 5.3\%$和$OAC' = 5.0\%$两种沥青用量浸水残留稳定度均大于75%，符合沥青混凝土水稳定性要求。

（5）抗车辙能力校核 同样，以沥青用量5.3%和5.0%进行抗车辙试验，试验结果列于表6-27中。

表6-27　沥青混合料抗车辙试验

| 沥青用量/% | 试验温度 $T$/℃ | 试验轮压 $P$/MPa | 试验条件 | 动稳定度 DS/(次/mm) |
|---|---|---|---|---|
| OAC=5.3 | 60 | 0.7 | 不浸水 | 1150 |
| OAC'=5.0 | 60 | 0.7 | 不浸水 | 1420 |

从表6-22中可知，$OAC = 5.3\%$和$OAC' = 5.0\%$两种沥青用量的动稳定度均符合高速公路抗车辙的要求，但沥青用量为5.0%时，动稳定度较高。

综上所述，沥青用量为5.3%时耐久性较佳，采用沥青用量5.0%时抗车辙能力较高。应根据以往工程实践经验综合决定沥青用量。

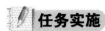 **任务实施**

配制一级公路沥青路面面层用细粒式沥青混凝土混合料。

原始资料如下。

① 道路等级：一级公路。

② 路面类型：沥青混凝土。

③ 结构层位：两层式沥青混凝土的上面层。

④ 气候条件：最高月平均气温为32℃，最低月平均气温-5℃，年降水量1500mm。

⑤ 材料性能

a. 沥青材料 可供应50号和70号的道路石油沥青，经检验各项指标符合要求；

b. 碎石和石屑 1级石灰岩轧制碎石，饱水抗压强度150MPa，洛杉矶磨耗率10%，黏附性（水煮法）5级，表观密度2.72kg/m³；

c. 碎集料 洁净河砂，粗度属中砂，含泥量小于1%，表观密度2.68kg/m³；

d. 矿粉 石灰石粉，粒度范围符合要求，无团粒结块，表观密度2.58kg/m³。

粗细集料和矿粉的级配组成，经筛分实验结果列于表6-28。

表 6-28　组成材料筛析结果

| 材料名称 | 筛孔尺寸(方孔筛)/mm | | | | | | | | | |
|---|---|---|---|---|---|---|---|---|---|---|
| | 16.0 | 13.2 | 9.5 | 4.75 | 2.36 | 1.18 | 0.6 | 0.3 | 0.15 | 0.075 |
| | 通过百分率/% | | | | | | | | | |
| 碎石 | 100 | 96.4 | 20.2 | 2.0 | 0 | 0 | 0 | 0 | 0 | 0 |
| 石屑 | 100 | 100 | 100 | 80.3 | 45.3 | 18.2 | 3.0 | 0 | 0 | 0 |
| 砂 | 100 | 100 | 100 | 100 | 90.5 | 80.2 | 70.5 | 36.2 | 18.3 | 2.0 |
| 矿粉 | 100 | 100 | 100 | 100 | 100 | 100 | 100 | 100 | 100 | 85.2 |

设计要求如下。

① 根据道路等级、路面类型和结构层次确定沥青混凝土的类型和矿质混合料的级配范围。根据现有各种矿质材料的筛析结果，用图解法或试算法确定各种矿质材料的配合比。

② 根据规范推荐的相应沥青混凝土的类型和沥青用量范围，通过马歇尔实验的物理力学指标，确定最佳沥青用量。

③ 根据一级公路路面用沥青混合料要求，对矿质混合料的级配进行调整，并对最佳沥青用量按水稳定性检验和抗车辙能力校核。

马歇尔实验结果汇总表 6-29，供学生分析评定参考用。

表 6-29　马歇尔试验物理-力学指标测定结果汇总表

| 试件组号 | 沥青用量/% | 技术性质 | | | | | | |
|---|---|---|---|---|---|---|---|---|
| | | 实测密度/(g/cm³) | 空隙率 VV/% | 矿料间歇率 VMA/% | 沥青饱和度 VFA/% | 稳定度 MS/kN | 流值 FL/mm | 马歇尔模数 T/(kN/mm) |
| 1 | 4.5 | 2.362 | 6.1 | 16.4 | 62.7 | 8.3 | 2.0 | 4.1 |
| 2 | 5.0 | 2.379 | 4.8 | 16.1 | 70.4 | 9.8 | 2.3 | 4.3 |
| 3 | 5.5 | 2.394 | 4.0 | 15.6 | 74.5 | 9.6 | 2.8 | 3.4 |
| 4 | 6.0 | 2.380 | 3.3 | 15.4 | 79.3 | 7.9 | 3.6 | 2.2 |
| 5 | 6.5 | 2.378 | 2.9 | 16.0 | 82.7 | 5.3 | 4.5 | 1.2 |

> 注：表 6-19 和表 6-20 中的数据仅供学生计算练习和分析评定用。试验课应有教师带领学生到现场取样，根据工地实际材料进行筛析，确定矿质混合料的配合比，然后通过马歇尔试验取得物理-力学指标的数据，以分析确定沥青最佳用量。

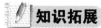 **知识拓展**

## 一、矿质混合料的级配理论和级配曲线范围

### (一)矿质混合料的级配理论

1.级配曲线

各种不同粒径的集料，按照一定的比例搭配起来，以达到较高的密实度（或较大摩擦力），可以采用下列两种级配组成。

(1) 连续级配　连续级配是某一矿质混合料在标准筛孔配成的套筛中进行筛析时，所得的级配曲线平顺圆滑，具有连续的（不间断）性质，相邻粒径的粒料之间，有一定的比例关系（按质量计）。这种由大到小的比例，逐级粒径均有。按比例互相搭配组成的矿质混合料，

称为连续级配矿质混合料。

（2）间断级配　间断级配是在矿质混合料中剔除某一个（或几个）分级，形成一种不连续的混合料，这种混合料称为间断级配矿质混合料。

连续级配曲线和间断级配曲线如图 6-17 所示。

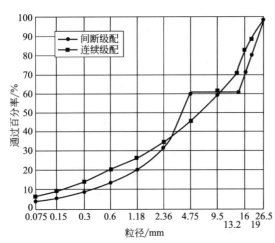

图 6-17　连续级配和间断级配曲线

### 2. 级配理论

关于级配理论的研究，实质上发源于我国的垛积理论。但这一理论在级配应用上没有得到发展。目前常用的级配理论主要有最大密度曲线理论和粒子干涉理论。本节主要介绍最大密度曲线理论，该理论主要描述了连续级配的粒径分布。

（1）最大密度曲线公式　最大密度曲线是通过试验提出的一种理想曲线。该理论认为："矿质混合料的颗粒级配曲线越接近抛物线，则其密度越大"。根据上述理论，当矿物混合料的级配曲线为抛物线（图 6-18）时，最大密度理想曲线集料各级粒径 $d$ 与通过百分率 $P$ 可表示为式(6-25)。

$$P^2 = kd \tag{6-25}$$

式中　$P$——各级颗粒粒径集料的通过率百分率，%；

$d$——矿质混合料各级颗粒粒径，mm；

$k$——常数。

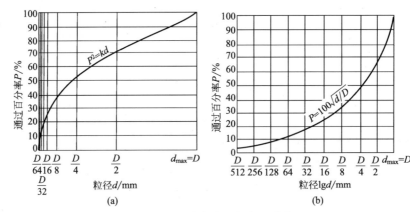

图 6-18　最大密度理想级配曲线

当颗粒粒径 $d$ 等于最大粒径 $D$ 时，则通过百分率 $P = 100$（%），即 $d = D$ 时，$P = 100$（%）。故：

$$k = 100^2 \times \frac{1}{D} \tag{6-26}$$

当希望求任一级颗粒粒径 $d$ 的通过百分率 $P$ 时，可将式（6-26）代入式（6-25），得：

$$P = 100 \times \sqrt{\frac{d}{D}} = 100 \times \left(\frac{d}{D}\right)^{0.5} \tag{6-27}$$

式中　$d$——希望计算的某级集料粒径，mm；

$D$——矿质混合料的最大粒径，mm；

$P$——希望计算的某级集料的通过百分率，％。

上式就是最大密度理想曲线的级配组成计算公式。根据这个公式，可以计算出矿质混合料最大密度时各级粒 $d$ 的通过量 $P$。

（2）最大密度曲线 $n$ 次幂公式　最大密度曲线是一种理论的级配曲线。在实际应用中，许多研究认为，这一公式的指数不应固定为 0.5。有的研究认为，在沥青混合料中应用时，当 $n=0.45$ 时密度最大；有的研究认为在水泥混凝土中应用时，当 $n$ 为 0.25～0.45 时工作性较好。通常使用的矿质混合料的级配范围（包括密级配和开级配），$n$ 次幂常在 0.3～0.7 之间。因此在实际应用时，矿质混合料的级配曲线应该允许在一定范围内波动，所以目前多采用 $n$ 次幂的通式表达式［见式(6-28)］。不同 $n$ 次幂的级配曲线如图 6-19 所示。

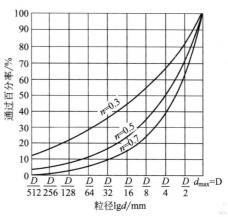

图 6-19　最大密度曲线和级配范围

$$P = 100 \times \left(\frac{d}{D}\right)^n \qquad (6\text{-}28)$$

式中　$n$——实验指数。

**（二）级配范围曲线的绘制**

按前述级配理论公式计算出各级集料在矿质混合料中的通过百分率，以通过百分率为纵坐标轴，以粒径为横坐标轴，绘制成曲线，即为理论级配曲线。但由于矿料在轧制过程的不均匀性，以及混合料配制时的误差等因素影响，使所配制的混合料往往不可能与理论级配完全符合。因此，必须允许配料时的合成级配在适当的范围内波动。

常用筛孔是按 1/2 递减的，筛分曲线如按常规坐标绘制，则必然造成前疏后密，不便于绘制和查阅。为此，通常用半对数坐标代替，即横坐标轴颗粒粒径（即筛孔尺寸）采用对数坐标，而纵坐标轴通过（或存留）百分率采用常规坐标。

我国沿用半对数坐标系绘制级配范围曲线的方法，首先要按对数计算出各种颗粒粒径（即筛孔尺寸）在横坐标轴上的位置，而且通过（或存留）百分率的纵坐标则按普通坐标绘制。绘制好纵、横坐标后，将计算所得的各颗粒粒径 $d_i$ 百分率 $P_i$ 绘制在坐标图上，再将确定的各点连接为曲线，在两个指数（$n_1$ 和 $n_2$）之间所包括的范围即为级配范围（通常用加绘阴影表示）。图 6-20 所示为 $n_1=0.3$、$n_2=0.7$ 的级配范围曲线。

## 二、其他沥青混合料

### （一）冷拌沥青混合料

冷拌沥青混合料也称常温沥青混合料，是指矿料与乳化沥青或液体沥青在常温状态下拌和、建筑的沥青混合料。这种混合料一般比较松散，存放时间达 3 个月以上，可随时取料施工。

1.组成材料

冷拌沥青混合料中对矿料的要求与热拌沥青混合料大致相同。冷拌沥青混合料中的沥青可采用液体石油沥青、乳化沥青，我国普遍采用乳化沥青。乳化沥青用量应根据当地实践经验以及交通量、气候、石料情况、沥青标号、施工机械等条件确定，一般情况较热拌沥青碎石混合料沥青用量减少 15％～20％。

2.技术性质

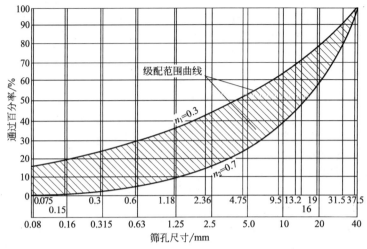

图 6-20　级配范围曲线

（1）混合料压实前的性质

① 冷拌沥青混合料在道路铺筑前，常温条件下应保持疏松，易于施工，不易结团。

② 冷拌沥青混合料，不能在道路修筑时达到完全固结压实的程度，而是在开放交通后，在车辆的作用下逐渐使路面固结起来，达到要求的密度。

（2）冷拌冷铺混合料在铺筑压实后的性质

① 抗压强度　以标准试件（$h=50mm$，$d=50mm$）在常温 20℃的极限抗压强度值表示。

② 水稳定性　水稳性是以标准试件在常温下，经真空抽气 1h 后的饱水率表示。其饱水率为 3%～6%。

3. 应用

冷拌沥青混合料适用于三级及三级以下的公路的沥青面层、二级公路的罩面层，以及各级公路沥青路面的基层、联结层或整平层。冷拌改性沥青混合料可用于沥青路面的坑槽冷补。

**（二）桥面铺装材料**

对于大中型水泥混凝土桥，为保护桥面板，应在上面铺筑沥青铺装层。铺装层应具有下列要求：沥青混凝土与桥面有良好的黏结性能防渗、抗滑以及有较高抵抗振动变形的能力，对于钢桥还要防止钢桥面生锈。

沥青铺装层有黏层、防水层、保护层及沥青面层组成，总厚度为 6～10cm。对潮湿多雨、纵坡度较大或设计车速较高的桥面还应加设抗滑表层。分述如下。

1. 黏层

黏层沥青可采用快裂的洒布型乳化沥青，或快、中凝液体石油沥青、煤沥青，其种类、标号应与层面说使用沥青相同。

2. 防水层

其厚度宜为 1.0～1.5mm。可做沥青涂料类下封层，用高分子聚合物涂刷或铺设沥青防水卷材。

3. 保护层

其厚度宜为 1.0cm，主要为防止损伤防水层而设置。一般采用 AC-10 或 AC-5 型沥青混凝土或单层式沥青表面处治。

4.沥青面层

可采用高温稳定性好的 AC-16 或 AC-20 型中粒式伴热铺沥青混凝土混合料铺筑。面层所用沥青最好为改性沥青。

### (三)水泥混凝土路面接缝材料——沥青胶黏剂

水泥混凝土路面，必须修筑纵向和横向的接缝，以防受温度的影响使路面破坏。为了使路表水不致渗入接缝而降低路面基层的稳定性，就必须在这些缝的上部或全部用防水性材料——沥青胶黏剂充填。

1.沥青胶的特征

(1) 沥青胶具有足够的弹性、柔韧性和黏结力。

(2) 沥青胶在低温条件下，受交通的作用不产生脆裂。

(3) 沥青胶具有较高的软化点（60～85℃）。在高温条件下，沥青胶不因软化膨胀而挤出，以适应混凝土路面接缝间距离的变化。

2.沥青胶的配合组成

水泥混凝土填缝用沥青胶黏剂可由沥青、石粉、石棉屑配制而成，其组成各材料的比例详见表 6-30。

表 6-30　沥青胶组成各材料比例

| 编号 | 材料组成 | 软化点/℃ |
| --- | --- | --- |
| 1 | 油-100，沥青 60％，石灰(石灰石 20％，7 级失眠屑 20％ | 70～85 |
| 2 | 油-100，沥青 60％，石粉(石灰石)20％，石棉屑 15％，橡胶屑 5％ | 60～70 |
| 3 | 油-60 甲，沥青 60％，石粉(石灰石)25％，7 级石棉屑 15％ | 60～65 |

3.沥青胶黏剂的制备

(1) 首先将沥青脱水加热至 140～160℃。

(2) 称取各材料用量和均匀。

(3) 掺有橡胶屑或橡胶粉的胶黏剂，应先将橡胶预先溶于有机溶剂中或与少量沥青溶解，然后拌和。

(4) 填缝用沥青胶黏剂亦可制成预制条，在水泥混凝土摊铺切割温度缝后进行安装，然后将胶黏剂烫平。

### (四)乳化沥青稀浆封层混合料

乳化沥青稀浆封层混合料是用适当级配的石屑或砂、填料（水泥、石灰、粉煤灰、石灰等）与乳化沥青、外加剂和水，按一定比例拌和而成的流动状态的沥青混合料，将其均匀地摊铺在路面上形成的沥青封层。

1.乳化沥青稀浆封层混合料的组成

(1) 集料　集料必须是坚硬、耐磨、无风化并表面干净的碱性矿料。若采用酸性矿料时，须掺和消石灰或抗剥离剂。细集料可采用机制砂或石屑，不得使用天然砂。

(2) 乳化沥青　常用阳离子慢凝乳液。可采用慢裂或中裂的拌和型乳化沥青，国外也较多采用改性沥青。

(3) 填料　为提高集料的密实度，须掺加石灰或粉煤灰和石粉等粒径小于 0.075mm 的粉料。

(4) 水　为湿润集料，使稀浆混合料具有的流动性需掺加适量的水。

(5) 外加剂　为调节稀浆混合料的和易性和凝结时间需添加各种助剂，如氧化铵、氯化钠、硫酸铝等。

2.乳化沥青稀浆封层的配合比设计

乳化沥青稀浆封层混合料的配合比设计，主要根据不同的用途要求由室内实验而定。应满足稀浆封层厚度、抗磨耗、抗滑、龟网裂处治、稠度、易拌和摊铺、初凝时间等性能要求。在实际工作中，一般是根据需要初步确定配合比范围，然后进行稠度、凝结时间、养护时间、湿轮迹等试验来检验配合比是否符合要求，若不符合要求则需调整配合比，直至符合要求为止。

3. 乳化沥青稀浆封层混合料的应用

由于稀浆封层具有防水、防滑、耐磨、平整及恢复路面表面功能的作用，因此，它既可作为新建、改建路面的表面磨损耗层，又可作为维修旧路面病害的加铺层，可以处理路面早期病害如磨耗、老化、细小裂缝、光滑、松散等，延长路面使用寿命。

### (五) 多孔隙沥青混凝土表面层（PAWC）

多孔隙沥青混凝土表面层或多空隙沥青混凝土磨耗层（PAWC）在一些国家又称开级配磨耗层（OGFC）或称排水沥青混凝土磨耗层或透水沥青混凝土磨耗层。多孔隙沥青混凝土经压实后其孔隙率在 15%～30% 之间，从而在层内形成一个水道网。

1. 技术性能

（1）降低噪声　PAWC 有降低噪声水平的性能，主要是由于：①层内孔隙吸音；②消除了轮胎与路面接触的吸气；③有良好的平整度。

（2）改善抗滑能力　多孔隙沥青混凝土主要优点在于改善潮湿气候（即降雨时）条件下和高速行驶时的抗滑能力。

（3）减少行车引起的水雾　多孔隙沥青路面可以在相当程度上减少由交通引起的水雾现象，40mm 厚的多孔隙沥青路面足以吸收 8mm 的雨量才使内部空隙趋于饱和状态。

（4）耐久性较差　多孔隙沥青混凝土的缺点是易剥落，如掺和改性剂改善沥青性质则可以延长寿命。

（5）多孔隙沥青混凝土沥青含量允许范围较小　如果沥青含量过低则集料裹覆不够或是沥青膜太薄而很快地被氧化导致路面提早破坏，沥青含量过多又会导致沥青从集料中析出，摊铺时材料中沥青含量不均匀。

2. 多孔隙沥青混凝土组成和设计

多孔隙沥青混合料组成设计目标：保证混合料压实后具有较大空隙率；结合料不被氧化，具有较高耐久性；易于拌和、摊铺和压实；与普通沥青混凝土同样要求强度、稳定性、表面抗滑性等指标。

（1）组成材料的选择　应采用坚固、耐久、高强度（集料压碎值不大于 20%）、低扁平指数和高磨光值的碎石。结合料应是耐久性、与填料和细料混合后有足够的黏度，以防施工中流失。采用聚合物、废橡胶粉或纤维可加强耐久性、改善抗形变和抗疲劳能力和预防沥青流失。填料用熟石灰比用石灰石粉更好。

（2）合适级配的选择　选定的矿料级配应使用混合料的空隙率大于 20%。通常采用在 2.36mm 到 9.5mm 之间的间断级配的矿料，间断的量值取决于所用结合料和设计的空隙率。为达到目标空隙率，级配中应含高比例的粗集料，大于 4.75mm 的矿料含量宜超过 75%，填料含量为 2%～5%，并取决于所用结合料。

3. 应用

由于 PAWC 既有利于环境，又有利于交通安全，所以从 20 世纪 70 年代末以来，在国外高等级公路上得到较多的应用，如果要求低噪声的高速公路，都尽可能地使用 PAWC。

### (六) 多碎石沥青混凝土（SAC）

1. 定义

4.75mm 以上碎石含量占主要部分的密级配沥青混凝土称多碎石沥青混凝土。当前使用的多碎石沥青混凝土矿料组成中过 4.75mm 以上的方孔筛的碎石含量为 60%（范围中值）。

2. 技术性能

为了保持大量车辆在高速公路上能安全舒适地高速通行，沥青面层必须有良好抗滑性能。面层不但要有较高的摩擦系数，而且要有较深的表面构造深度和较小的透水性。表面构造深度达不到要求是Ⅰ型沥青混凝土的明显缺点。

Ⅱ型沥青混凝土的碎石含量大，按级配范围的中值达 60%，但其中细料和填料的含量也少，因此，混合料的空隙率大，透水性也就大。Ⅱ型沥青混凝土的优点是表面构造深度深，能达到规定要求，而且抗变形能力较强。透水性和耐久性差是Ⅱ型沥青混凝土的最大缺点。

多碎石沥青混凝土既具有Ⅰ型沥青混凝土的优点，又具有Ⅱ型沥青混凝土的最大优点，同时它又避免了两种传统沥青混凝土各自的缺点，因而使用在高速公路的表面层。

3. 应用

由于多碎石沥青混凝土具有以上优点，所以目前在沪宁高速公路和长吉高速公路已得到使用，获得很好的路面使用性能。

### (七) 再生沥青混合料

1. 概述

再生沥青路面就是利用已破坏的旧沥青路面材料，通过添加再生剂、新沥青和新集料，合理设计配合比，重新铺筑的沥青路面。再生沥青混合料、再生沥青碎石以及再生沥青混凝土 3 种形式，按集料最大粒径的尺寸，可以分成粗粒式、中粒式和细粒式 3 种。按施工温度分成热拌再生混合料和冷拌再生混合料两种，热拌由于在热态下拌和，旧油和新沥青处于熔融状态，经过机械搅拌，能够充分混合，再生效果较好，而冷拌再生沥青混合料再生效果差，成型期较长，通常仅限于低交通量的道路上。

2. 组成材料

再生沥青混合料有再生沥青和集料组成。再生沥由旧沥青、添加剂以及新沥青材料组成，集料包括旧集料和新集料组成。

从化学角度讲，沥青再生就是老化的过程。沥青老化就是沥青中化学组分含量比值失去平衡，胶体结构产生变化，可以采用再生调节沥青（旧油）化学组分，使其达到平衡。再生剂的作用在于以下几点。

（1）调节旧油黏度，使旧油过高的黏度降低，使过于脆硬的旧沥青混合料软化，以便于机械拌和，并同新的沥青、新的集料均匀混合。

（2）使老化的旧油中凝聚的沥青质重新分解，调节沥青的胶体结构，从而达到改善沥青流变性质的目的。

3. 技术性能

（1）再生沥青混合料必须具有足够的强度和热稳定性；

（2）再生沥青混合料具有良好的低温抗裂性，低温下表现为较低的线收缩系数，较高的抗弯强度和较低的弯拉模量；

（3）再生沥青路面有足够的抗滑性和防渗性；

（4）再生路面具有良好的耐久性；

（5）尽可能地使用旧路面材料，最大限度节约沥青和砂石材料。

4. 再生沥青混合料配合比设计

（1）确定旧路面材料掺配比例；

（2）选择再生剂和新沥青材料并确定其用量；

（3）选择砂石集料，确定新旧集料的混合比例；

（4）检验再生沥青品质，并确定再生混合料最佳油石化；

（5）根据路用要求，检验再生混合料的物理力学性质。

### （八）法国的薄沥青面层（Ruflex）

#### 1.概况

法国是国际上采用薄沥青面层的代表性国家。10多年前，薄沥青面层开始被用作磨耗层的养护，然后很快就推广应用到新路面。随后很薄沥青混凝土和超薄沥青混凝土也相继被推广使用。

由于基层沥青混凝土的模量高，超薄沥青混凝土的使用日益增多。超薄面层可以很好地解决粗糙度问题，材料的高模量保证了结构的稳定。

#### 2.混合料组成

（1）级配曲线　法国的薄沥青混凝土没有一个级配范围。薄沥青混凝土的标准只包括一根级配曲线，并且是明显的断级配。根据使用和级配的摊铺厚度列在表6-31中。

表6-31　级配范围所对应摊铺厚度和用量

| 级配 | 厚度/cm | 用量/(kg/m) |
|---|---|---|
| 0～14 | 3.5～5 | 75～125 |
| 0～10 | 3～4 | 60～100 |
| 0～6 | 2～3 | 40～70 |

（2）结合料　法国的薄沥青混凝土中不需要加沥青流出抑制剂，如纤维。

（3）力学性能　薄沥青混凝土标准要求15℃和10Hz下的劲度模量大于或等于5400MPa。在同样条件下的劲度模量大于8000MPa。

### （九）高模量沥青混凝土

在法国，传统的沥青胶结基层材料是最大粒径14mm或20mm的级配最好的碎石集料，与4.5%针入度50/70或35/50的沥青拌制而成。1980年一个沥青混凝土承包商设计了一种沥青胶结基层材料，沥青用量5.7%～6.0%（如同磨耗层所用），但沥青很硬（针入度10/20），以很硬的沥青产生了很好的抗永久形变能力和很高的劲度模量，使基层底面的拉应变较小；此外高沥青含量产生了较高的容许疲劳应变，对于一给定的疲劳寿命基层厚度减少30%。另外，高模量沥青混凝土的辙槽深度（仅由沥青混合料的塑性形变产生）较小。

目前它被作高速公路路面的加强层，用于对抗辙槽性能要求较高路段，以及城镇需要减薄厚度的路段位置。

### （十）超薄热拌沥青混合料面层

法国的超薄热拌混合沥青料面层后25mm，用砂含量少的间断级配以改善宏观表面构造，高结合料含量和聚合物改性沥青或添加纤维以改善宏观表面结构的耐久性。由于超薄沥青混凝土的宏观构造深度好，因此它保障了行车安全条件。这种混合料与SMA相似，但砂含量较多，结合料含量较少，因此稳定性较好。

1988年在法国铺筑了超薄沥青混凝土面层试验段。超薄沥青混凝土使用了聚合物改性沥青纤维，累计重车交通量在100万～500万之间。其抗滑性能优于传统的沥青混合料，但主要在高速情况下。

1988年又开发了15mm厚的热拌沥青混合料面层。此沥青混合料铺在厚粘层上（沥青乳液），其沥青用量介于传统黏层和表面处于沥青层之间。

### （十一）粗骨架高结合料混合料CMHB

最近美国德克萨斯州运输局开发一种新型的骨架高结合料含量（CMHB）混合料设计

方法，它不需要添加剂或填料。在CMHB混合料中，集料级配设计成允许粗碎石互相接触。这样行车荷载由集料承担并传递到下层路面。由于粗碎石是混合料中主要的承担荷载的组成部分，所以这种混合料有很好的抗辙槽能力，并且不会离析。CHMB的具有以下优良性能。

### 1. 耐久性较好

CMHB混合料中粗集料高度集中使得可以使用较多的沥青。较高的沥青含量和矿料上较厚的沥青膜将改善混合料的耐久性。

### 2. 增加沥青膜厚度

当粗集料含量增加时，沥青膜的厚度也增加，同时细和中等尺寸集料减少，使混合料较容易压实，更加致密。

### 3. 无辙槽

混合料表现好且很均匀。摊铺混合料合料过程中没有产生离析也没有产生可见辙槽。

### (十二) 水泥-乳化沥青复合结合料

水泥-乳化沥青复合结合料是在沥青中掺入水泥、石灰或采用沥青、水泥分层包裹料的方法在水的参与下，以获得半刚性面层材料。选用乳化沥青和水泥分别为基本的有机和无机结合料，最好能基于冷拌冷铺工艺进行。

乳化沥青用量增加，油灰比增大，胶砂试件的变形能力增加，脆度系数减少。另外，相同结合料用量条件下，混凝土配合比将会影响混凝土韧性大小；降低水灰比混凝土孔隙率减小，试件强度应有所提高。但水灰比的变化对复合结合料混凝土的性质影响不能确定，应综合考虑其他因素，如密实度、成型拌和工艺等。

通过实验证明：沥青同矿料之间以及沥青同水泥之间相互作用的加强及沥青分散程度的提高，能够有效地提高混凝土抗折强度、降低脆度系数，从而增加其韧性，降低面层材料的刚度。对于水泥-乳化沥青复合材料，还要从成型工艺上深化研究，例如采用上压、下振的成型工艺等，这样才能更好地发挥其作用。

## 小 结

沥青混合料有多种分类方法，按密实度分为密级配、开级配；按工程最大粒径分为特粗式、粗粒式、中粒式、细粒式、砂粒式；按组成结构分为"悬浮-密实、骨架-空隙、密实-骨架"3种结构，每种结构各有其独特的性能，使用于不同的道路结构物上。

沥青混合料的抗剪强度取决于材料内部的内摩阻角和黏聚力，主要受沥青的黏度、沥青与矿料在界面上的交互作用、沥青与矿料的用量比例、矿料的级配类型及表面性质以及外界的温度、变形速率等因素的影响。

沥青混合料的主要技术性质有高温稳定性、低温抗裂性、耐久性、抗滑性和施工和易性等几个方面。

沥青混合料的组成材料应符合规范的要求。粗集料的力学性质、矿料的级配及矿粉的颗粒粒度与沥青的黏附性等都是组成材料选择中要考虑的问题。

沥青混合料配合比设计采用马歇尔试验方法。马歇尔试验技术指标主要有稳定度、流值、空隙率、沥青饱和度、残留稳定度以及矿料间隙率等。配合比设计包括目标配合比设计、生产配合比设计和生产配合比验证三个阶段。目标配合比设计分矿料组成设计（采用图解法或试算法）和最佳沥青用量设计（采用马歇尔试验法）两部分。

在介绍常用的沥青混合料的同时，还介绍了其他的新型沥青混合料，这些沥青混合料在应用过程中各有各的优势，参照实际情况进行选择。

## 能力训练题

1. 何谓沥青混合料，它有什么特点？

2.沥青混合料的结构可分为哪几种类型？各种结构类型的沥青混合料什么优缺点？

3.试述沥青混合料强度形成的原理，并从内部材料组成参数和外界影响因素加以分析。

4.论述路面沥青混合料应具备的主要技术性质，及我国现行沥青混合料高温稳定性的评定方法。

5.我国现行热拌混合料质量评定有哪几项指标？并说明各项指标和以控制沥青混合料的技术性质。

6.试述我国现行热拌沥青混合料配合组成的设计方法。矿质混合料的组成和沥青最佳量是如何如确定的？

7.按我国现行沥青混凝土配合比设计方法，沥青最佳用量（OAC）是怎样确定的？

8.设计高速公路用细粒式沥青混凝土矿质混合料的组成。

原始资料：

1）现有碎石、石屑、砂和矿粉四种矿料，筛析试验得到各粒径通过百分率列于表6-32中。

**表6-32　原有矿质集料级配表**

| 材料名称 | 筛孔尺寸(方孔筛)/mm | | | | | | | | | |
| --- | --- | --- | --- | --- | --- | --- | --- | --- | --- | --- |
| | 16.00 | 13.2 | 9.5 | 4.75 | 2.36 | 1.18 | 0.6 | 0.3 | 0.15 | 0.075 |
| | 通过百分率/% | | | | | | | | | |
| 碎石 | 100 | 95 | 53 | 2.8 | 2.8 | 0 | 0 | 0 | 0 | 0 |
| 石屑 | 100 | 100 | 100 | 97 | 70 | 36 | 16 | 0 | 0 | 0 |
| 砂 | 100 | 100 | 100 | 100 | 100 | 90 | 80 | 60 | 20 | 0 |
| 矿粉 | 100 | 100 | 100 | 100 | 100 | 100 | 100 | 100 | 100 | 80 |
| 级配范围 | 100 | 90～100 | 68～85 | 38～68 | 24～50 | 15～38 | 10～28 | 7～20 | 5～15 | 4～8 |

2）AC-13级配范围按JTG F40—2001《公路沥青路面施工技术规范》细粒式沥青混凝土AC-13要求。

设计要求：

1）用规范要求的级配中值（表）绘出各粒径在横坐标上的位置。

2）根据各原有矿质材料筛析结果（表）在图上绘出级配曲线，按图解法求出各种材料在混合料中的用量。

3）按图解法求得的各种材料用量计算合成级配，并校核合成级配是否符合技术规范的要求，如不符合，调整级配重新设计。

# 学习情境七 建筑钢材的检测与选用

## 教学目标

1. 掌握建筑钢材的主要力学性能和工艺性能。
2. 掌握建筑钢材的标准和应用。
3. 了解钢材的化学成分对钢材性能的影响。
4. 了解钢材锈蚀的机理，掌握钢材锈蚀的防治措施。

## 能力目标

1. 能检测钢材的力学性质和工艺性能。
2. 能正确选用钢结构用钢和钢筋混凝土结构用钢筋、钢丝。

建筑钢材是指用于钢结构的各种型材（如圆钢、角钢、槽钢、工字钢等）、钢板和用于钢筋混凝土结构的钢筋、钢丝等。

钢是由生铁冶炼而成。钢与生铁的区分在于含碳量的数量。含碳量小于 2.06% 的铁碳合金称为钢，含碳量大于 2.06% 的铁碳合金称为生铁。生铁是将铁矿石、焦炭及助熔剂（石灰石）按一定比例装入炼铁高炉，在高炉高温条件下，焦炭中的碳和铁矿石中的氧化铁发生化学反应，促使铁矿石中的铁和氧分离，将铁矿石中的铁还原出来，生成的一氧化碳和二氧化碳由炉顶排出。此时冶炼得到的铁中，碳的含量为 2.06% ~ 6.67%，磷、硫等杂质的含量也比较高，属生铁。生铁硬而脆，无塑性和韧性，在建筑上很少用。

将生铁在炼钢炉中进一步冶炼，并提供足够的氧气，通过炉内的高温氧化作用，部分碳被氧化成一氧化碳气体逸出，其他杂质则形成氧化物进入炉渣中除去。这样，将含碳量降低到 2.06% 以下，磷、硫等其他杂质也减少到允许数值范围内，即成为钢，此过程称为炼钢。

钢水脱氧后浇铸成钢锭，在钢锭冷却过程中，由于钢内某些元素在铁的液相中的溶解度高于固相，使这些元素向凝固较迟的钢锭中心集中，导致化学成分在钢锭截面上分布不均匀，这种现象称为化学偏析。其中，尤以磷、硫等的偏析最为严重，偏析现象对钢的质量影响很大。

在炼钢过程中，钢水里尚有大量以 $FeO$ 形式存在的氧分，$FeO$ 与碳作用生成 $CO$ 以致在凝固钢锭内形成许多气泡，降低钢材的力学性能。为了除去钢液中的氧，必须加入脱氧剂锰铁、硅铁及铝锭使之与 $FeO$ 反应，生成 $MnO$、$SiO_2$ 或 $Al_2O_3$ 等钢渣而被除去，这一过程称为"脱氧"。根据脱氧程度不同，钢材分为以下几种。

1. 沸腾钢（F）

属脱氧不完全的钢，浇铸后在钢液冷却时有大量的一氧化碳气体逸出，引起钢液剧烈沸腾，称为沸腾钢。其代号为"F"。此种钢的碳和有害杂质磷、硫等的偏析较严重，钢的致密度较差，故冲击韧性和焊接性能较差，特别是低温冲击韧性的降低更显著。但沸腾钢成本低，被广泛用于建筑结构。目前，沸腾钢的产量逐渐下降并被镇静钢所取代。

2. 镇静钢（Z）

浇铸时，钢液平静地冷却凝固，是脱氧较完全的钢。其代号为"Z"。此种钢含有较少的有害氧化物杂质，而且氮多半是以氮化物的形式存在。镇静钢钢锭的组织致密度大、气泡少、偏析程度小，各种力学性能比沸腾钢优越，用于承受冲击荷载或其他重要结构。

3. 半镇静钢（b）

指脱氧程度和质量介于上述两种之间的钢，其质量较好。其代号为"b"。

4. 特殊镇静钢（TZ）

特殊镇静钢是比镇静钢脱氧程度还要充分彻底的钢，其质量最好，适用于特别重要的结构工程。其代号"TZ"。

钢材按照化学成分分类，可分为碳素钢和合金钢两类。其中碳素钢根据含碳量的不同又分为低碳钢（含碳量小于 0.25%）；中碳钢（含碳量在 0.25%～0.60% 之间）和高碳钢（含碳量大于 0.60%）。合金钢根据合金元素含量分为低合金钢（合金元素总量小于 5%）；中合金钢（合金元素总量在 5%～10% 之间）；高合金钢（合金元素总量在 10% 以上）。

钢材按照质量分类，可分为：普通碳素钢（含硫量≤0.045%～0.050；含磷量≤0.045%）；优质碳素钢（含硫量≤0.035%；含磷量≤0.035%）；高级优质钢（含硫量≤0.025%；含磷量≤0.025%）；特级优质钢（含硫量≤0.015%，含磷量≤0.025%）。高级优质钢的钢号后加"高"字或"A"；特级优质钢后加"E"。建筑上常用的主要钢种是普通碳素钢中的低碳钢和合金钢中的低合金高强度结构钢。

钢材按照用途分类，分为以下几种。

（1）结构钢　工程结构用钢（建筑用钢、专门用途钢，如船舶、桥梁、锅炉用钢）、机械零件用钢（掺碳钢、调质钢、弹簧钢、轴承钢）。

（2）工具钢　量具钢、刀具钢、模具钢。

（3）特殊性能钢　不锈钢、耐热钢、耐磨钢、电工用钢。

钢材材质均匀密实、强度高，塑性和抗冲击韧性好，可焊可铆，便于装配，易于加工。因此，在建筑工程中得到广泛的应用，是建筑工程及其重要的材料之一。但是，钢材也存在着能耗大、成本高、易锈蚀、耐火性差等缺点。

# 任务一　建筑钢材的性能检测

## 任务描述

检测建筑钢材的技术性能，评定钢材的质量等级。

## 任务分析

建筑钢材的技术性能包括钢材的力学性能和工艺性能，这些性能是选用钢材和检验钢材质量的主要依据。钢材的力学性能包括拉伸性能、冲击韧性、耐疲劳性和硬度等。拉伸性能是选用钢材的重要指标，其检测是按照《金属材料拉伸试验方法》（GB 228—2010）规定，通过对钢材进行拉伸试验，测定低碳钢的屈服强度、抗拉强度与伸长率；根据拉伸的应力、应变值，确定应变与应变之间的关系，正确绘制低碳钢的应力-应变曲线，评定钢材的强度等级。

钢材的工艺性能包括冷弯和焊接性能。冷弯性能检测按照《金属材料弯曲试验方法》（GB 232—2010）规定，对钢材进行冷弯试验，检验钢筋承受弯曲程度的变形性能，从而确定其可加工性，并显示其缺陷。

### 知识链接

## 一、抗拉性能

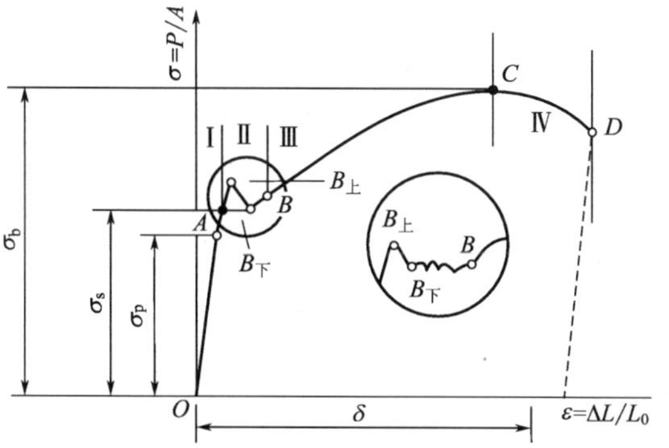

抗拉性能是建筑钢材的重要性能，是表示钢材性能和选用钢材的重要指标。

将低碳钢（软钢）制成一定规格的试件，放在材料试验机上进行拉伸实验，可绘制出如图 7-1 所示的应力-应变关系曲线。

从图 7-1 可以看出，低碳钢受拉过程可分为 4 个阶段：弹性阶段（Ⅰ）、屈服阶段（Ⅱ）、强化阶段（Ⅲ）和颈缩阶段（Ⅳ）。每个阶段各有其特点。

图 7-1　低碳钢受拉时应力-应变曲线图

### (一) 弹性阶段 $(O \sim A)$

应力与应变成比例关系，应力增强，应变也增大。如果卸去外力，试件则恢复原状，这种能恢复原状的性质叫做弹性，这个阶段称为弹性阶段。弹性阶段的最高点（图中的 $A$ 点）相对应的应力称为比例极限（或弹性极限），一般用 $\sigma_p$ 表示。应力和应变的比值为常数，称为弹性模量，用 $E$ 表示。即 $\sigma / \varepsilon = E$。建筑上常用钢（Q235）的弹性极限 $\sigma_p$ 为 $180 \sim 200$MPa，弹性模量 $E = （2.0 \sim 2.1）\times 10^5$MPa。

### (二) 屈服阶段 $(A \sim B)$

当应力超过比例极限后，应力和应变不再成正比关系。这一阶段开始时的图形接近直线，后应力增加很小，而应变急剧地增长，就好像钢材对外力屈服一样，所以称为屈服阶段，即图 7-1 中的 $AB$ 段。此时，钢材的性质也由弹性转为塑性，如将拉力卸去，试件的变形不会全部恢复，不能恢复的变形称为塑性变形（即残余变形）。这个阶段有两个应力极值点，即屈服上限（$B_上$ 点对应的应力值）和屈服下限（$B_下$ 点对应的应力值），由于 $B_下$ 点对应的应力相对比较稳定，容易测定，因此将屈服下线 $B_下$ 点称为屈服点，对应的应力值称为屈服强度，用 $\sigma_s$ 表示。常用的碳素结构钢 Q235 的屈服值 $\sigma_s$ 不应低于 235MPa。

### (三) 强化阶段 $(B \sim C)$

钢材经历屈服阶段后，由于内部组织起变化，抵抗外力的能力又重新提高了，应力与应变的关系成上升的曲线（$BC$ 段）。此阶段称为强化阶段，对应于最高点 $C$ 的应力称为极限抗拉强度，用 $\sigma_b$ 表示。极限抗拉强度是试件能承受的最大应力。Q235 钢 $\sigma_b$ 约为 380MPa。

屈服强度和极限抗拉强度是衡量钢材强度的两个重要指标。在结构设计中，要求构件在弹性变形范围内工作，即使少量的塑性变形也应力求避免，所以规定以钢材的屈服强度作为设计应力的依据。抗拉强度在结构设计中不能完全利用，但是屈服强度 $\sigma_s$ 与抗拉强度 $\sigma_b$ 的比（称为屈强比）却有一定的意义。屈强比 $\sigma_s / \sigma_b$ 越小，反映钢材受力超过屈服点工作时可靠性越大，结构的安全性越高。但是这个比值过小时，表示钢材的利用率偏低，不够合理。它最好在 $0.60 \sim 0.75$ 之间。Q235 钢的屈强比为 $0.58 \sim 0.63$，普通低合金钢的屈强比在 $0.65 \sim 0.75$ 之间。

### (四) 颈缩阶段 $(C \sim D)$

当钢材强化达到最高点后，在试件薄弱处的截面将显著缩小，产生"颈缩现象"，如图 7-2 所示。由于试件断面急剧缩小，塑性变形迅速增加，拉力也就随着下降，最后发生断裂。

把试件断裂的两段拼起来，便可测得标距范围内的长度 $L_1$。$L_1$ 减去标距长 $L_0$ 就是塑

225

性变形值，此值与原长 $L_0$ 的比率称为伸长率 $\delta$，可按式(7-1)进行计算：

$$\sigma = \frac{L_1 - L_0}{L_0} \times 100\ \%\tag{7-1}$$

伸长率 $\delta$ 是衡量钢材塑性的指标之一，它的数值越大，表示钢材塑性越好。良好的塑性，可将结构上的应力（超过屈服点的应力）重新分布，从而避免结构过早的破坏。为了保证钢材有一定的塑性，规范中规定了各种钢材伸长率的最小值。由于伸长率与标距有关。通常钢材拉伸实验标距取 $L_0 = 10d_0$ 和 $L_0 = 5d_0$，伸长率分别以 $\delta_{10}$ 和 $\delta_5$ 表示。对同一钢材而言，$\delta_5$ 比 $\delta_{10}$ 大，这是因为塑性变形在试件标距内的分布是不均匀的，颈缩处的伸长较大，若原标距与直径之比越大，颈缩处伸长值在总伸长值中所占的比值则越小，因而计算伸长率会小些。

对于在受力条件下屈服现象不明显的钢（例如硬钢类），其应力-应变曲线如图 7-3 所示，并规定以产生残余变形为 0.2％时的应力 $\sigma_{0.2}$ 作为屈服强度，称为条件屈服点。

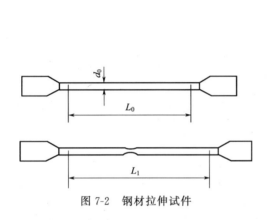

图 7-2　钢材拉伸试件

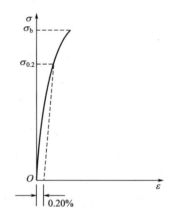

图 7-3　中碳钢、高碳钢的应力-应变曲线图

## 二、冲击韧性

冲击韧性是指钢材抵抗冲击荷载而不破坏的能力。钢材的冲击韧性是以试样缺口处单位横截面所吸收的功（$J/cm^2$）来表示，即冲击韧性值，其符号为 $\alpha_k$。钢材的冲击韧性指标是采用标准试件的弯曲冲击韧性实验确定，实验的标准试样为 10mm×10mm×55mm 并带有 V 形缺口。实验前，将带有 V 形缺口的金属试样以简支梁状态放于摆锤冲击实验机上，以摆锤冲击试件刻槽的背面，使试件承受冲击弯曲而断裂，如图 7-4 所示。

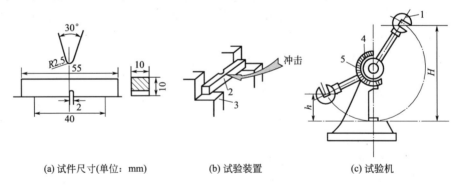

(a) 试件尺寸(单位：mm)　　(b) 试验装置　　(c) 试验机

图 7-4　冲击韧性试验图

1—摆锤；2—试件；3—试验台；4—指针；5—刻度盘

$H$—摆锤扬起的高度；$h$—摆锤向后摆动高度

冲击韧性值 $\alpha_k$ 等于冲击吸收功与试样缺口底部处横截面面积所得的比，即

$$\alpha_k = A_k / A \tag{7-2}$$

式中　$A$——试样缺口处的截面积，$cm^2$；

　　　$A_k$——冲击吸收功，具有一定形状和尺寸的金属试样的冲击负荷作用下折断时所吸收的功，J。

显然，$A_k$（或 $\alpha_k$）值越大，表示冲断时所吸收的功越多，钢材的冲击韧性越好。

影响钢材冲击韧性的因素很多，钢材化学成分组织状态，以及冶炼轧制质量等对冲击韧性值 $\alpha_k$ 都较敏感。如钢中的磷、硫含量较高，存在偏析，非金属夹杂物和焊接中形成的微裂纹等都会使冲击韧性显著下降，同时，环境温度对钢材的冲击功影响也很大，实验表明，冲击韧性还随温度的降低而降低，其规律是开始下降缓慢，当达到一定温度范围时，突然下降很多而呈脆性，称为钢材的冷脆性，这时的温度称为脆性临界温度。它的数值越低，钢材耐低温冲击性能越好。由于脆性临界温度的测定工作较复杂，规范中通常规定 $-20℃$ 或 $-40℃$ 的负温冲击值作为指标。

钢材随时间的延长，强度逐渐提高，塑性冲击韧性下降的现象称为"时效"。完成时效变化过程可达数十年，钢材经冷加工或使用中经振动和反复荷载的影响，时效可迅速发展，因时效而导致性能改变称为时效敏感性，时效敏感性越大的钢材，经过时效以后其冲击韧性的降低越显著。为了保证安全，对于承受动荷载的重要结构，应选用时效敏感性小的钢材。

从上述情况可知，很多因素都将降低钢材冲击韧性，对于直接承受动荷载而且可能在负温度下工作的重要结构，必须按照有关规范要求进行钢材的冲击韧性检验。

### 三、耐疲劳性

钢材在交变荷载多次反复作用下，可以在远低于抗拉强度的情况下突然破坏，这种破坏称为疲劳破坏。一般把钢材在荷载交变 $10^7$ 次时不破坏的最大应力定义为疲劳强度或疲劳极限。

在设计承受反复荷载且须进行疲劳验算的结构时，应了解所用钢材的疲劳极限，测定疲劳极限时，应当根据结构使用条件确定采用的应力循环类型、应力比值（又称应力特征值 $P$，为最小应力与最大应力之比）和周期基数。周期基数一般为 $2 \times 10^6$ 或 $2 \times 10^5$ 以上。

一般钢材的疲劳破坏是由拉应力引起的，是从局部开始形成细小裂痕，由于裂痕尖角处的应力集中再使其逐渐扩大，直到疲劳破坏为止。疲劳裂纹在应力最大的地方形成，即在应力集中的地方形成，因此钢材疲劳强度不仅取决于其内部组织，而且也取决于应力最大处的表面质量及应力大小等因素。

### 四、硬度

钢材硬度是指比其更坚硬的其他种材料压入钢材表面的性能。测定硬度的方法很多，按压头和压力不同，可分布氏法和洛氏法。其中常用的是布氏法，其硬度指标为布氏硬度值。布氏硬度测定原理，是用一定直径（$D$）的淬火硬钢球，在规定荷载（$P$）作用下压入试件表面（图 7-5）并保持一定的时间，然后卸去荷载，用荷载 $P$ 除以压痕球面积作为所测金属材料的硬度值，称为布氏硬度，用符号 HB 表示。

钢材的硬度和强度成一定的比例关系，钢材的强度越高，硬度值也越大。故测定钢的硬度后可间接求得其强度。

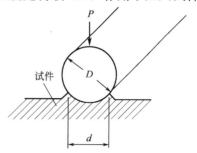

### 五、冷弯性能

冷弯性能，是指钢材在常温下承受弯曲变形的能力，是建筑钢材的重要工艺性能。建筑钢材的冷弯，一般用

图 7-5　布氏硬度试验原理图

弯曲角度及弯心直径 $d$ 相对于钢材厚度 $a$ 的比值来表示，实验时采用的弯曲角度越大，弯心直径对试件厚度（或直径）的比值越小，表示对冷弯性能的要求越高，如图 7-6 所示。

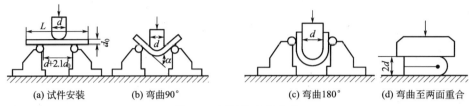

(a) 试件安装　　(b) 弯曲90°　　　　(c) 弯曲180°　　(d) 弯曲至两面重合

图 7-6　钢材的冷弯示意

钢的技术标准中，对各牌号钢的冷弯性能指标都有规定，按规定的弯曲角和弯心直径进行实验，试件的弯曲处不发生裂痕、裂断和起层，即认为冷弯性能合格。钢材的冷弯性能和伸长率一样，表明钢材在静荷载作用下的塑性，冷弯是钢材处于不利变形条件下的塑性，而伸长率则是反映钢材在均匀变形下的塑性。故冷弯试验是一种比较严格的检验，能揭示钢材是否内部组织不均匀，存在内应力和夹杂物等缺陷。通常的拉力实验中，这些缺陷常因塑性变形导致应力重分布而得不到反应。如图 7-6 所示的钢材冷弯试验对焊接质量也是一种严格的检验，能揭示焊件在受弯表面存在的未熔合、微裂痕和夹杂物。

### 六、焊接性能

钢材主要以焊接的形式应用于工程结构中。焊接的质量取决于钢材与焊接材料的可焊性及其焊接工艺。

钢材的可焊性是指钢材在通常的焊接方法和工艺条件下，获得良好焊接接头的性能。为保证焊接质量，要求焊缝及附近过热区不产生裂缝及变脆现象，焊接后的力学性能，特别是强度不低于原钢材的性能。

钢材的可焊性与钢材所含化学成分及含量有关，含碳量高、含硫量高、合金元素含量高等，均会降低可焊性。含碳量小于 0.25% 的非合金钢具有良好的可焊性。一般焊接结构用钢应选择含碳量较低的氧气转炉或平炉镇静钢。当采用高碳钢及合金钢时，为了改善焊接后的硬脆性，焊接时一般要采用焊前预热及焊后热处理等措施。

### 📝 任务实施

### 一、建筑钢材的拉伸性能检测

1.仪器设备

（1）万能材料试验机。为保证机器安全和试验准确其吨位选择最好使试件达到最大荷载时，指针位于指示度盘第三象限内。试验机的测力示值误差不大于 1%。

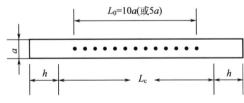

图 7-7　钢筋拉伸试件

$L_0$—标距长度；$a$—试件原始直径；$h$—夹头长度；$L_c$—试件平行长度（不小于 $L_0+a$）

（2）游标卡尺。精确度为 0.1mm。

（3）直钢尺、两脚扎规、打点机等。

2.试样准备

（1）8～40mm 直径的钢筋试件一般不经车削。

（2）如果受试验机吨位的限制，直径为 22～40mm 的可制成车削加工试件。

（3）在试件表面用钢筋划一平行其轴线的直线，在直线上冲浅眼或划线标出标距端点

（标点），并沿标距长度用油漆划出 10 等分点的分隔标点。

（4）测量标距长度 $L_0$（精确至 0.1mm），如图 7-7 所示。计算钢筋强度用截面积采用如表 7-1 所示公称横截面积。

表 7-1　钢筋的公称横截面积

| 公称直径/mm | 公称横截面积/mm² | 公称直径/mm | 公称横截面积/mm² |
|---|---|---|---|
| 8 | 50.27 | 22 | 380.1 |
| 10 | 78.54 | 25 | 490.9 |
| 12 | 113.1 | 28 | 615.8 |
| 13 | 153.9 | 32 | 804.2 |
| 16 | 201.1 | 36 | 1018 |
| 18 | 254.5 | 40 | 1257 |
| 20 | 313.2 | 50 | 1964 |

3. 检测步骤

屈服强度和抗拉强度的测定如下。

① 调整试验机测力度盘的指针，使其对准零点，并拨动副指针，使与主指针重叠。

② 将试件固定在试验机夹头内。开动试验机进行拉伸，拉伸速度为：屈服前，应力增加速率按表 7-2 规定，并保持试验机控制器固定于这一速率位置上，直至该性能测出速率为止；屈服后或只需测定抗拉强度时，试验机活动夹头在荷载下的移动速度不大于 $0.5L_c$/min，（$L_c$ 试样平行长度）。

表 7-2　屈服前的加荷速度

| 金属材料的弹性模量 /MPa | 应力速度/[N/(mm²·s)] | |
|---|---|---|
| | 最小 | 最大 |
| ＜150000 | 1 | 10 |
| ≥150000 | 3 | 30 |

③ 拉伸中，测力度盘的针停止时的恒定荷载，或第一次回转时的最小荷载，即为所求的屈服点荷载 $F_s$（N）。

④ 向试件连续施荷载直至拉断，由测力度盘读出最大荷载（N）。

⑤ 将已拉断试件的两段在断裂处对齐，尽量使其轴线位于一条直线上。如拉断处由于各种原因形成缝隙，则此缝隙应计入试件拉断后的标距部分长度内。如拉断处到邻近的标距点的距离大于 1/3（$L_0$）时，可用卡尺直接量出已被拉长的标距长度 $L_1$（mm）。如拉断处到邻近的标距端点的距离小于等于 1/3（$L_0$），可按下述移位法确定：在长段 $L_1$ 上，从拉断处 $O$ 取基本等于短段格数，得 $B$ 点，接着去等于长段所余格数［偶数，如图 7-8(a) 所示］之半，得 $C$ 点；或者去所余格数［奇数，如图 7-8(b) 所示］减 1 与加 1 之半，得 $C$ 与 $C_1$ 点。移位后的 $L_1$ 分别为 $AO+OB+2BC$ 或者 $AO+OB+BC+BC_1$。如果直接测量所求得的伸长率能达到技术条件的规定值，则可不采用位移法。如试件在标距端点上或标距处断裂，则试验结果无效，应重做试验。

4. 结果整理

（1）屈服强度：

$$\sigma_s = \frac{F_s}{A} \qquad (7-3)$$

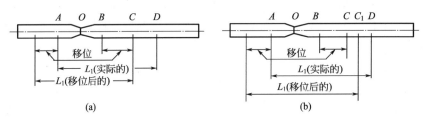

图 7-8　用位移法计算标距

式中　$\sigma_s$——屈服强度，MPa；

　　　$F_s$——屈服点荷载，N；

　　　$A$——试件的公称横截面积，$\text{mm}^2$。

当 $\sigma_s > 1000\text{MPa}$ 时，应计算至 10MPa；$\sigma_s$ 为 $200 \sim 1000\text{MPa}$ 时，计算至 5MPa；$\sigma_s \leqslant 200\text{MPa}$ 时，计算至 1MPa。小数点数字按"四舍六入五单双法"处理。

（2）极限抗拉强度：

$$\sigma_b = \frac{F}{A} \qquad (7\text{-}4)$$

式中　$\sigma_b$——抗拉强度，MPa；

　　　$F$——最大荷载，N；

　　　$A$——试件的公称横截面积，$\text{mm}^2$。

（3）断后伸长率（精确至 1%）

$$\sigma_{10}(\sigma_5) = \frac{L_1 - L_0}{L_0} \times 100\% \qquad (7\text{-}5)$$

式中　$\sigma_{10}$，$\sigma_5$——分别表示 $L_0 = 10d_0$ 或 $L_0 = 5d_0$ 时的伸长率；

　　　$L_0$——原标距长度 $10d_0$（$5d_0$），mm；

　　　$L_1$——时间拉断后直接量出或按位移法确定的标距部分长度，mm（测量精确至 0.1mm）。

## 二、钢材的冷弯性能检测

1. 仪器设备

压力机或万能试验机，具有不同直径的弯心。

2. 试样准备

钢筋冷弯试件不得进行车削加工，试样长度通常按下式确定：

$$L = 5a + 150 \ (\text{mm}) \ （a \text{ 为试件原始直径}）$$

试件直径大于 35mm，且超出试验机的能量允许时，应将试件加工成直径 25mm，加工时应保留一侧原表面，弯曲试验时，圆表面应位于弯曲的外侧。

3. 检测步骤

（1）半导向弯曲　试样一端固定，绕弯心直径进行弯曲，如图 7-9（a）所示。试样弯曲到规定的弯曲角度或出现裂纹、裂缝或断裂为止。

（2）导向弯曲　试样放置于两个支点之上，将一定直径的弯心在试样两个支点中间施加压力，使试样弯曲到规定的角度［如图 7-9（b）所示］或出现裂纹、裂缝或断裂为止。

试样在两个支点上按一定弯心直径弯曲至两臂平行时，可一次完成试验，亦可先弯曲到如图 7-9（b）所示的状态，然后放置在试验机平板之间继续施加压力，压至试样两臂平行。此时可以加与弯心直径相同尺寸的衬垫进行试验［如图 7-9（c）所示］。

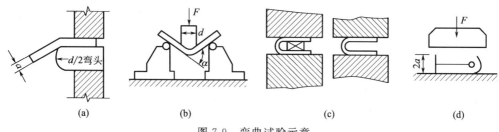

图 7-9　弯曲试验示意

当试验需要弯曲至两臂接触时，首先将试样弯曲到如图 7-9（b）所示的状态，然后放置在两平板之间继续施加压力，直至两臂接触［如图 7-9（b）所示］。

试验应在平稳压力作用下，缓慢施加试验压力。两支辊间距离为 $(d+2.5a) \pm 0.5d$，并且在实验过程中不允许有变化。

试验应在 10～35℃ 或控制条件下 23℃±5℃ 进行。

4.结果整理

弯曲后，按有关规定检查试样弯曲表面，进行结果评定。若无裂纹、裂缝或裂断，则评定试样合格。

**知识拓展**

### 钢材的化学成分对钢材性能的影响

钢的化学成分对钢材性能有显著影响。在普通碳素钢中，除了含有碳、硅、锰主要元素外，还含有少量的硫、磷、氮、氢等有害杂质，在合金钢中还特别加进钛、钒、铜、铬、镍等各种合金元素，这些元素在钢中的含量，是决定钢材质量和性能好坏的重要因素。

1.碳

碳是决定钢性能的重要元素。含碳量小于 0.8% 碳素钢，随着含碳量的增加，钢的抗拉强度和硬度增加，而塑性和韧性则相应降低。当含碳量大于 0.8% 时（高碳钢），随着含碳量的增加，钢的抗拉强度反而下降。含碳量增大，也将使钢的焊接性能和抗腐蚀性能下降，当含碳量超过 0.3% 时可焊性显著降低，增加冷脆性和时效倾向，如图 7-10 所示。

2.硅

炼钢时为了脱氧去硫而加入硅，少量的硅对钢是有益的。当含硅量小于 1% 时，能显著提高钢的强度，对塑性和韧性影响不大，还可提高抗腐蚀能力，改善钢的质量。当硅的含量大于 1% 时，可焊性变差，冷脆性增强。

3.锰

锰在钢中起脱氧和去硫作用，加入锰能显著提高钢材的强度和硬度，消除钢的热脆性，改善热加工性，几乎不降低塑性和韧性。但含锰量大于 1% 时，将降低钢的塑性、韧性和可焊性，含锰量达 11%～14% 时，称为高锰钢，具有较高的耐磨性。

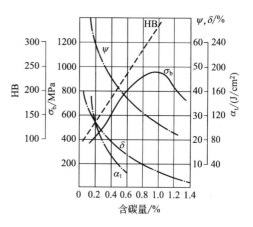

图 7-10　含碳量对普通碳素钢性能的影响

### 4.磷

磷是钢中的有害元素。对钢起强化作用，可使钢的屈服点和抗拉强度提高，但塑性和韧性显著降低，特别在低温下会增大钢的冷脆性，并降低可焊性。应严格控制磷的含量，一般不超过 $0.085\%$ 但磷配合其他元素作为合金元素，可提高钢的耐磨性和耐腐蚀性。

### 5.硫

硫是钢中的有害元素。硫使钢材在热加工过程中引起断裂，形成热脆现象，恒温热脆性。硫是极有害的杂质，应严格控制其含量，一般不得超过 $0.065\%$。

### 6.氧

氧常以 FeO 的形式存在于钢中，它降低钢的塑性、韧性、冷弯性能和可焊性以及强度，并显著降低疲劳强度，增加热脆性。氧是钢中有害杂质，在钢中一般不得超过 $0.05\%$。但氧有促进时效性的作用。

### 7.氮

氮虽可以提高钢的屈服点、抗拉强度和硬度，但使钢的塑性，特别是韧性显著下降，并增大钢的敏感和冷脆性，降低可焊性及冷弯性能。故钢的含碳量不应超过 $0.008\%$。如果在钢中加入少量的铝、钒、锆和铌，使它们变为氮化物，则能细化晶粒，改变性能。此时氮就不是有害元素了。

### 8.钛，钒

钛和钒都是炼钢时的强脱氧剂，也是合金钢常用的合金元素。适量在钢内加入此两种元素，可改善钢材的组织结构，使晶体细化，显著提高钢的强度，改善钢的韧性。

# 任务二    建筑钢材的选用

### 任务描述

根据工程特点和使用环境正确的选用钢结构用钢材和钢筋混凝土用钢材。

### 任务分析

根据工程特点和使用环境正确的选用钢结构用钢材和钢筋混凝土用钢材，需要熟悉桥梁工程常用钢结构用钢材和钢筋混凝土用钢材的品种、性能和应用范围。

### 知识链接

在桥梁建筑结构中，普遍采用的钢结构用钢材和钢筋混凝土用钢筋和钢丝，都是由碳素结构钢和低合金结构钢轧制而成的。用于桥梁建筑的钢材，根据工程使用条件和特点，应满足一定的技术要求。

## 一、桥梁建筑用钢材的技术要求

### 1.良好的综合力学性能

桥梁结构在使用中承受复杂的交通荷载，同时在无遮盖的条件下经受气候环境的严酷考验，必须具有良好的综合力学性能。除应具有较高的屈服点与抗拉强度外，还应具有良好的塑性、冷弯性能、冲击韧度和抵抗振动应力的疲劳强度以及低温（$-40℃$）冲击韧度。

### 2.良好的焊接性

由于近代焊接技术的发展，桥梁钢结构趋向于采用焊接结构代替铆接结构，以加快施工速度和节约钢材。桥梁在焊接后不易整体热处理，因此要求钢材具有良好的焊接性，亦即焊接的连接部分应强而韧，其强度与韧度应不低于或只略低于焊件本身，以防止产生硬化脆裂和内应力过大等现象。

3.良好的抗蚀性

桥梁长期暴露于大气中，所以要求桥梁用钢具有良好的抵抗大气腐蚀的性能。

## 二、钢结构用钢材

### (一)普通碳素结构钢

碳素结构钢称为碳素钢，包括一般结构钢和工程用热轧用型钢、钢板、钢带。根据《碳素结构钢》（GB/T 700—2006）标准，普通碳素钢的牌号和化学成分规定如下。

1.牌号的表示方法

按标准规定，我国碳素结构钢分 5 个牌号，即 Q195、Q215、Q235、Q255 和 Q275。各牌号钢又按硫、磷含量由多至少分为 A、B、C、D 四个质量等级。碳素结构钢的牌号由代表屈服点的字母 Q、屈服强度数值、质量等级符号、脱氧程度符号（F、b、Z、TZ）四部分按顺序组成，在牌号组成表示方法中，"Z"和"TZ"符号可以省略。例如：Q235-A·F 表示屈服点为 235MPa 的 A 级沸腾钢；Q235-B 表示屈服点为 235MPa 的 B 级镇静钢。

2.技术要求

普通碳素结构钢的技术要求包括化学成分、力学性能、冶炼方法、交货状态及表面质量 5 个方面。

钢的牌号和化学成分应符合表 7-3 规定；其力学性能、冷弯性能应符合见表 7-4、表 7-5 的规定。

表 7-3　碳素结构钢的牌号和化学成分（GB/T 700—2006）

| 牌号 | 统一数字代号[1] | 等级 | 厚度或直径/mm | 脱氧方法 | 化学成分（质量分数）/% ≤ | | | | |
|---|---|---|---|---|---|---|---|---|---|
| | | | | | C | Mn | Si | S | p |
| Q195 | U11952 | — | — | F、Z | 0.12 | 0.50 | 0.30 | 0.040 | 0.035 |
| Q215 | U12152 | A | — | F、Z | 0.15 | 1.20 | 0.35 | 0.050 | 0.045 |
| | U12155 | B | | | | | | 0.045 | |
| Q235 | U12352 | A | — | F、Z | 0.22 | 1.40 | 0.30 | 0.050 | 0.045 |
| | U12355 | B | | | 0.20[2] | | | 0.045 | |
| | U12358 | C | | Z | 0.17 | | | 0.040 | 0.040 |
| | U12359 | D | | TZ | | | | 0.035 | 0.035 |
| Q275 | U12752 | A | — | F、Z | 0.24 | 1.50 | 0.35 | 0.050 | 0.045 |
| | U12755 | B | ≤40 | Z | 0.21 | | | 0.045 | 0.045 |
| | | | >40 | | 0.22 | | | | |
| | U12758 | C | — | Z | 0.20 | | | 0.040 | 0.040 |
| | U12759 | D | | TZ | | | | 0.035 | 0.035 |

① 表中为镇静钢、特殊镇静钢牌号的统一数字，沸腾钢牌号的统一数字代号如下：Q195F—U11950；Q215AF—U12150，Q215BF—U12153；Q235AF—U12350，Q235BF—U12353；Q275AF—U12750。

② 经需方同意，Q235B 的碳含量可不大于 0.22%。

表 7-4　碳素结构钢的力学性能 (GB/T 700—2006)

| 牌号 | 等级 | 屈服强度$^①$$R_{eH}$/(N/mm$^2$)≥ | | | | | | 抗拉强度$^②$$R_m$/(N/mm$^2$) | 断后伸长率 $A$/%≥ | | | | | V形冲击功 (纵向)/J | |
|---|---|---|---|---|---|---|---|---|---|---|---|---|---|---|---|
| | | 厚度(或直径)/mm | | | | | | | 厚度(或直径)/mm | | | | | | |
| | | ≤16 | 16~40 | 40~60 | 60~100 | 100~150 | 150~200 | | ≤40 | 40~60 | 60~100 | 100~150 | 150~200 | 温度/℃ | ≥ |
| Q195 | — | 195 | 185 | — | — | — | — | 315~430 | 33 | 32 | — | — | — | — | — |
| Q215 | A | 215 | 205 | 195 | 185 | 175 | 165 | 335~450 | 31 | 30 | 29 | 27 | 26 | — | — |
| | B | | | | | | | | | | | | | 20 | 27 |
| Q235 | A | 235 | 225 | 215 | 215 | 195 | 185 | 370~500 | 26 | 25 | 24 | 22 | 21 | — | — |
| | B | | | | | | | | | | | | | 20 | |
| | C | | | | | | | | | | | | | 0 | 27$^③$ |
| | D | | | | | | | | | | | | | −20 | |
| Q275 | A | 275 | 265 | 255 | 245 | 225 | 215 | 410~540 | 22 | 21 | 20 | 18 | 17 | — | — |
| | B | | | | | | | | | | | | | 20 | |
| | C | | | | | | | | | | | | | 0 | 27 |
| | D | | | | | | | | | | | | | −20 | |

①　Q195 的屈服强度值仅供参考,不作交货条件。

②　厚度大于 100mm 的钢材,抗拉强度下限允许降低 20N/mm$^2$。宽带钢(包括剪切钢板)抗拉强度上限不作交货条件。

③　厚度小于 25mm 的 Q235B 级钢,如供方能保证冲击吸收功值合格,经需方同意,可不做检验。

表 7-5　碳素结构钢的冷弯性能指标 (GB/T 700—2006)

| 牌　号 | 试 样 方 向 | 冷弯试验 180° $B=2a$$^①$ | |
|---|---|---|---|
| | | 钢材厚度(或直径)$^②$/mm | |
| | | ≤60 | 60~100 |
| | | 弯芯直径 $d$ | |
| Q195 | 纵 | 0 | — |
| | 横 | 0.5$a$ | |
| Q215 | 纵 | 0.5$a$ | 1.5$a$ |
| | 横 | $a$ | 2$a$ |
| Q235 | 纵 | $a$ | 2$a$ |
| | 横 | 1.5$a$ | 2.5$a$ |
| Q275 | 纵 | 1.5$a$ | 2.5$a$ |
| | 横 | 2$a$ | 3$a$ |

①　$B$ 为试样宽度,$a$ 为试样厚度(或直径)。

②　钢材厚度(或直径)大于 100mm 时,弯曲试验由双方协商确定。

　　根据规定,用 Q195 和 Q235B 级沸腾钢轧制的钢材,其厚度(或直径)不应大于

25mm；做冲击试验时，冲击吸收功值按一组 3 个试样单值的算术平均值算。允许其中一个试样的单个值低于规定值的 70%。做拉伸和冷弯性能试验时，型钢和钢棒取纵向试样；钢板、钢带取横向试样，断后伸长率允许比表 7-2 降低 2%。窄钢带取横向试样如受到宽度限制时，可以取纵向试样。

3. 普通碳素钢结构的性能和用途

碳素结构钢的牌号顺序随含碳量逐渐增加，屈服点和抗拉强度也不断增加，伸长率和冷弯性能则不断下降。碳素结构钢的质量等级，取决于钢内有害元素硫和磷的含量，硫磷含量越低钢的质量越好，其可焊性和低温抗冲击性性能增强。

（1）Q195 钢　强度低，但塑性和韧性、可加工性能及可焊性较好，主要用于轧制薄板和盘条。

（2）Q215 钢　强度略高，用途与 Q195 钢基本相同，除了用于轧制薄板和盘条外，还可大量用作管坯和螺栓。

（3）Q235 钢　属低碳钢，含碳量介于 0.17%～0.22% 之间。强度较高，同时具有良好的塑性、韧性和可焊性，是工程中应用最广泛的钢材，广泛的用于钢结构和钢筋混凝土结构中。

（4）Q275 钢　强度、硬度高，耐磨性好，但塑性和韧性、加工性能及可焊性差，不宜在结构中使用，一般用于制造农具，零件等。

### （二）低合金高强度结构钢

低合金高强度结构钢是在普通碳素钢的基础上加入含量一般不超过 5% 的一种或多种合金元素的结构钢。其添加的合金元素有硅、锰、钒、钛、铬等，掺加合金元素的目的是提高钢的强度、耐腐蚀性、耐磨性或耐低温冲击韧性。因此，它是综合性较为理想的建筑钢材，尤其在大跨度、承受动荷载的结构中更适用；并可在不断增加成本的前提下，节约钢材 20%～30%（与普通碳素钢相比）。

1. 牌号的表示方法

低合金高强度结构钢全部是由镇静钢或特殊镇静钢制成。其牌号表示方法与普通碳素结构钢相似，也是由代表屈服点的字母 Q、屈服点数值、质量等级符号三部分按顺序组成。

与普通碳素结构钢牌号不同的是，屈服点数值有 295、345、390、420、460 共 5 种，质量等级按有害成分硫、磷含量由多到少的规律，分别由 A、B、C、D、E 五个质量等级由低到高表示。

2. 标准和选用

由于低合金高强度结构钢力学性能与工艺性能均好，成本也不高，所以广泛用于钢结构的钢筋混凝土结构中。主要用于轧制各种型钢、钢板、钢管，特别适用于各种重型、大跨度、大杆网、高层结构及桥梁工程中。表 7-6 和表 7-7 中列出了低合金高强度结构钢的化学成分与力学性能。

在低合金高强度结构钢中，Q345 钢的性能较好，是钢结构的常用钢号，Q390 也是推荐使用的钢号。

**表 7-6　低合金高强度结构钢的化学成分要求**

| 牌号 | 质量等级 | 化学成分/% | | | | | | | | | | |
| --- | --- | --- | --- | --- | --- | --- | --- | --- | --- | --- | --- | --- |
| | | C≤ | Mn | Si≤ | P≤ | S≤ | V | Nb≤ | Ti≤ | Al≥ | Cr≤ | Ni≤ |
| Q295 | A | 0.16 | 0.80～1.50 | 0.55 | 0.045 | 0.045 | 0.02～0.15 | 0.015～0.060 | 0.02～0.20 | — | | |
| | B | 0.16 | 0.80～1.51 | 0.55 | 0.040 | 0.040 | 0.02～0.15 | 0.015～0.060 | 0.02～0.20 | — | | |

| 牌号 | 质量等级 | 化学成分/% | | | | | | | | | | |
|---|---|---|---|---|---|---|---|---|---|---|---|---|
| | | C≤ | Mn | Si≤ | P≤ | S≤ | V | Nb≤ | Ti≤ | Al≥ | Cr≤ | Ni≤ |
| Q345 | A | 0.20 | 1.00~1.60 | 0.55 | 0.045 | 0.045 | 0.02~0.15 | 0.015~0.060 | 0.02~0.20 | — | | |
| | B | 0.20 | 1.00~1.60 | 0.55 | 0.040 | 0.040 | 0.02~0.15 | 0.015~0.060 | 0.02~0.20 | — | — | — |
| | C | 0.20 | 1.00~1.60 | 0.55 | 0.035 | 0.035 | 0.02~0.15 | 0.015~0.060 | 0.02~0.20 | 0.015 | | |
| | D | 0.18 | 1.00~1.60 | 0.55 | 0.030 | 0.030 | 0.02~0.15 | 0.015~0.060 | 0.02~0.20 | 0.015 | | |
| | E | 0.18 | 1.00~1.60 | 0.55 | 0.025 | 0.025 | 0.02~0.15 | 0.015~0.060 | 0.02~0.20 | 0.015 | | |
| Q390 | A | 0.20 | 1.00~1.60 | 0.55 | 0.045 | 0.045 | 0.02~0.20 | 0.015~0.060 | 0.02~0.20 | — | 0.30 | 0.70 |
| | B | 0.20 | 1.00~1.60 | 0.55 | 0.040 | 0.040 | 0.02~0.20 | 0.015~0.060 | 0.02~0.20 | — | 0.30 | 0.70 |
| | C | 0.20 | 1.00~1.60 | 0.55 | 0.035 | 0.035 | 0.02~0.20 | 0.015~0.060 | 0.02~0.20 | 0.015 | 0.30 | 0.70 |
| | D | 0.20 | 1.00~1.60 | 0.55 | 0.030 | 0.030 | 0.02~0.20 | 0.015~0.060 | 0.02~0.20 | 0.015 | 0.30 | 0.70 |
| | E | 0.20 | 1.00~1.60 | 0.55 | 0.025 | 0.025 | 0.02~0.20 | 0.015~0.060 | 0.02~0.20 | 0.015 | 0.30 | 0.70 |
| Q420 | A | 0.20 | 1.00~1.70 | 0.55 | 0.045 | 0.045 | 0.02~0.20 | 0.015~0.060 | 0.02~0.20 | — | 0.40 | 0.70 |
| | B | 0.20 | 1.00~1.70 | 0.55 | 0.040 | 0.040 | 0.02~0.20 | 0.015~0.060 | 0.02~0.20 | — | 0.40 | 0.70 |
| | C | 0.20 | 1.00~1.70 | 0.55 | 0.035 | 0.035 | 0.02~0.20 | 0.015~0.060 | 0.02~0.20 | 0.015 | 0.40 | 0.70 |
| | D | 0.20 | 1.00~1.70 | 0.55 | 0.030 | 0.030 | 0.02~0.20 | 0.015~0.060 | 0.02~0.20 | 0.015 | 0.40 | 0.70 |
| | E | 0.20 | 1.00~1.70 | 0.55 | 0.025 | 0.025 | 0.02~0.20 | 0.015~0.060 | 0.02~0.20 | 0.015 | 0.40 | 0.70 |
| Q460 | C | 0.20 | 1.00~1.70 | 0.55 | 0.035 | 0.035 | 0.02~0.20 | 0.015~0.060 | 0.02~0.20 | 0.015 | 0.70 | 0.70 |
| | D | 0.20 | 1.00~1.70 | 0.55 | 0.030 | 0.030 | 0.02~0.20 | 0.015~0.060 | 0.02~0.20 | 0.015 | 0.70 | 0.70 |
| | E | 0.20 | 1.00~1.70 | 0.55 | 0.025 | 0.025 | 0.02~0.20 | 0.015~0.060 | 0.02~0.20 | 0.015 | 0.70 | 0.70 |

**表 7-7　低合金高强度结构杠的拉伸、冲击和冷弯性能**

| 牌号 | 质量等级 | 屈服点 $\sigma_s$/MPa ≥ | | | | 抗拉强度 $\sigma_b$/MPa | 伸长率 $\delta$/% ≥ | 冲击功 $\alpha_{kV}$（纵向）/J ≥ | | | | 180°弯曲试验 $d$-弯芯直径 $a$-试样厚度（直径） | |
|---|---|---|---|---|---|---|---|---|---|---|---|---|---|
| | | 厚度（直径或边长）/mm | | | | | | 温度/℃ | | | | 钢材厚度（直径）/mm | |
| | | ≤16 | 16~35 | 35~50 | 50~100 | | | +20 | 0 | -20 | -40 | ≤16 | 16~100 |
| Q295 | A | 295 | 275 | 255 | 235 | 390~570 | 23 | 34 | | | | $d=2a$ | $d=3a$ |
| | B | 295 | 275 | 255 | 235 | 390~570 | 23 | | | | | $d=2a$ | $d=3a$ |
| Q345 | A | 345 | 325 | 295 | 275 | 470~630 | 21 | | | | | $d=2a$ | $d=3a$ |
| | B | 345 | 325 | 295 | 275 | 470~630 | 21 | 34 | | | | $d=2a$ | $d=3a$ |
| | C | 345 | 325 | 295 | 275 | 470~630 | 22 | | 34 | | | $d=2a$ | $d=3a$ |
| | D | 345 | 325 | 295 | 275 | 470~630 | 22 | | | 34 | | $d=2a$ | $d=3a$ |
| | E | 345 | 325 | 295 | 275 | 470~630 | 22 | | | | 27 | $d=2a$ | $d=3a$ |
| Q390 | A | 390 | 370 | 350 | 330 | 490~650 | 19 | | | | | $d=2a$ | $d=3a$ |
| | B | 390 | 370 | 350 | 330 | 490~650 | 19 | 34 | | | | $d=2a$ | $d=3a$ |
| | C | 390 | 370 | 350 | 330 | 490~650 | 20 | | 34 | | | $d=2a$ | $d=3a$ |
| | D | 390 | 370 | 350 | 330 | 490~650 | 20 | | | 34 | | $d=2a$ | $d=3a$ |
| | E | 390 | 370 | 350 | 330 | 490~650 | 20 | | | | 27 | $d=2a$ | $d=3a$ |
| Q420 | A | 420 | 400 | 380 | 360 | 520~680 | 18 | | | | | $d=2a$ | $d=3a$ |
| | B | 420 | 400 | 380 | 360 | 520~680 | 18 | 34 | | | | $d=2a$ | $d=3a$ |
| | C | 420 | 400 | 380 | 360 | 520~680 | 19 | | 34 | | | $d=2a$ | $d=3a$ |
| | D | 420 | 400 | 380 | 360 | 520~680 | 19 | | | 34 | | $d=2a$ | $d=3a$ |
| | E | 420 | 400 | 380 | 360 | 520~680 | 19 | | | | 27 | $d=2a$ | $d=3a$ |
| Q460 | C | 460 | 440 | 420 | 400 | 550~720 | 17 | | 34 | | | $d=2a$ | $d=3a$ |
| | D | 460 | 440 | 420 | 400 | 550~720 | 17 | | | 34 | | $d=2a$ | $d=3a$ |
| | E | 460 | 440 | 420 | 400 | 550~720 | 17 | | | | 27 | $d=2a$ | $d=3a$ |

### (三) 桥梁用结构钢

桥梁用结构钢的牌号由代表屈服点的汉语拼音首位字母 Q、屈服点数值、桥梁钢的汉语拼音首位字母 q、质量等级符号四部分组成。如 Q345qc，表示屈服点为 345MPa、质量等级为 c 级的桥梁用结构钢。

桥梁用结构钢中，为了改善钢材性能，可以加入钒、铌、钛、氮等微量元素，其含量应符合相关的规定，并应在质量说明书中注明。

## 三、钢筋混凝土结构用钢筋和钢丝

钢筋混凝土结构用钢筋和钢丝，是由碳素结构钢和低合金高强度结构钢加工而成的。一般把直径 $\phi3\sim5mm$ 称为钢丝，$\phi6\sim12mm$ 称为细钢筋，大于 $\phi12mm$ 称为粗钢筋。为了便于识别，钢筋直径一般都相差 2mm 及 2mm 以上。主要品种有热轧钢筋、冷拉钢筋、冷拔钢丝、热处理钢筋、碳素钢丝、刻痕钢丝及钢绞线等。按直条或盘条（盘圆）供货。直条钢筋长度一般为 6m 或 9m。

### (一) 热轧钢筋

热轧钢筋按轧制的外形分为热轧光圆钢筋和带肋钢筋。根据《混凝土结构施工质量验收规范》（GB 50204—2011）规定，热轧直条光圆钢筋牌号为 HPB300。根据《钢筋混凝土用热轧带肋钢筋》（GB 1499.2—2013）规定，热轧钢筋分普通热轧钢筋和细晶粒热轧钢筋。钢筋的公称直径范围为 6～50mm。普通热轧钢筋牌号由 HRB 和屈服强度特征值构成，有 HRB335、HRB400、HRB500，其中，H、R、B 分别为热轧（hotrolling）、带肋（ribbed）、钢筋（bars）三个词的英文首位字母；细晶粒热轧钢筋牌号由 HRBF 和屈服强度特征值构成，有 HRBF335、HRBF400、HRBF500，其中，F 为"细"的英文（Fine）的首位字母。普通热轧钢筋和细晶粒热轧钢筋主要力学性能见表 7-8。对有抗震结构的适用牌号为：在普通热轧钢筋或细晶粒热轧钢筋后加 E。根据《钢筋混凝土用热轧带肋钢筋》规定，该类钢筋相关力学指标除满足表 7-8 中的特征值外，还应满足：实测抗拉强度与实测屈服强度之比不小于 1.25；实测屈服强度与表 7-8 规定的屈服强度特征之比应不大于 1.30；钢筋最大总伸长率不小于 9%。

**表 7-8　钢筋混凝土用热轧带肋钢筋的力学性能特征值与冷弯性能** （GB 1499.2—2007）

| 牌号 | 公称直径 /mm | 屈服强度 $\sigma_s$/MPa | 抗拉强度 $\sigma_b$/MPa | 伸长率 $\sigma_5$/% | 冷弯试验 180° d—弯芯直径 a—钢筋公称直径 |
|---|---|---|---|---|---|
| | | ≥ | | | |
| HRB335 HRBF335 | 6～25 | 335 | 455 | 17 | $d=3a$ |
| | 28～40 | | | | $d=4a$ |
| | 40～50 | | | | $d=5a$ |
| HRB400 HRBF400 | 6～25 | 400 | 540 | 16 | $d=4a$ |
| | 28～50 | | | | $d=5a$ |
| | 40～50 | | | | $d=6a$ |
| HRB500 HRBF500 | 6～25 | 500 | 630 | 15 | $d=6a$ |
| | 28～50 | | | | $d=7a$ |
| | 40～50 | | | | $d=8a$ |

注：直径 28～40mm 各牌号钢筋的断后延长率可降低 1%；直径大于 40mm 各牌号钢筋的断后延长率可降低 2%。

HPB300 级钢筋用碳素钢结构轧制，具有塑性好、伸长率高、便于弯折成形等特点，可用作中小型钢筋混凝土结构的受力钢筋或箍筋。热轧带肋钢筋用低合金钢结构轧制，其横截面为圆形，表面带有两条纵肋和沿长度方向均匀分布的横肋，加强了钢筋与混凝土之间的黏结力，其中，HRB335 和 HRB400 强度较高，塑性和焊接性能也较好，广泛用于大、中型钢筋混凝土结构的受力钢筋，HRB500 强度高，但塑性和焊接性能较差，可用作预应力钢筋。

在检查钢筋质量时，要注意钢筋表面不得有肉眼可见的裂纹、结疤、折叠；钢筋表面允许有凸块，但不得超过横肋的高度；钢筋表面允许有不影响使用的缺陷；钢筋表面不得沾有油污。

### (二) 冷拉钢筋

为了提高钢筋的强度好节约钢筋，通常采用冷拉或冷拔等加工工艺。冷拉钢筋是使钢筋在常温下，受外力拉伸超过屈服点，以提高钢筋的屈服点、抗拉强度和疲劳强度的一种加工工艺。但经冷拉后会降低钢筋的延伸率、断面收缩率、冷弯性能和冲击韧性。由于预应力混凝土中所用的钢筋，主要要求强度，而对塑性及韧性要求不高，因此可以采用冷加工工艺。

经冷拉后的钢筋，其强度继续随时间的延长而提高，即为时效。为了加速时效的效果，多采用蒸汽或电热等人工加热的方法来处理冷拉后的钢筋。

冷拉钢筋力学性能应符合表 7-9 的规定。

表 7-9  冷拉钢筋力学性能

| 钢筋级别 | 直径 $d$/mm | 屈服点/MPa | 抗拉强度/MPa | 伸长率 $\delta_{10}$/% | 冷弯 | |
|---|---|---|---|---|---|---|
| | | $\geqslant$ | | | 弯曲直径 | 弯曲角度 |
| 冷拉 I 钢筋 | 6～12 | 280 | 380 | 11 | 3d | 180° |
| 冷拉 II 钢筋 | 8～25 | 450 | 520 | 10 | 3d | 90° |
| | 28～40 | 430 | 500 | | 4d | |
| 冷拉 III 钢筋 | 8～40 | 500 | 580 | 8 | 5d | 90° |
| 冷拉 IV 钢筋 | 10～28 | 700 | 835 | 6 | 5d | 90° |

### (三) 预应力钢筋混凝土用热处理钢筋

热处理钢筋是用热轧的螺纹钢筋经淬火和回火调质热处理而成的。它具有高强度、高韧性及黏结力，但塑性并不降低。按螺纹外形分为有纵肋和无纵肋两种，钢筋代号 RB150，其性能要求见表 7-10。

表 7-10  预应力钢筋混凝土用热处理钢筋力学性能

| 公称直径/mm | 牌号 | 屈服强度 $\sigma_{0.2}$/MPa | 抗拉强度 $\sigma_b$ | 伸长率 $\sigma_{10}$/% | 松弛性能 | |
|---|---|---|---|---|---|---|
| | | | | | 1000h | 10h |
| 6 | 40Si2Mn | $\geqslant 1325$ | $\geqslant 1470$ | $\geqslant 6$ | 松弛值 $\leqslant 3.5\%$ | 松弛值 $\leqslant 1.5\%$ |
| 8 | 48Si2Mn | | | | | |
| 10 | 45Si2Cr | | | | | |

这种钢筋主要应用于预应力混凝土，使用时应按要求长度切割，不能用电焊切割，也不能焊接，以免引起强度下降或脆断。

### (四)冷轧带肋钢筋

热轧圆盘条经冷轧后，在其表面带有沿长度方向均匀分布的三面或两面横肋，即成为冷轧带肋钢筋。钢筋冷扎后允许进行低温回火处理。根据《冷轧带肋钢筋》（GB 13788—2000）规定，冷轧带肋钢筋按抗拉强度分为 5 个牌号，其代号为 CRB550、CRB650、CRB800、CRB970 和 CRB1170（CRB 为 cole rolling ribbed steel bar），后面的数字表示钢筋抗拉强度最小值。

冷轧带肋钢筋的公称直径范围为 4～12mm。冷轧带肋钢筋的力学性能和工艺性能应符合表 7-11 的要求。

**表 7-11　冷轧带肋钢筋力学性能和工艺性能**（GB/T 5223—2002）

| 牌号 | $\sigma_b$/MPa≥ | 伸长率/%≥ | | 弯曲试验 (180℃) | 反复弯曲次数 | 松弛率(初始应力 $\sigma_{con}=0.7\sigma_b$) | |
|---|---|---|---|---|---|---|---|
| | | $\sigma_{10}$ | $\sigma_{100}$ | | | (1000h)/%≤ | (10h)/%≤ |
| CRB550 | 550 | 8.0 | — | d=3a | | | — |
| CRB650 | 650 | — | 4.0 | — | 3 | 8 | 5 |
| CRB800 | 800 | — | 4.0 | — | 3 | 8 | 5 |
| CRB970 | 970 | — | 4.0 | — | 3 | 8 | 5 |
| CRB1170 | 1170 | — | 4.0 | — | 3 | 8 | 5 |

与冷拔低碳钢丝相比，冷轧带肋钢筋具有强度高、塑性好、质量稳定、与混凝土黏结牢固等优点，是一种新型、高效节能的建筑用钢材。它广泛用于多层和高层建筑的多孔楼板、现浇楼板、高速公路、机场跑道、水泥电杆、输水管、桥梁、铁路轨枕、水电站坝基及各种建筑工程。CRB550 宜用作普通钢筋混凝土结构，其他牌号易用在预应力混凝土结构中。

### (五)预应力混凝土用钢丝和钢绞线

大型预应力混凝土构件，由于受力很大，常采用强度很高的预应力高强度钢丝和钢绞线作为主要受力钢筋。

1.预应力混凝土用钢丝

预应力高强度钢丝是用优质碳素结构钢盘条，经冷加工和热处理等工艺制成。根据《预应力混凝土用钢丝》（GB/T 5223—2002）规定，预应力钢丝按外形分为光圆钢丝（代号为P）、刻痕钢丝（代号为I）、螺旋肋钢丝（代号为H）三种；按加工状态分为冷拉钢丝（WCD）、消除应力钢丝两类。消除应力钢丝按松弛性能又分为低松弛级钢丝（代号为WLR）和普通松弛级钢丝（代号为WNR）。

冷拉钢丝的力学性能应符合表 7-12 规定。消除应力的光圆、螺旋肋、刻痕钢丝的力学性能应符合表 7-13 的规定。

**表 7-12　冷拉钢丝的力学性能**（GB/T 5223—2002）

| 公称直径 $d_n$/mm | 抗拉强度 $\sigma_b$/MPa≥ | 规定非比例伸长应力 $\sigma_{b0.2}$/MPa≥ | 最大力下总伸长率（$L_0=200mm$）$\delta_g$/%≥ | 弯曲次数（次/180°）≥ | 弯曲半径 $R$/mm | 断面收缩率 $\varphi$/%≥ | 每210mm扭转次数 $n$≥ | 初始应力相当于70%公称抗拉强度时，1000h后应力松弛率 $\gamma$/%≤ |
|---|---|---|---|---|---|---|---|---|
| 3.00 | 1470 | 1100 | | | 7.5 | — | — | |
| 4.00 | 1570 | 1180 | | 4 | 10 | | 8 | |
| 5.00 | 1670 | 1250 | | | 15 | 35 | 8 | |
| | 1770 | 1330 | 1.5 | | 15 | | | 8 |
| 6.00 | 1470 | 1100 | | | 15 | | 7 | |
| 7.00 | 1570 | 1180 | | 5 | 20 | 30 | 6 | |
| 8.00 | 1670 | 1250 | | | 20 | | 5 | |
| | 1770 | 1330 | | | | | | |

**表 7-13　消除应力光圆、螺旋肋、刻痕钢丝的力学性能**（GB/T 5223—2002）

| 钢丝名称 | 公称直径 $d_n$/mm | 抗拉强度 $\sigma_b$/MPa≥ | 规定非比例伸长应力 $\sigma_{b0.2}$/MPa≥ WLR | 规定非比例伸长应力 $\sigma_{b0.2}$/MPa≥ WNR | 最大力下总伸长率（$L_0=200mm$）$\delta_g$/%≥ | 弯曲次数（次/180°）≥ | 弯曲半径 $R$/mm | 应力松弛性能 初始应力相当于公称抗拉强度的百分率/% | 应力松弛性能 1000h后应力松弛率 $\gamma$/%≤ WLR | 应力松弛性能 1000h后应力松弛率 $\gamma$/%≤ WNR |
|---|---|---|---|---|---|---|---|---|---|---|
| | | | | | | | | | 对所有规格 | |
| 消除应力光圆及螺旋肋钢丝 | 4.00 | 1470 | 1290 | 1250 | | 3 | 10 | | | |
| | 4.80 | 1570 | 1380 | 1330 | | 4 | 15 | | | |
| | 5.00 | 1670 | 1470 | 1410 | | | | | | |
| | | 1770 | 1560 | 1500 | | 4 | 15 | | | |
| | | 1860 | 1580 | 1580 | | | | | | |
| | 6.00 | 1470 | 1290 | 1250 | | 4 | 15 | 60 | 1.0 | 4.5 |
| | 6.25 | 1570 | 1380 | 1330 | 3.5 | 4 | 20 | 70 | 2.0 | 8.0 |
| | 7.00 | 1670 | 1470 | 1410 | | 4 | 20 | 80 | 4.5 | 12.0 |
| | | 1770 | 1560 | 1500 | | | | | | |
| | 8.00 | 1470 | 1290 | 1250 | | 4 | 20 | | | |
| | 9.00 | 1570 | 1380 | 1330 | | 4 | 25 | | | |
| | 10.00 | 1470 | 1290 | 1250 | | 4 | 25 | | | |
| | 12.00 | | | | | 4 | 30 | | | |
| 消除应力刻痕钢丝 | ≤5.0 | 1470 | 1290 | 1250 | | | | | | |
| | | 1570 | 1380 | 1330 | | | | | | |
| | | 1670 | 1470 | 1410 | | 3 | 15 | | | |
| | | 1770 | 1560 | 1500 | 3.5 | | | 60 | 1.5 | 4.5 |
| | | 1860 | 1640 | 1580 | | | | 70 | 2.5 | 8.0 |
| | >5.0 | 1470 | 1290 | 1250 | | | | 80 | 4.5 | 12.0 |
| | | 1570 | 1380 | 1330 | | 3 | 20 | | | |
| | | 1670 | 1470 | 1410 | | | | | | |
| | | 1770 | 1560 | 1500 | | | | | | |

预应力混凝土用钢丝产品标记应包含下列内容：预应力钢丝、公称直径、抗拉强度等级、加工状态代号、外形代号、标准号。如：直径为 4.00mm，抗拉强度为 1670MPa 冷拉光圆钢丝，其标记为：预应力钢丝 4.00-1670-WCD-P-GB/T5223-2002；再如：抗拉强度为 1570MPa 低松弛的螺旋肋钢丝 7.00-1570-WLR-H-GB/T5223-2002。

预应力混凝土用钢丝质量稳定、安全可靠、无接头、施工方便，主要用于大跨度的屋架、薄腹架、吊车梁或桥梁等大型预应力混凝土构件，还可以用于轨枕、压力管道等预应力混凝土构件。

2.预应力混凝土用钢绞线

根据《预应力混凝土用钢绞线》（GB/T 5224—2003）规定，用于预应力混凝土的钢绞线按其结构分为 5 类，其代码为：（1×2）用两根钢丝捻制的钢丝绞线；（1×3）用 3 根钢丝捻制的钢丝绞线；（1×3）I 用 3 根刻痕钢丝捻制的钢绞线；（1×7）用 7 根钢丝捻制的标准型钢绞线；（1×7）C 用 7 根钢丝捻制又经模拔的钢绞线，如图 7-11 所示。

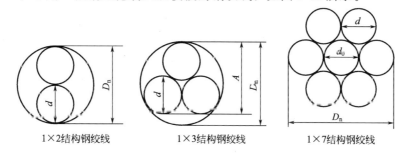

| 1×2结构钢绞线 | 1×3结构钢绞线 | 1×7结构钢绞线 |

图 7-11　预应力钢绞线截面

产品标记应包含下列内容：预应力钢绞线，结构代号，公称直径，强度级别，标准号。如：公称直径为 15.20mm，强度等级为 1860MPa 的七根钢丝捻制的标准型钢绞线，其标记为：预应力钢绞线 1×7-15.20-1860-GB/T 5224—2003。

除非需方有特殊要求，钢绞线表面不得有油、润滑脂等物质。钢绞线允许有轻微的浮锈，但不得有目视可见的锈蚀麻坑。钢绞线表面允许存在回火颜色。

预应力钢丝和钢绞线强度高，并具有较好的柔韧性，质量稳定，施工简便，使用时可根据要求的长度切断。它主要适用于大荷载、大跨度、曲线配筋的预应力钢筋混凝土结构。

**任务实施**

**(一)材料准备**

各牌号普通碳素结构钢，各牌号低合金高强度结构钢；热轧光圆钢筋和带肋钢筋；预应力钢筋混凝土用热处理钢筋；冷轧带肋钢筋；预应力混凝土用钢丝和钢绞线若干。

**(二)实施步骤**

(1) 分组识别建筑钢材样品的牌号。

(2) 分析各牌号钢材的特点和应用范围。

(3) 分析某桥梁的钢结构部分采用中碳钢焊接而成，使用一段时间后，屋架坍塌的事故原因。

## 小　结

钢材是建筑工程中最重要的金属材料。

(1) 钢材具有强度高，塑性及韧性好，可焊可铆，易于加工、便于装配等优点。被广泛应用于工业各领域。

（2）建筑钢材的技术性能主要包括力学性能和工艺性能。力学性能有抗拉冲击韧性、疲劳强度和硬度等；工作性能有钢材冷弯、冷加工及时效处理和钢材的焊接。低碳钢的拉伸破坏过程分为弹性阶段、屈服阶段、强化阶段和颈缩阶段4个阶段，伸长率和冷弯性是衡量钢材塑性的指标；钢材通过冷加工时效处理，可提高钢材的强度，但塑性和韧性下降。

（3）建筑用钢材可分为结构用型钢和钢筋混凝土用钢筋、钢丝。钢结构用钢材包括碳素结构钢、低合金高强度结构钢和各种类型的型钢等；钢筋混凝土用钢筋包括热轧钢筋、预应力混凝土用热处理钢筋、冷轧带肋钢筋、预应力混凝土用钢丝和钢绞线等。这些钢筋强度高，塑性也好。在工程实践中，应根据荷载性质、结构重要性、使用环境等因素合理选用钢材规格和品种。

## 能力训练题

1. 钢材的拉伸试验图划分为几个阶段？各阶段有哪些特点？

2. 什么叫屈强比？其在工程实践中有何意义？

3. 碳素结构钢中的 Q235-A·F；Q235-B 表示的含义是什么？

4. 冷弯与冲击韧性试验在选用钢材上有何实际意义？

5. 用两根直径为 16mm 的钢筋做拉伸试验时，达到屈服点的读数分别为 72.3kN、72.2kN，达到极限抗拉强度时的读数分别为 104.5kN、108.5kN，试件标距长度为 80mm，拉断后的长度分别为 96.0mm、94.4mm，该钢筋属于何级？

6. 建筑钢材的化学成分对钢材的性能有何影响？

7. 热轧带肋钢筋共分几个级别，其强度等级代号如何表示？

8. 桥梁建筑用钢材有哪些？

# 学习情境 八 其他道路工程材料的应用

## 教学目标

1. 掌握木材的物理力学性质、影响木材强度的主要因素；熟悉木材在桥梁工程中的应用、了解木材的构造及防火保护。

2. 熟悉工程高分子材料的组成、分类及特性；熟悉桥梁工程中常用的工程高分子材料的性能及其应用范围。

## 能力目标

1. 能根据建筑物环境，合理使用木材。

2. 能合理选用工程高分子材料。

# 任务一　木材的应用

### 任务描述

熟识木材；根据建筑物所处环境与特点，合理使用木材。

### 任务分析

熟识木材，主要是了解针叶材与阔叶材特点，木材宏观和微观结构；木材的含水率、纤维饱和点、平衡含水率、干湿变形等概念；木材的腐蚀原因及防腐措施；掌握木材的强度及其影响因素，在道路与桥梁工程中，能根据建筑物所处环境与特点，合理使用木材。

### 知识链接

木材的应用历史悠久，是人类最早使用的建筑材料之一。木材与水泥、钢筋曾被列为建筑工程的三大材料。近年来，单纯采用木材建筑桥梁的情况较少，但是在道路与桥梁工程中，各种木结构仍然会经常会经常遇到，因此有必要了解有关木材科学的知识。

## 一、木材的分类与构造

### (一)木材的分类

木材是由树木加工而成的。种类繁多，按树种的不同，可分为针叶树和阔叶树两大类。

1. 针叶树

针叶树树叶细长如针，多为常绿树，树干通直和高大，文理平顺，材质均匀，木质较软易于加工，故又称为"软材"。针叶树强度较高，表观密度和胀缩变形较小，常含有较多的树脂，耐腐蚀性较强。针叶树树材是主要的建筑用材，主要用作承重构件、装修和装饰部件。常用的树种有红松、落叶松、云杉、冷杉、杉木和柏木。

2. 阔叶树

阔叶树树叶宽大，叶脉成网状，绝大部分为落叶树，树干通直部分一般较短，大部分树种的表观密度大，材质较硬，不易加工，故又称"硬材"。阔叶树材一般较重，强度高，胀缩和翘曲变形大，易开裂，在建筑中常用作尺寸较小的装修和装饰等构件，对于具有美丽天

243

然纹理的树种，特别适用于室内装修、家具及胶合板等。常用的树种有榉树、柞木、水曲柳、榆木及质地较软的桦木、椴木等。

### (二) 木材的构造

由于树种和树木生长的环境不同，其构造差异很大。这些差异能够影响木材的性质。所以，研究木材的构造是掌握木材性能的重要手段。木材构造分宏观构造和微观构造。

1. 木材的宏观构造

木材的宏观构造是指用肉眼和放大镜能观察到的组织，通常从树干的横切面（垂直于树轴的面）、径切面（通过树轴的纵切面）和弦切面（平行于树轴的纵切面）三个切面上来进行剖析，如图 8-1 所示。

由图 8-1 可见，树木由树皮、木质部和髓心等部分组成。

在木质部的构造中，许多树种的木质部接近树干中心的部分呈深色，称心材；靠近外围的部分颜色较浅，称边材。一般说，心材比边材的利用价值大些。

从横切面上看到深浅相间的呈同心圆环分布的是年轮，在同一年轮内，春天生长的木质，色

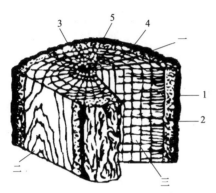

图 8-1　木材三个切面

一—横切面；二—弦切面；三—径切面

1—树皮；2—木质部；3—年轮；4—髓线；5—髓心

较浅，质松软，称为春材（早材）；夏秋二季生长的木质，色较深，质坚硬，称为夏材（晚材）。相同树种，年轮越密且均匀，材质越好，夏材部分越多，木材强度越高。树干的中心称为髓心，其质松软，强度低，易腐。

从髓心向外的辐射线，称为髓线，它与周围连接差，干燥时易沿此开裂。年轮和髓线组成了木材美丽的天然纹理。

2. 木材的微观构造

微观构造是在显微镜下能观察到的木材组织，它由无数管状细胞结合而成，大部分纵向排列，少数横向排列（如髓线）。每个细胞分细胞壁和细胞腔两部分，细胞壁由细纤维组成，其纵向联结较横向牢固。细纤维间具有极小的空隙，能吸附和渗透水分。木材的细胞壁越厚，腔越小，木材越密实，表观密度大，强度也较高，但胀缩大。早材细胞壁薄腔大，晚材则壁厚腔小。

针叶树与阔叶树的微观构造有较大差别，如图 8-2 和图 8-3 所示。

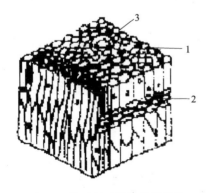

图 8-2　针叶材马尾松微观构造

1—管胞；2—髓线；3—树脂道

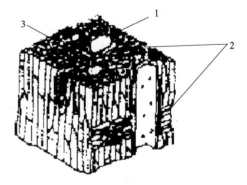

图 8-3　阔叶材柞木微观构造

1—导管；2—髓线；3—木纤维

针叶树材显微构造简单而规则，它主要由管胞、髓线和树脂道组成，其中管胞占总体积的90％以上，且其髓线较细而不明显。

阔叶树材显微构造较复杂，其细胞主要有木纤维、导管和髓线，其最大特点是髓线很发达，粗大而明显，这是用以鉴别阔叶树材的显著特征。

## 二、木材的物理与力学性质

### (一) 木材的物理性质

木材的物理性质包括密度、表观密度、含水率、湿胀干缩性等性质。其中含水率对木材的湿胀干缩性和强度影响很大。

1. 木材的密度和表观密度

由于各木材的分子构造基本相同，因而木材的密度基本相等，平均约为 $1.55g/cm^3$。木材表观密度是指木材单位体积的质量。木材细胞组织中的细胞腔及细胞壁中存在大量微小的孔隙，所以木材的表观密度较小，一般只有 $300\sim800kg/m^3$。木材的孔隙率很大，可达 $50％\sim80％$，因此密度与表观密度相差较大。

木材的气干表观密度大，其强度就高，湿胀干缩性也大。

2. 木材中的水分

木材含水量用含水率表示，是指木材中水分质量与干燥木材质量的百分率。新伐木材含水率在35％以上，长期处于水中的木材含水率更高，风干木材含水率为15％～25％，室内干燥的木材含水率常为8％～15％。木材中的水分为化合水、自由水和吸附水三种。化合水是木材化学成分中的结合水，总含量通常不超过1％～2％，它在常温下不变化，故其对木材的性质无影响；自由水是存在于木材细胞腔内和细胞间隙中的水，它影响木材的表观密度、抗腐蚀性、燃烧性和干燥性；吸附水是被吸附在细胞壁内的水分，吸附水的变化将影响木材强度和木材胀缩变形性能。

（1）木材的纤维饱和点　当木材中仅细胞壁内吸附水达到饱和点，而细胞腔和细胞间隙中无自由水时的含水率称为木材的纤维饱和点。木材的纤维饱和点随树种而异，一般为25％～35％，通常其平均值约为30％。木材纤维饱和点是含水率影响强度和胀缩性能的临界点。

（2）木材的平衡含水率　当环境的温度和湿度改变时，木材中所含的水分会发生较大变化，当木材长时间处于一定温度和湿度的环境中时，木材中的含水量最后会与周围环境相平衡，达到相对恒定的含水率，这时木材的含水率称为平衡含水率。木材的平衡含水率是木材进行干燥时的重要指标。木材的平衡含水率随其所在地区不同而异。我国北方为12％左右，南方约为18％，长江流域一般为15％。

3. 木材的湿胀与干缩变形

木材具有很显著的湿胀干缩性，但只在木材含水率低于纤维饱和点时才会发生，主要是由于细胞壁内所含的吸附水增减而引起的。

当木材的含水率在纤维饱和点以上时，随着含水率的增大，木材体积产生膨胀，随着含水率减小，木材体积收缩，这分别称为木材的湿胀和干缩。此时的含水率变化主要是吸附水的变化。

而当木材含水率在纤维饱和点以上，只是自由水增减变化时，木材的体积不发生变化。木材含水率与其胀缩变形的关系如图8-4所示，由图中可以看出，纤维饱和点是木材发生湿胀干缩变形的转折点。

由于木材为非匀质构造，木材的干缩率值各不相同。其中，以弦向最大，为6％～12％；径向次之，为3％～6％；纵向（即顺纤维方向）最小，为0.1％～0.35％。木材之所以出现弦向胀缩变形最大，是因为受管胞横向排列的髓线与周围连接较差所引起。

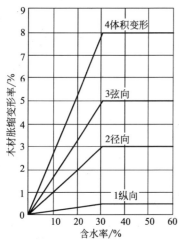

图 8-4　松木含水率对其膨胀的影响

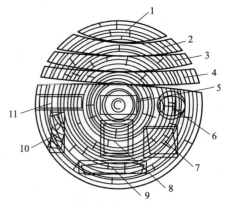

图 8-5　木材干燥后截面形状的改变

1—弓形成橄榄核状；2、3、4—成反翘状；5—通过髓心径切板
两头缩小成纺锤形；6—圆形成椭圆形；7—与年轮成对角形；
8—两边与年轮平行的正方形变长方形；9、10—长方
形板的翘曲；11—边材径向锯板较均匀

木材的湿胀干缩变形还随树种不同而异，一般来说，表观密度大、夏材含量多的木材，胀缩变形就较大。这些湿胀与干缩变形对木材的使用有严重的影响，干缩会使木材产生翘曲、裂缝，使木结构结合处产生松弛、开裂、拼缝不严；湿胀则造成凸起变形，强度降低等现象。为避免这些不良现象，应对木材进行干燥或化学处理，预先达到使用条件下的平衡含水率，使木材的含水率与其工作环境相适应。

如图 8-5 所示为树木干燥时其横截面上各部位的不同变形情况。由图可知，板材距髓心越远，由于其横向更接近典型地弦向，因而干燥时收缩越大，致使板材产生背向髓心的反翘变形。

### (二) 木材的力学性质

#### 1. 木材的强度

木材是非匀质的各向异性材料，不同的作用力方向其强度差异很大。

在建筑结构中，木材常用的强度有：抗压、抗拉、抗剪和抗弯强度。其中抗压、抗拉、抗剪强度又有顺纹和横纹之分。顺纹为作用力方向与木材纤维方向平行，横纹为作用力方向与木纤维方向垂直。木材强度的检验使用无疵点的木材制成标准试件，按《木材物理力学试验方法》（GB/T 1928）进行测定的。

（1）抗压强度　木材的抗压强度分为顺纹抗压和横纹抗压。

顺纹抗压强度为作用力方向与木纤维方向平行时的抗压强度。这种破坏主要是木材细胞壁在压力作用下的失稳破坏，而不是纤维的断裂。木材的顺纹抗压强度较高，但也只有顺纹抗拉强度的 15%～20%，木材的疵点对顺纹抗压强度影响较小，在建筑工程中常用于柱、桩、斜撑及桁木等承重构件。顺纹抗压强度是确定木材强度等级的依据。

横纹抗压强度为作用力方向与木纤维方向垂直时的抗压强度，这种作用是木材横向受力压紧产生显著变形而造成的破坏，相当于将细长的管状细胞压扁。它又分为弦向受压和径向受压两种。木材的横纹抗压强度不高，比顺纹抗压强度低得多，其比值随木纤维构造和树种而异，一般针叶树横纹抗压强度约为顺纹抗压强度的 10%；阔叶树为 15%～20%。由于木材的尺寸关系，在实际工程中也很少有横纹受压的构件。

（2）抗拉强度　木材的抗拉强度分为顺纹抗拉和横纹抗拉。

顺纹抗拉强度是指拉力方向与木纤维方向一致时的抗拉强度。这种受拉破坏理论上是木

纤维被拉断，但实际往往是木纤维未被拉断，而纤维间先被撕裂。木材的顺纹抗拉强度最大，大致为顺纹抗压强度的 3～4 倍，可达到 50～200MPa。

木材的缺陷（如木节、斜纹等）对顺纹抗拉强度影响极为显著。一般木材或多或少总有一些疵点，所以抗拉强度往往发挥不稳定，其实际的顺纹抗拉能力反比顺纹抗压低；再者，木材受拉杆件连接处应力复杂，易局部首先破坏，这也使顺纹抗拉强度难以在工程中被充分利用。

横纹抗拉强度是指拉力方向与木纤维垂直时的抗拉强度。由于木材细胞横向连接很弱，横纹抗拉强度最小，约为顺纹抗拉强度的 1/40～1/20，工程中应避免受到横纹拉力作用。

（3）抗弯强度　木材受弯曲时内部应力比较复杂，在梁的上部时受到顺纹抗压，下部为顺纹抗拉，而在水平面中则有剪切力。木材受弯破坏时，受压区首先达到强度极限，开始形成微小的不明显的皱纹，但并不立即破坏，随着外力增大，皱纹慢慢地在受压区扩展，产生大量塑性变形，以后当受拉区域内许多纤维达到强度极限时，最后因纤维本身及纤维间连接的断裂而破坏。

木材的抗弯强度很高，通常为顺纹抗拉强度的 1.5～2 倍。在建筑工程中常用于地板、梁、桁架等结构中。用于抗弯的木构件应尽量避免在受弯区有斜纹和木节等缺陷。

（4）抗剪强度　木材的抗剪强度是指木材受剪切作用时的强度。它分为顺纹剪切、横纹剪切和横纹切断 3 种，如图 8-6 所示。

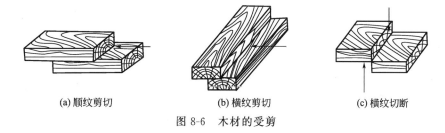

(a) 顺纹剪切　　　　　　(b) 横纹剪切　　　　　　(c) 横纹切断

图 8-6　木材的受剪

顺纹剪切破坏是由于纤维间连接撕裂产生纵向位移和横纹拉力作用所致。横纹剪切破坏完全是因剪切面中纤维的横向连接被撕断的结果，横纹切断破坏则是木材纤维被切断，这时强度较大，一般为顺纹剪切的 4～5 倍。

木材因各向异性，故各种强度差异很大。当以顺纹抗压强度为 1 时，木材各种强度之间的比例关系见表 8-1。

表 8-1　木材各项强度值的关系

| 抗压 | | 抗拉 | | 抗弯 | 抗剪 | | |
|---|---|---|---|---|---|---|---|
| 顺纹 | 横纹 | 顺纹 | 横纹 | | 顺纹 | 横纹 | 切断 |
| 1 | 1/10～1/3 | 2～3 | 1/20～1/3 | 3/2～2 | 1/7～1/3 | 1/10～1/5 | 1/2～3/2 |

2.木材强度的影响因素

（1）木材纤维组织的影响　木材受力时，主要靠细胞壁承受外力，厚壁细胞数量越多，细胞壁越厚，强度就越高。当表观密度越大，则所含晚材的百分率越高，木材的强度也越高。

（2）含水率的影响　木材的含水率在纤维饱和点以下时，随着含水率降低，木材强度增大；当含水率在纤维饱和点以上变化时，基本上不影响木材的强度。这是因为含水率在纤维饱和点以下时，含水量减少，吸附水减少，细胞壁趋于紧密，故强度增高，含水量增加使细胞壁中的木纤维之间的连接力减弱、细胞壁软化，故强度降低；含水率超过纤维饱和点时，主要是自由水的变化，对木材的强度无影响。

含水率的变化对各强度的影响是不一样的。对顺纹抗压强度和抗弯强度的影响较大，对顺纹抗压强度和顺纹抗剪强度影响较小。

我国规定，以木材含水率为 12%（称木材的标准含水率）时的强度作为标准强度，其他含水率时的强度值，可按下述公式换算（当含水率为 8%～23% 范围时该公式误差最小）：

$$\sigma_{12} = \sigma_w \left[ 1 + \alpha \left( \omega - 12 \right) \right] \qquad (8\text{-}1)$$

式中　$\sigma_{12}$——含水率为 12% 时的木材强度；

　　　$\sigma_w$——含水率为 $\omega$% 时的木材强度；

　　　$\omega$——试验时的木材含水率；

　　　$\alpha$——木材含水率校正系数。

校正系数按作用力和树种不同取值如下。

顺纹抗压：红松、落叶松、杉、榆、桦为 0.05；其余树种为 0.04。

顺纹抗拉：阔叶树为 0.015，针叶树为 0。

抗弯：所有树种均为 0.04。

顺纹抗剪：所有树种均为 0.03。

如图 8-7 所示。

（3）负荷时间的影响　木材在长期荷载作用下，即使外力值不变，随着时间延长木材将发生较大的蠕变，最后达到较大的变形而破坏。这种木材在长期荷载作用下不致引起破坏的最大强度，称为持久强度。木材的持久强度比其极限强度小得多，一般为极限强度的 50%～60%。

木材的长期承载能力远低于暂时承载能力。这是因为在长期承载情况下，木材会发生纤维等速蠕滑，累积后产生较大变形而降低了承载能力的结果。实际木架构中的构件均处于某种负荷的长期作用下，因此在设计木结构时，应考虑负荷时间对木材强度的影响。

（4）温度的影响　随环境温度升高，木材中的细胞壁成分会逐渐的软化，强度也随之降低。一般气候下的温度升高不会引起化学成分的改变，温度回复时会恢复原来强度。当温度由 25℃ 升到 50℃ 时，针叶树抗拉强度降低 10%～15%，抗压强度降低 20%～24%。当木材长期处于 60～100℃ 温度下时，会引起水分和所含挥发物的蒸发，而呈暗褐色，强度下降，变形增大。温度超过 140℃ 时，木材中的纤维素发生热裂解，色渐变黑，强度明显下降。

当温度降至 0℃ 以下时，木材中的水分结冰，强度将增大，但木质变脆，解冻后木材的各项强度均下降。因此，长期处于高温的建筑物，不宜采用木结构。

（5）木材的疵病　木材在生长、采伐及保存过程中会产生内部和外部的缺陷，这些缺陷统称为疵病。木材的疵病主要有木节、斜纹和腐朽及虫害等，这些疵病将影响木材的力学性质，但同一疵病对木材不同强度的影响不尽相同。

木节分为活节、死节、松软节和腐朽节等几种，活节影响较小。木节使木材顺纹抗拉强度显著降低，对顺纹抗压影响较小。在木材受横纹抗压和剪切时，木节反而增强其强度。

斜纹为纤维与树轴成一定夹角，斜纹木材严重降低其顺纹抗压强度，抗弯次之，对顺纹抗压影响较小。

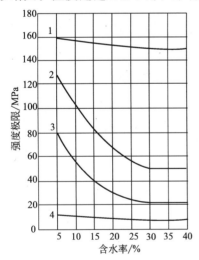

图 8-7　含水率对木材强度的影响
1—顺纹抗拉；2—抗弯；3—顺纹抗压；
4—顺纹抗剪

裂纹、腐朽、虫害等疵病，会造成木材构造的不连续性或破坏其组织，因此严重影响木材的力学性质，有时甚至能使木材完全失去使用价值。

### 三、木材的防护

木材作为建筑材料，最大的缺点是容易腐朽、虫蛀和易燃，这些缺点缩短了木材的使用年限，使用范围也受到限制。使用中应采取必要的措施以提高木材的耐久性。

#### (一) 木材的腐朽

木材的腐朽主要是由真菌侵害所致，引起木材变质腐朽的有三种，即霉菌、变色菌和腐朽菌，其中腐朽菌的侵害所引起的腐朽较多。

霉菌只寄生在木材表面，通常叫发霉，对木材不起破坏作用。

变色菌是以细胞腔内含物（如淀粉、糖类等）为养料，不破坏细胞壁，所以对木材破坏作用很小。

而腐朽菌是以细胞壁为养料，它能分泌出一种酵素，把细胞壁物质分解成简单的养料，供自身生长繁殖，这就使细胞壁遭到完全破坏，从而使木材腐朽。

真菌在木材中的生存和繁殖，必须同时具备三个条件，即适当的水分、空气和温度。当木材的含水率在 35%～50%，温度在 25～30℃，木材中又存在一定量空气时，最适宜腐朽菌的繁殖，因而木材最易腐朽。如果设法破坏其中一个条件，就能防止木材腐朽。如使木材含水率处于 20% 以下时，真菌就不易繁殖；将木材完全浸入水中或深埋地下（木桩），则因缺氧而不易腐朽。

#### (二) 木材防腐措施

根据木材产生腐朽的原因，通常防止木材腐朽的措施有以下两种。

1. 破坏真菌生存的条件

破坏真菌生存条件最常用的办法是：使木结构、木制品和存储的木材处于经常保持通风干燥的状态，使其含水率低于 20%，可采用防水、防潮的措施。再对木结构和木制品表面进行油漆处理，油漆涂层即使木材隔绝了空气，又隔绝了水分。由此可知，木材油漆首先是防腐，其次才是美观。

2. 把木材变成有毒的物质

将化学防腐剂注入木材中，使真菌无法寄生。木材防腐剂种类很多，一般分 3 类：水溶性防腐剂如氟化钠、氯化锌、氟硅酸钠、硼酸、硼酚合剂等；油质防腐剂如杂酚油、蒽油、煤焦油等；油溶性防腐剂如五氯酚等。

将防腐剂注入木材的方法有很多种，通常有表面涂刷或喷涂法、长压浸渍法、冷热槽浸透法和压力渗透法等，其中表面涂刷或喷涂法简单易行，但防腐剂不能深入木材内部，故防腐效果较差。长压浸渍法是将木材浸入防腐剂中一定的时间后取出使用，使防腐剂深入木材有一定深度，以提高木材的防腐能力。冷热槽浸透法是将木材先浸入热防腐剂中（大于 90℃）数小时后，再迅速移入冷防腐剂中，以获得更好的防腐效果。压力渗透法是将木材放入密闭罐中，经一定时间后防腐剂充满木材内部，防腐效果更好，但所需设备较多。

#### (三) 木材的防火

所谓木材的防火，就是将木材经过具有阻燃性能的化学物质处理后，变成难燃的材料，以达到遇小火能自熄，遇大伙能延缓或阻滞燃烧蔓延，从而赢得扑救的时间。木材的防火措施有以下几点。

1. 低于木材着火危险温度

木材是易燃物质。在热作用下，木材会分解出可燃气体，并放出热量。当温度达到

260℃时，即使在无火源的情况下，木材自己也会发焰燃烧，因而木结构设计中将 260℃ 称为木材着火危险温度。木材在火的作用下，外层炭化，结构疏松，内部温度升高强度降低，当强度低于承载能力时，木结构即被破坏。

2.采用化学药剂

防火剂一般有两类：一类是浸注剂，另一类是防火涂料（如 A60-501 膨胀防火涂料、A60-1 型改性氨基膨胀防火涂料、AE60-1 膨胀型透明防火涂料等）。其防火原理是化学药剂遇火源时能产生隔热层、阻止木材着火燃烧。

### 任务实施

#### 一、材料准备

针叶材、阔叶材。

#### 二、实施步骤

（1）分组识别提供的木材样品。

（2）分析各种木材的特点和应用范围。

（3）分析如何进行木材的防护处理。

# 任务二　工程高分子材料的应用

### 任务描述

熟识道路与桥梁工程中常用的高分子材料；并根据工程特点正确选择合适的品种。

### 任务分析

根据工程特点能正确选用合适的工程高分子材料，需要熟悉道路与桥梁工程中常用的高分子材料的品种，以及各自的性能特点和使用范围。

### 知识链接

高分子材料是由高分子化合物组成的材料。所谓高分子化合物是指相对分子质量很高并由共价键连接的一类化合物，其相对分子质量一般可达几万、几十万甚至上百万。高分子化合物是由千万个小分子化合物通过化学聚合反应联结而成的大分子化合物，故又可称为聚合物或高聚物。

高分子材料与人类生活息息相关，人们衣、食、住、行都离不开高分子材料。高分子材料越来越成为人类普遍应用的重要材料，它的广泛应用和不断创新是材料科学现代化的重要标志。

高分子材料的主要种类有纤维、塑料、橡胶、涂料和胶黏剂。它们各自形成庞大的工业体系，并在此基础上形成了具有鲜明特色的专业。

工程高分子材料则是指在工业建设中所应用的高分子物质，它有如下基本性质。

1.重量轻

工程高分子材料（以下称高聚物材料）的密度只有钢材的 $1/8 \sim 1/4$，铝的 $1/8$，可以大大减轻劳动强度，提高安装工效，而且能够在很大程度上减轻构筑物的自重。用高聚物做成的复合材料，其比强度（强度和密度的比值）甚至超过钢材，是极好的轻质高强材料。

2.优异的耐腐蚀性能

高聚物材料能够承受多种腐蚀性介质的侵蚀，不霉不蛀，防腐性能优于金属和无机材料，特别适合于潮湿、腐蚀环境或有白蚁地区。

3.具有优良的使用功能

高聚物材料种类本来就很多，还可以通过配方和改性改变它们的性能，因此应用广泛。如利用其弹性憎水的特性，可以做成很好的防水材料；利用其热导率小的特性，可制成很好的绝热、保温材料。再如隧道、矿坑发生裂缝、渗漏时，注入化学灌浆材料，即可形成隔断屏障，及时止水；铁路路基或房屋地基下陷，向土壤灌注此材料，能使地基强固，从而解决施工上的难题。

4.优良的加工性能

高聚物材料可以用各种方法成型，且加性能优良。可加工成纤维、薄膜、板材、管材，尤其是易加工成断面复杂的异形板材和管材。

高聚物除有上述优点外，还存在以下缺点。

（1）易老化　可以通过适当的配方技术和加工技术，在应用过程中采取适当措施来提高其使用寿命。

（2）具有可燃性　高聚物不仅可燃，而且在燃烧时发烟量大，甚至产生有毒气体。但通特殊的配方技术，如加入阻燃剂、无机填料等有可能使其符合防火要求。

（3）刚性较小　由于高聚物是一种黏弹性材料，在应力作用下要发生蠕变。作为结构材料使用，必须选择合适的材料制成特殊结构复合材料。

高聚物材料在道路与桥梁工程中的应用主要有土工布、高聚物改性水泥混凝土和沥青混合料等方面。

# 一、土工布

土工布即土木工程建设所用之布，是20世纪60～70年代逐步发展起来的新材料。它是将高聚物纤维通过机织或非织造的方法制成。根据制造方法的不同，土工布可分为机织土工布、编织土工布、无纺土工布和复合型土工布。

用涤纶长丝成网和固结的方法制成的土工布，其纤维排列成三维结构。除了具有良好的力学性能外，还具有良好的纵横向排水性能、延伸性能、渗透性能和过滤性能及较高的耐酸碱、耐老化等化学性能，主要应用在国家重点工程的高速公路、铁路、水利、机场、港口、填海造田、垃圾填埋场、市政建设、电力建设等工程及防水材料等领域，其功能和应用如下。

1.反滤功能

反滤是指在使液体通过的同时，保持受渗透压力作用的土粒不流失。涤纶长丝纺粘针刺土工布可以代替传统的砂砾反滤层，具有减少工程量、施工方便、速度快等优点。

（1）挡土墙及排水沟反滤　路基的护坡、护墙、挡土墙背后以及排水暗沟等均可用涤纶长丝纺粘针刺土工布做反滤层。

（2）堤坝及护坡的反滤　土石坝心墙或斜墙的上下游面、土石围堰、护坡等挡水结构的北面，可用涤纶长丝纺粘针刺土工布作为反滤层。

2.排水工能

排水是指利用材料的渗透性，使水通过其透水通道从土体或土工结构物内排出。涤纶长丝纺粘针刺土工布可代替砂砾料或混凝土管等传统的排水体，施工方便、价格低廉、质量可靠。路基、路面排水（包括公路、铁路的路基、路面）用涤纶长丝纺粘针刺土工布结合工程措施，可以排除地表水，降低地下水位，以保持路基稳定。

3.隔离功能

隔离是防止相邻的不同介质混合。采用涤纶长丝纺粘针刺土工布做不同介质之间的隔离，可以保持各介质和结构的完整性和稳定性。

（1）海滩围堤、海港码头和防波堤的隔离　建筑围堤、码头、防波堤等工程时，可用涤纶长丝纺粘针刺土工布铺在软土层上，然后填筑块石，以提高地基强度。

（2）垃圾填埋场隔离、防渗　垃圾填埋场可用涤纶长丝纺粘针刺土工布及土工膜的复合材料做隔离和防渗，防止垃圾中的有害液体渗入地下和有害气体扩散，减少环境污染，提高土地使用效率。

4. 加筋功能

加筋是把具有一定抗拉强度的材料置于土体内以改善土体的性能。采用涤纶长丝纺粘针刺土工布做筋材，可以达到提高土体强度和稳定性的目的，施工方便、效果较好。

（1）土坡加筋　公路、铁路等的边坡采用涤纶长丝纺粘针刺土工布加筋可以提高边坡的稳定性，增大坡度、减少用地等。

（2）路基加筋　在路基填土中，用涤纶长丝纺粘针刺土工布加筋可以提高路基承载力和稳定性。

5. 防渗功能

防渗是防止液体渗透流失。用涤纶长丝纺粘针刺土工布及土工膜拜的复合材料做防渗层，经济、耐久、无污染。

（1）堤坝防渗　堤坝斜墙、心墙、透水地基上堤坝的水平防渗铺盖和垂直防渗墙、混凝土坝及碾压混凝土坝的防渗层等，可使涤纶长丝纺粘针刺土工布及土工膜的复合材料。

（2）渠道防渗　灌溉、引水的渠道，采用涤纶长丝纺粘针刺土工布及土工膜的复合材料作防渗层，施工方便。

土工布是我国水利水电工程建设方面的应用最多、用量最大。三峡工程围堰渗、福建水口水电工程大坝上下围堰、上海陈行水库围堤筑堤及边坡反滤、黄河治理、长江口深水航道整治工程等都大量使用了土工布。

土工布在铁路、公路工程建设方面的应用也很多，如京九铁路路基处理、上海至杭州外环线路基加固、京广铁路翻浆冒泥整治等均使用了土工布。

在港湾与海岸工程建设方面，天津新港东突堤软基处理及码头滤层、青岛前港湾区防波堤工程及金山石化防波堤工程等都采用了土工布。

## 二、高聚物改性水泥混凝土

水泥混凝土具有许多优良技术品质，所以广泛应用于高等级路面和大型桥梁工程。但它最主要的缺点是抗拉（或抗弯）强度与抗压强度之比值较低，相对延伸率小，是一种典型的强而脆的材料。如能借助高聚物的特性，采用高聚物改性水泥混凝土，则可弥补上述缺点，是水泥混凝土成为强而韧的材料。

1. 聚合物浸渍混凝土（简称 PIC）

聚合物浸渍混凝土是已硬化的混凝土（基材）经干燥后浸入有机单体。用加热或辐射等方法使混凝土孔隙内的单体聚合而成的一种混凝土。

（1）基本工艺

① 干燥　为使聚合物能渗填混凝土基材的孔隙，必须使基材充分干燥，温度为100～105℃。

② 浸渍　是使配制好的浸渍液填入混凝土孔隙的工序。最常用的浸渍物的材料有甲基丙烯酸甲酯（MMA）、苯乙烯（S），此外还需加入引发剂、催化剂及交联剂等浸渍液。

③ 聚合　是使浸渍在基体孔隙中的单体聚合固化的过程。目前采用较多的是掺和引发剂的热聚合法。

（2）技术性能　聚合物浸渍混凝土由于浸渍混凝土充盈了混凝土的毛细管孔和微裂缝所

组成孔隙系统，改版了混凝土的孔结构，因而使其物理-力学性状得到明显改善。一般情况下，聚合物浸渍混凝土的抗压强度为普通混凝土的 3～4 倍，抗压强度约提高 3 倍，抗压强度提高 2～3 倍，弹性模量约提高 1 倍，抗冲击强度约提高 0.7 倍。此外，徐变大大减少，抗冻性、耐硫酸盐、耐酸和耐碱能有很大改善。主要缺点是耐热性性差，高温时聚合物易分解。

2. 聚合物改性水泥混凝土（简称 PCC）

聚合物水泥混凝土是以聚合物（或单体）和水泥共同起胶结作用的一种混凝土。它是在拌和混凝土混合料时将聚合物（或单体）掺入，因此生产工艺简单，便于现场使用。

（1）材料组成　聚合物水泥混凝土的材料组成，基本上与普通水泥混凝土相同，只增加了聚合物组分。常用的聚合物有下列三类。

① 橡胶乳胶类　天然乳胶（NR）、丁苯胶乳（SBR）和氯丁胶乳（CR）等。

② 热塑性树脂类　聚丙烯酸酯（PAE）、聚醋酸乙烯酯（PVAC）等。

③ 热塑性树脂类　环氧树脂（PE）类。

（2）技术性能

① 抗弯拉强度高　掺和聚合物后，作为路面混凝土强度指标的抗弯拉强度，提高更为明显。

② 冲击韧性好　掺和聚合物后，其脆性降低，柔韧性增加，因而抗冲击能力提高，这对作为承受动荷载的路面和桥梁用混凝土是非常有利的。

③ 耐磨性好　聚合物对矿质集料具有优良的黏附性，因而可以采用硬质耐磨的岩石作为集料，这样可提高路面混凝土的耐磨性和抗滑性。

④ 耐久性好　聚合物在混凝土中能起到阻水和填隙的作用，因而可提高混凝土的抗水性、耐冻性和耐久性。

3. 聚合物胶结混凝土（简称 PC）

聚合物胶结混凝土是完全以聚合物为胶结材的混凝土，常用的聚合物为各种树脂或单体，所以亦称"树脂混凝土"。

（1）组成材料

① 胶结材　用于拌制聚合物混凝土的树脂或单体，常用的有环氧树脂（PE）、苯乙烯（S）等。

② 集料　应选择高强度和耐磨的岩石，轧制的集料要有良好的级配，集料最大粒径不大于 20mm。

③ 填料　其粒径宜为 1～30μm，矿物成分有碱性的碳酸钙系和酸性氧化硅系，需根据聚合物特性确定。

（2）技术性能

聚合物混凝土是以聚合物为结合料的混凝土，由于聚合特征，则其具有以下特点。

① 表观密度轻　由于聚合物的密度浇水泥的密度小，所以聚合物混凝土的表观密度亦较小。通常在 2000～2200kg/m³，如采用轻集料配制混凝土，更能减小结构断面都有显著效果。

② 与材料的黏附性强　由于聚合物与材料的黏附性强，可采用硬质岩石作成混凝土路面抗滑层，提高路面抗滑性。此外，还可作成空隙式路面防滑层，以防止高速公路路面漂滑和减小噪声。

③ 结构密实　由于聚合物不仅可填密集料间的空隙，而且可浸填集料的孔隙，使混凝土的结构密度增大，提高了混凝土的抗渗性、抗冻性和耐久性。

聚合物混凝土具有许多优良的技术性能，除了应用于有特殊要求的道路与桥梁工程结构外，也经常使用于路面和桥梁的修补工程。

### 三、高聚物改性沥青混合料

高聚物改性沥青混合料是将沥青经高聚物改性后，再与集料等材料配合而形成的混合料，用于道路等工程。

高聚物改性沥青一般采用掺加树脂、高分子聚合物、磨细的橡胶粉或其他填料等外加剂，使沥青及沥青混合料的性能得以改善。沥青是多种有机物的混合物，其相对分子质量的平均值远远低于高聚物，因此，引入高聚物后，因平均相对分子质量的改变，会显著提高沥青的综合性能。由于道路石油沥青自身的原因，使其在高温的抗变形性、低温的抗裂性、集料的黏附性和抗老化性上存在明显不足，在沥青中掺入聚合物，利用聚合物特有性能对沥青改性，可以有效提高沥青路用性能。通常可在沥青中加入一定量的高聚物改性剂，使沥青自身固有的低温易裂、高温易流淌得到改善。改性后的沥青不但具有良好的高温特性，而且还具有良好的弹塑性、憎水性和黏结性。

目前常用的聚合物改性沥青类型有热塑性弹性体改性沥青、橡胶类改性沥青和热塑性树脂改性沥青等。我国的道路改性沥青标准中选择了 SBS、SBR、PE、EVA 四种改性剂，并作出了相应的指标规定。通过多年的实践，采用 SBS 热塑性弹性体聚合物进行沥青改性效果最为显著，不仅使沥青的高温稳定性大幅度提高，而且低温性能也同时改善；同时，由于 SBS 具有良好的弹性，其变形后的自恢复性及裂缝的自愈能力得到极大的提高，所以，成为目前普遍使用的道路沥青改性剂，在高速公路及城市主干道沥青路面铺筑中普遍采用了 SBS 改性沥青混合料。

### 📔 任务实施

#### 一、材料准备

土工布、聚合物浸渍混凝土、聚合物改性混凝土、聚合物胶结混凝土、高聚物改性沥青混合料样品。

#### 二、实施步骤

（1）分组识别提供的土工布、聚合物浸渍混凝土、聚合物改性混凝土、聚合物胶结混凝土、高聚物改性沥青混合料样品。

（2）分析各种样品的特点和应用范围。

## 小 结

本学习情境主要介绍木材以及高分子化合物的基本知识，常用品种及其应用。

（1）木材是传统的三大材料之一。但由于木材生长周期长，大量砍伐对保持生态平衡不利，且因木材存在易燃、易腐以及各向异性等缺点，所以在工程中应尽量以其他材料代替，以节省木材资源。

建筑木材的主要力学性质有：抗压强度、抗拉强度、抗剪强度、抗弯强度等。其力学强度与含水率、温度、荷载状态和木材的缺陷有关。木材的缺陷会影响木材的使用品质。

（2）高分子材料因其结构特点，具有优异的力学性质。他不仅可以改善现有建筑材料使用的性质，而且可以替代某些传统的建筑材料。高聚物材料除了直接作为道路与桥梁结构物构建或配件的材料外，更多的是作为改善水泥混凝土或沥青混凝土性能的组分。

## 能力训练题

1.解释以下名词：（1）木材纤维饱和点；（2）木材平衡含水率。

2.木材含水率的变化对其强度、变形有什么影响？

3.木材有哪些强度？并比较各项强度高低。木材实际应用中，为什么较多的用于承受顺纹抗压和抗弯？

4.影响木材强度的主要因素有哪些？

5.引起木材腐朽的主要原因有哪些？如何防止木材腐朽？

6.什么是高分子材料？其主要品种有哪些？

7.什么是土工布？在道路工程中有哪些应用？

8.高聚物改性沥青的优点是什么？常用高聚物改性沥青的品种有哪些？

# 附录  沥青路面使用性能气候分区

1. 按照设计高温分区指标，一级区划分为 3 个区，见表 A-1。

表 A-1  一级区分区

| 高温气候区<br>项目 | 1 | 2 | 3 |
|---|---|---|---|
| 气候区名称 | 夏炎热区 | 夏热区 | 夏凉区 |
| 最热月平均最高气温/℃ | ＞30 | 20～30 | ＜20 |

2. 按照设计低温分区指标，二级区划分为 4 个区，见表 A-2。

表 A-2  二级区分区

| 低温气候区<br>项目 | 1 | 2 | 3 | 4 |
|---|---|---|---|---|
| 气候区名称 | 冬严寒区 | 冬寒区 | 冻冷区 | 冻温区 |
| 年极端最低气温/℃ | ＜−37.0 | −37.0～−21.5 | −21.5～−9.0 | ＞−9.0 |

3. 按照设计雨量分区指标，三级区划分为 4 个区，见表 A-3。

表 A-3  三级区分区

| 雨量气候区<br>项目 | 1 | 2 | 3 | 4 |
|---|---|---|---|---|
| 气候区名称 | 潮湿区 | 湿润区 | 半干区 | 干旱区 |
| 年降雨量/mm | ＞1000 | 1000～500 | 500～250 | ＜250 |

4. 沥青路面温度分区由高温和低温组合而成，第一个数字代表高温分区，第二个数字代表低温分区，数字越小表示气候因素越严重，见表 A-4。

表 A-4  沥青路面温度分区

| 气候区名 | | 最热月平均最高气温/℃ | 年极端最低气温/℃ | 备注 |
|---|---|---|---|---|
| 1-1 | 夏炎热冬严寒 | | ＜−37.0 | |
| 1-2 | 夏炎热冬寒 | ＞30 | −37.0～−21.5 | |
| 1-3 | 夏炎热冬冷 | | −21.5～−9.0 | |
| 1-4 | 夏炎热冬温 | | ＞−9.0 | |
| 2-1 | 夏热冬严寒 | | ＜−37.0 | |
| 2-2 | 夏热冬寒 | 20～30 | −37.0～−21.5 | |
| 2-3 | 夏热冬冷 | | −21.5～−9.0 | |
| 2-4 | 夏热冬温 | | ＞−9.0 | |
| 3-1 | 夏凉冬严寒 | | ＜−37.0 | 不存在 |
| 3-2 | 夏凉冬寒 | ＜20 | −37.0～−21.5 | |
| 3-3 | 夏凉冬冷 | | −21.5～−9.0 | 不存在 |
| 3-4 | 夏凉冬温 | | ＞−9.0 | 不存在 |

5. 由温度和雨量组成的气候分区按表 A-5 划分。

表 A-5　由温度和雨量组成的气候分区

| 气候区名 | | 温度 | | 雨量/mm |
| --- | --- | --- | --- | --- |
| | | 最热月平均最高气温/℃ | 年极端最低气温/℃ | 年降雨量 |
| 1-1-4 | 夏炎热冬严寒干旱 | >30 | <−37.0 | <250 |
| 1-2-2 | 夏炎热冬寒湿润 | >30 | −37.0～−21.5 | 500～1000 |
| 1-2-3 | 夏炎热冬寒半干 | >30 | −37.0～−21.5 | 250～500 |
| 1-2-4 | 夏炎热冬寒干旱 | >30 | −37.0～−21.5 | <250 |
| 1-3-1 | 夏炎热冬冷潮湿 | >30 | −21.5～−9.0 | >1000 |
| 1-3-2 | 夏炎热冬冷湿润 | >30 | −21.5～−9.0 | 500～1000 |
| 1-3-3 | 夏炎热冬冷半干 | >30 | −21.5～−9.0 | 250～500 |
| 1-3-4 | 夏炎热冬冷干旱 | >30 | −21.5～−9.0 | <250 |
| 1-4-1 | 夏炎热冬温潮湿 | >30 | >−9.0 | >1000 |
| 1-4-2 | 夏炎热冬温湿润 | >30 | >−9.0 | 500～1000 |
| 2-1-2 | 夏热冬严寒湿润 | 20～30 | <−37.0 | 500～1000 |
| 2-1-3 | 夏热冬严寒半干 | 20～30 | <−37.0 | 250～500 |
| 2-1-4 | 夏热冬严寒干旱 | 20～30 | <−37.0 | <250 |
| 2-2-1 | 夏热冬寒潮湿 | 20～30 | −37.0～−21.5 | >1000 |
| 2-2-2 | 夏热冬寒湿润 | 20～30 | −37.0～−21.5 | 500～1000 |
| 2-2-3 | 夏热冬寒半干 | 20～30 | −37.0～−21.5 | 250～500 |
| 2-2-4 | 夏热冬寒干旱 | 20～30 | −37.0～−21.5 | <250 |
| 2-3-1 | 夏热冬冷潮湿 | 20～30 | −21.5～−9.0 | >1000 |
| 2-3-2 | 夏热冬冷湿润 | 20～30 | −21.5～−9.0 | 500～1000 |
| 2-3-3 | 夏热冬冷半干 | 20～30 | −21.5～−9.0 | 250～500 |
| 2-3-4 | 夏热冬冷干旱 | 20～30 | −21.5～−9.0 | <250 |
| 2-4-1 | 夏热冬温潮湿 | 20～30 | >−9.0 | >1000 |
| 2-4-2 | 夏热冬温湿润 | 20～30 | >−9.0 | 500～1000 |
| 2-4-3 | 夏热冬温半干 | 20～30 | >−9.0 | 250～500 |
| 3-2-1 | 夏凉冬寒潮湿 | <20 | −37.0～−21.5 | >1000 |
| 3-2-2 | 夏凉冬寒湿润 | <20 | −37.0～−21.5 | 500～1000 |

6.在缺乏当地气象台站的有效数据时，可参考上述表确定沥青路面使用性能的气候分区。各地区宜根据当地的气象数据，制订更切合实际的气象分区图。

# 参考文献

[1]   蒋玲.道路建筑材料［M］.北京：机械工业出版社，2009.

[2]   姜志青.道路建筑材料［M］.第2版.北京：人民交通出版社，2008.

[3]   林祖宏.建筑材料［M］.北京：北京大学出版社，2008.

[4]   符芳.土木工程材料［M］.第3版.南京：东南大学出版社，2006.

[5]   高琼英.建筑材料［M］.第3版.武汉：武汉理工大学出版社，2006.

[6]   刘祥顺.建筑材料［M］.第2版.北京：中国建筑工业出版社，2007.

[7]   陈志源，李启令.土木工程材料［M］.武汉：武汉理工大学出版社，2001.

[8]   黄家骏.建筑材料与检测技术［M］.第2版.武汉：武汉理工大学出版社，2006.

[9]   王春阳.建筑材料［M］.第2版.北京：高等教育出版社，2006.

[10]   杨绍林，田加才.混凝土配合比实用手册［M］.北京：中国建筑工业出版社，2002.

[11]   杨建国，高智.建筑材料［M］.北京：中国水利水电出版社，2007.

[12]   田文玉.建筑材料试验指导书［M］.北京：人民交通出版社，2005.

[13]   林丽娟.道路建筑材料实训［M］.北京：机械工业出版社，2009.